21 世纪应用型本科土木建筑系列实用规划教材

工程项目管理(第 2 版)

主　　编	仲景冰	王红兵
副主编	陈顺良	刘　霁
参　　编	范建洲	梁晓春
	周文昉	张　昭
主　　审	李惠强	

内 容 简 介

本书系统论述了工程项目建设全过程的管理理论和方法,重点阐述了施工阶段项目管理的内容。本书主要内容包括工程项目管理概论、工程项目管理组织、工程项目资源管理、工程项目进度管理、工程项目质量管理、工程项目费用管理、工程项目安全与环境管理、工程项目施工现场管理、工程项目合同管理和工程项目信息管理。

本书结合国内外工程项目管理的最新成果,根据住房和城乡建设部工程管理专业指导委员会制定的大纲,针对当前国家执业注册(一、二级)建造师考试内容编写,注重理论联系实际和应用性。

本书可以作为高等学校土木工程和工程管理专业的教材,也可以作为相关专业及从事工程项目管理工作的有关人员的学习参考用书。

图书在版编目(CIP)数据

工程项目管理/仲景冰,王红兵主编. —2版. —北京:北京大学出版社,2012.2
(21世纪应用型本科土木建筑系列实用规划教材)
ISBN 978-7-301-20075-9

Ⅰ. ①工… Ⅱ. ①仲… ②王… Ⅲ. ①工程项目管理—高等学校—教材 Ⅳ. ①F284

中国版本图书馆 CIP 数据核字(2012)第 007012 号

书　　　名:	工程项目管理(第2版)
著作责任者:	仲景冰　王红兵　主编
策 划 编 辑:	卢　东　吴　迪
责 任 编 辑:	卢　东
标 准 书 号:	ISBN 978-7-301-20075-9/TU·0219
出　版　者:	北京大学出版社
地　　　址:	北京市海淀区成府路205号　100871
网　　　址:	http://www.pup.cn　http://www.pup6.cn
电　　　话:	邮购部 010-62752015　发行部 010-62750672　编辑部 010-62750667　出版部 010-62754962
电 子 邮 箱:	pup_6@163.com
印　刷　者:	北京虎彩文化传播有限公司
发　行　者:	北京大学出版社
经　销　者:	新华书店
	787毫米×1092毫米　16开本　24.25印张　566千字
	2006年2月第1版
	2012年2月第2版　2021年1月第15次印刷(总第22次印刷)
定　　　价:	45.00元

未经许可,不得以任何方式复制或抄袭本书之部分或全部内容。
版权所有,侵权必究　　举报电话:010-62752024
　　　　　　　　　　　电子邮箱:fd@pup.pku.edu.cn

第 2 版前言

工程项目管理是一门具有很强的理论性、综合性和实践性的课程，是学生掌握专业理论知识和培养业务能力的主要途径，是学生毕业后从事本专业工作的知识源泉。因此，编者在参阅了大量国内外参考资料的基础上，结合"注册建造师"执业资格考试的内容，从学生学习知识出发，以未来工程师为培养对象编写了本书。本书体现最新知识、最新技术、最新规范和标准，注重理论联系实际和应用性，有利于教师讲课和学生自学。

本书自 2006 年出版以来，有关使用院校反映良好。随着近年来国家关于建设工程的新政策、新法规的不断出台，一些新的规范、规程陆续颁布实施，为了更好地开展教学，适应大学生学习的要求，我们对本书进行了修订。

这次修订主要做了以下工作：

1. 增补了新颁布实施的规范、规程相关内容和一些新的理论知识；
2. 有针对性地增加了习题；
3. 对全书的版式进行了全新的编排，增加了教学提示、学习要点、基本概念、引例、本章小结，使学生能紧抓每个章节的重点与要点。

本次修订工作主要由华中科技大学的仲景冰统筹完成。第 1 章由仲景冰修订，第 2 章由江西科技师范学院梁晓春修订，第 3、7、10 章由上海交通大学王红兵修订，第 4 章由山西大学工程学院范建洲修订，第 5 章由中南林业科技大学陈顺良修订，第 6 章由仲景冰和贵州大学张昭修订，第 8 章由湖南城市学院刘霁修订，第 9 章由华中科技大学文华学院周文昉修订。

本次修订中保留了第 1 版教材的主要内容，同时我们也参考了相关专家和学者的著作，在此对第 1 版的参编人员及各位专家和学者表示感谢！

由于编者水平有限，时间仓促，不妥之处在所难免，衷心希望广大读者批评指正。对使用本书、关注本书以及对本书提出宝贵意见的同行们表示感谢！

编 者
2011 年 10 月

第1版前言

随着我国改革开放的深入，国民经济得到飞速发展，国家对基本建设的投入也在飞速增长。为满足国家对建设人才的需求，教育部在"管理科学与工程"一级学科下设立"工程管理"专业。建设部工程管理专业指导委员会于 2001 年下达工程管理专业的培养方向和课程设置大纲，将"工程项目管理"课程列为工程管理专业的核心课程。目前，全国有二百多所高等院校设立了工程管理专业，并开设了"工程项目管理"课程。

2005 年 3 月国家建设部、人事部首次共同组织了"一级注册建造师"执业资格考试，并规定以后每年举行一次；并规定 2008 年 2 月 27 日以后，国家大中型工程建设的项目经理必须由一级注册建造师担任；考试科目中就有《建设工程项目管理》。

《工程项目管理》是一门具有很强的理论性、综合性和实践性的课程，是学生掌握专业理论知识和培养业务能力的主要途径，是学生毕业后从事本专业工作的知识源泉。因此，本书编者在参阅了大量国内外参考资料的基础上，结合"一级注册建造师"执业资格考试的内容，从学生学习知识出发，以未来工程师为培养对象，体现最新知识、最新技术、最新规范和标准，注重理论联系实际和应用性，有利于教师讲课和学生自学。也可作为相关专业及从事工程项目管理工作的有关人员学习、应用和研究的参考资料。

本书由华中科技大学仲景冰、武汉理工大学王红兵担任主编；中南林业科技大学陈顺良、湖南城市学院刘霁担任副主编；山西大学工程学院范建洲、江西科技师范学院梁晓春、华中科技大学薛莉敏、贵州大学张昭参编。

本书具体编写分工：第 1 章由华中科技大学仲景冰编写，第 2 章由江西科技师范学院梁晓春编写，第 3、7、10 章由武汉理工大学王红兵编写，第 4 章由山西大学工程学院范建洲编写，第 5 章由中南林业科技大学陈顺良编写，第 6 章由贵州大学张昭编写，第 8 章由湖南城市学院刘霁编写，第 9 章由华中科技大学薛莉敏编写。本书由华中科技大学博士生导师李惠强教授主审，由华中科技大学仲景冰统稿。

由于编者水平有限，时间仓促，不妥之处在所难免，衷心希望广大读者批评指正。

编 者
2005 年 10 月

目 录

第 1 章 工程项目管理概论 …………… 1
  1.1 项目和工程项目 …………………… 3
    1.1.1 项目的概念和特征 ………… 3
    1.1.2 工程项目 …………………… 4
    1.1.3 项目管理与工程项目管理 … 5
    1.1.4 工程项目管理生命周期 …… 9
  1.2 工程项目的前期策划与决策 ……… 11
    1.2.1 工程项目的前期策划 ……… 11
    1.2.2 工程项目管理规划 ………… 17
  1.3 工程项目管理体制 ………………… 18
    1.3.1 工程项目管理体制概述 …… 18
    1.3.2 工程项目的承发包体制 …… 18
    1.3.3 工程项目的政府监督 ……… 23
    1.3.4 对项目的监督管理 ………… 24
    1.3.5 建设工程监理制 …………… 28
    1.3.6 代建制 ……………………… 36
  1.4 工程项目范围管理 ………………… 41
    1.4.1 项目范围的确定 …………… 42
    1.4.2 项目结构分析 ……………… 44
    1.4.3 项目范围控制 ……………… 49
  本章小结 …………………………………… 50
  思考题与习题 ……………………………… 51

第 2 章 工程项目管理组织 …………… 52
  2.1 工程项目组织的基本原理 ………… 53
    2.1.1 组织与组织构成因素 ……… 53
    2.1.2 组织结构设计 ……………… 54
    2.1.3 组织机构活动基本原理 …… 55
  2.2 工程项目组织结构 ………………… 56
    2.2.1 工程项目组织机构设置和组织结构模式 …………… 56
    2.2.2 常用基本组织结构模式 …… 57
  2.3 工程项目人力资源管理 …………… 60
    2.3.1 人力资源管理的概念和内容 ………………………… 60
    2.3.2 人力资源管理的主要任务 ………………………… 61
  2.4 项目经理与建造师 ………………… 62
    2.4.1 项目经理 …………………… 62
    2.4.2 施工项目经理的地位 ……… 63

    2.4.3 建造师 ……………………… 63
    2.4.4 建造师与项目经理的关系 ………………………… 65
  2.5 工程项目组织协调 ………………… 67
    2.5.1 组织协调的概念 …………… 67
    2.5.2 组织协调的范围和层次 …… 67
    2.5.3 项目组织内部协调 ………… 68
    2.5.4 项目近外层协调 …………… 68
    2.5.5 项目远外层协调 …………… 70
  本章小结 …………………………………… 72
  思考题与习题 ……………………………… 72

第 3 章 工程项目资源管理 …………… 73
  3.1 工程项目资源管理概述 …………… 74
    3.1.1 项目资源管理的任务与内容 ………………………… 74
    3.1.2 项目资源需要量计划 ……… 76
  3.2 项目材料管理 ……………………… 76
    3.2.1 项目材料的分类管理 ……… 76
    3.2.2 材料的计划与供应管理 …… 77
    3.2.3 材料的验收和使用保管 …… 78
    3.2.4 材料的统计与核算 ………… 79
    3.2.5 材料采购管理 ……………… 80
    3.2.6 材料(含构配件)的质量控制 ………………………… 81
  3.3 项目机械设备管理 ………………… 83
    3.3.1 施工项目机械设备的获取 … 83
    3.3.2 项目经理部机械设备管理的主要工作 …………… 86
    3.3.3 机械设备的优化配置 ……… 86
    3.3.4 机械设备的安全管理 ……… 87
    3.3.5 机械设备的成本核算 ……… 87
    3.3.6 项目周转料具管理办法 …… 87
    3.3.7 施工机械设备选用的质量控制 ………………………… 88
  本章小结 …………………………………… 89
  思考题与习题 ……………………………… 90

第 4 章 工程项目进度管理 …………… 91
  4.1 工程项目进度计划的编制方法 …… 92
    4.1.1 进度与进度目标 …………… 92

4.1.2　建设工程项目进度计划
　　　　　系统 …………………………… 93
　　4.1.3　施工项目进度计划编制的
　　　　　依据与步骤 …………………… 95
　　4.1.4　流水施工 …………………… 98
　　4.1.5　横道图进度计划 …………… 99
　　4.1.6　网络计划技术 …………… 100
4.2　工程项目进度计划的实施与
　　　检查 …………………………………… 107
　　4.2.1　进度计划的实施 ………… 107
　　4.2.2　工程项目进度计划的
　　　　　检查 ………………………… 110
4.3　工程项目进度的控制与调整 …… 115
　　4.3.1　工程项目进度的控制 …… 115
　　4.3.2　工程项目进度的调整 …… 117
本章小结 ………………………………… 124
思考题与习题 …………………………… 124

第5章　工程项目质量管理　127

5.1　工程项目质量控制概述 ………… 128
　　5.1.1　工程项目质量控制的基本
　　　　　概念 ………………………… 128
　　5.1.2　工程项目质量形成的影响
　　　　　因素 ………………………… 129
　　5.1.3　工程项目质量控制的基本
　　　　　原理 ………………………… 132
5.2　质量管理体系标准 ……………… 135
　　5.2.1　质量管理体系标准（GB/T
　　　　　19000—ISO 9000：2000
　　　　　标准）简介 ………………… 135
　　5.2.2　质量管理的八项原则 …… 138
　　5.2.3　质量管理体系的建立 …… 140
　　5.2.4　质量管理体系的运行 …… 142
　　5.2.5　质量管理体系的认证与
　　　　　监督 ………………………… 144
5.3　工程项目质量控制系统的
　　　建立和运行 ………………………… 146
　　5.3.1　工程项目质量控制系统
　　　　　概述 ………………………… 146
　　5.3.2　工程项目质量控制系统的
　　　　　构成 ………………………… 147
　　5.3.3　工程项目质量控制系统的
　　　　　建立 ………………………… 147
　　5.3.4　工程项目质量控制系统的
　　　　　运行 ………………………… 148
5.4　工程项目施工阶段质量控制 …… 149

　　5.4.1　项目施工质量控制概述 … 149
　　5.4.2　施工质量计划的编制 …… 151
　　5.4.3　生产要素的质量控制 …… 152
　　5.4.4　施工全过程的质量控制 … 154
　　5.4.5　施工成品的质量维护 …… 157
5.5　工程项目施工质量验收 ………… 158
　　5.5.1　施工质量验收概述 ……… 158
　　5.5.2　施工质量验收的程序 …… 163
　　5.5.3　施工质量的评定验收 …… 164
5.6　工程项目质量问题和质量事故
　　　处理 ………………………………… 165
　　5.6.1　工程项目质量问题与
　　　　　质量事故概述 ……………… 165
　　5.6.2　工程项目质量问题处理 … 167
　　5.6.3　工程项目质量事故处理 … 168
本章小结 ………………………………… 170
思考题与习题 …………………………… 171

第6章　工程项目费用管理　173

6.1　工程项目费用组成 ……………… 175
6.2　工程项目投资计划与控制 ……… 176
　　6.2.1　工程项目投资计划 ……… 176
　　6.2.2　工程项目投资控制 ……… 178
　　6.2.3　投资分析 ………………… 187
6.3　施工项目成本计划与控制 ……… 191
　　6.3.1　施工项目成本管理
　　　　　概述 ………………………… 191
　　6.3.2　成本计划 ………………… 194
　　6.3.3　成本控制 ………………… 195
　　6.3.4　成本核算 ………………… 200
　　6.3.5　成本分析与考核 ………… 201
本章小结 ………………………………… 204
思考题与习题 …………………………… 204

第7章　工程项目安全与环境管理　206

7.1　工程项目安全与环境管理
　　　概述 ………………………………… 207
　　7.1.1　建设工程职业健康安全与
　　　　　环境管理的目的、内容及
　　　　　任务 ………………………… 207
　　7.1.2　建设工程职业健康安全与
　　　　　环境管理的特点 …………… 208
　　7.1.3　工程项目施工安全控制 … 209
　　7.1.4　安全保证计划 …………… 212
　　7.1.5　安全保证计划的实施 …… 213

- 7.1.6 施工安全技术措施计划及其实施 …… 214
- 7.1.7 实施安全教育 …… 215
- 7.1.8 安全技术交底 …… 215
- 7.1.9 项目安全检查 …… 216
- 7.2 建设工程施工安全控制的理论与方法 …… 217
  - 7.2.1 危险源的概念 …… 217
  - 7.2.2 危险源控制的方法 …… 218
  - 7.2.3 安全管理基本原则 …… 221
  - 7.2.4 人的不安全行为与物的不安全状态 …… 223
- 7.3 建设工程职业健康安全事故的分类和处理 …… 227
  - 7.3.1 建设工程职业健康安全事故的分类 …… 227
  - 7.3.2 施工伤亡事故的预防 …… 227
  - 7.3.3 建设工程职业健康安全事故的处理 …… 231
- 7.4 工程项目安全管理体系 …… 235
  - 7.4.1 职业健康安全管理体系的基本结构和模式 …… 235
  - 7.4.2 职业健康安全管理体系的内容及其相互关系 …… 237
  - 7.4.3 环境管理体系的基本结构和模式 …… 238
  - 7.4.4 环境管理体系的内容及其相互关系 …… 240
- 7.5 职业健康安全管理体系与环境管理体系的建立 …… 241
  - 7.5.1 建立职业健康安全与环境管理体系的步骤 …… 241
  - 7.5.2 初始健康安全与环境状态评审 …… 242
- 7.6 职业健康安全管理体系与环境管理体系的运行 …… 243
  - 7.6.1 管理体系运行的概念 …… 243
  - 7.6.2 管理体系的内部审核 …… 244
  - 7.6.3 管理评审 …… 244
  - 7.6.4 安全管理措施 …… 244
- 7.7 工程项目环境管理 …… 249
  - 7.7.1 项目现场管理 …… 249
  - 7.7.2 文明施工与环境保护概述 …… 251
  - 7.7.3 文明施工的组织与管理 …… 252
- 本章小结 …… 257
- 思考题与习题 …… 258

第8章 工程项目施工现场管理 …… 259

- 8.1 概述 …… 260
  - 8.1.1 施工项目现场管理的意义和要求 …… 260
  - 8.1.2 施工现场管理的内容和措施 …… 262
  - 8.1.3 施工现场环境保护的意义 …… 263
- 8.2 工程项目单位工程施工平面布置图设计 …… 266
  - 8.2.1 单位工程施工总平面图设计的依据 …… 266
  - 8.2.2 单位工程施工平面布置图设计的原则 …… 266
  - 8.2.3 单位工程施工平面布置图设计的内容 …… 266
  - 8.2.4 单位工程施工平面布置图的设计步骤 …… 267
  - 8.2.5 绘制单位工程施工平面布置图的轮廓线范围图 …… 267
  - 8.2.6 垂直起重机的布置原则和要求 …… 268
  - 8.2.7 汽车(或履带)式起重机的布置原则和要求 …… 269
  - 8.2.8 单位工程的场内临时运输道路布置 …… 269
  - 8.2.9 单位工程混凝土搅拌机和砂浆搅拌机位置的确定 …… 271
  - 8.2.10 单位工程的材料堆场和仓库的布置 …… 271
  - 8.2.11 单位工程临时设施的布置 …… 273
- 8.3 施工总平面图设计 …… 274
  - 8.3.1 施工总平面图设计的原则 …… 274
  - 8.3.2 施工总平面图设计的依据 …… 274
  - 8.3.3 施工总平面图设计的内容 …… 275
  - 8.3.4 施工总平面图的设计步骤和设计要点 …… 275

8.4 施工布置图中的技术知识 ………… 278
 8.4.1 对公用服务设施位置的确定 …………………… 278
 8.4.2 运输道路网已定，供应点至各需求点的运输吨公里数最小时的解决方法 …………………… 279
 8.4.3 多供应点供应多需求点时，运输吨公里数最小时的解决方法 …………………… 280
 8.4.4 布置管道、电力线路时，线路最短的优化选线问题 …………………… 282
 8.4.5 施工平面布置图设计技术参考资料 …………………… 284
8.5 施工临时用水 …………………… 287
 8.5.1 工地供水类型与供水规则 …………………… 287
 8.5.2 选择水源 …………………… 291
 8.5.3 确定供水系统 …………………… 291
 8.5.4 施工现场临时供水、场区排水的布置 …………………… 292
8.6 施工临时用电 …………………… 293
 8.6.1 工地总用电计算 …………………… 293
 8.6.2 选择电源 …………………… 294
 8.6.3 确定变压器 …………………… 294
 8.6.4 确定配电导线截面积 …………………… 295
 8.6.5 施工现场临时供电的布置 …………………… 295
8.7 某混合结构多层住宅楼施工现场管理实例 …………………… 296
 8.7.1 工程概况 …………………… 296
 8.7.2 施工部署 …………………… 297
 8.7.3 施工进度计划 …………………… 298
 8.7.4 施工平面布置图 …………………… 298
 8.7.5 施工准备 …………………… 302
 8.7.6 主要项目施工方法 …………………… 304
 8.7.7 工具、机械和设备计划 …………………… 307
 8.7.8 劳动组织 …………………… 308
 8.7.9 质量、安全、技术节约措施 …………………… 309
本章小结 …………………… 311
思考题与习题 …………………… 311

第9章 工程项目合同管理 …………………… 313
9.1 工程项目合同体系 …………………… 314
 9.1.1 工程项目合同分类 …………………… 314
 9.1.2 工程项目合同策划 …………………… 316
9.2 工程项目合同签订 …………………… 320
 9.2.1 工程项目合同订立的形式与程序 …………………… 320
 9.2.2 工程合同的谈判与签约 …………………… 321
9.3 工程项目合同的实施管理与索赔 …………………… 326
 9.3.1 项目合同实施管理 …………………… 326
 9.3.2 工程变更 …………………… 328
 9.3.3 索赔管理 …………………… 329
9.4 国际常用的几种工程承包合同条件 …………………… 334
 9.4.1 FIDIC 系列合同文件 …………………… 334
 9.4.2 NEC 合同 …………………… 338
 9.4.3 AIA 系列合同条件 …………………… 339
本章小结 …………………… 343
思考题与习题 …………………… 344

第10章 工程项目信息管理 …………………… 348
10.1 工程项目信息管理概述 …………………… 350
 10.1.1 工程项目信息管理的含义和重要性 …………………… 350
 10.1.2 工程项目信息管理的任务 …………………… 350
 10.1.3 工程项目信息管理的内容 …………………… 351
10.2 项目管理软件 …………………… 352
 10.2.1 项目管理软件的发展过程 …………………… 352
 10.2.2 常见项目管理软件 …………………… 352
10.3 Microsoft project 及 P3 软件应用 …………………… 353
 10.3.1 微软项目管理软件 MS Project …………………… 353
 10.3.2 P3E/C 介绍 …………………… 354
10.4 项目管理信息系统与项目信息门户 …………………… 357
 10.4.1 工程项目信息处理的方法 …………………… 357
 10.4.2 国际工程项目管理信息系统发展及其特点 …………………… 359

10.4.3 项目管理信息系统 … 359
　　10.4.4 基于互联网的项目管理
　　　　　信息系统 …………… 360
　　10.4.5 项目信息门户 PIP … 362
　　10.4.6 项目信息门户、项目
　　　　　信息平台、管理信息
　　　　　系统比较 …………… 365
10.5 项目分解结构体系 ………… 369
　　10.5.1 项目分解结构体系
　　　　　概念 ………………… 369
　　10.5.2 企业信息分类编码
　　　　　标准 ………………… 370

　　10.5.3 项目信息系统的文档
　　　　　编码体系 …………… 370
10.6 建筑企业信息化 …………… 371
　　10.6.1 建设领域信息化 …… 371
　　10.6.2 工程管理信息化的
　　　　　内涵 ………………… 373
　　10.6.3 工程管理信息化的
　　　　　意义 ………………… 373
本章小结 …………………………… 375
思考题与习题 ……………………… 375

参考文献 ………………………………… 377

第1章 工程项目管理概论

教学提示

本章主要讲述项目管理的发展历史、项目和工程项目及管理的基本概念。通过本章的学习，应达到以下目标：

（1）掌握项目和工程项目的概念和特征，项目管理和工程项目管理的概念以及工程项目的承发包体制；

（2）熟悉工程项目的生命周期，建设工程监理制和代建制；

（3）熟悉工程项目范围管理；

（4）了解项目管理知识体系和工程项目的前期策划以及工程项目的管理体制和政府监督体制。

学习要点

知识要点	能力要求	相关知识
项目、工程项目、项目管理	（1）准确理解项目和工程项目的概念 （2）掌握项目管理和工程项目管理的概念	（1）项目和工程项目的特征 （2）工程项目的生命周期理论
工程项目前期策划与决策	（1）掌握工程项目前期策划的概念与分类 （2）熟悉工程项目前期策划的过程 （3）理解工程项目管理规划	（1）要素分析法 （2）目标系统设计 （3）可行性研究
工程项目管理体制	（1）掌握工程项目的分标策划概念 （2）掌握工程项目管理的组织形式 （3）理解工程项目的政府监督和监理制 （4）掌握建设工程代建制	（1）分标策划的方式 （2）常用的工程项目管理组织形式 （3）代建制的实施方式
范围管理	（1）掌握项目范围管理的概念和内容 （2）掌握项目结构分析的方法 （3）熟悉工程项目的界面管理	（1）工作分解结构 （2）范围控制的程序

 **基本概念**

项目、工程项目、项目管理、工程项目管理、分标策划、建设监理、代建制、范围管理、项目分解结构。

 引例

某城市根据其经济社会发展需要，拟建设一套完整的基础地理信息数据体系，并以此为基础，建立相关专业信息（如规划、园林、卫生、统计、人口、经济等），搭建地理信息平台。该地理信息平台可用于信息共享和数据资源利用，便于提供医疗、交通等公共服务，应对火灾、恐怖袭击等突发事件。

为构建该系统，承担该项目的某测绘院到该市各部门进行调研，主要有以下方面。

（1）到交通局调查地理信息数据、水文工程信息、工程地质信息、影像、铁路机场、公路图、交通运输、城市交通、物流信息。

（2）到土地局调查土地信息，建立土地数据库。

（3）到园林局调查园林、绿地（如公园、居民区绿地）、古树名木、行政审批的信息。

（4）到消防局调查消防栓、交通、医院等信息，便于业务系统的搭建。

（5）到房管局调查房屋信息，以门栋为单位，建立房管数据。

（6）到卫生局调查医院、医疗设施信息，以便通过信息平台的地图服务，实现120急救的调配。

试确定该项目涉及项目管理知识体系的哪些领域，项目范围管理解决的是什么问题。

项目管理的发展历史由来已久，从建设周期长达千余年的长城到巧夺天工的都江堰水利枢纽工程；从我国古代的京杭大运河到埃及的金字塔，无不体现了古代人民在项目管理上的伟大功绩。

项目管理的发展历程虽然悠久，但形成完整的现代项目管理理论体系的时间并不长，一般被认为是从20世纪80年代开始的。其发展阶段，在国际项目管理界有几种提法，经过研究和总结，目前可以归纳为6个阶段，其发展历史如表1-1所示。

表1-1 国际项目管理的发展历史

发展阶段	年代	特点	应用领域
项目管理实践阶段	由来已久	没有时间和费用的约束	建设工程
传统的项目管理	20世纪60年代至20世纪80年代中期	集中在预算、工期等技术上，高度关注三重约束；系统刚性复杂	主要在国防和建设工程
新型项目管理	20世纪80年代中期至20世纪90年代初	以顾客满意为中心；扁平化组织结构；增强员工能力/授权；项目管理方法的改进	航天航空、制药、汽车等更多的行业
现代项目管理	20世纪90年代初至21世纪	软技术和硬技术的平衡及知识体系的完善；高管人员的高度关注；现代项目管理方法的采用等	IT、高科技、政府、公共机构等几乎所有领域
战略项目管理	21世纪至今	追求项目的创新和高附加值；与组织战略结合；价值管理、项目环境及平台建设、组织项目管理成熟度等	所有行业及组织
通用项目管理	正在形成	理想、丰富、多元化、具有预见性并易于使用的方法；社会项目管理；项目管理无处不在并深入人心	所有的组织和个人，自我推广

我国的项目管理最早起源于20世纪60年代世界著名数学家华罗庚教授推广的"统筹法",文革十年,统筹法的应用在我国几乎停止,直到20世纪80年代初,随着我国的改革开放和现代化项目管理方法在我国的推广应用,进一步促进了统筹法在项目管理过程中的应用。

20世纪80年代初,云南鲁布革水电工程的实施,对我国工程项目管理的发展带来了巨大冲击。日本的大成建设公司以低于国内有关施工企业报价近30%的价格中标,在施工过程中采用以项目为核心的总承包方式和项目管理,快速高效地完成了任务,创造了著名的"鲁布革工程项目管理经验",受到中央领导的重视,并号召建筑业企业进行学习。1987年,在推广"鲁布革工程项目管理经验"的活动中,建设部提出了在全国推行"项目法施工",要求建筑业企业:一是加快建筑业企业经营机制的转换,以工程项目管理为突破口,进行企业生产方式的变革和内部配套改革;二是加强工程项目管理,在项目上按照建筑产品的特性及其内在规律组织施工。为此,建设部在1992年8月成立了中国项目法施工研究工作委员会(后改为工程项目管理专业委员会)。

1991年6月,在西北工业大学等单位的倡导下成立了我国第一个跨学科的项目管理专业学术组织——项目管理研究委员会(Project Management Research Committee,PMRC)。PMRC自成立至今,做了大量开创性工作,为推进我国项目管理事业的发展,促进我国项目管理与国际项目管理专业领域的沟通与交流起了积极的作用。

1.1 项目和工程项目

1.1.1 项目的概念和特征

1. 项目

在当前社会中,项目被广泛应用于各方面,并且历史悠久,其中,中国的万里长城和故宫、埃及的金字塔等都是早期的成功项目典范。但对"项目"究竟如何进行定义,却有多种解释,典型的有以下几种。

(1)《项目管理质量指南》(ISO10006)定义项目:具有独特的过程,有开始和结束日期,由一系列相互协调和受控的活动组成。过程的实施是为了达到规定的目标,包括满足时间、费用和资源的约束性条件。

(2) 比较传统的是1964年Martino对项目的定义:项目为一个具有规定开始和结束时间的任务,它需要使用一种或多种资源,具有许多个为完成该任务所必须完成的相互独立、相互联系和相互依赖的活动。

(3) 德国国家标准DIN69901对项目的定义:项目是指在总体上符合如下条件的具有唯一性的任务。其具有预定的目标;具有时间、财务、人力和其他限制条件;具有专门的组织。

从最广泛的含义来讲,项目是一个特殊的将被完成的有限任务,是在一定时间内,满足一系列特定目标的多项相关工作的总称。

2. 项目的特征

虽然人们对项目有很多种解释，但作为项目通常都具有以下特征。

1) 单件性

无论是什么样的项目，其本身的内涵和特点都与众不同，如一个研究项目、一条公路、一栋建筑等。即使两个相同的建筑，由同一个施工单位施工，其进度、质量和成本结果也不一样。

2) 一次性

项目的实施过程不同于其他工业品的生产过程，项目的实施过程只能一次成功。因为项目不可能像其他工业品一样，可以进行批量生产。这也就决定了项目管理也是一次性的，完全不同于企业管理。

3) 具有一定的约束条件

对于任何项目的实施，都具有一定的限制、约束条件，包括时间的限制、费用的限制、质量和功能的要求以及地区、资源和环境的约束等。因此，如何协调和处理这些约束条件是项目管理的重要内容。

4) 具有生命周期

正如项目的概念中所说："项目为一个具有规定开始和结束时间的任务"。同生命物质一样，项目有其产生、发展、衰退和消亡的生命周期，而不同的项目，生命周期也不一样。因此对于不同的项目，根据其特点必须采用不同的项目管理，以确保项目的圆满完成。

1.1.2　工程项目

工程项目属于最典型的项目类型，主要是由以建筑物为代表的房屋建筑工程和以公路、铁路、桥梁等为代表的土木工程共同构成，所以也称为建设工程项目。

工程项目除了具有项目的特点外，还具有自身的特征。

1) 具有特定的对象

所有工程项目都具有特定的对象，可能是一个商场、一所学校或一条高速公路，其建设周期、造价和功能都是独特的；建成后所发挥的作用和效益也是独一无二的。因此，任何工程项目的目标也是特定的。

2) 有时间限制

尽管建设方不同，建设的环境不同，工程项目建设的开始和结束时间不同，建设周期长短不一；但都必须在建设方或业主要求的时间内完成，即工期限制。任何一个业主，总希望其项目能尽快完成，及早投入使用，产生效益。因此，任何项目都有时间的限制。

3) 有资金限制和经济性要求

任何一个项目，其投资方都不可能无限投入资金。为追求最大的利益，其总希望投入的越少越好，而产出的越多越好。项目只能在资金许可的范围内完成其所追求的目标——项目的功能要求，包括建设规模、产量和效益等经济性要求。

4) 管理的复杂性和系统性

现代工程项目具有规模大、投资高、范围广和建设周期长等特点，其专业的组成、协作单位众多，建设地点、人员和环境不断变化，加之项目管理组织是临时性的组织，大大增加了工程项目管理的复杂性。因此，要把项目建设好，就必须采用系统的理论和方法，根据具体的对象，把松散的组织、人员、单位组成有机的整体，在不同的限制条件下，圆满完成项目的建设目标。

5）特殊的组织和法律条件

项目管理组织不同于企业组织，由项目的一次性决定了项目管理组织是一个临时性的组织，其随项目的产生而产生，随项目的消亡而结束，并伴随项目建设过程的变化，项目管理组织的人员和功能也发生变化，是一个具有弹性的组织。

工程项目不同于一般的项目，其对广大人民群众的生命财产影响巨大。因此，国家针对工程项目，制定了专门的法律条文。例如，《中华人民共和国建筑法》（以下简称《建筑法》）、《中华人民共和国合同法》（以下简称《合同法》）、《中华人民共和国招标投标法》（以下简称《招标投标法》）、《中华人民共和国环境保护法》和《质量管理条例》等。

1.1.3　项目管理与工程项目管理

1. 项目管理的定义

"项目管理"给人的一个直观概念就是"对项目进行的管理"，这也是其最原始的概念，说明了2个方面的内涵。

（1）项目管理属于管理的大范畴。

（2）项目管理的对象是项目。

然而，随着项目及其管理实践的发展，项目管理的内涵得到了较大的充实和发展，当今的"项目管理"已是一种新的管理方式、一门新的管理学科的代名词。

"项目管理"一词有两种不同的含义，一是指一种管理活动，即一种有意识地按照项目的特点和规律对项目进行组织管理的活动；二是指一种管理学科，即以项目管理活动为研究对象的一门学科，是探求项目活动科学组织管理的理论与方法。

基于以上观点，项目管理定义如下。

项目管理就是以项目为对象的系统管理方法，通过一个临时性的专门的柔性组织，对项目进行高效率的计划、组织、指导和控制，以实现项目全过程的动态管理和项目目标的综合协调与优化。

所谓实现项目全过程的动态管理是指在项目的生命周期内，不断进行资源的配置和协调，不断作出科学决策，从而使项目执行的全过程处于最佳的运行状态，产生最佳的效果。所谓项目目标的综合协调与优化是指项目管理应综合协调好时间、费用及功能等约束性目标，在相对较短的时期内成功地达到一个特定的成果性目标。项目管理的日常活动通常是围绕项目计划、项目组织、质量管理、费用控制和进度控制五项基本任务展开的。

项目管理贯穿于项目的整个生命周期，是一种运用既规律又经济的方法对项目进行高效率地计划、组织、指导和控制的手段，并在时间、费用和技术效果上达到预定目标。

项目的特点也表明其所需要的管理及其管理办法与一般作业管理不同，一般的作业管理只需对效率和质量进行考核，并注重将当前的执行情况与前期进行比较。在典型的项目环境中，尽管一般的管理办法也适用，但管理结构须以任务(活动)定义为基础来建立，以便进行时间、费用和人力的预算控制，并对技术、风险进行管理。在项目管理过程中，项目管理者并不对资源的调配负责，而是通过各职能部门调配并使用资源，但最后决定什么样的资源可以调配，取决于业务领导。

项目管理是以建筑工程项目经理(以下简称项目经理)负责制为基础的目标管理。一般来讲，项目管理是按任务(垂直结构)而不是按职能(平行结构)组织起来的。项目管理的主要任务一般包括项目计划、项目组织、质量管理、费用控制和进度控制五项。日常的项目管理活动通常是围绕这5项基本任务展开的。项目管理自诞生以来发展很快，目前已发展为3维管理。

(1) 时间维，即把整个项目的生命周期划分为若干个阶段，从而进行阶段管理。

(2) 知识维，即针对项目生命周期的不同阶段，采用和研究不同的管理技术方法。

(3) 保障维，即对项目人力、财力、物力、技术和信息等的后勤保障管理。

2. 项目管理知识体系及其主要内容

1) 项目管理知识体系

项目管理是从第二次世界大战以后发展起来的，项目管理工作者在几十年的实践中认识到，虽然从事的项目类型不同，但是仍有一些共同之处，因此他们就自发组织起来共同探讨这些共性主题，即项目管理知识体系的建立。

项目管理知识体系首先是由美国项目管理协会(Project Management Institute，PMI)提出，1987年PMI公布了第一个项目管理知识体系(Project Management Body of Knowledge，PMBOK)，1996年及2000年又分别进行了修订。在这个知识体系中，把项目管理的知识划分为九个领域，分别是范围管理、时间管理、费用管理、质量管理、人力资源管理、沟通管理、风险管理、采购管理及综合管理。

国际项目管理协会(International Project Management Association，IPMA)在项目管理知识体系方面也做出了卓有成效的工作，IPMA从1987年就着手进行"项目管理人员能力基准"的开发，在1997年推出了ICB，即IPMA Competence Baseline，在这个能力基准中IPMA把个人能力划分为42个要素，其中28个核心要素，14个附加要素，当然还有关于个人素质的8大特征及总体印象的10个方面。

基于以上两个方面的发展，建立适合我国国情的"中国项目管理知识体系"(Chinese-Project Management Body of Knowledge，C-PMBOK)，形成我国项目管理学科和专业的基础；引进"国际项目管理专业资质认证标准"，推动我国项目管理向专业化、职业化方向发展，使我国项目管理专业人员的资质水平能够得到国际上的认可，已成为我国项目管理学科和专业发展的当务之急。

C-PMBOK的研究工作开始于1993年，是由中国优选法统筹法与经济数学研究会项目管理研究委员会(Project Managemeng Research Committee China，PMRC)发起并组织实施的，并于2001年5月正式推出了中国的项目管理知识体系文件——《中国项目管理知识体系》。

2) 项目管理的主要内容

项目管理涉及多方面的内容，这些内容可以按照不同的线索进行组织，常见的组织形式主要有两个层次、4个阶段、5个过程、9个领域、42个要素及多个主体。

(1) 两个层次。
① 企业层次。
② 项目层次。
(2) 从项目的生命周期角度看，项目管理经历了 4 个阶段。
① 概念阶段。
② 规划阶段。
③ 实施阶段。
④ 收尾阶段。
(3) 从项目管理的基本过程看项目管理分为 5 个过程。
① 启动过程。
② 计划过程。
③ 执行过程。
④ 控制过程。
⑤ 结束过程。
(4) 从项目管理的职能领域看项目管理分为 9 个领域。
① 范围管理。
② 时间管理。
③ 费用管理。
④ 质量管理。
⑤ 人力资源管理。
⑥ 风险管理。
⑦ 沟通管理。
⑧ 采购管理。
⑨ 综合管理。
(5) 从项目管理的知识要素看项目管理分为 42 个要素。
① 项目与项目管理。
② 项目管理的运行。
③ 通过项目进行管理。
④ 系统方法与综合。
⑤ 项目背景。
⑥ 项目阶段与生命周期。
⑦ 项目开发与评估。
⑧ 项目目标与策略。
⑨ 项目成功与失败的标准。
⑩ 项目启动。
⑪ 项目收尾。
⑫ 项目的结构。
⑬ 内容、范围。
⑭ 时间进度。
⑮ 资源。

⑯ 项目费用和财务。
⑰ 状态与变化。
⑱ 项目风险。
⑲ 效果衡量。
⑳ 项目控制。
㉑ 信息、文档与报告。
㉒ 项目组织。
㉓ 协作(团队工作)。
㉔ 领导。
㉕ 沟通。
㉖ 冲突与危机。
㉗ 采购和合同。
㉘ 项目质量。
㉙ 项目信息学。
㉚ 标准与规则。
㉛ 问题解决。
㉜ 会谈与磋商。
㉝ 固定的组织。
㉞ 业务过程。
㉟ 人力开发。
㊱ 组织学习。
㊲ 变化管理。
㊳ 行销和产品管理。
㊴ 系统管理。
㊵ 安全、健康与环境。
㊶ 法律方面。
㊷ 财务与会计。

3. 工程项目管理

工程项目管理是项目管理的一大类,其管理的对象主要是建设工程。工程项目管理的内涵:自项目开始至项目完成、通过和项目策划,以使项目的费用目标、进度目标和质量目标得以实现。

"自项目开始至项目完成"是指项目的实施期;"项目策划"是指目标控制前的一系列筹划和准备工作;"费用目标"对业主而言是投资目标,对施工方而言是成本目标。工程项目管理的核心任务是项目的目标控制。

按建设工程生产组织的特点,一个项目往往由许多参与单位承担不同的建设任务,而各参与单位的工作性质、工作任务和利益不同,因此就形成不同类型的项目管理。

根据建设工程项目不同参与方的工作性质和组织特征划分,项目管理可分为业主方的项目管理、设计方的项目管理、施工方的项目管理、供货方的项目管理、建设项目总承包方的项目管理。其中,业主方是建设工程项目生产过程的总组织者,业主方的项目管理是管理的核心。

工程项目管理的3大基本目标是投资(成本)目标、质量目标、进度目标。它们是对立统一的关系；要提高质量，就必须增加投资，而赶工是不可能获得好的工程质量；而且，要加快施工速度，就必须增加投入。工程项目管理的目的就是在保证质量的前提下，加快施工速度，降低工程造价。

工程项目管理的主要任务：安全管理、投资(成本)控制、进度控制、质量控制、合同管理、信息管理、组织和协调。其中安全管理是项目管理中最重要的任务，而投资(成本)控制、进度控制、质量控制和合同管理则主要涉及物质的利益。

1.1.4 工程项目管理生命周期

任何建设项目都是由两个过程构成的，一是建设项目的实现过程，二是建设项目的管理过程。所以任何建设项目管理都特别强调过程性和阶段性。整个项目管理工作可以看做一个完整的过程，并且将各项目阶段的起始、计划、组织、控制和结束这五个具体管理工作看做建设项目管理的一个完整过程。现代建设项目管理要求在项目管理中要根据具体建设项目的特性和项目过程的特定情况，将一个建设项目划分为若干个便于管理的项目阶段，并将这些不同项目阶段的整体看做一个建设项目的生命周期。现代建设项目管理的根本目标是要管理好建设项目的生命周期，并且在生成建设项目产出物的过程中，通过开展项目管理去保障项目目标的实现。

1. 建设项目生命周期的定义

建设项目作为一种创造独特产出物的一次性工作是有始有终的，建设项目从始至终的整个过程构成了一个建设项目的生命周期。建设项目生命周期的定义还有许多种，但是基本上大同小异。然而，在对建设项目生命周期的定义和理解中，必须区分几个完全不同的生命周期概念，包括建设项目生命周期、建设项目全生命周期和项目产品生命周期。建设项目生命周期是指一个建设项目的建设周期。建设项目全生命周期是指包括整个项目的建造、使用以及最终清理的全部过程。建设项目的全生命周期一般可划分为项目的建造阶段、运营阶段和清理阶段，而且建设项目的建造、运营和清理阶段还可以进一步划分为更详细的阶段，这些阶段构成了一个建设项目的全生命周期。特别需要注意的是有关建设项目生命周期与项目产品生命周期这两个概念的区分。项目产品生命周期认为任何产品都有自己的投入期、成长期、成熟期和衰退期，这四个阶段构成了一个产品的生命周期。由上述这些生命周期的定义可以看出，建设项目全生命周期基本上包括建设项目生命周期和建设项目产品生命周期这两个部分。

2. 建设项目生命周期的描述

建设项目的生命周期可以分为四个阶段或五个阶段，大型的建设项目甚至有更多的项目阶段。一般建设项目的生命周期可以划分为4个阶段，如图1.1所示。

1) 建设项目的概念阶段

建筑项目的概念阶段是指从项目的构思到批准立项，又称定义与决策阶段。在这个建设项目的阶段中，首先提出一个建设项目的提案并对项目提案进行必要的机遇与需求的分析和识别，然后提出具体的建设项目建议书，在项目建议书获得批准以后进一步开展不同详细程度的建设项目可行性分析,通过建设项目可行性分析找出建设项目的各种可行的备选方案,然后分析和评价这些备选方案的收益和风险情况,最终作出建设项目方案的抉择和建设项目的决策。这一阶段的主要任务是提出项目并定义项目和最终作出项目决策。

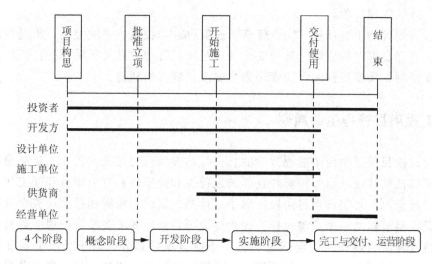

图 1.1　建设项目的生命周期

2) 建设项目的开发阶段

建设项目的开发阶段是指从项目的批准立项到施工前,主要是对批准立项的项目进行计划和设计。在这一阶段中,首先要为已经作出决策并且要实施的建设项目编制出各种各样的项目计划书,包括针对建设项目的范围计划、工期计划、成本计划、质量计划、资源计划和集成计划等。在开展这些建设项目计划工作的同时还需要开展必要的建设项目设计工作,从而全面设计和界定整个建设项目、项目的各阶段所需开展的项目工作和项目产出物,包括建设项目涉及的技术、质量、数量和经济等各方面。实际上这一建设项目阶段的主要任务是对建设项目的产出物和建设项目的工作作出全面的设计和规定。

3) 建设项目的实施阶段

在完成建设项目的计划和设计工作以后,就进入建设项目的实施阶段了,主要是指施工阶段。在建设项目实施的过程中人们还需要开展相应的各种项目控制工作以保证建设项目实施结果与项目设计和计划要求相一致。其中,建设项目的实施工作还需要进一步划分为一系列的具体实施工作的阶段,而建设项目控制工作也需要进一步划分为建设项目范围、工期、成本和质量等不同的项目控制工作或活动。

4) 建设项目的完工与交付、运营阶段

建设项目的完工与交付、运营阶段有时称为物业管理。建设项目实施阶段的结束并不意味着整个建设项目工作的结束,项目还需要经过一个完工与交付的工作阶段才能够真正结束整个项目。在建设项目完工与交付阶段,人们需要对照建设项目定义和决策阶段提出的项目目标和建设项目开发阶段提出的各种计划要求,首先由项目团队检验项目的产出物及项目工作,其次由项目团队向项目业主/客户进行验收移交工作,直至项目的业主/客户最终接受建设项目的整个工作结果和项目最终的交付物,一个建设项目才能够算作最终的完成或结束,最后进入项目的生产运营阶段(物业管理)。

图 1.1 中的建设项目的生命周期描述,不但给出了建设项目的阶段划分,而且给出了参与建设的各建设方的生命周期。

(1) 投资方参与项目全生产周期的管理,从项目的构思、前期策划、决策到项目交付使用,进入运营阶段,直至投资合同结束。其目的不仅仅是工程建设,更重要的是收回投资和获得预期的效益。虽然投资方参与项目全生命周期的管理,但其工作重点是决策阶段和运营阶段。

(2) 开发方主要参与项目决策阶段、开发阶段和实施阶段,代替投资方对建设项目进行策划、可行性研究和对建设过程进行专业化的管理。对于项目往往又被称为建设方、甲方或业主方。其为投资方提供项目策划和建设的专业化服务,但一般不参与运营阶段的管理。

(3) 设计单位在项目被批准立项后,经过设计招标或委托,进入项目。其任务是按照项目的设计任务书完成项目的设计工作,并参与主要材料和设备的选型,在施工过程中提供技术服务。

(4) 施工单位(承包商)一般在项目设计完成后,通过投标取得工程承包资格,按照施工承包合同要求完成工程施工任务、交付使用,并完成工程保修义务。其在项目的生命周期主要是在实施阶段。

(5) 供货商一般在开发阶段的后期,根据业主和设计要求的主要材料和设备的选型,通过投标或商务谈判取得主要材料或设备供应权,按照供货合同要求在实施阶段提供项目所需的质量可靠的材料和设备。其在项目的生命周期主要是在开发阶段的后期和实施阶段。

(6) 经营单位一般由投资方组建或其委托的经营单位进行项目运营阶段的管理。通过运营管理为投资方收回投资和获得预期的效益。其在项目的生命周期主要是在项目建设竣工验收、交付使用开始到投资合同结束或项目消亡为止。

(7) 监理(咨询)公司在不同的项目、面对不同的业主,在生命周期内承担不同的任务。根据其与业主通过投标或委托签订的合同,可能承担项目的策划任务,或可行性研究,或设计阶段的项目管理,或施工阶段的项目管理;也可能承担上述阶段中两个以上任务,甚至其生命周期与开发方相同。

上述项目的参与者在项目中的角色和立场不同,工作内容、范围、侧重点也不相同。但其都必须围绕着同一工程项目进行"项目管理",所采用的基本项目管理理论和方法是相同的。其进行项目管理的目标是相同的,就是"多快好省"地完成项目的建设任务。

1.2 工程项目的前期策划与决策

1.2.1 工程项目的前期策划

1. 工程项目策划概述

1) 工程项目策划的基本概念

工程项目的建设都有特定的政治、经济和社会生活背景。建设项目策划是把建设意图转换成定义明确、系统清晰、目标具体且富有策略性运作思路的高智力的系统活动。通过项目策划可以明确项目的发展纲要，构建项目的系统框架，并为项目的决策提供依据，为项目的实施提供指导，为项目的运营奠定基础。

2) 工程项目策划的类型

工程项目策划可以分成不同的类型。按照策划的阶段不同，可以分为项目发展阶段的策划、项目实施阶段的策划和项目运营阶段的策划；按照策划的对象不同，可以分为新建项目的策划、改建项目的策划、迁建项目的策划、扩建项目的策划和恢复项目的策划等；按照项目策划的范围不同，可以分为项目总体方案策划和项目局部方案策划；按照策划的内容不同，还可以分为项目的构思策划、项目的融资策划、项目的组织策划、项目的目标控制策划和项目的采购策划等。

3) 工程项目策划的内容

工程项目策划贯穿从构思、立项、建设到运营的全过程。工程项目策划具体内容既包括项目建设前期的发展策划，又包括项目实施阶段的组织策划、目标控制策划和采购策划，同时还涉及项目建成后的运营策划。

（1）项目的发展策划，即在项目建设前期制定项目开发总体策略的过程，包括项目的构思策划和项目的融资策划。

① 项目构思策划过程，从项目最初构思方案的产生到最终构思方案形成的过程，即项目构思的产生、项目定位、项目目标系统设计、项目定义并提出项目建议书的全过程。

在项目构思策划过程中，首先是项目构思的产生。项目构思的产生可以是企业发展的需要，如发现了新的投资机会，也可以是城市发展的需要，如某城市轨道交通线的建设是为了满足城市交通发展的需要等。经过选择的项目构思需要进行项目的定位，项目的定位是根据国家、地区或企业发展的总体规划，在环境分析的基础上，明确项目建设的地位、影响力和档次规格标准。项目定位将决定项目的建设目标。项目目标系统设计主要包括情况分析、问题定义、目标因素的提出和目标系统的建立四个步骤。在目标系统形成的基础上，可以进行项目定义。工程项目定义是以工程项目的目标体系为依据，在项目的界定范围内以书面的形式对项目的性质、用途和建设内容进行描述，并可以据此提出工程的项目建议书。

② 工程项目建设具有投资大、回收期长的特点。项目资金的筹措是项目得以顺利实施的基本保证。因此，在项目的发展阶段就必须进行项目的融资策划。项目融资策划是在项目的发展阶段通过项目融资渠道的选择、项目融资风险分析等来确定项目融资方案的过程和活动。项目的融资渠道有很多种，要根据项目的特点和项目的运作方式加以选用。在制定项目的融资方案时，还要注意进行项目融资的风险分析，尽量使项目的融资风险降到最低，并据此确定项目的还款方式。

（2）项目实施策划。项目策划的目的是将项目构思策划所形成的建设意图变成可操作性的行动方案。项目的实施策划包括项目的组织策划、项目的目标控制策划和项目的采购策划。

① 项目的组织策划。大型工程项目的建设离不开科学的项目组织。项目组织策划包括项目管理机构的组织策划和工程项目实施方式的策划。其目的是根据现代企业组织模式建立项目管理的组织机构，组织强有力的项目领导班子，然后通过合理的项目实施方式确定项目的设计方、施工方和材料供货方，并通过项目参与各方的有机组织与相互协调来实现项目的建设目标。

② 项目的目标控制策划。从某种意义上讲，工程项目的建设过程就是通过目标控制使工程项目的建设目标得以实现的过程。项目的目标控制策划是通过制订科学的目标控制计划和实施有效的目标控制策略使项目构思阶段形成的项目预定目标得以实现的过程和活动。项目目标控制策划包括与目标系统控制相关的目标控制过程的分析、目标控制环境的调查、目标控制方案的确立和目标控制措施的制定等。

③ 项目的采购策划。工程项目的采购是指从工程项目系统外部获得物资资源和服务的整个采办过程。工程项目的采购策划目的是根据项目的特点，通过详细的调查分析来制定合理的采购策略。工程项目采购策划直接关系到项目的成功与否，是工程项目实施策划的重要环节。因此必须在采购前进行采购方案策划，并在采购策划的基础上制订详细而周密的采购计划，从而确保工程项目的顺利建设和实施。

(3) 项目运营策划。项目的运营阶段是项目生命周期内时间经历最长的阶段，也是直接产生投资效益的阶段。项目运营质量决定了项目投资方的根本利益，也是实现投资收益的直接保证。项目的运营策划就是要通过制定良好的项目运营管理模式为投资方带来丰厚的回报，并且使项目的物业获得保值和增值。

2. 建设项目构思的产生和选择

1) 项目构思的提出

(1) 工程项目的构思是工程项目建设的基本构想，是项目策划的初始步骤。项目构思产生的原因很多。不同性质的工程项目，构思产生的原因也不尽相同。例如，工业型项目的构思是可能发现了新的投资机会，而城市交通基础设施建设项目构思的产生一般是为了满足城市交通的需要。总之项目构思的产生一般出于以下情况。

① 企业发展的需要。对于企业而言，任何工程项目构思基本上都是出于企业自身生存和发展的需要，为了获得更好的投资收益而形成的。企业要生存和发展，就必须通过不断地扩大再生产来减少生产成本，扩大市场占有率，从而取得更多的投资收益，这是企业投资建设项目的主要原因。

② 城市、区域和国家发展的需要。任何城市、区域和国家在发展过程中都离不开建设，建设是发展的前提。某些工程项目构思的产生是与城市的建设和发展密切相关的。这些项目构思的产生都需要与国民经济发展计划、区域和流域发展规划、城市发展战略规划相一致。

③ 其他情况。除了上述两种情况下产生的项目构思以外，还有一些构思是处于某些特殊情况而形成的。例如，出于军事的需要产生的项目构思等。

(2) 项目的构思方法主要是一般机会研究和特定机会研究。研究的目的是实现上层系统的战略目标。

一般机会研究是一种全方位的搜索过程，需要大量的收集、整理和分析。包括地区研究、部门研究和主要研究等。

特定机会研究是市场研究、项目意向的外部环境研究和项目承办者优劣势分析。

构思的选择首先要考察项目的构思是否具有现实性，即是否是可以实现的，如果是建空中楼阁，尽管设想很好，也必须删除；其次还要考虑项目是否符合法律法规的要求，如果项目的构思违背了法律法规的要求，则必须剔除；另外，项目构思的选择需要考虑项目的背景和环境条件,并结合自身的能力,来选择最佳的项目构思。项目构思选择的结果可以是某个构思,也可以是几个不同构思的组合。当项目的构思经过研究认为是可行的、合理的,在有关权力部门的认可下,便可以在此基础上进行进一步的工程项目。

机会研究的方法主要是要素分析法,如图1.2所示。

	项目机会	得分	项目问题	得分
外部	1.…… 2.…… 3.……		1.…… 2.…… 3.……	
	优势		劣势	
内部	1.…… 2.…… 3.……		1.…… 2.…… 3.……	
合计				

图1.2 要素分析法

2)项目的定位

项目的定位是指在项目构思的基础上,确定项目的性质、地位和影响力。

首先,项目的定位要明确项目的性质。例如,同是建一座机场,该机场是用于民航运输还是用于军事目的,其性质显然不同。因此决定了今后项目的建设目标和建设内容也会有所区别。

其次,项目的定位要确定项目的地位。项目的地位可以是项目在企业发展中的地位,也可以是在城市和区域发展中的地位或者是在国家发展中的地位。项目地位的确定应该与企业发展规划、城市和区域发展规划以及国家发展的规划紧密结合。在确定项目的地位时,应注意分别从政治、经济和社会等不同角度加以分析。某些项目虽然经济地位不高,但可能有着深远的政治意义。

最后,项目的定位还要确定项目的影响力。项目定位的最终目的是明确项目建设的基本方针,确定项目建设的宗旨和方向。项目构思策划的关键环节,也是项目目标设计的前提条件。

3)项目的目标系统设计

工程项目的目标系统设计是工程项目前期策划的重要内容,也是工程项目实施的依据。工程项目的目标系统由一系列工程建设目标构成。按照性质不同,这些目标可以分为工程建设投资目标、工程建设质量目标和工程建设进度目标;按照层次不同,这些目标可以分为总目标和子目标。工程项目的目标系统设计需按照不同的性质和不同的层次定义系统的各级控制目标。因此,工程项目的目标系统设计是一项复杂的系统工程。具体步骤包括情况分析、问题定义、目标要素的提出和目标系统的建立等。

(1)情况分析。工程项目的情况分析是工程项目目标系统设计的基础。工程项目的情况分析是指以项目构思为依据对工程项目系统内部条件和外部环境进行调查并作出综合分析与评价。其是对工程项目构思的进一步确认,并可以为项目目标因素的提出奠定基础。工程项目的情况分析需要进行大量的调查工作。在工程背景资料充分的前提下,需要做好以下两方面的工作:

① 工程项目的内部条件分析；
② 工程项目的外部环境分析。
情况分析有以下作用。
① 可以进一步研究和评价项目的构思，将原来的目标建议引导到实用的、理性的目标，使目标建议更符合上层系统的需求。
② 可以对上层系统的目标和问题进行定义，从而确定项目的目标因素。
③ 确定项目的边界条件状况。
④ 为目标设计、项目定义、可行性研究及详细设计和计划提供信息。
⑤ 可以对项目中的一些不确定因素即风险进行分析，并对风险提出相应的防护措施。
情况分析可以采用调查法、现场观察法、专家咨询法、ABC分类法、决策表、价值分析法、敏感性分析法、企业比较法、趋势分析法、回归分析法、产品份额分析法和对过去同类项目的分析法等。

（2）问题定义。经过情况分析可以从中认识和引导出上层系统的问题，并对问题进行界定和说明。经过详细而缜密的情况分析，就可以进入问题定义阶段。问题定义是目标设计的依据，是目标设计的诊断阶段，其结果是提供项目拟解决问题的原因、背景和界限。问题定义的过程同时也是问题识别和分析的过程，工程项目拟解决的问题可能是几个问题组成，而每个问题可能又是由几个子问题组成。针对不同层次的问题，可以采用因果关系分析来发现问题的原因。另外，有些问题会随着时间的推移而减弱，而有些问题则会随着时间的发展而日趋严重，问题定义的关键就是要发现问题的本质并能准确预测出问题的动态变化趋势，从而制定有效的策略和目标来达到解决问题的目的。

（3）目标因素的提出。问题定义完成后，在建立目标系统前还需要确定目标因素。目标因素应该以工程项目的定位为指导、以问题定义为基础加以确定。工程项目的目标因素有3类：一是反映工程项目解决问题程度的目标因素，如工程项目的建成能解决多少人的居住问题或工程项目的建成能解决多大的交通流量等；二是工程项目本身的目标因素，如工程项目的建设规模、投资收益率和项目的时间目标等；三是与工程项目相关的其他目标因素，如工程项目对自然和生态环境的影响，工程项目增加的就业人数等。

在目标因素的确定过程中，要注意以下问题。
① 要建立在情况分析和问题定义的基础上。
② 要反映客观实际，不能过于保守，也不能过于夸大。
③ 目标因素需要一定的弹性。
④ 目标因素是动态变化的，具备一定的时效性。
目标因素的确立可以根据实际情况，有针对性地采用头脑风暴法、相似情况比较法、指标计算法、费用/效益分析和价值工程法等加以实现。

（4）目标系统的建立。在目标因素确立后，经过进一步的结构化，即可形成目标系统。

工程项目的目标可以分为不同的种类，按照控制内容的不同，可以分为投资目标、工期目标和质量目标等。投资、进度和质量目标被认为是工程项目实施阶段的3大目标；按照重要性不同可以分为强制性目标和期望性目标等。强制性目标一般是指法律、法规和规范标准规定的工程项目必须满足的目标。例如，工程项目的质量目标必须符合工程相关的质量验收标准的要求等。期望性目标则是指应尽可能满足的可以进行优化的目标。按照目标的影响范围不同，可以分为项目系统内部目标和项目系统外部目标。系统内部目标是直接与项目本身相关的目标，如工程的建设规模等；系统外部目标则是控制项目对外部环境影响而制定的目标，如工程项目的污染物排放控制目标等。按照目标实现的时间不同，可以分为长期目标和短期目标；按照层次的不同，可以分为总目标、子目标和操作性目标等。

在工程项目目标系统建立过程中，应注意以下问题。

① 理清目标层次结构。目标系统的设计应首先理清目标系统的层次结构。工程项目的目标可以分为 3 个层次，即系统总目标、子目标和操作性目标。项目的总目标是项目概念性的目标，也是项目总控的依据。项目的总目标可以分解成若干个子目标，根据项目某一方面子系统的特点来制定相应的目标要求。将子目标进一步分解可以得到操作性目标，操作性目标是贯穿项目总目标和其上一级子目标的意图而制定的指导具体操作的目标。

工程项目目标系统的各级目标是逐层扩展并逐级细化的。

② 分清目标主次关系。在目标系统中各目标的制定过程中，要将主要目标和次要目标区分开来，其目的是在今后的目标控制过程中有所侧重，便于抓住关键问题。同时，还要注意将强制性目标与期望性目标区分开。尤其在目标之间存在冲突时，应首先满足强制性目标，必要时可以放弃并重新制定期望性目标。

③ 重视目标系统优化。目标系统的设计过程中，各目标之间往往既有对立关系，又有统一关系。例如，要保证较高的质量目标，可能会引起投资的增加，在制定投资目标时就不一定和期望值相一致。质量目标和投资目标之间存在着一定的对立性。另一方面，如果质量出现问题，也会影响投资。质量目标和投资目标之间又有统一性。因此，在项目目标系统的设计过程中，应根据项目具体的实际情况和约束条件，正确认识项目各目标之间的关系，使项目各个目标组成的目标系统达到最优。

④ 协调内外目标关系。项目的目标既有项目内部目标，又有与项目相关的外部目标。一般情况下，项目的内部目标与项目的外部目标是相辅相成的，有时实现项目内部目标的同时也相应促进了项目外部目标的实现。例如，控制项目的施工噪声对周围居民的影响是项目的外部目标，而项目工期、成本是项目的内部目标。在这种情况下，为了满足外部目标的要求而采取一些噪声控制和处理措施，可能会影响项目的工期和成本目标。在外部目标与内部目标有冲突时，要正确处理和协调好项目的内部目标和外部目标间的关系，争取使项目的内外各方都能满意。

4）工程项目的定义

工程项目是指以工程项目的目标体系为依据，在项目的界定范围内以书面的形式对项目的性质、用途和建设内容进行的描述。项目定义应包括以下内容。

① 项目的名称、范围和构成定界。

② 拟解决的问题以及解决问题的意义。

③ 项目的目标系统说明。

④ 项目的边界条件分析。

⑤ 关于项目环境和对项目有重大影响的因素的描述。

⑥ 关于解决问题的方案和实施过程的建议。

⑦ 关于项目总投资、运营费用的说明等。

可以看出，项目定义是对项目构思和目标系统设计工作的总结和深化，也是项目建议书的前导。它是项目前期策划的重要环节，为了保证项目定义的科学性和客观性，必须要对其进行审核和确认。

项目定义的审核。经过定义的项目必须经过审核才能被最终确定。一般项目定义的审核应包括以下内容。第一，项目范围与拟解决问题的一致性；第二，项目目标系统的合理性；第三，项目环境和各种影响因素分析的客观性；第四，解决问题方案和实施过程建议的可操作性等。项目定义审核可以作为提出项目建议书的依据，当项目审核过程中发现不符合要求的项目定义时，要重新进行项目的定义，项目定义完成后再进行审核，经过反复确认后，才能据此提出项目建议书。然后通过可行性研究对项目进行决策。

3. 可行性研究

可行性研究是对前述工作的细化、具体化，是从市场、技术、生产、法律、经济和财力等方面对项目进行全面策划和论证。

由于可行性研究需要大量的人力资金，为节约费用，可行性研究根据其研究的深度可分为初步可行性研究和详细可行性研究，但内容大体相同。详细可行性研究是在初步可行性研究的基础上进一步深入研究。

可行性研究的主要内容有以下几点。

(1) 建设项目有无必要。
(2) 需要多长时间建成。
(3) 需要多少人力、物力资源。
(4) 需要多少资金，能否筹到。
(5) 项目经济上是否合理，投资回收期多少年，利润多少。
(6) 项目对环境及生态影响如何。
(7) 对国民经济发展影响如何，对社会人文发展影响如何，等等。

1.2.2 工程项目管理规划

工程项目管理规划是施工企业为获得工程项目的施工权或在开工前对工程项目进行的前期策划。工程项目管理规划是对项目管理的各项工作进行的综合性的、完整的、全面的总体计划。

工程项目管理规划根据其编制的时间和作用的不同，可以分为两类。

(1) 由施工企业管理层针对某个招标工程编制"项目管理规划大纲"，目的是获得工程的施工权。其内容如下。

① 项目概况。
② 项目实施条件分析。
③ 项目投标活动及签订施工合同的策略。
④ 项目管理目标。
⑤ 项目组织结构。
⑥ 质量目标和施工方案。
⑦ 工期目标和施工进度计划。

⑧ 成本目标。
⑨ 风险预测和安全目标。
⑩ 现场管理和施工平面图。
⑪ 投标和签订施工合同。
⑫ 文明施工及环境保护。

(2) 获得工程后，由项目经理组织编制项目管理实施规划。其内容如下。
① 工程概况。
② 施工部署。
③ 施工方案。
④ 施工进度计划。
⑤ 资源供应计划。
⑥ 施工准备工作计划。
⑦ 施工平面图。
⑧ 技术、组织措施计划。
⑨ 风险管理。
⑩ 信息管理。
⑪ 技术经济分析。

工程项目管理规划的结果都应形成文件，且必须存档。

1.3 工程项目管理体制

1.3.1 工程项目管理体制概述

我国现行的工程项目管理体制是在政府有关部门（主要是建设主管部门）的监督管理之下，由项目业主、承包商、监理单位直接参加的"三方"管理体制，其组织结构如图1.3所示。

这种管理体制的建立是建设行业改革的结果，使我国工程项目管理体制与国际惯例更加接近。

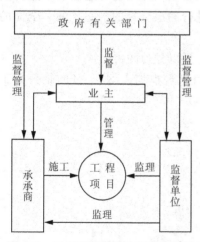

图 1.3 工程项目管理体制组织结构

1.3.2 工程项目的承发包体制

1. 工程项目的分标策划

分标策划的重要性和依据：一个项目的分标策划就是决定将整个项目任务分为多少个标段发包，以及如何划分这些标段。项目的分标方式，对承包商来说就是承包方式。项目分标方式的确定是项目实施的战略问题，对整个工程项目有重大影响。项目分标策划可以体现下列重要性。

(1) 通过分标和项目任务的委托，保证项目总目标的实现。项目的分标策划必须反映工程项目性质、特点和项目实施的战略，反映业主的经营方针和根本利益。

(2) 分标策划决定了与业主签约的承包商的数量，决定着项目的组织结构及项目管理模式，从根本上决定合同各方面责任、权力和工作的划分，所以其对项目的实施过程和项目管理产生根本性的影响。

(3) 分标和合同是实施项目的手段。通过分标策划明确工程实施过程中各方面的关系，避免失误，保证整个项目目标的实现。

项目分标策划的依据主要有以下几项。

(1) 工程方面：工程的类型、规模、特点、技术复杂程度、工程质量要求、工期的限制、资金的限制、资源（人力、材料、设备等）的供应条件等。

(2) 业主管理方面：业主的目标和实施战略，业主的管理水平和能力以及期望对工程管理的介入深度，业主对工程师和承包商的信任程度，业主的管理风格和对质量、工期的要求等。

(3) 承包商选择方面：拟选择的承包商的能力、资信、企业规模、管理风格和水平、抗风险的能力、类似工程的经验等。

主要的分标模式分为以下几种。

(1) 分阶段分专业工程平行分包模式，如图 1.4 所示。业主把相关的项目部分承包给相应的承包商，各承包商依据合同对业主负责。

这种模式的优点是充分利用各承包商之间的竞争，有利于保证工程的质量，有利于降低工程造价。因此，其适用于规模大的、分期建设的工程，如公路建设、分期建设的房地产小区工程。缺点是对业主项目管理要求较高，一方面要求业主具备全方面、各专业项目管理的人员。另一方面这种模式属于大跨度管理模式，业主方的管理、协调的工作量很大，管理成本也很高。如果业主方的管理水平、专业人员不够，就不能采用这种模式。

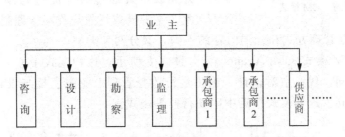

图 1.4 分阶段分专业工程平行分包模式

(2) 总包（统包）模式。图 1.5 所示，总包模式适用于业主方的管理水平低、专业人员数量不够，而业主方对总承包商又比较了解的情况。

这种模式的优点是业主只需用总承包合同来约束总承包商，充分利用总承包商专业齐全，管理水平高，经验丰富的长处；业主方的管理、协调的工作量则不大，也不需要大量的专业人员和管理人员，业主方的管理成本低。缺点是对于业主，必须承担由于总承包商的管理水平、施工水平所带来的巨大风险；一旦由于总承包商的原因，工程出现大的质量问题或不能按要求完工，最终受损的是业主。

(3) 总包与分包之间的模式。图 1.6 所示，这种模式是介于平行分包和总包之间的一种模式。其目的是一方面减少总包模式所带来的巨大风险，使一个单位承担的风险，改由几个总承包商承担，降低了工程出问题带来的损失。而另一方面，业主方的管理工作量没有增加多少。

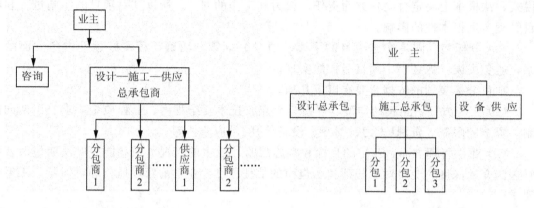

图1.5 总包模式　　　　　　　图1.6 总包与分包之间的模式

（4）CM（Construction Management）模式。如图1.7所示，CM模式是一种国际上常用的承包模式。它是业主把项目管理的内容，通过合同方式委托给一家项目管理公司（CM单位），由CM单位对工程进行全过程的管理。其采用的方式是设计完成一部分，就进行这部分的招标，这样可以缩短建设周期。但由于我国是不允许边设计边施工的，特别是施工图审查是要待施工图设计完成审查通过后才能进行项目施工招标。因此，这种模式目前与我国管理制度相冲突。

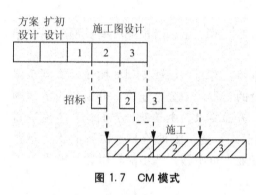

图1.7 CM模式

CM模式根据管理方式和合同内容的不同，又分两种类型。

① 代理型CM模式（CM/Agency），如图1.8所示。这种模式中CM单位与业主签订工程咨询服务合同，代业主对设计、施工进行监督管理。业主直接与设计、施工、材料、设备单位签订合同。这种模式接近中国现行监理模式。

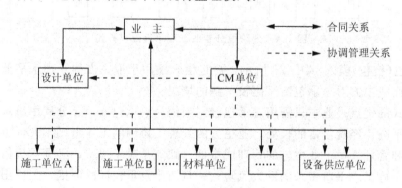

图1.8 代理型CM模式

② 非代理型 CM 模式(CM/Non-Agency)，如图 1.9 所示。这种模式的特点：相当于施工总包，但分包要经过业主同意；CM 单位在设计阶段就介入工作；CM 单位与施工单位、材料单位、设备单位签订合同，但费用由业主向各单位结算，CM 单位与业主签订合同只报自己的管理费用价，不包括工程价。

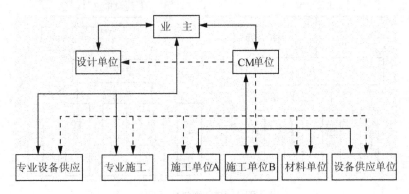

图 1.9 非代理型 CM 模式

2．工程项目管理的组织形式

1）建设单位自管方式

由建设单位自己组建机建机构，负责工程建设过程的管理，包括支配建设资金、监理规划和建设手续、委托设计、采购设备、施工招标、组织竣工验收等，如图 1.10 所示。

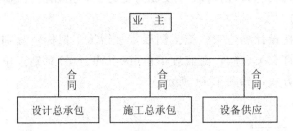

图 1.10 建设单位自管方式

2）工程指挥部管理方式

在计划经济下，由政府投资基础实施的重点项目的管理多采用这种方式。工程指挥部通常由政府主管部门指令有关单位派代表组成，如图 1.11 所示。

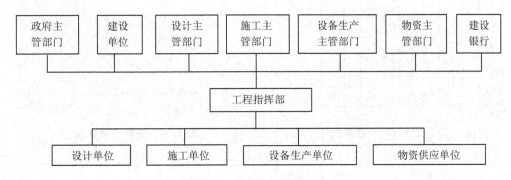

图 1.11 工程指挥部管理方式

3）总包方式

业主将工程项目的要求提出，然后有一家总承包公司或设计—施工联合集团完成设计—采购—施工—试车验收的全过程即为总包（统包）方式，如图 1.12 所示。

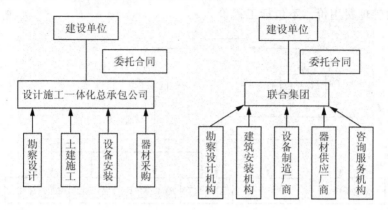

图 1.12　总包方式

4）工程代建管理方式

业主或建设单位将整个工程项目的全部工作，包括可行性研究、规划、勘察设计、材料供应、设备采购、施工监理与验收等全部任务，都招标、委托给工程项目管理公司（咨询公司），由工程项目管理公司组织相关内容的招标，将有关任务委托给相应的专业公司完成，如图 1.13 所示。我国目前对政府投资为主的工程正在推行这种方式。

5）三角管理方式

建设单位另行委托设计单位完成施工图后，进行施工招标，分别选择施工单位和监理单位（或咨询公司）签订有关合同，由监理单位（或咨询公司）对施工单位进行管理。这是目前我国现行最常见的方式，如图 1.14 所示。

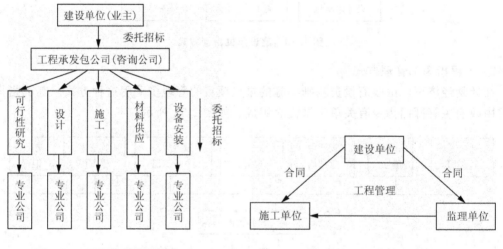

图 1.13　工程代建管理方式　　　　图 1.14　三角管理方式

1.3.3 工程项目的政府监督

1. 政府监督

国务院建设行政主管部门对全国的建设工程实施统一监督管理。政府建设主管部门不直接参与工程项目的建设过程,而是通过法律和行政手段对项目的实施过程和相关活动实施监督管理。由于建筑产品所具有的特殊性,政府机构对工程项目的实施过程的控制和管理比对其他行业的产品生产都严格,它贯穿项目实施的各个阶段。政府对工程项目的监督管理主要在工程项目和建设市场两个方面。

国务院铁路、交通、水利等有关部门按国务院规定的职责分工,负责对全国有关专业建设工程进行监督管理。县级以上地方人民政府建设行政主管部门对本行政区域内的建设工程实施监督管理。县级以上地方人民政府交通、水利等有关部门在各自职责范围内,负责本行政区域内的专业建设工程的监督管理。

国务院发展计划部门按照国务院规定的职责,组织稽查特派员,对国家出资的重大建设项目实施监督检查;国务院经济贸易主管部门按国务院规定的职责,对国家重大技术改造项目实施监督检查。国务院建设行政主管部门和国务院铁路、交通、水利等有关专业部门、县级以上地方人民政府建设行政主管部门和其他有关部门,对有关建设工程质量的法律、法规和强制性标准执行情况加强监督检查。

县级以上政府建设行政主管部门和其他有关部门履行检查职责时,有权要求被检查的单位提供有关工程质量的文件和资料,有权进入被检查单位的施工现场进行检查,在检查中发现工程质量存在问题时,有权责令改正。

政府的工程监督管理具有权威性、强制性和综合性的特点。

2. 管理职能

1)建立和完善工程质量管理法规

工程质量管理法规包括行政性法规和工程技术规范标准,前者如《建筑法》、《招标投标法》、《建筑工程质量管理条例》等,后者如工程设计规范、建筑工程施工质量验收统一标准、工程施工质量验收规范等。

2)建立和落实工程质量责任制

工程质量责任制包括工程质量行政领导的责任、项目法定代表人的责任、参建单位法定代表人的责任和工程质量终身负责制等。

3)建立和落实工程安全责任制

工程安全责任制包括工程安全行政领导的责任、项目法定代表人的责任、参建单位法定代表人的责任和工程参建各方人员的负责制等。

4)建设活动主体资格的管理

国家对从事建设活动的单位实行严格的从业许可制度,对从事建设活动的专业技术人员实行严格的执业资格制度。建设行政主管部门及有关专业部门各自分工,负责各类资质标准的审查、从业单位资质等级的最后认定、专业技术人员资格等级的核查和注册,并对资质等级和从业范围等实施动态管理。

5）工程承发包市场管理

工程承发包市场管理包括规定工程招投标承发包的范围、类型、条件，对招投标承发包活动的依法监督和工程合同管理。

6）控制工程建设程序

工程建设程序包括工程报建、施工图设计文件以（下简称施工图）审查、工程施工许可、工程材料和设备准用、工程质量监督以及施工验收备案等管理。

1.3.4 对项目的监督管理

我国政府对项目的监督管理包括对项目的决策阶段和项目的实施阶段的监督管理。按照我国政府机关行政分工的格局，项目的决策阶段大体上是由计划、规划、土地管理、环保和公安（消防）等部门负责；项目实施阶段主要由建设主管部门负责。它们代表国家行使或委托专门机构行使政府职能，依照法律法规、标准等依据，运用审查、许可、检查、监督和强制执行等手段，实现监督管理目标。

1. 建立工程项目建设程序

工程项目建设程序是指一项工程项目从设想、提出到决策，经过设计、施工直至投产使用的整个过程中应当遵循的内在规律和组织制度。工程项目是一次性任务，项目之间千差万别，但实施过程有共同的规律。只有遵守这个客观规律，按照科学的建设程序办事，项目建设才能取得预定的成效和综合的社会效益。

随着我国经济体制改革的深入，市场经济的因素逐步渗透到工程项目建设程序中，使建设程序更加合理、科学。现行的工程项目建设程序与计划体制下的建设程序相比，最大的变化是以下几点。首先是在项目决策阶段增加了咨询评估制度，也就是在决策阶段增加了项目建议书、可行性研究和评估等系列性工作。其次是实行了工程建设监理制。工程建设项目监理制的实行，使我国形成了在政府有关部门的监督管理下，由业主、承包商、监理单位直接参加的"三方"管理体制。监理作为一种协调和约束机制的出现，对我国工程项目管理体制产生了深刻的影响。最后是实行工程项目招投标制。工程招投标是在市场经济条件下进行工程建设项目的发包与承包所采用的一种交易方式。它的出现，把市场竞争机制引入项目建设中，使工程项目建设活动更具有活力。

2. 工程项目决策阶段监督管理

政府对项目决策阶段的监督管理包括宏观管理和微观管理，在宏观上是确定固定资产投资规模、方向、结构、速度和效果；在微观上则是对工程项目的审定，包括项目建议书和可行性研究报告的审批等工作。

1）工程项目建议书的审批

根据我国现行规定，项目的性质不同其建议书的审批程序也不同。如对基本建设项目的建议书的审批规定是大中型项目由国家发展计划部门审批；投资在2亿元以上的重大项目，由国家发展计划部门审核后报国务院审批；小型项目按隶属关系，由主管部门或省、自治区、直辖市的发展计划部门审批；由地方投资安排建设的院校、医院及其他文教卫生事业的大中型基本建设项目，其项目建议书均不报国家发展计划部门审批，由省、自治区、直辖市和计划单列市发展计划部门审批，同时抄报国家发展计划部门和有关部门备案。

2）可行性研究报告的审批

可行性研究报告编制完成后，由投资部门正式报批。根据规定，大中型项目的可行性研究报告由各主管部、市、自治区或各全国性专业公司负责预审，报国家发展计划部门审批或由国家发展计划部门委托有关单位审批；重大或特殊项目的可行性研究报告，由国家发展计划部门会同有关部门预审，报国务院审批；小型项目的可行性研究报告按隶属关系由各主管部、省、市、自治区或全国性专业公司审批。

3. 工程项目实施过程的监督管理

政府对项目实施过程的监督管理涉及工程项目实施的各个阶段、各个方面，主要有以下几个方面。

施工图设计文件审查是政府主管部门对工程勘察设计质量监督管理的重要环节。施工图审查是指国务院建设行政主管部门和省、自治区、直辖市人民政府建设行政主管部门委托依法认定的设计审查机构，根据国家法律、法规、技术标准与规范，对施工图进行结构安全和强制性标准、规范执行情况等进行的独立审查。

1）施工图审查的范围

建筑工程设计等级分级标准中的各类新建、改建、扩建的建筑工程项目均属审查范围。省、自治区、直辖市人民政府建设行政主管部门，可结合本地的实际，确定具体的审查范围。

建设单位应当将施工图报送建设行政主管部门，由建设行政主管部门委托有关审查机构，进行结构安全和强制性标准、规范执行情况等内容的审查。建设单位将施工图报请审查时，应同时提供下列资料：批准的立项文件或初步设计批准文件；主要的初步设计文件；工程勘察成果报告；结构计算书及计算软件名称等。

2）施工图审查的主要内容

（1）建筑物的稳定性、安全性审查，包括地基基础和主体结构是否安全、可靠。

（2）是否符合消防、节能、环保、抗震、卫生和人防等有关强制性标准、规范。

（3）施工图是否达到规定的深度要求。

（4）是否损害公众利益。

4. 施工图审查程序

施工图审查的各环节可按以下步骤办理。

（1）建设单位向建设行政主管部门报送施工图，并作书面登录。

（2）建设行政主管部门委托审查机构进行审查，同时发出委托审查通知书。

（3）审查机构完成审查，向建设行政主管部门提交技术性审查报告。

（4）审查结束，建设行政主管部门向建设单位发出施工图审查批准书。

（5）报审施工图和有关资料应存档备查。

5. 施工图审查管理

审查机构应当在收到审查材料后 20 个工作日内完成审查工作，并提出审查报告；特级和一级项目应当在 30 个工作日内完成审查工作，并提出审查报告，其中重大及技术复杂项目的审查时间可适当延长。对审查不合格的项目，提出书面意见后，由审查机构将施工图退回建设单位，并由原设计单位修改，重新送审。施工图一经审查批准，不得擅自进行修改。如遇特殊情况需要进行涉及审查主要内容的修改时，必须重新报请原审批部门，由原审批部门委托审查机构审查后再批准实施。

1）建筑许可

建筑工程在开工前，业主应当按照国家有关规定向工程所在地县级以上人民政府建设行政主管部门申请领取施工许可证。对国务院建设行政主管部门确定的限额以下的小型工程和按照国务院规定的权限和程序批准开工报告的建筑工程不需领取施工许可证。业主应当在领取施工许可证之日起三个月内开工。因故不能开工的，应当向发证机关申请延期；延期以两次为限，每次不超过三个月。在建工程因故中止施工的，业主应当自中止施工起一个月内，向发证机关报告，恢复施工时也应当向发证机关报告；中止施工满一年的工程恢复施工时，业主应当报发证机关检验施工许可证。

2）工程质量监督

国家实行建设工程质量监督管理制度。工程质量监督管理的主体是各级政府建设行政主管部门和其他有关部门。但由于工程建设周期长、环节多、点多面广，工程质量监督工作是一项专业技术性强且很繁杂的工作，政府部门不可能亲自进行日常检查工作。因此，工程质量监督管理由建设行政主管部门或其他有关部门委托的工程质量监督机构具体实施。工程质量监督机构是经省级以上建设行政主管部门或有关专业部门考核认定，具有独立法人资格的单位。它受县级以上地方人民政府建设行政主管部门或有关专业部门的委托，依法对工程质量进行强制性监督，并对委托部门负责。

工程质量监督机构的主要任务包括以下几方面。

（1）根据政府主管部门的委托，受理建设工程项目的质量监督。

（2）制定质量监督工作方案。确定负责该项工程的质量监督工程师和助理质量监督师。根据有关法律、法规和工程建设强制性标准，针对工程特点，明确监督的具体内容和监督方式。在方案中对地基基础、主体结构和其他涉及结构安全的重要部位和关键过程，作出实施监督的详细计划安排，并将质量监督工作方案通知建设、勘察、设计、施工和监理单位。

（3）检查施工现场工程建设各方主体的质量行为。检查施工现场工程建设各方主体及有关人员的资质或资格；检查勘察、设计、施工、监理单位的质量管理体系和质量责任制落实情况；检查有关质量文件、技术资料是否齐全并符合规定。

（4）检查建设工程实体质量。按照质量监督工作方案，对建设工程地基基础、主体结构和其他涉及安全的关键部位进行现场实地抽查，对用于工程的主要建筑材料、构配件的质量进行抽查。对地基基础分部、主体结构分部和其他涉及安全的分部工程的质量验收进行监督。

（5）监督工程质量验收。监督建设单位组织的工程竣工验收的组织形式、验收程序以及在验收过程中提供的有关资料和形成的质量评定文件是否符合有关规定，实体质量是否存在严重缺陷，工程质量验收是否符合国家标准。

（6）向委托部门报送工程质量监督报告。报告的内容应包括对地基基础和主体结构质量检查的结论，工程施工验收的程序、内容和质量检验评定是否符合有关规定及历次抽查该工程的质量问题和处理情况等。

（7）对预制建筑构件和商品混凝土的质量进行监督。
（8）受委托部门委托按规定收取工程质量监督费。
（9）政府主管部门委托的工程质量监督管理的其他工作。

工程质量监督的基本程序是业主在领取施工许可证或者开工报告前，按照国家的有关规定办理工程质量监督手续，提交勘察设计资料等有关文件；监督部门在接到文件后确定该工程的监督员，提出监督计划，并通知业主、勘察、设计施工单位，按照监督计划依法实施监督检查。

3）工程质量检测制度

工程质量检测工作是对工程质量进行监督管理的重要手段之一。工程质量检测机构是对建设工程、建筑构件、制品及现场所用的有关建筑材料、设备质量进行检测的法定单位。在建设行政主管部门领导和标准化管理部门指导下开展检测工作，其出具的检测报告具有法定效力。法定的国家级检测机构出具的检测报告，在国内为最终裁定，在国外具有代表国家的性质。

4）竣工验收管理

业主在接到建设工程竣工报告后，应当组织设计、施工和监理等单位进行竣工验收，验收合格后才可交工使用。业主在竣工验收合格之日起15日内，将建设工程竣工报告和规划、公安消防以及环保等部门出具的认可或者许可使用文件报建设行政主管部门或者其他有关部门备案。

5）工程质量保修制度

建设工程质量保修制度是指建设工程在办理交工验收手续后，在规定的保修期限内，因勘察、设计、施工和材料等原因造成的质量问题，要由施工单位负责维修、更换，由责任单位负责赔偿损失。质量问题是指工程不符合国家工程建设强制性标准、设计文件以及合同中对质量的要求。

建设工程承包单位在向建设单位提交工程竣工验收报告时，应向建设单位出具工程质量保修书，质量保修书中应明确建设工程保修范围、保修期限和保修责任等。

在正常使用条件下，建设工程的最低保修期限如下。

（1）基础设施工程、房屋建筑工程的地基基础和主体结构工程，为设计文件规定的该工程的合理使用年限。

（2）屋面防水工程、有防水要求的卫生间、房间和外墙面的防渗漏，为5年。

（3）供热与供冷系统，为2个采暖期、供冷期。

（4）电气管线、给排水管道、设备安装和装修工程，为2年。

其他项目的保修期由发包方与承包方约定。保修期自竣工验收合格之日起计算。

建设工程在保修范围和保修期限内发生质量问题的施工单位应当履行保修义务。

6）安全与环保监督管理

安全与环保是工程项目建设的两个重要内容，是关系到人民的生活质量和生命财产的大事。政府各部门对安全与环保的监督管理贯穿于项目建设的全过程。

1.3.5 建设工程监理制

1988年7月建设部颁发了《关于开展建设监理工作的通知》，标志着我国建设工程监理制开始试点。1998年3月施行的《建筑法》第三十条规定"国家推行建筑工程监理制度"，建设工程监理制度从此在我国全面推行。

建设工程监理制度的实行是我国工程建设领域管理体制的重大改革，目的在于提高建设工程的投资效益和社会效益。监理制逐步取代了我国传统的建设工程管理模式，即建设单位自行管理和工程建设指挥部管理，使得建设单位的工程项目管理走上了专业化、社会化的道路。随着我国加入世界贸易组织（World Trade Organization，WTO），建设工程监理必将在制度化、规范化和科学化方面迈上新的台阶，并向国际监理水准迈进。

1. 建设工程监理的定义

建设工程监理是指针对建设工程项目，具有相应资质的工程监理企业接受建设单位的委托和授权，依据国家批准的工程建设文件、有关的法律、法规、规章和标准、规范、建设工程委托监理合同以及有关的建设工程合同所进行的工程项目管理活动。

建设工程监理不同于建设行政主管部门的监督管理，也不同于总承包单位对分包单位的监督管理，其行为主体是具有相应资质的工程监理企业。

《建筑法》第三十一条规定"实行监理的建筑工程，由建设单位委托具有相应资质条件的工程监理单位监理。建设单位与其委托的工程监理单位应当订立书面委托监理合同"。可见，工程监理企业是经建设单位的授权，代表其对承建单位的建设行为进行监控。当然，工程监理企业同时应依据国家有关的法律、法规、规章和标准、规范以及有关的建设工程合同开展监理工作。

根据2000年1月国务院发布的《建设工程质量管理条例》和2001年1月建设部发布的《建设工程监理范围和规模标准规定》，以下建设工程必须实行监理：

（1）国家重点建设工程；

（2）总投资额在3000万元以上的大中型公用事业工程；

（3）建筑面积在5万平方米以上的、成片开发建设的住宅小区工程；

（4）高层住宅及地基、结构复杂的多层住宅；

（5）利用外国政府或者国际组织贷款、援助资金的工程；

（6）总投资额在3000万元以上关系社会公共利益、公众安全的基础设施项目；

（7）学校、影剧院和体育场馆项目。

建设工程监理适用于工程建设投资决策阶段和实施阶段，其工作的主要内容包括协助建设单位进行工程项目可行性研究，优选设计方案、设计单位和施工单位，审查设计文件，控制工程质量、投资和工期，监督、管理建设工程合同的履行以及协助建设单位与工程建设有关各方的工作关系等。

由于建设工程监理工作具有技术管理、经济管理、合同管理、组织管理和工作协调等多项业务职能，因此对其工作内容、方式、方法、范围和深度均有特殊要求。鉴于目前监理工作在建设工程投资决策阶段和设计阶段尚未形成系统、成熟的经验，需要通过实践进一步研究探索，所以，现阶段建设工程监理主要发生在建设工程施工阶段。

2. 建设工程监理的性质

1) 服务性

在工程项目建设过程中，工程监理企业利用监理人员的知识、技能和经验、信息以及必要的试验、检测手段，为建设单位提供专业化管理服务，以满足建设单位对工程项目管理的需要。因此，其直接服务对象是客户，是委托方，即项目建设单位。

2) 科学性

建设工程监理是为建设单位提供一种高智能的技术服务，是以协助建设单位实现其投资目的，力求在预定的投资、进度、质量目标内实现工程项目为己任，这就要求工程监理企业从事监理活动应当遵循科学的准则。

3) 独立性

《建筑法》第三十四条规定"工程监理单位与被监理工程的承包单位以及建筑材料、建筑构配件和设备供应单位不得有隶属关系或者其他利害关系"。2001年5月施行的《建设工程监理规范》中规定"监理单位应公正、独立、自主地开展监理工作，维护建设单位和承包单位的合法权益"。

工程监理单位在履行监理合同义务和开展监理活动的过程中，要建立自己的组织，要确定自己的工作准则，要运用自己掌握的方法和手段，根据自己的判断，独立地开展工作。要严格遵守有关的法律、法规、规章和标准、规范、建设工程委托监理合同以及有关的建设工程合同的规定。工程监理单位既要竭诚为建设单位服务，协助实现工程项目的预定目标，也要按照公正、独立、自主的原则开展监理工作。

4) 公正性

《建筑法》第三十四条规定"工程监理单位应当根据建设单位的委托，客观、公正地执行监理任务"。公正是指工程监理企业在监理活动中既要维护建设单位的利益，又不能损害承包单位的合法利益，并依据合同公平、合理地处理双方之间的争议、索赔。

公正性是监理工程师应严格遵守的职业道德之一，是工程监理企业得以长期生存、发展的必然要求，也是监理活动正常和顺利开展的基本条件。工程监理单位和监理工程师应当排除各种干扰，以公正的态度对待委托方和被监理方，特别是当业主和被监理方发生利益冲突或矛盾时，应以事实为依据，以有关法律、法规和双方所签订的工程建设合同为准绳，站在第三方立场上公正地加以解决和处理，做到"公正地证明、决定或行使自己的处理权"。

3. 建设工程监理的作用

十余年来，全国各省、市、自治区和国务院各部门都已全面开展了监理工作。建设工程监理在工程建设中发挥着越来越重要的作用，受到了社会的广泛关注和普遍认可。

建设工程监理的作用主要表现在以下几方面。

（1）建设工程监理有利于提高建设工程投资决策的科学化。

（2）建设工程监理有利于规范参与工程建设各方的建设行为。

（3）建设工程监理有利于保证建设工程质量和使用安全。

（4）建设工程监理有利于提高建设工程的投资效益和社会效益。

4. 工程监理企业及其组织形式

工程监理企业是指取得工程监理企业资质证书并从事建设工程监理工作的经济组织，是监理工程师的执业机构，公司制监理企业具有法人资格。

在工程建设领域，建设工程监理制的推行，使工程建设管理成为在政府有关部门的监督管理之下，由项目建设单位、承建单位、工程监理企业直接参加的"三方"管理体制。工程监理企业作为建筑市场的三大主体之一，在二十几年的实践中，已显现出重要的作用。随着建设工程监理事业的发展，其将发挥出越来越重要的作用。

工程监理企业按照组织形式分为公司制工程监理企业、合伙工程监理企业、个人独资工程监理企业、中外合资经营工程监理企业和中外合作经营工程监理企业。

1) 工程监理企业资质及其管理

为了维护建筑市场秩序，保证建设工程的质量、工期和投资效益的发挥，国家对工程监理企业实施资质管理。

工程监理企业应当按照其拥有的注册资本、专业技术人员和工程监理业绩等资质条件申请资质，经审查合格，取得相应等级的资质证书后，方可在其资质等级许可的范围内从事工程监理活动。

2) 工程监理企业的资质等级

根据建设部2007年发布的《工程监理企业资质管理规定》，工程监理企业的资质等级分为综合资质、专业资质和事务所资质。其中综合资质和事务所资质不分级别，专业资质分为甲级、乙级和丙级。同时，按照工程性质和技术特点划分为房屋建筑工程、冶炼工程、矿山工程、化工石油工程、水利水电工程、电力工程、农林工程、铁路工程、公路工程、港口与航道工程、航天航空工程、通信工程、市政公用工程和机电安装工程14个专业工程类别。每个专业工程类别按照工程规模或技术复杂程度又分为三个等级，以房屋建筑工程为例，如表1-2所示是该专业工程划分为三个等级的具体标准。

表1-2 房屋建筑工程等级

工程类别		一等	二等	三等
房屋建筑工程	一般房屋建筑工程	28层以上； 36m跨度以上（轻钢结构除外）； 单项工程建筑面积3万 m^2 以上	14～18层； 24～36m跨度（轻钢结构除外）； 单项工程建筑面积1万～3万 m^2	14层以下； 24m跨度以下（轻钢结构除外）； 单项工程建筑面积1万 m^2 以下
	高耸构筑工程	高度120m以上	高度70～120m	高度70m以下
	住宅小区工程	建筑面积12万 m^2 以上	建筑面积6万～12万 m^2	建筑面积6万 m^2 以下

工程监理企业的资质等级标准如下。

(1) 甲级。

① 企业负责人和技术负责人应当具有15年以上从事工程建设工作的经历，企业技术负责人应当取得监理工程师注册证书。

② 取得监理工程师注册证书的人员不少于25人。

③ 注册资本不少于100万元。

④ 近三年内监理过5个以上二等房屋建筑工程项目或者3个以上二等专业工程项目。

(2) 乙级。

① 企业负责人和技术负责人应当具有10年以上从事工程建设工作的经历，企业技术负责人应当取得监理工程师注册证书。

② 取得监理工程师注册证书的人员不少于 15 人。

③ 注册资本不少于 50 万元。

④ 近三年内监理过五个以上三等房屋建筑工程项目或者三个以上三等专业工程项目。

（3）丙级。

① 企业负责人和技术负责人应当具有 8 年以上从事工程建设工作的经历，企业技术负责人应当取得监理工程师注册证书。

② 取得监理工程师注册证书的人员不少于 5 人。

③ 注册资本不少于 10 万元。

④ 承担过两个以上房屋建筑工程项目或者一个以上专业工程项目。

甲级工程监理企业可以监理经核定的工程类别中一、二、三等工程；乙级工程监理企业可以监理经核定的工程类别中二、三等工程；丙级工程监理企业可以监理经核定的工程类别中三等工程。甲、乙、丙级资质工程监理企业的经营范围均不受国内地域限制。

工程监理企业的资质包括主项资质和增项资质。若工程监理企业申请多项专业工程资质，则其主要选择的一项为主项资质，其余各项均为增项资质，且增项资质级别不得高于主项资质级别。该工程监理企业的注册资本应达到主项资质等级标准的要求，同时，从事增项专业工程监理业务的注册监理工程师应当符合专业要求。

3）工程监理企业资质管理

国务院建设行政主管部门负责全国工程监理企业资质的归口管理工作。国务院铁道、交通、水利、信息产业、民航等有关部门配合国务院建设行政主管部门实施相关资质类别工程监理企业资质的管理工作。

省、自治区、直辖市人民政府建设行政主管部门负责本行政区域内工程监理企业资质的归口管理工作。省、自治区、直辖市人民政府交通、水利、通信等有关部门配合同级建设行政主管部门实施相关资质类别工程监理企业资质的管理工作。

建设行政主管部门对工程监理企业资质实行年检制度。甲级工程监理企业资质，由国务院建设行政主管部门负责年检；乙、丙级工程监理企业资质，由企业注册所在省、自治区、直辖市人民政府建设行政主管部门负责年检。

5．监理工程师

1）监理工程师的定义

监理工程师是指在全国监理工程师执业资格考试中成绩合格，取得《监理工程师执业资格证书》，并经注册取得《监理工程师注册证书》，从事建设工程监理的专业人员。监理工程师是岗位职务而不是技术职称。

从事建设工程监理工作，但尚未取得《监理工程师注册证书》的人员统称为监理员。

工程监理企业在履行委托监理合同时，必须在工程建设现场建立项目监理机构。项目监理机构是工程监理企业派驻工程项目负责履行委托监理合同的组织机构。在完成委托监理合同约定的监理工作后，项目监理机构方可撤离现场。我国将项目监理机构中工作的监理人员按其岗位职责不同分为四类，即总监理工程师、总监理工程师代表、专业监理工程师和监理员。

（1）总监理工程师是由工程监理企业法定代表人书面授权，全面负责委托监理合同的履行、主持项目监理机构工作的监理工程师。总监理工程师由具有三年以上同类工程监理经验的监理工程师担任。

我国建设工程监理实行总监理工程师负责制。在项目监理机构中，总监理工程师对外代表工程监理企业，对内负责项目监理机构的日常工作。一名总监理工程师只宜担任一项委托监理合同的项目总监理工程师工作。当需要同时担任多项委托监理合同的项目总监理工程师时，须经建设单位书面同意，且最多不得超过3项。开展监理工作时，若需要调整总监理工程师，工程监理企业应征得建设单位同意并书面通知建设单位。

（2）总监理工程师代表是经工程监理企业法定代表人同意，由总监理工程师授权，代表总监理工程师行使其部分职责和权力的项目监理机构中的监理工程师。总监理工程师代表由具有两年以上同类工程监理经验的监理工程师担任。

总监理工程师在监理工作必要时配备总监理工程师代表。

（3）专业监理工程师是根据项目监理岗位职责分工和总监理工程师的指令，负责实施某一专业或某一方面的监理工作，具有相应监理文件签发权的监理工程师。专业监理工程师应由具有1年以上同类工程监理经验的监理工程师担任。

监理工程师在注册时，《监理工程师注册证书》上即注明了专业工程类别。专业监理工程师是项目监理机构中的一种岗位设置，可按工程项目的专业设置，也可按部门或某一方面的业务设置。工程项目如涉及特殊行业（如爆破工程），从事此类项目监理工作的专业监理工程师还应符合国家有关对专业人员资格的规定。开展监理工作时，若需要调整专业监理工程师，总监理工程师应书面通知建设单位和承包单位。

（4）监理员是经过监理业务培训，具有某类工程相关专业知识，从事具体监理工作的监理人员。监理员属于工程技术人员，不同于项目监理机构中的其他行政辅助人员。

项目监理机构的监理人员应专业配套、数量满足工程项目监理工作的需要。

2）监理工程师的素质

工程监理企业的职责是受建设工程项目建设单位的委托对建设工程进行监督和管理。具体从事监理工作的监理人员，不仅要对工程项目的建设过程进行监督管理，提出指导性的意见，而且要能够组织、协调与建设工程有关的各方共同实现工程目标。这就要求监理人员，尤其监理工程师是一种复合型人才，既要具备一定的工程技术或工程经济方面的专业知识，还要有一定的组织协调能力。对监理工程师素质的要求，主要体现在以下几个方面。

（1）复合型的知识结构和丰富的工程建设实践经验。作为一名监理工程师，至少应掌握一种专业工程的有关理论知识，没有专业理论知识的人无法担任监理工程师岗位工作。除此之外，监理工程师还应学习、掌握一定的建设工程经济、法律和组织管理等方面的理论知识，从而成为一专多能的复合型人才，肩负起在工程建设领域中的使命。

（2）良好的品德和职业道德。监理工程师应热爱本职工作，具有科学的工作态度，具有廉洁奉公、为人正直、办事公道的高尚情操，能够听取各方意见、冷静分析问题。监理工程师还应严格遵守自己的职业道德守则。

（3）健康的身体和充沛的精力。尽管建设工程监理是一种高智能的技术服务，以脑力劳动为主，但为了胜任繁忙、严谨的监理工作，监理工程师也须具有健康的身体和充沛的精力。所以，我国规定年满65周岁的监理工程师就不再予以注册。

3) 监理工程师资格考试

为了适应建立社会主义市场经济体制的要求，加强建设工程项目监理，确保工程建设质量，提高监理人员专业素质和建设工程监理工作水平，建设部、人事部自 1997 年起，在全国举行监理工程师执业资格考试。这样做，既符合国际惯例，又有助于开拓国际建设工程监理市场。

（1）考试报名条件。

凡中华人民共和国公民，遵纪守法，具有工程技术或工程经济专业大专以上（含大专）学历，并符合下列条件之一者，可申请参加监理工程师执业资格考试。

① 具有按照国家有关规定评聘的工程技术或工程经济专业中级专业技术职务，并任职满三年。

② 具有按照国家有关规定评聘的工程技术或工程经济专业高级专业技术职务。

申请参加监理工程师执业资格考试，由本人提出申请，所在工作单位推荐，持报名表到当地考试管理机构报名，并交验学历证明、专业技术职务证书。

（2）考试科目。

考试科目有四科，即《建设工程监理基本理论和相关法规》、《建设工程合同管理》、《建设工程质量、投资、进度控制》和《建设工程监理案例分析》。符合免试条件的人员可以申请免试《建设工程合同管理》和《建设工程质量、投资、进度控制》两科。

（3）考试管理。

根据我国国情，对监理工程师执业资格考试工作，实行政府统一管理的原则。国家成立由建设行政主管部门、人事行政主管部门、计划行政主管部门和有关方面的专家组成的"全国监理工程师资格考试委员会"；省、自治区、直辖市成立"地方监理工程师资格考试委员会"。

参加四个科目考试的人员成绩的有效期为两年，实行两年滚动管理办法，考试人员必须在连续两年内通过四科考试，方可取得《监理工程师执业资格证书》。参加两个科目考试的人员必须在一年内通过两科考试，方可取得《监理工程师执业资格证书》。

4) 监理工程师注册

监理工程师是一种岗位职务，经注册的监理工程师具有相应的责任和权力。仅取得《监理工程师执业资格证书》，没有取得《监理工程师注册证书》的人员，则不具备这些权力，也不承担相应的责任。

监理工程师只能在一家工程监理企业、按照专业类别注册。监理工程师的注册分为三种形式，即初始注册、续期注册和变更注册。

5) 项目监理机构各类监理人员的基本职责

项目监理机构的监理人员包括总监理工程师、专业监理工程师和监理员，必要时可配备总监理工程师代表。各类监理人员的基本职责应按照工程建设阶段和建设工程的具体情况确定。以施工阶段为例，依照《建设工程监理规范》的规定，项目总监理工程师、总监理工程师代表、专业监理工程师和监理员的基本职责如下。

（1）总监理工程师职责。

① 确定项目监理机构人员的分工和岗位职责。

② 主持编写项目监理规划、审批项目监理实施细则，并负责管理项目监理机构的日常工作。

③ 审查分包单位的资质，并提出审查意见。

④ 检查和监督监理人员的工作，根据工程项目的进展情况可进行人员调配，对不称职的人员应调换其工作。

⑤ 主持监理工作会议，签发项目监理机构的文件和指令。

⑥ 审定承包单位提交的开工报告、施工组织设计、技术方案和进度计划。

⑦ 审核签署承包单位的申请、支付证书和竣工结算。

⑧ 审查和处理工程变更。

⑨ 主持或参与工程质量事故的调查。

⑩ 调解建设单位与承包单位的合同争议、处理索赔、审批工程延期。

⑪ 组织编写并签发监理月报、监理工作阶段报告、专题报告和项目监理工作总结。

⑫ 审核签认分部工程和单位工程的质量检验评定资料，审查承包单位的竣工申请，组织监理人员对验收的工程项目进行质量检查，参与工程项目的竣工验收。

⑬ 主持整理工程项目的监理资料。

(2) 总监理工程师代表职责。

① 负责总监理工程师指定或交办的监理工作。

② 按总监理工程师的授权，行使总监理工程师的部分职责和权力。

总监理工程师不得将下列工作委托总监理工程师代表。

① 主持编写项目监理规划、审批监理实施细则。

② 签发工程开工/复工报审表、工程暂停令、工程款支付证书和工程竣工报验单。

③ 审核签认竣工结算。

④ 调解建设单位与承包单位的合同争议、处理索赔，审批工程延期。

⑤ 根据工程项目的进展情况进行监理人员的调配，调换不称职的监理人员。

(3) 专业监理工程师职责。

① 负责编写本专业的监理实施细则。

② 负责本专业监理工作的具体实施。

③ 组织、指导、检查和监督本专业监理员的工作，当人员需要调整时，向总监理工程师提出建议。

④ 审查承包单位提交的涉及本专业的计划、方案、申请、变更，并向总监理工程师提出报告。

⑤ 负责本专业分项工程验收及隐蔽工程验收。

⑥ 定期向总监理工程师提交本专业监理工作实施情况报告，对重大问题及时向总监理工程师汇报和请示。

⑦ 根据本专业监理工作实施情况做好监理日记。

⑧ 负责本专业监理资料的收集、汇总及整理，参与编写监理月报。

⑨ 核查进场材料、设备、构配件的原始凭证、检测报告等质量证明文件及其质量情况，根据实际情况认为有必要时对进场材料、设备、构配件进行平行检验，合格时予以签认。

⑩ 负责本专业的工程计量工作，审核工程计量的数据和原始凭证。

(4) 监理员职责。

① 在专业监理工程师的指导下开展现场监理工作。

② 检查承包单位投入工程项目的人力、材料、主要设备及其使用、运行状况，并做好检查记录。

③ 复核或从施工现场直接获取工程计量的有关数据并签署原始凭证。

④ 按设计图及有关标准，对承包单位的工艺过程或施工工序进行检查和记录，对加工制作及工序施工质量检查结果进行记录。

⑤ 担任旁站工作，发现问题及时指出并向专业监理工程师报告。

⑥ 做好监理日记和有关的监理记录。

6．建设工程监理工作文件

建设工程监理工作文件是指监理大纲、监理规划和监理实施细则。

1）监理大纲

监理大纲是在建设单位监理招标过程中，工程监理企业为承揽监理业务而编写的监理方案性文件，是工程监理企业投标书的核心内容。

编写监理大纲的作用有两个：一是使建设单位认可监理大纲中的监理方案，从而使得工程监理企业承揽到监理业务；二是中标后项目监理机构编写监理规划的直接依据。

监理大纲由工程监理企业指定经营部门或技术部门管理人员，或者拟任总监理工程师负责编写。

监理大纲的内容应当根据监理招标文件的要求制定。主要内容有以下几点。

（1）工程监理企业拟派往项目监理机构的监理人员，并对人员资格情况进行介绍。尤其应重点介绍拟任总监理工程师这一项目监理机构的核心人物，总监理工程师的人选往往是能否承揽到监理业务的关键。

（2）拟采用的监理方案。工程监理企业应根据建设单位所提供的以及自己初步掌握的工程信息制定准备采用的监理方案，主要包括项目监理机构、设计方案、建设工程三大目标的控制方案、合同管理方案、监理档案资料管理方案和组织协调方案等内容。

（3）计划提供给建设单位的监理阶段性文件。经建设单位和工程监理企业谈判确定了的监理大纲，应当纳入委托监理合同的附件中，成为监理合同文件的组成部分。

2）监理规划

监理规划是工程监理企业接受建设单位委托并签订委托监理合同之后，由项目总监理工程师主持，根据委托监理合同，在监理大纲的基础上，结合项目的具体情况，广泛收集工程信息和资料的情况下制定的指导整个项目监理机构开展监理工作的指导性文件。

监理规划应在签订委托监理合同及收到设计文件后开始编制。从内容范围上讲，监理大纲与监理规划都是围绕着整个项目监理机构将开展的监理工作来编写的，但监理规划的内容要比监理大纲详实、全面。

监理规划由项目总监理工程师主持、各专业或子项监理工程师参加编写，经工程监理企业技术负责人审批批准，并在召开第一次工地会议前报送建设单位，由建设单位确认并监督实施。

监理规划将委托监理合同中规定的工程监理企业应承担的责任及监理任务具体化，是项目监理机构科学、有序地开展监理工作的基础。在监理工作实施过程中，如实际情况或条件发生重大变化而需要调整监理规划时，应由总监理工程师组织专业监理工程师研究修改，按原报审程序经过批准后报建设单位。

监理规划除了指导项目监理机构全面开展监理工作之外,还是建设监理主管机构对工程监理企业实施监督管理的依据,是建设单位确认工程监理企业是否全面履行委托监理合同的依据,也是工程监理企业内部考核的依据和重要的存档资料。

监理规划编写的依据有工程建设方面的法律、法规,建设工程外部环境资料,政府批准的工程建设文件,建设工程委托监理合同以及其他建设工程合同,建设单位的正当要求,监理大纲,工程实施过程输出的有关工程信息等。

3) 监理实施细则

对中型及以上或专业性较强的工程项目,项目监理机构应编制监理实施细则。监理实施细则是项目监理机构根据监理规划,针对工程项目中某一专业或某一方面监理工作编写的操作性文件。

监理实施细则由专业监理工程师编写,经总监理工程师审批。

监理实施细则应符合监理规划的要求,并结合工程项目的专业特点,做到详细具体、具有可操作性。与监理规划相比,监理实施细则的内容具有局部性,是各专业监理工程师及其所在部门围绕本专业、本部门的监理工作来编写的,其作用是指导具体监理业务的开展。

监理实施细则的主要内容有专业工程的特点、监理工作的流程、监理工作的控制要点及目标值、监理工作的方法及措施。

4) 监理大纲、监理规划和监理细则的关系如图 1.15 所示。

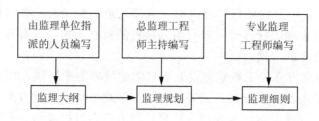

图 1.15 监理大纲、监理规划和监理细则的关系

1.3.6 代建制

1. 代建制的产生背景

政府投资项目(在国外称为 Government Investment Project 或 Public Investment Project)一般是指为了适应和推动国民经济或区域经济的发展,为了满足社会的文化、生活需要以及出于政治、国防等因素的考虑,由政府通过财政投资,发行国债或地方财政债券,向证券市场或资本市场融资,利用外国政府赠款、国家财政担保的国内外金融组织贷款以及行政事业性收入等方式独资或合资兴建的固定资产投资项目。政府投资项目按照建设项目的性质分为经营性项目和非经营性项目。

长期以来,我国政府投资项目基本上都是由使用单位通过组建临时基建班子(如基建办、工程建设指挥部等)进行建设管理。这样,政府投资建设项目的投资主体是政府,而基建办或工程建设指挥部一类的非法人机构根本不需承担筹措和运作资金的责任,即只管花钱不管偿债,再者,由于在整个建设实施过程中,没有一个相应的部门或机构代表政府来履行管理和监督责任,因此政府投资项目传统管理模式的弊端是很突出的。

(1) 缺乏强有力的投资风险约束机制，项目"三超"（即超投资、超规模、超工期）现象非常突出。

(2) 项目管理缺乏完善的组织形式，项目建设管理资源配置不合理。

(3) 工程目标难以实现，工期质量难以保证。

(4) 招投标不规范。

(5) 工程项目监督不力，违法乱纪现象时有发生。

从1993年开始，厦门市在深化工程建设管理体制改革的过程中，就通过采用招标或直接委托等方式，将一些基础设施和社会公益性的政府投资项目委托给一些有实力的专业公司，由这些公司代替业主对项目实施建设。1999年初，上海浦东咨询公司受原上海市计委委托，全过程代理建设上海市收教收治综合基地项目，开始了上海市财政投资项目以"代建制"形式委托中介机构进行建设的试点。2002年以后，北京、宁波、深圳、重庆等地开始了"代建制"的试点工作。

借鉴国外对政府投资项目的先进管理经验，对经营性政府投资项目采用项目法人责任制，对非经营性政府投资项目采取项目专业化管理就成为一种必然趋势。《国务院关于投资体制改革的决定》（国发［2004］20号）明确提出："对非经营性政府投资项目加快推行'代建制'，即通过招标等方式，选择专业化的项目管理单位负责建设实施，严格控制项目投资、质量和工期，竣工验收后移交给使用单位。"

2. 代建制的主要特点

代建制较现行的工程总承包、项目融资建设等模式有所不同，具有自身的特点。

(1) 非经营性政府投资项目实施代建制。

(2) 非经营性政府投资项目利益相关主体三分开。非经营性政府投资项目利益方主要是投资人、代建单位和使用人，代建制模式将三方分开，促使政府投资工程"投资、建设、管理、使用"的职能分离，通过专业化项目管理最终达到控制投资、提高投资效益和管理水平的目的。

(3) 代建单位一般通过招标方式产生。政府投资代建项目的代建单位一般应通过招标确定，而不应指定。

(4) 代建单位的收益来自代建管理费和工程项目投资节余奖励。代建制采取经济合同监督制，代建单位的收益体现在两方面：一是在招投标中确定的代建单位的管理费，目前，关于代建服务的取费标准国家尚无统一规定；二是项目建成竣工验收，并经竣工财务决算审核批准后，如决算投资比合同约定投资有节余，代建单位可享受分成奖励。

(5) 代建制具有较为严谨的风险控制模式。主要体现在对代建单位责任赔偿的规定和履约保函的要求。有的地方规定，代建单位需提供项目投资额10%~50%的履约保函，并对责任赔偿约定：如果代建单位在建设过程中擅自变更建设内容、扩大建设规模、提高建设标准，致使工程延长、投资增加或工程质量不合格，所造成的损失或投资增加额一律从代建单位的银行履约保函中补偿；履约保函金额不足的，相应扣减项目代建管理费；项目代建管理费不足的，由建设实施单位用自有资金支付，同时，该代建单位在一定时期内不得参与当地政府投资建设项目代建单位投标。

3. 代建制的实施方式

从工程项目的建设程序来分,代建制的实施方式分为全过程代建和两阶段代建。

1) 全过程代建

全过程代建即委托人根据批准的项目建议书,面向社会招标代建单位,由代建单位根据批准的项目建议书,从项目的可研报告开始介入,负责可研报告初步设计、建设实施乃至竣工验收。

全过程代建的优点主要是比较简化投资者、使用单位和代建单位三方的协调关系,有利于其前后期的衔接,缺点如下。

(1) 签代建合同时,不利于确定投资控制目标。

(2) 容易造成代建单位人为地在项目前期阶段扩大项目总投资。

(3) 如果项目本身还有征地、拆迁等因素,易把此类因素造成的项目进展缓慢的风险集中到政府投资部门上来。

2) 两阶段代建

两阶段代建即将建设项目分为项目前期工作阶段代建和项目建设实施阶段代建。项目前期工作阶段代建是从编制项目建议书开始至项目施工总包、监理通过招标方式确定为止,此阶段项目使用单位是主体,是法人,有决策权;项目建设实施阶段代建一般从申领项目开工证开始至项目施工保质期结束,此阶段代建单位拥有决策权。

两阶段代建的优点如下。

(1) 便于调动项目使用单位积极性,加快项目的前期工作。

(2) 可操作性强,且专业化管理的程度较高。

其缺点主要表现在以下两方面。

(1) 投资人需要协调的内容较多,前后期代建之间的衔接易出问题。

(2) 不利于项目工期、质量、投资的总体控制。

4. 代建制的运行模式

目前,代建制在国内的具体运行模式比较有代表性的主要有"上海模式"、"深圳模式"、"北京模式"等。

1) "上海模式"

"上海模式"即政府指定代建公司模式,上海、广州、海南等地实行。"上海模式"的运行如图1.16所示,即由政府组建或指定若干具备较强经济和技术实力的国有建设公司、投资公司或项目管理公司,对政府投资项目实行代理建设,按企业经营管理。

该模式的主要优点如下。

(1) 通过选择代建单位,可以实现防止公共工程招标中的腐败行为,实现对公共工程建设的专业化管理的政策目的。

(2) 政府意愿可以较好地通过项目代建单位实现。

(3) 通过市场化运作,代建单位积极性高。

(4) 有利于代建单位严格控制资金使用。

主要缺点如下。

(1) 具有垄断性,易于出现政府把关不严,代建单位与使用单位的串通,造成概算不科学,不利于市场竞争。

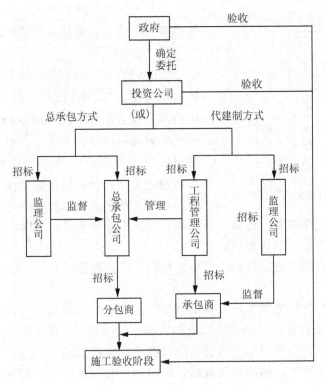

图 1.16 "上海模式"运行

(2) 合同约束力不强。

(3) 使用单位不是合同当事人,难以发挥使用单位的积极性,甚至使用单位不予协助、配合,增加工程建设中的困难。

2) "深圳模式"

"深圳模式"即政府专业管理机构模式,深圳、安徽、珠海等地实行。"深圳模式"的运行如图 1.17 所示,即由政府成立具有较强经济、技术实力的代建管理机构(如工务局),按事业单位管理,对所有政府投资项目实行代理建设。

该模式的主要优点如下。

(1) 以政府部门机构的身份出现,方便协调建设中的各种问题。

(2) 方便政府监督与管理政府的机构,一些合理的变更易于实现。

(3) 代建管理费可以相对较低。

其主要缺点如下。

(1) 没有完全解决政府角色混淆问题。工务局集政府投资项目的业主和政府管理职能于一体,容易产生"建、管"不分带来的传统问题。

(2) 政府人员队伍随着所管的政府投资工程的逐渐增多,压力大、责任重、人手少、办公经费短缺的状况随之出现。

(3) 激励约束机制不明。由于工务局是一个事业单位,对职员缺乏激励效应,缺少对投资控制的内在约束机制,抗风险能力不足,缺乏超概预算行为的责任追究经济承担能力。

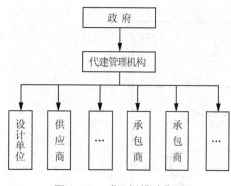

图 1.17 "深圳模式"运行

(4) 工程项目较多时，容易造成代建单位内部管理效益的降低，管理水平降低。

3) "北京模式"

"北京模式"即代建公司竞争模式，北京、重庆等地实行。"北京模式"的运行如图 1.18 所示，即由政府设立准入条件，按市场竞争原则，批准若干具有较强经济和技术实力，有良好建设管理业绩并可承担投资风险的代建公司参与项目代建的竞争，通过公开招标选择代建单位。

该模式的主要优点如下。

(1) 可以引入竞争机制，提高项目管理公司的专业化水平，与国际接轨。

(2) 可以降低投资，节约资金。

(3) 不需要增设新的政府机构，避免了机构、职能重叠。

其主要缺点如下。

(1) 政府在监管上强度较大，并要求有较强的专业技术能力，方可以与专业代建单位进行代建谈判，避免代建公司的索赔和追加费用，政府部门工作量较大。

(2) 一些使用单位合理的变更通过行政审批手段较难实现。

(3) 此种模式有赖于成熟的市场机制，同时对原有制度的冲击较大，实行起来有较大的难度。

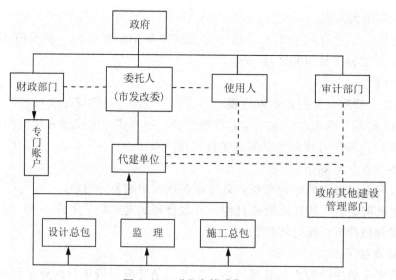

图 1.18 "北京模式"运行

5. 代建制的发展趋势

代建制在非经营性政府投资项目建设管理中的运用已经取得了明显成效，主要表现在如下几方面。

(1) 实行代建制，将工程项目建设管理任务交由专业化、常设性的代建单位，有利于提高投资项目管理的专业化水平。

(2) 充分发挥市场竞争作用，通过建立市场化的委托代理关系，将建设单位和代建单位的责任明确，从机制上避免"三超"现象的发生。

(3) 代建制的实施有效地将政府行政权力与市场行为分离，有助于政府职能转变，遏制寻租行为。

但是也应该看到，目前的代建制在具体运行上还存在若干问题，代建制未来的健康、持续发展应注意解决以下几个突出问题。

(1) "建设"和"使用"必须真正分离。实行代建制的目标之一就是要解决"建设、监管、使用"多位一体的矛盾，但在代建制的实施过程中，一些建设单位出于一己之利，对一些本属于代建单位的工作内容进行干预。这在一定程度上影响了代建单位对工程项目的管理，也影响了代建单位的积极性和主动性，进而影响到工程项目的顺利实施。

(2) 明确对代建制的政府监管机构。在许多地方，由于对代建工作实施监管的具体主管部门不明确，因此就无法对代建单位的招投标、签订代建合同等工作实施必要的监控。而且，如果在项目具体实施的过程中出现问题，也无法及时发现和纠正，为将来工程项目的顺利实施埋下了隐患。

(3) 急需明确代建制取费标准。目前，绝大多数地方在实施代建制的相关文件中没有明确设置代建费取费下限和严格的标准，导致各代建单位在投标中出现无序竞争的现象，使代建费一降再降，同时由于没有担保、保险等相应的配套措施，很可能会将代建单位的低价竞争风险转嫁到对工程项目的管理水平上。

(4) 代建单位的工程项目管理水平还需进一步提高。一方面表现在代建单位在工程项目管理上的人员配备不足。另一方面表现在部分项目管理人员素质和能力不够，特别是对于建筑功能的专业性要求较强的代建项目（如学校、医院等），代建单位缺乏专业人才的现象尤为突出。

1.4 工程项目范围管理

所谓范围，从广义上讲，包含两层含义：一是产品范围，即产品的特征和功能包括在产品或服务中；二是工作范围，即为了能交付所规定的特征和功能的产品而必须完成的全部工作总和。

项目范围也涵盖了以上两层含义，即为了成功达到项目目标，完成最终可交付工程的所有工作总和，它们构成了项目的实施过程。最终可交付工程（产品）是实现项目目标的物质条件，当然也是确定项目范围的核心。

项目范围管理就是对合同约定的项目工作范围进行的定义、计划、控制和变更。进行项目范围管理是为了确定并完成项目的既定目标，通过明确项目有关各方的职责界限，保证项目管理工作的充分性和有效性。它作为项目管理的基础工作，贯穿于项目的全过程，同时应进行动态管理。

项目范围管理的对象包括了两部分工作内容。

(1) 专业工作——专业设计、施工和采购供应等工作。

(2) 管理工作——为实现项目目标所必需的预测、决策、计划和控制工作，进行质量、进度、合同、资源和信息等方面的管理。

项目范围管理的过程应包括项目范围的确定、项目结构分析、项目范围控制等。它们是一环扣一环,共同构成了项目范围管理的主要内容。

1.4.1 项目范围的确定

项目实施前,组织应明确界定项目的范围,提出项目范围说明文件,作为进行项目设计、计划、实施和评价的依据。项目范围的确定应包含以下内容。

1. 项目启动时应考虑的问题

一般来说,组织(或企业)领导层首先要明确该项目能否启动,主要考虑以下几方面的内容。

1) 实施动机

首先要明确客户(或业主)要达到何种目的、有怎样的需求,在此基础上才能判断项目的预期结果能否达到客户的基本要求。

2) 产出物说明

产出物说明一般由客户(或业主)提供,内容较粗略,主要说明了项目产品的特性和功能、项目目标、开展项目的目的、本产品与同类产品的差异等。

3) 企业战略目标

组织应根据自身条件、资源和服务能力等因素,考虑是否能实现组织(或企业)针对项目的既定目标和企业战略目标。

4) 项目的标准

客户(或业主)所设定的项目标准是否与本企业的一致,如果不一致,新标准能否接受;客户提出的解决方案中的若干备选方案能否接受,应建立怎样的评价标准体系。

5) 相关历史资料

相关历史资料是组织进行选择和决策该项目的重要依据,主要包括以往项目的决策信息和执行情况资料。

在组织决定要启动该项目之后,应确定项目的范围,即明确项目的目标和可交付成果的内容,提出项目的总体系统范围并形成说明文件,作为项目设计、计划、实施和成果评价的重要依据,也是进行项目进度管理、合同管理、费用管理、资源管理和质量管理等分块管理的依据。

2. 确定项目范围应做的工作

1) 提出项目目标的定义或范围说明文件

范围说明文件是在关系人之间达成项目范围共识的一个基础,通常包括。

(1) 项目所要满足客户要求的论证(包括必要性、可行性、目的、要求等)。

(2) 项目简要概况。

(3) 项目的可交付成果。

(4) 项目成功完成所需满足的定量标准,如费用、进度和质量标准等目标以及不可量化的目标(如客户满意度)。

在项目任务书、设计文件、计划文件、招标文件和投标文件中都应有明确的项目范围说明,并且在以后的实施过程中也应充分利用此说明文件。当然,在工程实施过程中,项目范围会随着项目目标的调整、环境的改变、计划的调整而变更,其变更会导致工期、成本、质量、安全和资源供应的调整。

2) 详细调查环境条件

企业领导人应在项目计划实施前委派项目经理(或项目负责人),由项目经理来负责明确环境调查的内容和安排调查工作。环境条件调查一般包括如下几方面。

(1) 社会政治环境调查,包括国家或当地社会政局的稳定性,与项目有关的各项政策,及政府能够提供的最大限度的其他环境支持等。特别是政局的稳定调查要首先考虑,因为政局的稳定程度直接影响到组织(或企业)进入市场的可能性和工程项目所承担的风险。

(2) 社会经济环境调查,包括当地社会的经济发展水平,国家的财政制度和财政状况,社会建设资金的供应能力和条件及当地建筑市场的供求状况、人员和机械材料的价格水平、市场的竞争程度等。

(3) 社会的法律环境调查,包括项目所在地的各种法律、法规、部门规章和技术标准、规范等,特别是关于当地的税收和土地政策的优惠条件调查。

(4) 当地的自然和人文环境调查,包括与项目有关的各种自然资源的储备情况,地质水文和气候状况以及当地的人文、风俗、人口素质等。

(5) 项目关系人的环境状况调查,包括项目参与人的企业经营状况,合作伙伴的水平和能力,其他竞争对手的基本情况等。

开展环境调查工作时,应注意尽可能收集各种历史资料及最新、准确的信息,强调其目的性(尽量把握好深度和侧重点)、全面性、客观准确性以及动态性,在详细调查后应作为信息资料归档处理,如表1-3所示。

表1-3 ××项目环境调查分析

调查内容编码	调查内容	调查对象	调查负责人	调查日期	调查结果简述	调查结果评价	文档号	备注

3) 分析项目的限制条件和制约因素

在调查环境条件之后,还必须考虑限制项目管理组织正常运作的相关因素和限制条件,如有限的资金或劳动力资源等。当然,为了以后计划的准确性,另外还要考虑各种假设因素。假设通常包含有一定的风险,因此应充分考虑关联因素及规避措施。这些条件和制约因素作为附加说明应记录下来。

4) 收集同类项目的相关资料

资料包括类似工程的工期、成本、效率、存在问题、经验和教训,对承包人而言,还应准确地分析和理解合同条件。

在确定了项目范围以后,应制订项目范围管理计划,描述项目范围是如何被管理的,范围变更时应怎样与要求相统一。如对项目的稳定评估(稳定系数),预测范围变更的可能性、程度和及其影响,并制定相应对策。在制订项目范围管理计划前还应确定其选择标准,建立一个较完善的指标体系,如投资收益率、市场占有率、用户满意度等各方面的指标。

1.4.2 项目结构分析

1. 项目结构分析概述

在组织明确了项目范围后,项目经理应根据项目范围说明文件进行项目的结构分析,即对项目范围进行系统分析。因为整个工程项目就是有机结合的系统,项目管理者应基于此系统来考虑其全局性、整体的最优性,强调系统的集成和进行目标管理,这正是进行结构分析需要注意的问题。

项目的结构分析是整个项目范围管理的核心,就是将项目范围分解成更小、更易管理、易操作的各工作单元,并保证其定义完整准确,以达到下列目的。

(1) 使成本、进度和资源成为更细化和准确的量化数据。

(2) 为各种后续工作的计划安排(进度、质量、成本、资源)提供一个平台。

(3) 便于进行明确的人员职责分配。

(4) 为实施后检查执行情况和控制确定一个基准线。

(5) 为项目进行信息管理做准备。

从项目全寿命周期管理角度看,项目结构分析是项目管理的基础工作,又是项目管理的得力工具。项目结构分析的准确与否直接会影响到后续的工作,如果工作单元界定不准确,后续工作的变更就不可避免,对项目的进度、成本、质量等计划和控制都会带来不良后果。因此,进行项目的结构分析是项目成功的关键,不容忽视。

项目结构分析是一个渐进的过程,其随着项目目标设计、规划、详细设计和计划工作的进展逐渐细化。它一般包括项目分解、工作单元定义和工作界面分析三部分内容。

2. 项目分解

项目分解就是将项目范围逐层分解至各个可供管理的工作单元,形成树状结构图或项目工作任务表,这都是在统一编码系统的基础上进行的,其分解结果称为工作分解结构(Work Breakdown Structure,WBS)。在项目的计划和实施过程中,应充分利用 WBS,将其作为合同策划、成本管理、进度管理、质量和安全管理以及信息管理的对象。其关系如图 1.19 所示。

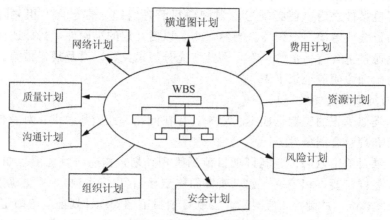

图 1.19 项目分解结构关系

许多行业都有标准或半标准的 WBS 样板，建筑领域也有自己的一套样板模型，在此之前应首先了解 WBS 的层次关系。

1）项目结构分解的层次关系

项目的结构分解就是形成越来越详细的若干层次、类别，并以编码表示若干大小不同的项目单元。WBS 的层次形式一般可分为 6 个层次，如表 1-4 所示。

表 1-4 项目结构分解层次

层次	说明	编码
1	总项目	10000
2	单体项目	11000，12000，13000，…
3	项目任务	11100，11200，12100，12200，…
4	子任务	11110，11120，11210，11220，…
5	工作包	11111，11112，11121，11122，…
6	作业层	不作要求

第一层是总项目，包含了若干个单体项目，每个单体项目又包含了若干个项目任务，每个项目任务又包含了若干个子任务，每个子任务又可分为若干个工作包，每个工作包又可以分为若干个作业层，这样依次进行分解。前三层是项目经理（或项目负责人）根据可行性研究报告和业主的最高决策来分解，主要用于项目经理向业主报告进度和进行总进度控制，称为管理层；后三层是由不同的承包商在投标和中标后，根据工程投标文件或合同范围，在其以上层次分解的基础上继续分解，主要用于承包商的内部计划和控制，因此称为技术层。

编码形式一般采用"父码+子码"，可用数字、字母、英文缩写或汉语拼音缩写来表达，其中最常见的是数字编码，有利于计算机的项目管理信息系统很快识别。例如，"14321"表示项目 1 的第 4 个子项目，第 3 个任务，第 2 个子任务，第 1 个工作包。编码中应注意，当某一层项目单元（一般是技术层）具有同样的性质（如实施工作、分区、功能和要素等），而其上一层单元彼此不相同时，最好采用同一意义的代码，便于项目管理与计划工作的细化。

这样的层次关系可以用树状结构图来表达，图形与组织结构图类似，如后面的图 1.20 所示；还可以用表格形式来表达，即项目工作任务表，如表 1-5 所示。

表 1-5 ××项目工作任务表

工作编码	工作名称	工作任务说明	工作范围	质量要求	费用预算	时间安排	资源要求	组织责任
10000								
11000								
11100								
12000								
12100								
12110								

(续)

工作编码	工作名称	工作任务说明	工作范围	质量要求	费用预算	时间安排	资源要求	组织责任
12120								
12200								
12210								
12220								
13000								
13100								
13200								
…								

由于工程项目的自身行业特点的差异（如工业与民用建筑工程、石油化工工程等）以及同类项目的复杂程度的不同，WBS分解层次也不尽相同，应根据具体情况和其特点来确定。

2）项目结构分解方法

工程项目结构分解是项目计划前一项既重要又较困难的工作，主要依靠项目管理者的经验和技能，分解结果的优劣只有在项目设计、计划和实施控制中才能体现出来。

常见的工程项目的结构分解方法包括两大类。

(1) 对技术系统进行分解，这种方式是纵向分解方式，又可按照两种情况进行分解。

① 按照功能区间进行分解。功能即作用，通常在项目设计前将项目的总功能目标组部分解成各个部分的局部功能目标，再做功能面目录，详细说明该功能的特征，如面积、结构、装备、采光、通风等。例如，新建一个工厂，其可分为3个车间、2个仓库和1个办公楼，这几个建筑物之间还有过道，每个建筑物又有室内和室外之分；其中，办公楼可分为办公室、展览厅、会议室、停车场、公用区间等；办公室又可分为各个科室，如人事处、财务科、工会等。再如，某个系统工程可分为控制系统、通讯系统、闭路电视系统等，按照供排设施还可分为排水系统、通风系统等。

② 按照专业要素进行分解。一个功能面又可以分为各个专业要素。专业要素一般不独立存在，必须通过有机组合来构成功能。例如，一个车间可以分为厂房结构、吊车设施、设备基础和框架等；厂房结构又可分为基础、柱、楼面、屋顶和外墙等。再如，安装系统分为消防安装、电气安装、垂直运输安装、智能自动化安装等。

对于工程技术系统的结构分解，最普遍的是将一个工程分为若干个单项工程，一个单项工程又可分为若干单位工程，一个单位工程又可分为若干个分部工程，一个分部工程又可分为若干个分项工程。这不仅便于安排进度、成本、质量的计划，又能准确地进行有效控制。

(2) 按照实施过程进行分解，这种方式是横向分解方式，一般在分解层次的第2层或第3层。最常见的建设工程项目的分解为设计（三阶段或两阶段设计）和计划、招投标、实施准备、施工、试生产与验收、投产保修、运行等。

当然，承包商或分包商应根据具体的合同内容进行分解，与上述不尽相同。

某邮电大楼建设项目的分解结构如图1.20所示。

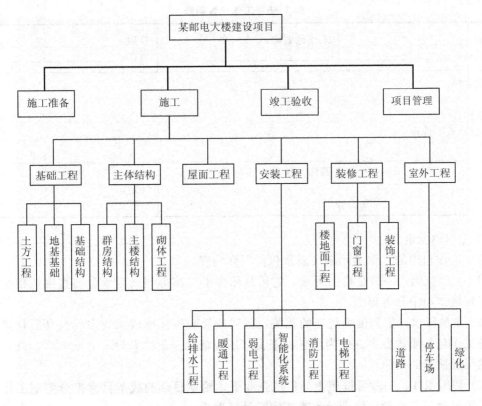

图 1.20　某邮电大楼建设项目的分解结构

3）项目结构分解的基本原则

虽然项目分解会随着项目的实施进展而逐步细化，但若一开始就不能正确进行结构分解，就会给今后的管理工作带来失误，因此有必要提出一些需要注意的基本原则。

（1）项目分解的内容完整，不重复，不遗漏任何组成部分。

（2）一个工作单元只能从属于一个上层单元。

（3）每个工作单元应有明确的工作内容和责任者，工作单元之间界面应清晰。

（4）项目分解应有利于项目实施和管理，便于考核评价。

3. 工作单元定义

1）工作包说明

工作单元是指分解结果的最小单元，便于落实职责、实施、核算和信息收集等工作。而技术层中的工作包就是进行编码的最终层，其构成了项目明确的计划活动，是承包商设计、计划、说明、控制和验收的对象，所以这个关键层必须进行准确的工作单元定义。

不同的工作内容（设计、准备、采购、施工、验收等），其工作包的内容也会不同。工作包的准确性要求在于，在项目实施后，它可作为任务单下达给实施负责人，在任务完成后，还可进行实际与计划对比的动态管理，又可考核责任人的完成情况。因此工作包应明确、详细和易于理解的进行说明，通常用工作包说明表来表达，如表1-6所示。

表1-6 工作包说明表

项目包：_____	工作包编码：_____	日期：_____
子项目名：_____	_____	版次：_____
工作包名称： 结果： 前提条件： 工作活动(或事件)： 负责人：		
费用： 计划： 实际：	其他参加者：	工期： 计划： 实际：

2) 工作单元定义

每个工作包中的工作单元定义通常包括下列内容。

(1) 工作范围，一般是指工程量，它可从图样上计算得到或者承包商直接从招标文件中的工程量清单中分解得到。

(2) 质量要求，根据国家规定的相关规范和质量验收标准以及业主的自身质量要求来明确各工作包的质量要求。作为承包商来说，还应结合企业的ISO9000—2000标准，提出相应的保证质量的措施。

(3) 费用预算，一般可按照中标价或企业下达给项目部的成本目标来分解到工作包中取得，还可通过工程量比例来分摊或按定额计算取得。

(4) 时间安排，根据施工方案和方法来确定其工作包的前导活动以及工作包所包含的工序和子网络，从而形成工作活动之间的逻辑关系。在此基础上，通过工程量、劳动效率、投入人数等因素来确定各工作包的持续时间，使之能满足合同工期的要求。

(5) 资源要求，根据各个工作包的工程量进行工料分析，计算出所需的各种资源用量，尽可能实行资源的优化配置。

(6) 组织责任，每个工作包应有一个明确的负责人，负责人还应确定本工作包内各个单元的责任人，做到责权明确，以便实施、控制和考核。

4. 工作界面分析

1) 界面的类型

工作界面是指工作单元之间的接合部，或叫接口部位，进行工作界面分析就是对工作单元的界面中存在的相互作用、相互联系、相互影响的复杂关系进行分析。

工作界面分析是项目系统分析的重要组成部分，因此可按照不同的系统类别来划分界面的类型。

(1) 目标系统的界面。目标因素之间在性质、范围上有的互相影响和制约，如高质量和低成本，有的又互相联系和依存，如售价和利润等，因此应明确每个目标系统界面的相互关系，寻求其平衡点。

(2) 技术系统的界面。技术系统界面的划分对工程项目结构分解和合理分标都会带来重大影响，甚至会影响到合同界面的划分和界面附近工作的责任归属问题。

技术界面包括了两层含义：一是项目工作单元在专业上的依存或制约关系，如土建和暖通、设备和给排水等；二是技术系统的空间作用关系，如电气设备在各个楼层上的安排，通风系统在生产区和非生产区的布置等。

（3）行为系统的界面。行为系统的界面主要是指工作活动之间的逻辑关系，通过工作单元之间的联系分析，将项目还原成一个整体，通常用网络计划的形式来表示其逻辑关系。在这些行为系统的界面里，必须十分重视各个里程碑事件，如由可行性研究到设计、由设计到招标、由招标到施工、由施工到投产使用阶段，一般来说都是项目管理工作的控制重点。

（4）组织系统的界面。组织系统的界面涉及面较广，如项目组织的部门结构、各个部门的责权利分配、项目管理信息系统的设计、组织协调等。其中，项目经理与本企业之间、与项目部各职能部门经理之间、与业主之间的界面是最重要的组织界面，管理过程中也是出现问题最多的界面。

（5）环境系统的界面。项目本身与外界环境之间必然存在着千丝万缕的关系，如工程项目与劳动力市场、与建筑材料市场、与资金供应来源、与技术信息和技术产品等之间，再如项目与政府部门、上层系统、承包商、供应商、未来的客户之间都存在着复杂的界面，这些界面管理的成功与否必然影响到项目目标的完成情况。

2）工作界面分析

在工程项目中，大多数的矛盾、争执、损失都发生在界面上，随着项目管理的集成化和综合化，项目的界面分析和管理显得越来越重要。大型工程项目的界面更应该进行精心的组织和设计。

工作界面分析时应注意的问题有以下几点。

（1）工作单元之间的接口要合理，必要时应对工作界面进行书面说明，以便在界面处进行检查、分析、决策、控制和验收。

（2）在项目的设计、计划和实施中，应注意界面之间的联系和制约，尽可能保证界面之间的兼容。

（3）在项目的实施中，应注意变更对界面的影响。

1.4.3 项目范围控制

项目范围控制是指保证在预定的项目范围内进行项目的实施（包括设计、施工、采购等），对项目范围的变更进行有效的控制，保证项目系统的完备性和合理性。项目组织应严格按照项目的范围和项目分解结构文件（包括设计、施工和采购）进行项目的范围控制。

项目范围的控制一般应遵循以下程序。

1. 检查和记录

在项目实施过程中应经常跟踪检查和记录项目实施状况并建立相应文档，从而判断项目任务的范围（如数量）、标准（如质量标准）和工作内容等的变化情况。

其检查内容包括两方面。

（1）检查实施工作——检查实施过程中的相关文件，如计划、图样、技术性文件等。

（2）检验工作成果——检查、实测和评价已完工程情况和相应的成本及预算。

2. 变更管理

一旦发现项目范围发生变化，应及时进行范围的变更和分析其影响程度，因为这种变更通常会涉及目标变更、设计变更、实施过程变更等，从而导致费用、工期和组织责任的变化以及实施计划的调整、索赔和合同争议等问题的产生。

项目范围变更管理应符合下列要求。

（1）项目范围变更要有严格的审批程序和手续。主要方法是对范围变更控制系统进行硬性规定，一旦发生变更，必然按照规定程序完成。其主要程序包括范围计划文件、项目实施跟踪系统、项目范围变动申请的审批系统。

（2）范围变更后应调整相关计划（进度、成本、质量等计划）。发生范围变更后应及时修正原项目 WBS，在此基础上调整、分析、确定新的相关计划，同时注意变更后各个新计划的责任落实问题。

（3）组织对重大的项目范围变更还应分析影响原因和影响程度，提出影响报告。

3. 审查与核实

在工程项目结束阶段或整个工程竣工时，在将项目最终交付成果（竣工工程）移交之前，应对项目的可交付成果进行审查，核实项目范围内规定的各项工作或活动是否完成交付成果是否完备。范围的确认需要进行必要的测量、考察和试验等活动。核实后的文档也可作为工程决算的依据。

4. 总结经验

项目结束后，组织应对项目范围管理的经验进行总结，以便能够对今后的项目范围管理工作不断地持续改进。

通常需要总结的内容包括。

（1）项目范围管理程序和方法等方面的经验，特别是在项目设计、计划和实施控制工作中利用项目范围文件方面的经验。

（2）本项目在范围确定、项目结构分解和范围控制等方面的准确性和科学性。

（3）项目范围确定、界面划分、项目变更管理以及项目范围控制方面的经验和教训。

本 章 小 结

通过本章学习，学生可以了解掌握项目和工程项目的概念和特征，理解项目管理和工程项目管理的概念以及相关理论；更好地理解工程项目的生命周期理论。

通过阐述工程项目前期策划，学生可以更好地理解工程项目前期策划的程序和策划内容。

通过阐述工程项目的承发包体制，学生可以加深熟悉工程项目的承发包体制，理解建设工程监理制和代建制；更好地了解政府监督体制。

通过阐述范围管理的基本概念，学生可以更好地理解工程项目范围管理的方式和结果；理解范围管理的控制程序。

思考题与习题

1. 什么是项目、工程项目？项目、工程项目的特征有哪些？
2. 什么是项目管理、工程项目管理？
3. 工程项目管理的基本目标是什么？其相互关系如何？
4. 工程项目管理的任务有哪些？
5. 参与建设的各方，其生命周期如何？
6. 什么是分标策划？其重要性如何？
7. 常见的分标策划方式和优缺点如何？
8. 目前，国内外的承发包体制有哪些？
9. 什么是建设工程监理？
10. 建设工程监理工作文件有哪些？其互相关系如何？
11. 什么是项目的范围管理？它包括哪些内容？
12. 进行项目的范围确定应做好哪些工作？
13. 什么是WBS？怎样进行工程项目的结构分解？其分解原则有哪些？
14. 工作界面的类型有哪些？你认为进行界面分析应注意哪些问题？
15. 简述项目范围控制程序。

第2章 工程项目管理组织

教学提示

本章主要讲述工程项目组织的基本理论和相关知识。通过本章的学习,应达到以下目标:

(1) 理解掌握组织论中关于组织、组织构成和组织结构设计原则等内容;
(2) 熟悉组织结构设置的内容和常用的几种组织结构模式及其优缺点;
(3) 了解人力资源管理的一些基本概念以及注册建造师与项目经理的有关内容;
(4) 理解掌握工程项目组织协调的内容。

学习要点

知识要点	能力要求	相关知识
组织的基本原理	(1) 理解组织、组织构成和组织结构设计及组织机构活动的基本原理 (2) 熟悉几种常用组织结构模式的特点及适用条件	(1) 组织、组织构成因素、组织结构设计原则、组织机构活动基本原理 (2) 直线式项目组织、职能式项目组织、矩阵式项目组织
人力资源管理和注册建造师、项目经理	(1) 了解人力资源管理的主要内容和任务 (2) 熟悉我国注册建造师制度,准确把握建造师与项目经理的关系	(1) 人力资源、组织和人力资源规划、人员的招聘和选择、管理项目成员和项目团队建设 (2) 一、二级建造师(包含专业划分内容)、项目经理
工程项目组织协调	理解掌握工程项目组织协调重要作用及其内容和方法	组织协调、内部协调、远外层协调和近外层协调

 **基本概念**

组织、管理跨度、管理层次、管理部门、管理职能、组织机构活动基本原理、组织结构模式、注册建造师、项目经理、组织协调。

 引例

在项目的实施过程中，采取何种组织模式对于工程项目的顺利进行有着极其重要的意义。工程项目的实际情况不同，适合的组织模式也不同。如果采取不适合工程项目的组织模式或者组织协调工作没有做好，将会对项目的实施产生巨大的阻碍作用。

例如，某公司是从事建筑施工的大型专业化公司，公司技术力量雄厚，在社会上有良好的声誉，每年可以接到大量的工程业务。为更好地管理工程项目，该公司成立了工程部、技术部、安检部、采购部、材料设备部和预算部，每个部门都配备了专业技术人员，为各工程项目提供人员、技术支持；同时，针对具体的工程项目，又成立了相应的项目部。当有工程建设任务时，就从不同的职能部门中抽调人员组成项目部，由项目经理统一管理，当工程项目建设任务完成时，项目成员再回到原职能部门去。公司的日常工作则以项目组织为中心，项目施工时，由职能部门确定技术支持和施工资源的调配，保证项目部正常施工。但是，职能部门经理在参与项目管理的过程中，常常与项目经理发生矛盾。例如，项目一部经理和项目二部经理就经常为获得技术人员和施工资源争执不下，而项目三部经理则抱怨项目成员不服从自己的管理，工作中只接受原职能部门经理的指令，其本人的管理权威根本无法建立。

2.1 工程项目组织的基本原理

工程项目组织的基本原理即组织论，即关于组织应当采取何种组织结构才能提高效率的观点、见解和方法的集合。组织论主要研究系统的组织结构模式和组织分工以及工作流程组织，其是人类长期实践的总结，是管理学的重要内容。

一般认为，现代的组织理论研究分为两个相互联系的分支学科，一是组织结构学，侧重于组织静态研究，目的是建立一种精干、高效和合理的组织结构；一是组织行为学，侧重于组织动态的研究，目的是建立良好的组织关系。本节主要介绍组织结构学的内容。

2.1.1 组织与组织构成因素

1. 组织

"组织"一词的含义比较宽泛。在组织结构学中，表示结构性组织，即为了使系统达到特定目标而使全体参与者经分工协作及设置不同层次的权力和责任制度构成的一种组合体，如项目组织、企业组织等。可以看出，组织包含三个方面的意思。

(1) 目标是组织存在的前提。
(2) 组织以分工协作为特点。
(3) 组织具有一定层次的权力和责任制度。

"工程项目组织"是指为完成特定的工程项目任务而建立起来的，从事工程项目具体工作的组织。该组织是在工程项目生命周期内临时组建的，是暂时的，只是为完成特定的目的而成立的。工程项目是由目标产生工作任务，由工作任务决定承担者，由承担者形成组织。

2. 组织构成因素

一般来说，组织由管理层次、管理跨度、管理部门和管理职能四大因素构成，呈上小下大的形式，四大因素密切相关、相互制约。

1) 管理层次

管理层次是指从组织的最高管理者到最基层的实际工作人员的等级层次的数量。管理层次可以分为三个层次，即决策层、协调和执行层、操作层。三个层次的职能要求不同，表示不同的职责和权限，由上到下权责递减，人数却递增。

组织必须形成一定的管理层次，否则其运行将陷于无序状态；管理层次也不能过多，否则会造成资源和人力的巨大浪费。

2) 管理跨度

管理跨度是指一个主管直接管理下属人员的数量。在组织中，某级管理人员的管理跨度大小直接取决于这一级管理人员所要协调的工作量。跨度大，处理人与人之间关系的数量随之增大。跨度太大时，领导者和下属接触频率会增大。跨度（N）与工作接触关系数（C）的关系是

$$C = N(2^{N-1} + N - 1) \quad (2-1)$$

这就是邱格纳斯公式，当 $N=10$ 时，$C=5210$，故跨度太大时，领导与下属常有应接不暇之感。因此，在组织结构设计时，必须强调跨度适当。跨度的大小又和分层多少有关。一般来说，管理层次多，跨度会小；反之，层次少，跨度会大。

3) 管理部门

按照类别对通过专业化细分的工作进行分组，以便使共同的工作进行协调，即部门化。部门可以根据职能来划分，可以根据产品类型来划分，可以根据地区来划分，也可以根据顾客类型来划分。组织中各部门的合理划分对发挥组织效能非常重要。如果划分不合理，就会造成控制、协调困难，浪费人力、物力、财力。

4) 管理职能

组织机构设计确定的各部门的职能，要在纵向使指令传递、信息反馈及时；在横向使各部门相互联系、协调一致。

2.1.2 组织结构设计

组织结构是指在组织内部构成和各部分间所确定的较为稳定的相互关系和联系方式。简单地说，就是指对工作如何进行分工、分组和协调合作。组织结构设计是对组织活动和组织结构的设计过程，目的是提高组织活动的效能。组织结构设计是管理者在建立系统有效关系中的一种科学的、有意识的过程，既要考虑外部因素，又要考虑内部因素。组织结构设计通常要考虑下列 6 项基本原则。

1) 工作专业化与协作统一

强调工作专业化的实质就是要求每个人专门从事工作活动的一部分，而不是全部。通过重复性的工作使员工的技能得到提高，从而提高组织的运行效率；在组织机构中还要强调协作统一，即明确组织机构内部各部门之间和各部门内部的协调关系和配合方法。

2) 才职相称

通过考察个人的学历与经历或其他途径了解其知识、才能、气质和经验，进行比较，使每个人具有的和可能具有的才能与其职务上的要求相适应，做到才职相称，才得其用。

3) 命令链

命令链是指存在于从组织的最高层到最基层的一种不间断的权力路线。每个管理职位对应着一定的人，在命令链中都有自己的位置；同时，每个管理者为完成自己的职责任务，都要被授予一定的权力。由于命令要求统计性，即一个人应该只对一个主管负责。

4) 管理跨度与管理层次相统一

在组织结构设计的过程中，管理跨度和管理层次成反比。在组织机构中当人数一定时，如果跨度大，层次则可适当减少；反之，如果跨度小，则层次可适当增多。所以，在组织结构设计的过程中，一定要通盘考虑各种影响因素，科学确定管理跨度和管理层次。

5) 集权与分权统一

在任何组织中，都不存在绝对的集权和分权。从本质上说，这是一个决策权应该放在哪一级的问题。高度的集权造成盲目和武断；过分的分权则会导致失控、不协调。所以，在组织结构设计中，在相应的管理层次如何采取集权或分权的形式要根据实际情况来确定。

6) 正规化

正规化是指组织中的工作实行标准化的程度，应该通过提高标准化的程度来提高组织的运行效率。

2.1.3 组织机构活动基本原理

1. 要素有用性原理

一个组织系统中的基本要素有人力、财力、物力、信息和时间等，这些要素都是有用的，但每个要素的作用大小不一样，而且随着时间、场合的变化而变化。所以在组织活动过程中应根据各要素在不同情况下的不同作用进行合理安排、组合和使用，做到人尽其才、财尽其利、物尽其用，尽最大可能提高各要素的利用率。

一切要素都有用，这是要素的共性，然而要素除了有共性外，还有个性。例如，同样是工程师，由于专业、知识、经验、能力不同，所起的作用就不相同。所以，管理者要具体分析各个要素的特殊性，以便充分发挥每一要素的作用。

2. 动态相关性原理

组织系统内部各要素之间既相互联系，又相互制约；既相互依存，又相互排斥。这种相互作用的因子叫做相关因子，充分发挥相关因子的作用，是提高组织管理效率的有效途径。事物在组合过程中，由于相关因子的作用，可以发生质变。一加一可以等于二，也可以大于二，还可以小于二。整体效应不等于各局部效应的简单相加，这就是动态相关性原理。组织管理者的重要任务就在于使组织机构活动的整体效应大于各局部效应之和。否则，组织就没有存在的意义了。

3. 主观能动性原理

人是生产力中最活跃的因素，因为人是有生命、有感情和有创造力的。人会制造工具，会使用工具劳动并在劳动中改造世界，同时也在改造自己。组织管理者应该努力把人的主观能动性发挥出来，只有当主观能动性发挥出来时才会取得最佳效果。

4. 规律效应性原理

规律就是客观事物内部的、本质的和必然的联系。一个成功的管理者应懂得只有努力揭示和掌握管理过程中的客观规律，按规律办事，才能取得好的效应。

2.2 工程项目组织结构

2.2.1 工程项目组织机构设置和组织结构模式

1. 组织机构设置

项目组织机构设置的目的是进一步充分发挥项目管理功能，提高项目整体管理效率以达到项目管理的最终目标。因此，企业在推行项目管理中合理设置项目管理组织机构是一个至关重要的问题。一般来说，工程项目组织机构的设置要遵循以下原则。

1) 目的性原则

项目组织机构设置的根本目的是为了产生组织功能，实现项目管理的总目标。从这一根本目标出发，就会因目标设事、因事设机构定编制，按编制设岗位定人员，以职责定制度授权力。

2) 精干高效原则

项目组织机构的人员设置以能实现项目所要求的工作任务（事）为原则，尽量简化机构，做到精干高效。人员配置要从严控制二三线人员，力求一专多能，一人多职。同时还要增加项目管理班子人员的知识含量，着眼于使用和学习锻炼相结合，以提高人员素质。

3) 业务系统化管理原则

由于项目是一个开放的系统，由众多子系统组成一个大系统，各子系统之间，子系统内部各单位工程之间，不同组织、工种、工序之间存在着大量结合部，这就要求项目组织也必须是一个完整的组织结构系统，能够恰当分层和设置部门，以便在结合部上能形成一个相互制约、相互联系的有机整体，防止职能分工、权限划分和信息沟通上相互矛盾或重叠。要求在设计组织机构时以业务工作系统化原则作指导，周密考虑层间关系、分层与跨度关系、部门划分、授权范围、人员配备及信息沟通等，使组织机构自身成为一个严密的、封闭的组织系统，能够为完成项目管理总目标而实行合理分工及协作。

4）弹性和流动性原则

工程建设项目的单件性、阶段性、露天性和流动性是工程项目生产活动的主要特点，必然带来生产对象数量、质量和地点的变化，带来资源配置的品种和数量变化，于是要求管理工作和组织机构随之进行调整，以使组织机构适应任务的变化。这就是说，要按照弹性和流动性的原则建立组织机构，不能一成不变，要准备调整人员及部门设置以适应工程任务变动对管理机构流动性的要求。高效率的组织体系和组织机构的建立是项目管理成功的组织保证。

2. 组织结构模式

组织结构模式和工程项目组织机构设置同时进行的工作是项目组织结构模式的确定，即要解决一个组织以什么样的结构方式去处理层次、跨度、部门设置和上下级关系。组织结构模式反应了一个组织系统中各子系统之间或各元素之间的指令关系；而组织分工则反应了一个组织系统中各子系统或各元素的任务分工和管理职能的分工。组织结构模式和组织分工都是一种相对静态的组织关系。

2.2.2 常用基本组织结构模式

1. 直线式项目组织

直线式是早期采用的一种项目管理形式，来自于军事组织系统，其特点是权力系统自上而下形成直线控制，权责分明，如图2.1所示。

通常独立的项目和单个中小型工程项目都采用直线式组织形式。这种组织结构形式与项目的结构分解图有较好的对应性，多被一般中小型的建设工程项目组织采用。

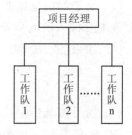

图2.1 直线式项目组织形式

1）优点

（1）保证单头领导，每个组织单元仅向一个上级负责，一个上级对下级直接行使管理和监督的权力，即直线职权，一般不能越级下达指令。项目参加者的工作任务、责任、权力明确，指令唯一，这样可以减少扯皮和纠纷，协调方便。

（2）具有独立项目组织的优点，特别是，项目经理能直接控制资源，向客户负责。

（3）信息流通快，决策迅速，项目容易控制。

（4）项目任务分配明确，责权利关系清楚。

2）缺点

（1）当项目比较多、比较大时，每个项目对应一个组织，使企业资源不能达到合理使用。

（2）项目经理责任较大，一切决策信息都集中于此，这要求其能力强、知识全面、经验丰富，否则决策较难、较慢，容易出错。

（3）不能保证项目参与单位之间信息流通的速度和质量，由于权力争执会使单位之间合作困难。

（4）企业的各项目间缺乏信息交流，项目之间的协调、企业的计划和控制比较困难。

（5）在直线式组织中，如果专业化分工太细，会造成多级分包，进而造成组织层次的增加。

2．职能式项目组织

职能式是在泰勒的管理思想的基础上发展起来的一种项目组织形式，是一种传统的组织结构模式，特别强调职能的专业分工，因此组织系统是以职能为划分部门的基础，把管理的职能授权给不同的管理部门，如图2.2所示。

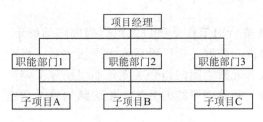

图2.2　职能式项目组织形式

在职能式的组织结构中，项目的任务分配给相应的职能部门，职能部门经理对分配到本部门的项目任务负责。职能式的组织结构适用于任务相对比较稳定、明确的项目工作，但是，不同的部门经理对项目在各个职能部门的优先级有不同的观点，所以项目在某些部门的工作可能由于缺乏其他部门的协作而被迫推迟。

1）优点

（1）由于部门是按职能来划分的，因此各职能部门的工作具有很强的针对性，可以最大限度地发挥人员的专业才能。

（2）如果各职能部门能做好互相协作的工作，对整个项目的完成会起到事半功倍的效果。

2）缺点

（1）项目信息传递途径不畅。

（2）工作部门可能会接到来自不同职能部门的互相矛盾的指令。

（3）不同职能部门之间有意见分歧、难以统一时，互相协调存在一定的困难。

（4）职能部门直接对工作部门下达工作指令，项目经理对工程项目的控制能力在一定程度上被弱化。

3．矩阵式项目组织

矩阵式是现代大型工程管理中广泛采用的一种组织形式，它把职能原则和项目对象原则结合起来建立工程项目管理组织机构，使其既发挥职能部门的纵向优势，又能发挥项目组织横向优势，如图2.3所示。

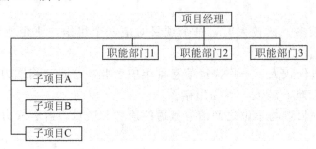

图2.3　矩阵式项目组织形式

1) 特征

(1) 项目组织机构与职能部门的结合部同职能部门数相同。多个项目与职能部门的结合部呈矩阵状。

(2) 把职能原则和对象原则结合起来，既发挥职能部门的纵向优势，又发挥项目组织的横向优势。

(3) 专业职能部门是永久性的，项目组织是临时性的。职能部门负责人对参与项目组织的人员进行组织调配、业务指导和管理考察。项目经理将参与项目组织的职能人员在横向上有效地组织在一起，为实现项目目标协同工作。

(4) 矩阵中的每个成员或部门，接受原部门负责人和项目经理的双重领导。但部门的控制力大于项目的控制力。部门负责人有权根据不同项目的需要和忙闲程度，在项目之间调配本部门人员。一个专业人员可能同时为几个项目服务，特殊人才可充分发挥作用，以免人才在一个项目中闲置但在另一个项目中短缺，这样大大提高了人才利用率。

(5) 项目经理对"借"到本项目经理部来的成员，有权控制和使用。当感到人力不足或某些成员不得力时，可以向职能部门求援或要求调换，退回原部门。

(6) 项目经理部的工作有多个职能部门支持，项目经理没有人员包袱，但要求在水平方向和垂直方向上有良好的信息沟通及良好的协调配合，对整个企业组织和项目组织的管理水平和组织渠道畅通提出了较高的要求。

2) 适用范围

(1) 矩阵式项目组织适用于同时承担多个需要进行项目管理工程的企业。在这种情况下，各项目对专业技术人才和管理人员都有需求，加在一起数量较大。采用矩阵式组织可以充分利用有限的人才对多个项目进行管理，特别有利于发挥稀有人才的作用。

(2) 矩阵式项目组织适用于大型、复杂的施工项目。因大型、复杂的施工项目要求多部门、多技术、多工种配合实施，在不同阶段、对不同人员，有不同数量和搭配各异的需求。显然，部门控制式机构难以满足这种项目要求；混合工作队式组织又因人员固定而难以调配，人员使用固化，不能满足多个项目管理的人才需求。

3) 优点

(1) 兼有部门控制式和工作队两种组织的优点，即解决了传统模式中企业组织和项目组织相互矛盾的状况，把职能原则与对象原则融为一体，求得了企业长期例行性管理和项目一次性管理的一致性。

(2) 能以尽可能少的人力，实现多个项目管理的高效率。通过职能部门的协调，一些项目上的闲置人才可以及时转移到需要这些人才的项目上去，防止人才短缺，项目组织因此具有弹性和应变力。

(3) 有利于人才的全面培养。可以使不同知识背景的人在合作中取长补短，在实践中拓宽知识面；发挥了纵向的专业优势，可以使人才成长有深厚的专业培训基础。

4) 缺点

(1) 由于人员来自职能部门，且仍受职能部门控制，故凝聚在项目上的力量减弱，往往使项目组织的作用发挥受到影响。

(2) 管理人员如果身兼多职地管理多个项目，往往难以确定管理项目的优先顺序，有时难免顾此失彼。

(3) 双重领导。项目组织中的成员既要接受项目经理的领导，又要接受企业中原职能部门的领导。在这种情况下，如果领导双方意见和目标不一致，乃至有矛盾时，当事人便无所适从。要防止产生这一问题，必须加强项目经理和部门负责人之间的沟通，还要有严格的规章制度和详细的计划，使工作人员尽可能明确在不同时间内应当干什么工作。

(4) 矩阵式组织对企业管理水平、项目管理水平、领导者的素质、组织机构的办事效率、信息沟通渠道的畅通均有较高要求，因此要精于组织、分层授权、疏通渠道、理顺关系。矩阵式组织具有复杂性且结合部多，造成信息沟通量膨胀和沟通渠道复杂化，致使信息梗阻和失真。因此，在协调组织内部的关系时必须有强有力的组织措施和协调办法以排除难题。为此，层次、权限要明确划分。有意见分歧难以统一时，企业领导要出面及时协调。

2.3 工程项目人力资源管理

人力资源管理是随着人类社会的进步、经济的发展而逐渐发展和完善起来的。人力资源管理形成于20世纪初，迄今已有一百多年的历史。

2.3.1 人力资源管理的概念和内容

同其他类型组织一样，项目组织也需要进行人力资源管理。对项目而言，人力资源就是指项目组织成员所具有的劳动能力。项目人力资源管理包括有效地使用涉及项目的人员所需要的过程。项目人力资源管理的目的是调动所有项目干系人的积极性，在项目承担组织的内部和外部建立有效的工作机制，以实现项目目标。

项目人力资源管理的主体是项目经理。项目人力资源管理同项目范围、时间、费用、质量、采购和沟通等方面的管理一样，是项目经理必不可少的管理职能。项目经理在进行本项目人力资源管理时，往往必须同项目母体组织的人事部门紧密配合。项目组织通常是一个临时性的组织，在项目开始时成立，在项目结束后解散。在项目目标实现的过程中，各阶段任务变化大，人员变化也大。例如，在设计阶段，项目的主要任务是控制设计的质量和进度，控制设计的概算和预算，需要较多的项目管理人员和较少的现场管理人员；项目进行到施工阶段以后，又需要补充和加强施工现场管理人员。项目人力资源管理的主要内容是根据项目目标，不断地获得项目所需人员，并将其整合到项目班子中，使之与项目组织融为一体，在项目目标实现的过程中，激励并保持其对项目的忠诚与献身精神。对其工作的好坏、优点和缺点进行评价，必要时对其进行培训，以保证最大限度地挖掘其潜能，高效率地实现项目目标。

项目人力资源管理在管理的一般原则、目标、任务、内容等方面与一般的人力资源管理相同。项目人力资源管理也包括对项目组织成员数量和质量两方面的管理。一方面要根据项目活动的变化，配备或调整人员，满足项目对人力资源的实际需要，做到不多也不少。要做到这一点，就要同项目管理的其他方面，如与项目时间管理紧密配合起来，根据项目进度安排，为其任务的完成配备、培训相应的人员。另一方面要使项目组织成员人尽其才，为其创造良好的工作环境，让其在工作中感到身心愉快，对工作过程和结果感到满意，在实现项目目标的同时也能实现个人的目标。

2.3.2 人力资源管理的主要任务

项目人力资源管理的主要任务包括组织和人力资源规划、人员的招聘和选择、管理项目成员的工作及项目团队建设。

1) 组织和人力资源规划

人力资源规划是指根据项目对人力资源的需要和供给状况的分析及估计、对职务编制、人员配置、教育培训、人力资源管理政策、招聘和选择等内容进行的人力资源部门的职能性计划。组织和人力资源规划是识别、确定和分派项目角色、职责和报告关系的过程。人力资源计划只有充分地考虑了项目内外环境的变化，才能适应需要，真正做到为项目目标服务。内部变化主要是指项目本身的变化，如员工的流动变化等；外部变化是指政府有关人力资源政策的变化、人才市场的变化等。为了更好地适应这些变化，在人力资源计划中应该对可能出现的情况作出预测和风险变化，最好能有面对风险的应对策略。然后建立项目组织结构，组建和优化队伍，并确定项目角色、组织结构、职责和报告关系，形成文档。

2) 人员的招聘和选择

项目队伍的人员一般可通过外部招聘方式获得，也可以对项目组织内的成员进行重新分配的方式来获得。项目组织人员招聘和选择可以按以下3个原则进行，一是公开原则，公开原则是指要获得高质量的人才，就应鼓励公开竞争。按照这一原则，项目人员的招聘和选择工作应尽量公开，将需要招聘的职务数量、要求等信息向一切适合人群传播，使大家机会均等，对所有申请者一视同仁，这样才能保证选择到优秀的人才；二是用人之长原则，人无完人，每个人都有其优点和缺点、长处和短处，要根据职务的要求，知人善任，扬长避短。只有当他处在最能发挥其长处的职位上，他才能干得最好。按照这一原则，项目组织人员的招聘和选择工作也应根据职务要求，考虑每个申请人专长，使其长处与职位相匹配；三是择优原则，根据考核结果，择优录用。择优是广觅人才，选贤任能，为各岗位选择一流人才的核心。按照这一原则，项目组织人员的招聘和选择工作应采用适当的甄选手段，对每个申请人进行认真的考核，并根据考核结果择优录用。另外，有时还可以通过招标、签订服务合同等方式，来获取特定的个人和团体，来承担项目的一部分或大部分工作。选择合适的获取人员的政策、方法、技术和工具，以便在适当的时候获得项目所需的、高素质的、并且能互相合作的人员。

3) 管理项目成员的工作

明确每个项目成员的职责、权限和个人绩效考评标准，以确保项目成员对工作的正确理解，作为进行评估的基础。按照绩效考评方法考评个人业绩，提倡员工采取主动行动弥补业绩中的不足，鼓励员工在事业上取得更大成绩。严格管理项目成员工作，以提高工作效率。

4) 项目团队建设

团队可以定义为两个或两个以上相互依赖的个体，为了实现某一特定的目标而组成的协作团体。项目团队是由一组个体为了实现项目目标而协同工作的集合体。一个项目团队包括项目经理及项目组成员。项目团队的宗旨和使命是在项目经理的直接领导下，为实现项目目标，完成具体项目所需完成的各项任务而共同协作努力。项目经理是项目团队的领导者，其核心工作就是建设一个高效团队。项目团队建设涉及很多方面的工作，来形成合适的团队机制，以提高成员乃至项目的工作效率。分析影响项目成员和团队业绩和士气的因素，并采取措施调动积极因素，减少消极影响。建立项目成员之间进行沟通和解决冲突的渠道，建立良好的人际关系和工作氛围。例如，在矩阵式组织机构中，项目成员要接受项目经理和职能部门经理的双重领导。在这种情况下，应在组织层次，在职责、权限、利益等方面处理好项目经理和职能部门经理之间的关系，使项目团队能够有效地开展工作。

优秀团队的建设并非一蹴而就，需要项目经理和项目成员多方面的努力。在建设团队的过程中，一些必要的团队建设方法非常重要。常用的方法如下。

（1）挑选骨干。"一个好汉三个帮"，如果没有几个核心骨干，一个项目经理难以管理众多人员。骨干成员与基本成员的重要区别是基本成员要求合理物质回报和良好文化氛围，而骨干成员往往认识到机会的重要性，认为成功比金钱重要。

（2）沟通渠道。一个团队不仅需要工作上的沟通，还需要一些"生活"上的沟通，这样可以帮助大家建立信任和友情，在工作中起到促进作用。可以采用的方法包括每天与不同的人吃工作午餐，还可以在周末组织大家一起吃晚餐，逐步建立开诚布公的良好文化氛围。

（3）团队会议。团队会议不同于工作会议，主要有两种情况。一种是讨论团队工作中存在哪些问题以及如何改进，项目经理不是下结论的人，而是寻求答案的人；另一种是帮助某个成员进行改进，即可以先让被讨论的对象回避，自己写评语，同时大家写对他的评语。然后对比双方的差异，找出问题所在以求不断改进。

（4）评价成员。一个团队成员在完成委派的任务后都非常期待着评价。评价可以是正面的也可以是负面的，一般分为表扬、提醒、批评和处罚。表扬和批评最好公开公正，否则达不到鼓励先进、鞭策后进的作用。对工作中出现的过失或因事先没有约定造成的问题，应该考虑先提醒。提醒要隐蔽，让成员知道错误和后果，并承诺不再犯错。处罚是万不得已的措施，处罚不是惩罚，惩罚是报复性措施，有感情色彩和"摆平"的意思，而处罚是中性处理措施，不涉及人身攻击，且被处罚的人事先知道这是自己行为的结果。

（5）解决冲突。冲突管理是一门控制冲突的艺术，它为解决或缓解冲突提供了必要的手段。在巨大的工作压力下冲突在所难免。冲突可能危及项目目标的实现，但通过适当的方法解决或缓解冲突也可以提高项目的效率。冲突的益处是暴露问题，激起讨论，澄清思想或寻求新的方案；害处是控制不好就会破坏沟通，破坏团结，降低信任。正确解决冲突首先要营造氛围，控制情绪，建立友善信任的环境；其次要正视问题，换位思考，愿意倾听别人的意见；再次要积极沟通，交换意见，寻找分歧；最后要肯放弃原来的观点并重新考虑问题，力争达成一致，尽力得到最好和最全面的方案。

2.4 项目经理与建造师

2.4.1 项目经理

建设工程项目经理，简称项目经理，是指企业为建立以建设工程项目管理为核心的质量、安全、进度和成本的责任保证体系,全面提高工程项目管理水平而设立的重要管理岗位,是企业法定代表人在工程项目上的委托授权代理人。自1995年原建设部在全国推行建设工程施工项目经理负责制以来,已经在工程项目施工过程中建立了以项目经理为首的生产经营管理系统,确立了项目经理在工程项目施工中的中心地位。可以说,项目经理岗位是保证工程项目建设质量、安全、工期的重要岗位。

2.4.2 施工项目经理的地位

施工项目经理是建筑企业法定代表人在工程项目上的委托授权代理人,是项目实施阶段的第一责任人。对内,项目经理要对企业的效益负责;对外,项目经理在企业法人授权的范围内对建设单位直接负责。

施工项目经理是施工责权利的主体。项目经理岗位首先是管理岗位,所以,项目经理必须把组织管理职责放在首位。项目经理是项目中人力、财力、物力、技术、信息等生产要素的组织管理人。首先,其是项目实施阶段的责任主体,是实现项目目标的最高责任者,责任是项目经理负责制的核心,是确定项目经理权力和利益的依据;其次,项目经理必须是项目的权力主体,权力是确保项目经理能够承担起责任的条件和手段,没有必要的权力,项目经理就无法对工作负责;最后,项目经理还必须是项目利益的主体,利益是项目经理工作的动力,是项目经理负有相应责任而得到的报酬。

施工项目经理是各种信息的集散中心。在对项目进行控制的过程中,各种信息通过各种渠道汇集到项目经理,项目经理又通过各种方式对上反馈信息,对下发布信息。

施工项目经理是协调各方面关系的桥梁和纽带。项目实施的过程中,必须和与项目有关的各个方面的组织进行协调,如建设单位、监理单位和设计单位等,有时还必须和政府部门、各种新闻媒体等组织进行协调。项目经理在协调与各方面关系的工作中,起着不可替代的桥梁和纽带作用。

2.4.3 建造师

目前,在建筑领域专业技术人员实行执业资格制度是世界大部分国家的通行做法。我国自1988年开始实行注册监理工程师执业资格制度以来,在工程建设的各个领域已经实行了多个执业资格制度,如注册结构工程师、注册建筑师、注册造价师等。为了加强建设工程项目总承包与施工管理,保证工程质量和施工安全,2002年12月5日,原人事部、建设部决定对建设工程项目总承包及施工管理的专业技术人员实行建造师执业资格制度,下达了"关于印发《建造师执业资格制度暂行规定》的通知"(人发〔2002〕111号),同时,印发了《建造师执业资格制度暂行规定》;为解决建筑业企业项目经理资质管理制度向建造师执业资格制度过渡的有关问题,2003年4月23日,原建设部下达《关于建筑业企业项目经理资质管理制度向建造师执业资格制度过渡有关问题的通知》。同时,关于建立建造师执业资格制度的各项工作也同时展开。2005年3月12、13日两天,首次在全国组织了一级建造师执业资格考试。

我国的建造师分为一级建造师(Constructor)和二级建造师(Associate Constructor),一级建造师执业资格实行统一大纲、统一命题、统一组织的考试制度,由人力资源和社会保障部、住房和城乡建设部共同组织实施,原则上每年举行一次考试。《建造师执业资格制度暂行规定》规定，凡遵守国家法律、法规，具备下列条件之一者，可以申请参加一级建造师执业资格考试。

（1）取得工程类或工程经济类大学专科学历，工作满6年，从事建设工程项目施工管理工作满4年。

（2）取得工程类或工程经济类大学本科学历，工作满4年，从事建设工程项目施工管理工作满3年。

（3）取得工程类或工程经济类双学士学位或研究生班毕业，工作满3年，从事建设工程项目施工管理工作满2年。

（4）取得工程类或工程经济类硕士学位，工作满两年，从事建设工程项目施工管理工作满1年。

（5）取得工程类或工程经济类博士学位，从事建设工程项目施工管理工作满1年。

一级建造师执业资格考试，分综合知识与能力和专业知识与能力两个部分。其中，专业知识与能力部分的考试，按照建设工程的专业要求进行。

关于建造师专业的划分，根据2006年12月12日原建设部和人事部办公厅发的"关于建造师资格考试相关科目专业类别调整有关问题的通知"（国人厅发[2006]213号）的规定，具体来说，一级建造师划分为以下10个专业：建筑工程、公路工程、铁路工程、民航机场工程、港口与航道工程、水利水电工程、市政公用工程、通信与广电工程、矿业工程、机电工程。注册建造师应在相应的专业岗位上执业。参加一级建造师执业资格考试合格，由各省、自治区、直辖市人力资源和社会保障部门颁发人力资源和社会保障部统一印制，人力资源和社会保障部、住房和城乡建设部加印的《中华人民共和国一级建造师执业资格证书》，该证书在全国范围内有效。

凡遵纪守法并具备工程类或工程经济类中等专科以上学历并从事建设工程项目施工管理工作满两年，可报名参加二级建造师执业资格考试。二级建造师专业划分按国人厅发[2006]213号的规定，设置以下6个专业类别：建筑工程、公路工程、水利水电工程、市政公用工程、矿业工程和机电工程。

取得建造师执业资格证书的人员，必须经过登记、注册方可以建造师名义执业。住房和城乡建设部或其授权的机构为一级建造师执业资格的注册管理机构。省、自治区、直辖市建设行政主管部门或其授权的机构为二级建造师执业资格的注册管理机构。

一级建造师执业资格注册，由本人提出申请，由各省、自治区、直辖市建设行政主管部门或其授权的机构初审合格后，报住房和城乡建设部或其授权的机构注册。准予注册的申请人，由住房和城乡建设部或其授权的注册管理机构发放由住房和城乡建设部统一印制的《中华人民共和国一级建造师注册证》。

二级建造师执业资格的注册办法，由省、自治区、直辖市建设行政主管部门制定，颁发辖区内有效的《中华人民共和国二级建造师注册证》，并报住房和城乡建设部或其授权的注册管理机构备案。

建造师执业资格注册有效期一般为3年，有效期满前3个月，持证者应到原注册管理机构办理再次注册手续。在注册有效期内，变更执业单位者，应当及时办理变更手续。

建造师经注册后，有权以建造师名义担任建设工程项目施工的项目经理及从事其他施工活动的管理。

2.4.4 建造师与项目经理的关系

建造师的执业范围很广,《建造师执业资格制度暂行规定》第二十六条规定,建造师的执业范围包括以下三个方面。

(1) 担任建设工程项目施工的项目经理。
(2) 从事其他施工活动的管理工作。
(3) 法律、行政法规或国务院建设行政主管部门规定的其他业务。

按照原建设部颁布的《建筑业企业资质等级标准》,一级建造师可以担任特级、一级建筑业企业资质的建设工程项目施工的项目经理;二级建造师可以担任二级及以下建筑业企业资质的建设工程项目施工的项目经理。

原建设部在《关于建筑业企业项目经理资质管理制度向建造师执业资格制度过渡有关问题的通知》明确规定,建筑业企业项目经理资质管理制度向建造师执业资格制度过渡的时间定为五年,即从国发[2003]5号文印发之日(即2003年2月27日)起至2008年2月27日止。在过渡期内,原项目经理资质证书继续有效。对于具有建筑业企业项目经理资质证书的人员,在取得建造师注册证书后,其项目经理资质证书应缴回原发证机关。过渡期满后,项目经理资质证书停止使用。过渡期内,大中型工程项目的项目经理的补充,由获取建造师执业资格的渠道实现;小型工程项目的项目经理的补充,可由企业依据原三级项目经理的资质条件考核合格后聘用。过渡期内,凡持有项目经理资质证书或者建造师注册证书的人员,经其所在企业聘用后均可担任工程项目施工的项目经理。过渡期满后,大、中型工程项目施工的项目经理必须由取得建造师注册证书的人员担任;但取得建造师注册证书的人员是否担任工程项目施工的项目经理,由企业自主决定。

2005年3月1日,中国建筑业协会发布《建设工程项目经理岗位职业资格管理导则》,其中规定,建设工程项目经理的岗位职业资格等级划分共分为A、B、C、D四个等级 A级为建设工程总承包项目经理;B级为大型建设工程项目经理;C级为中型建设工程项目的施工项目经理;D级为小型建设工程项目的施工项目经理。其标准及必须具备的条件分别如下。

1) A级项目经理标准及必须具备的条件

(1) 具有大学本科以上文化程度、工程项目管理经历8年以上,或具有大专以上文化程度、工程项目管理经历10年以上。

(2) 具有国家一级注册建造师(或注册结构工程师、建筑师、监理工程师、造价工程师)执业资格,并参加过国际(工程)项目管理专业资质认证或工程总承包项目经理岗位职业标准的培训。

(3) 具有大型工程项目管理经验,至少承担过两个投资在1亿元以上的建设工程项目的主要管理任务。

(4) 根据工程项目特点,能够带领项目经理部中所有管理人员熟练运用项目管理方法,圆满地完成建设工程项目各项任务。

(5) 具备一定的外语水平,能够阅读或识别外文图样和相关文件。

2) B级项目经理标准及必须具备的条件

(1) 具有大学本科文化程度、工程项目管理经历6年以上,或具有大专以上文化程度、工程项目管理经历8年以上。

(2) 具有国家一级注册建造师(或注册结构工程师、建筑师、监理工程师、造价工程师)执业资格。

(3) 具有大型工程项目管理经验,至少承担过一个投资在1亿元以上的工程项目的主要管理任务。

(4) 具有一定的外语知识。

3) C级项目经理标准及必须具备的条件

(1) 具有大专以上文化程度、施工管理经历4年以上,或具有中专以上文化程度、施工管理经历6年以上。

(2) 具有二级注册建造师及相应专业的执业资格。

(3) 具有中型以上工程项目管理经验,至少承担过一个投资在3000万元以上工程项目的主要管理任务。

4) D级项目经理标准及必须具备的条件

(1) 具有大专以上文化程度、施工管理经历2年以上,或中专及以上文化程度、施工管理经历3年以上。

(2) 经过项目经理岗位职业资格标准培训,并取得岗位职业资格证书。

(3) 具有小型工程项目管理经验。

该导则特别强调对拟任项目经理的培训与考核,规定各级拟任项目经理由企业按照导则中的岗位职业等级标准和要求,向所在省、自治区、直辖市或有关行业建设协会指定的机构申请,各省、自治区、直辖市或有关行业建设协会指定的机构进行审核后,颁发《建设工程项目经理岗位职业资格证书》。企业依照项目经理岗位职业等级标准和工程项目的规模及实际情况,从取得《建设工程项目经理岗位职业资格证书》的人员中,选择聘任具有相应资格的项目经理。

建造师与项目经理定位不同,但所从事的都是建设工程的管理。建造师执业的覆盖面较大,可涉及工程建设项目管理的许多方面,担任项目经理只是建造师执业中的一项;项目经理则限于企业内某一特定工程的项目管理。建造师选择工作的权力相对自主,可在社会市场上有序流动,有较大的活动空间;项目经理岗位则是企业设定的,项目经理是企业法定代表人授权或聘用的、一次性的工程项目施工管理者。

项目经理责任制是我国施工管理体制上一个重大的改革,对加强工程项目管理,提高工程质量起到了很好的作用。建造师执业资格制度建立以后,项目经理责任制仍然要继续坚持,国发[2003]5号文是取消项目经理资质的行政审批,而不是取消项目经理。项目经理仍然是施工企业某一具体工程项目施工的主要负责人,其职责是根据企业法定代表人的授权,对工程项目自开工准备至竣工验收,实施全面的组织管理。有变化的是,大中型工程项目的项目经理必须由取得建造师执业资格的建造师担任。注册建造师资格是担任大中型工程项目经理的一项必要性条件,是国家的强制性要求。但选聘哪位建造师担任项目经理,则由企业决定,那是企业行为。小型工程项目的项目经理可以由不是建造师的人员担任。所以,要充分发挥有关行业协会的作用,加强项目经理培训,不断提高项目经理队伍素质。

2.5 工程项目组织协调

2.5.1 组织协调的概念

项目在运行的过程中会涉及很多方面的关系，为了处理好这些关系，保证实现项目的目标，就需要协调。所谓协调，就是以一定的组织形式、手段和方法，对项目中产生的不畅关系进行疏通，对产生的干扰和障碍予以排除的活动。协调的目的是力求得到各方面协助，促使各方协同一致，齐心协力，以实现自己的预定目标。项目的协调其实就是一种沟通，沟通在人、思想和信息之间提供了一个重要的联络方式。项目沟通管理确保通过正式的结构和步骤，及时和适当地对项目信息进行收集、分发、储存和处理，并对非正式的沟通网络进行必要的控制，以利于项目目标的实现。

项目系统是一个由人员、物质、信息等构成的人为组织系统，是由若干相互联系而又相互制约的要素有组织、有秩序地组成的具有特定功能和目标的统一体。项目的协调关系一般可以分为3大类：一是"人员/人员界面"；二是"系统/系统界面"；三是"系统/环境界面"。

首先，项目组织是人的组织，是各类人员组成的。人的差别是客观存在的，由于每个人的经历、心理、性格、习惯、能力、任务和作用不同，在一起工作，必定存在潜在的人员矛盾或危机。这种人和人之间的间隔，就是所谓的"人员/人员界面"。

如果把项目系统看做一个大系统，则可以认为其实际上是由若干个子系统组成的一个完整体系。各子系统的功能不同，目标不同，内部工作人员的利益不同，容易产生各自为政的趋势和相互推卸的现象。这种子系统和子系统之间的间隔，就是所谓的"系统/系统界面"。

项目系统在运作过程中，必须和周围的环境相适应，所以项目系统必然是一个开放的系统。它能主动地向外部世界取得必要的能量、物质和信息。在这个过程中，存在许多障碍和阻力。这种系统与环境之间的间隔，就是所谓的"系统/环境界面"。

工程项目建设协调管理就是在"人员/人员界面"、"系统/系统界面"和"系统/环境界面"之间，对所有的活动及力量进行联结、联合和调和的工作。

由动态相关性原理可知，总体的作用规模要比各子系统的作用规模之和大，因而要把系统作为一个整体来研究和处理，为了顺利实现工程项目建设系统目标，必须重视协调管理，发挥系统整体功能。要保证项目的各参与方围绕项目开展工作，组织协调很重要，只有通过积极的组织协调才能使项目目标顺利实现。

2.5.2 组织协调的范围和层次

一般认为，协调的范围可以分为对系统内部的协调和对系统的外层协调。系统内部的协调包括项目经理部内部协调、项目经理部与企业的协调以及项目经理部与作业层的协调。从项目组织与外部世界的联系程度看，工程项目外层协调又可以分为近外层协调和远外层协调。近外层协调和远外层协调的主要区别是工程项目与近外层关联单位一般有合同关系，包括直接的和间接的合同关系，如与业主、监理人、设计单位、供货商、分包商和保险人等的关系；和远外层协调关联单位一般没有合同关系，但却有着法律、法规和社会公德等约束的关系，如与政府、项目周边居民社区组织、环保、交通、环卫、绿化、文物保护、消防和公安机关等单位的关系。

工程项目协调的范围与层次如图 2.4 所示。

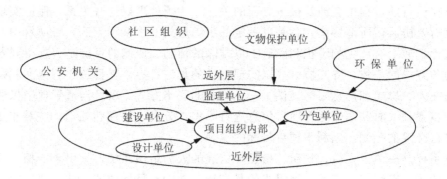

图 2.4 工程项目协调的范围和层次

2.5.3 项目组织内部协调

项目组织内部协调包括人际关系、组织关系的协调。项目组织内部人际关系是指项目经理部各成员之间、项目经理部成员与下属班组之间、班组相互之间的人员工作关系的总称。内部人际关系的协调主要是通过各种交流、活动，增进相互之间的了解和亲和力，促进相互之间的工作支持，另外还可以通过调解、互谅互让来缓和工作之间的利益冲突，化解矛盾、增强责任感、提高工作效率。协调这些关系主要靠执行制度，坚持民主集中制，做好思想政治工作，充分调动每个人的积极性。要用人所长、责任分明、实事求是地对每个人的效绩进行评价和激励。在调解人与人之间矛盾时要注意方式、方法。

组织关系协调是指项目组织内部各部门之间工作关系的协调，如项目组织内部的岗位、职能和制度的设置等，具体包括各部门之间的合理分工和有效协作。分工和协作同等重要，合理的分工能保证任务之间平衡匹配；有效协作既避免了相互之间利益分割，又提高了工作效率。项目中的组织形成系统，系统内部各组织部分构成一定的分工协作和信息沟通关系。组织关系协调，可以使组织运转正常，发挥组织力的作用，组织关系的协调应注意以下几个原则：一是要明确每个机构的职责；二是设置组织机构要以职能划分为基础；三要通过制度明确各机构在工作中的相互关系；四要建立信息沟通制度，制定工作流程图；五要根据矛盾冲突的具体情况及时灵活地加以解决。

2.5.4 项目近外层协调

项目近外层协调包括与业主、监理人、设计单位、供货商、分包商和保险人等的关系协调，项目与近外层关联单位一般有合同关系，包括直接的和间接的合同关系。工程项目实施的过程中，与近外层关联单位的联系相当密切，大量的工作需要互相支持和协调配合，能否如期实现项目目标，关键在于近外层协调工作做得好不好，可以说，近外层协调是所有协调工作中的重中之重。

要做好近外层协调工作，必须做好以下4个方面的工作。

（1）首先要理解项目总目标。项目经理要理解项目总目标、理解建设单位的意图。对于未能参加项目决策过程的项目经理，必须了解项目构思的基础、起因和出发点，了解决策背景，否则可能对项目目标及完成任务有不完整的理解，会给其工作造成很大的困难，所以，必须花大力气来研究建设单位，研究项目目标。在此基础上，再对总目标进行分解，对其他近外层关联单位的目标也要做到心中有数。分解可以按空间进行，也可以按时间进行。只有正确理解了项目目标，才能掌握协调工作的主动权，做到有的放矢。

（2）以合同为基础，明确各关联单位的权利和义务，平等地进行协调。工程项目实施的过程中，合同是所有关联单位的最高行为准则和规范。合同规定了相关工程参与单位的权利和义务，所以必须有牢固的合同观念，要清楚哪些工作是什么单位做的，什么时候完成，要达到什么样的标准。如果出现问题，是哪个单位的责任；同时，对属于自己要完成的工作也要做好，也要清楚自己的义务。只有这样，才不会在工作中失误，给自己工作造成被动，协调工作才能做好。

（3）尊重各相关关联单位。近外层相关联单位在一起参与项目工程，说到底最终目标还是一致的，就是完成项目的总目标。因而，在工程实施的过程中，出现问题、纠纷时一定要本着互相尊重的态度进行处理，千万不要可能在某些方面处于有利位置时对其他单位或其他个人盛气凌人。例如，对于建设单位，尽管有预定的目标，但项目实施必须执行建设单位的指令，使建设单位满意，对于建设单位提出的某些不适当的要求，只要不属于原则问题，都可先行进行，然后利用适当时机，采取适当方式加以说明或解释；对于原则性问题，可采取书面报告等方式说明原委，尽量避免发生误解，以使项目顺利进行；再如，对于设计单位，设计单位为工程项目建设提供图样以及修改设计等工作，是工程项目主要相关关联单位之一。协调的过程中，一定要尊重设计单位的意见，如主动组织设计单位介绍工程概况、设计意图、技术要求和施工难点等；在图样会审时请设计单位交底，明确技术要求，把标准过高、设计遗漏、图样差错等问题解决在施工之前；施工阶段，严格按图施工；结构工程验收、专业工程验收和竣工验收等工作，请设计代表参加。若发生质量事故，认真听取设计单位的处理意见；应当主动向设计单位介绍工程进展情况，施工中发现设计问题，应及时主动向设计单位提出，以免造成大的直接损失。

（4）注重语言艺术和感情交流。协调不仅是方法问题、技术问题，更多的是语言艺术、感情交流。同样的一句话，在不同的时间、地点，以不同的语气、语速说出来，给当事人的感觉大不一样。所以，有时我们会看到，尽管协调意见是正确的，但由于表达方式不妥，反而会激化矛盾。而高超的协调技巧和能力则往往起到事半功倍的效果，令各方面都满意。在协调的过程中，要多做换位思考，换个角度看问题，把自己放在对方的立场上来想，多做感情交流，在工作中不断积累经验，才能提高协调能力。

2.5.5 项目远外层协调

远外层与项目组织不存在合同关系，只是通过法律、法规和社会公德来进行约束，这之间关系的处理主要以法律、法规和社会公德为准绳，相互支持、密切配合、共同服务于项目目标。在处理关系和解决矛盾过程中，应充分发挥中介组织和社会管理机构的作用。一个工程项目的开展还存在政府部门及其他单位的影响，如政府部门、金融组织、社会团体、服务单位和新闻媒介等，对工程项目起着一定的或决定性的控制、监督、支持和帮助作用，这层关系若协调不好，工程项目实施也可能会受到影响。例如，常见的施工噪声扰民的问题，如果和周边居民协调不好，矛盾激化了会严重影响项目的正常实施。做好远外层协调工作主要是以相关的法律、法规和社会公德为基础进行协调。例如，项目部应要求作业队伍到建设行政主管部门办理分包队伍施工许可证；到劳动管理部门办理劳务人员就业证，办理企业安全资格认可证、安全施工许可证、项目经理安全生产资格证等手续；项目部的安全保卫部门应办理施工现场消防安全资格认可证；到交管部门办理通行证；到当地户籍管理部门办理劳务人员暂住手续；项目经理部应到当地城市管理部门办理街道临建审批手续；项目经理部应到当地政府质量监督管理部门办理建设工程质量监督通知单等手续；项目经理部应配合环保部门做好施工现场的噪声检测工作，及时报送有关厕所、化粪池、道路等的现场平面布置图、管理措施及方案等。做好远外层的协调，争取到相关部门和社团组织的理解和支持，对于顺利实现项目目标是必需的。

案例分析

背景：

某工程项目位于省会城市繁华区域，中标合同额 6 710 万元，建筑面积为 65 000 m²，共计 18 栋单体工程，其中 6 层多层结构 5 栋，12 层小高层 5 栋，25 层高层 1 栋，单层商业网点 7 栋。因工程单体多、面积广而散且具有一定的施工难度。其中除 1 栋高层、1 个商业网点于 2009 年 10 月竣工交付业主外，其余单体均在 2008 年 12 月底竣工验收，本工程于 2009 年 5 月底全部交付业主。

项目结算工作于 2010 年 3 月底完成。进场前测算利润率为合同额的 10%，即 671 万元；然而，项目最终结算亏损 280 万元，偏差之大，值得深思。

项目部于 2007 年 8 月组建开始运行，于 2010 年 3 月撤销，项目部存在时间达到了两年半。本项目为此集团分公司在该省会成立以来第一个完成承接、施工、竣工交房及办理完结算的项目，对其公司的发展意义不言而喻。因此进行反思与总结，从失败中获取经验和教训也是有必要且必须的。

建筑业，无疑是劳动密集型产业集成，而项目管理，则是事关一个项目成败的关键。从项目组织层次分析，该项目部的组织管理，可谓漏洞百出。

项目管理班子成员变动频繁，管理思想紊乱。该项目管理部自组建以来，其班子成员变动相对较多。其中，项目经理一职，实际历经王某运营（林某负责、赵某主政、公司领导蹲点指导三个时期）、叶某组织工程扫尾工作；期间以生产经理变动最频繁，从开工到竣工，历经四任变迁；技术负责人历经彭某、马某两任；安装经理虽未变更，但也经历安装分公司体制变革影响；材料主管一职，也历经田某、吴某两任。人员的频繁更替，前后的管理理念很难达到统一。正是管理思想的差别，管理风格的差异和管理能力的强弱，在一定程度上对项目的管理产生了不良影响。

项目管理命令链条断裂，上命不能下行。俗话说"执行力到位，革命无不胜"，而该项目组织中恰恰缺少的就是执行力，在2009年以前的管理滞后现象表现的尤为突出，项目部没有形成良好的沟通环境、畅通的执行流程和危机应急响应渠道。项目经理与项目副职互不通气，普通管理人员与项目班子成员互不买账，劳务队、分包商不听从项目管理人员的指令。管理命令链条断裂。上命难以下达，下声无从听取，更妄谈执行。进而形成"三军不动，累死主帅"的局面。经常为一件小事，也得项目经理亲自去指挥劳务队，三令五申才能办成。2009年底，班子重组以后，项目部内部管理层虽已理清，但也无力回天。因积习难改，在管理层与劳务层之间，执行难的事情经常发生。

策（计）划成为一纸空文，制度无从落实。"项目施工，策划先行"是集团公司近年来大力推行的项目管理制度。但在该项目部，项目策划书虽有成文，但往往被束之高阁，实际工作中并未按策划执行，实际情况变化时也没有及时调整策划书。项目部的管理制度虽也健全，但落实的甚少，明知故犯屡见不鲜，不少人甚至白天上班时间都在搓麻将，使得项目部声誉一落千丈。

四种关系处理不当，劳务管理混乱。正确处理公与私、言与行、是与非、苦与乐四种关系，也是项目组织管理成败与否的主要因素。在该项目部的运作过程中，普遍存在公私不分、言行不一、是非不清、苦乐不均的情况。对内失和，对外失信，使项目部常常处在举步维艰的局面。内忧外患，管理自是混乱。在前期，由于公私不分，存在项目经理的四位亲属分别插手项目材料供应、项目劳务及其他的分包工程承包的现象。这种任人唯亲的乱象，对项目班子其他成员及项目管理人员产生了错误的引导，项目领导层是非不清，与下层不能同甘苦共患难，项目管理难见成效。

活是人干出来的，劳务是项目生产的主力军，而材料占了项目成本的60%～70%，劳务和材料管理成功与否，直接决定了一个项目的成败。本项目劳务，主体采用两支清包队伍，砌体抹灰捆在一起发包，其他装饰工程按工种分包，每类队伍都采用两支以上。施工队伍偏多，各类劳务队伍加分包商近40家，项目部驾驭分包的难度陡增。

队伍进场之前，虽走过招投标过程，但实际施工人员与投标不一致，如劳务队名为颜某负责实为李某转包；抹灰队伍名为余某施工，实为李某的队伍操作（其中两个栋号又实为梁某的队伍施工）。施工队伍不按项目部要求施工，随意性大，质量较差，进度滞后，窝工严重，人心涣散，进一步形成管理及质量上的恶性循环。劳务签证量大，仅抹灰一家劳务队涉及签证就多达20项。劳务不服从项目部普通管理人员管理，常形成拒绝管理的局面，甚至出现劳务队罢工退场的情况。劳务分层转包过多，如其中一支负责支模板的劳务队伍，签订合同人为马某，承包人实为刘某，实际上是徐某的队伍施工。

从工程项目管理组织的角度来分析，可以发现此项目的组织管理存在着极大的问题。管理层次、管理跨度、管理部门、管理职能等组织构成因素不清晰且关系不明；组织结构设计也没有考虑其基本原则，结果是命令链断裂失去执行力；组织机构活动也未能遵循其基本原理；同时，工程项目组织协调工作也是未能引起重视，完全没有做好等，因为以上种种问题的存在，导致组织运行效率极其低下，因而经济效益不尽如人意也就不足为奇了。

当然，本项目从一个预算利润671万元的好项目变成反亏280万元，一反一正企业损失了900多万元的项目，其原因是多方面的。除了存在组织管理方面的漏洞之外，还存在现场管理和成本管理等方面的漏洞。此项目之所以有如此巨额的亏损，毫不夸张地说，建筑业几乎所有的不良现象在此项目集中得到了充分展现，不管是现场，还是内业，不管是技术，还是商务都不同程度的存在问题。前车之鉴，值得业内所有的企业管理者、项目经理们深思。

本 章 小 结

通过本章学习，可以初步理解掌握项目组织基本理论和组织机构设置、组织机构活动的基本原理，同时，对于常用基本的几个组织结构模式及其适用范围和优缺点也进行了简单介绍。另外，对于人力资源管理的内容和主要任务也作了阐述。通过学习，对于此部分内容学生应有初步了解。

注册建造师制度是我国建筑领域的一项重要的执业资格制度，掌握该制度和项目经理制度的衔接有助于正解理解注册建造师与项目经理的关系。

项目组织建立了，为使组织高效运行，做好组织协调工作意义重大。组织协调分为内部协调、远外层协调、近外层协调。三部分协调工作范围不同，内容不同，要注意使用不同的方法。

思考题与习题

1. 什么是组织？组织的构成因素是什么？
2. 组织机构设置要遵循什么原则？
3. 常用的组织结构模式有哪些？各有何优点和缺点？
4. 人力资源管理的任务是什么？
5. 如何理解建造师和项目经理的关系？
6. 如何做好项目近外层和远外层的协调工作？

第3章 工程项目资源管理

教学提示

本章主要讲述项目施工现场管理的要求、内容、意义和措施。通过本章的学习,应达到以下目标:
(1) 了解施工项目生产要素及其管理过程;
(2) 掌握资源管理的任务、内容与方法;
(3) 熟悉材料的计划、供应的过程与方法;
(4) 掌握机械设备、项目周转料具的管理。

学习要点

知识要点	能力要求	相关知识
项目资源管理	(1) 了解项目资源管理的任务与方法 (2) 编制项目资源需要量计划	(1) 了解项目资源需要量的计算 (2) 熟悉项目资源组织与管理
材料的计划与供应管理	(1) 熟悉工程材料分类与编制材料计划 (2) 掌握工程材料的招标、采购、验收	(1) 了解材料的相关性能、质量、规格、指标 (2) 了解材料的相关市场价格信息
设备租赁管理	(1) 掌握机械设备的选型、配置与租赁 (2) 掌握机械设备的计划与成本管理	(1) 具备基本的机械设备相关知识 (2) 了解设备租赁合同的相关知识

基本概念

项目生产要素、项目资源管理、材料的计划与供应管理、设备租赁管理、周转料具。

 引例

××花园工程是某省重点建设项目，位于××体育中心西南角，总建筑面积27729m²，地下2层，地上18层，地下室共二层，地下二层为汽车库，一层为商店、公寓大堂、报警中心等，建筑物最高处高度为59.09m。本次工程的范围为第Ⅲ标段土建工程为D幢公寓及F区、东区地下室，土建部分总包、安装分包，桩基、围护及部分土方开挖工程已由其他单位先期施工，但列入总包范围，并对各专业分包（所有门窗、玻璃栏杆、会所、酒店、公共部分等室内二次装饰）、安装等工程实行总包配合、管理，室外道路及管线工程、管煤、园林绿化不属于本次发包内容。

3.1 工程项目资源管理概述

工程项目资源管理对于施工企业而言就是施工项目生产要素的管理，施工项目的生产要素是指构成施工项目生产过程的人力、财力、物力等要素，即施工企业投入到施工项目中的劳动力、材料、机械设备、技术和资金等要素，其构成了施工生产的基本活劳动与物化劳动的基础。项目生产要素管理的全过程应包括生产要素的计划、供应、使用、检查、分析和改进。

在施工实施阶段，承包商在施工方案的制订中要依据工程施工实际需要采购和储存材料，配置劳动力和机械设备，将项目所需的资源按时按需、保质保量地供应到施工地点，并合理的减少项目资源的消耗，降低成本。

施工企业应建立和完善项目生产要素配置机制，通过对项目的资源管理，使施工企业及项目经理部在施工项目管理中尽量做到合理组织、配置、优化各项资源并力求使项目资源供需达到动态平衡，最终达到节约资源、动态控制项目成本的目的。

资源管理受市场供求状况、资金、时间、信息、自然条件、现场环境、运输能力和材料设备供应商的能力等因素影响较大，因此，项目资源管理是一个动态的过程。

3.1.1 项目资源管理的任务与内容

项目资源管理的任务就是依据项目目标，按照项目的进度与资金计划编制资源的采购、使用与供应计划，保持资源的合理分布和有序流动，为项目生产要素的优化配置和动态管理服务；将项目实施所需用的资源按规定的时间、计划的耗用量供应到指定的地点，并综合降低项目总成本。

项目资源管理的内容包括项目物资材料管理、项目机械设备管理、项目劳务管理、项目技术管理和项目资金管理等。由于项目劳务管理、项目资金管理分别在项目人力资源管理及项目成本管理中已有述及,项目技术管理在其他课程中有专门介绍,因此,本小节主要介绍项目材料管理和项目机械设备管理。

1. 项目材料管理

项目材料管理就是对项目施工过程中所需要的各种材料、半成品、构配件的采购、加工、包装、运输、储存、发放、验收和使用所进行的一系列组织与管理工作。

(1) 负责材料供应管理工作,依据施工图预算和施工进度计划,编制材料采购计划。

(2) 负责材料、构件提货、进场验收、保管、发货和现场二次搬运工作,办理材料出、入库手续。

(3) 负责材料市场询价调查,参与材料招标采购活动,组织材料进场,回收和处理剩余材料。

(4) 负责现场工程材料的产品标志和应复检材料的复检委托及其检、试状态标志。

(5) 负责协调现场周转材料租赁及管理。

(6) 负责现场工程材料、设备、半成品月度盘点,负责月度材料核算,分析物料消耗和材料成本。

2. 项目机械设备管理

项目机械设备管理是根据项目施工方案的需要,合理采购、租赁相应的机械设备,并对相应的机械设备进行优化配置、日常维护保养,尽量提高其完好率、利用率与生产效率的一系列组织与管理工作。

3. 项目技术管理

项目经理部应根据项目规模设项目技术负责人。项目经理部必须在企业总工程师和技术管理部门的指导下,建立技术管理体系。项目经理部的技术管理应执行国家技术政策和企业的技术管理制度。项目经理部可自行制定特殊的技术管理制度,并报企业总工程师审批。

项目经理部的技术管理工作应包括下列内容。

(1) 技术管理基础性工作。

(2) 施工过程的技术管理工作。

(3) 技术开发管理工作。

(4) 技术经济分析与评价。

4. 项目资金管理

项目资金管理应保证收入、节约支出、防范风险和提高经济效益。企业应在财务部门设立项目专用账号进行项目资金的收支预测、统一对外收支与结算。项目经理部负责项目资金的使用管理。项目经理部应编制年度、季度、月度资金收支计划,上报企业财务部门审批后实施。项目经理部应按企业授权配合企业财务部门及时进行资金计收。

项目经理部应按企业下达的用款计划控制资金使用,以收定支,节约开支;应按会计制度规定设立财务台账,记录资金支出情况,加强财务核算,及时盘点盈亏。

项目经理部应坚持做好项目的资金分析,进行计划收支与实际收支对比,找出差异,分析原因,改进资金管理。项目竣工后,结合成本核算与分析进行资金收支情况和经济效益总分析,上报企业财务主管部门备案。企业应根据项目的资金管理效果对项目经理部进行奖惩。

3.1.2 项目资源需要量计划

施工总进度计划编好以后,就可以编制各种主要资源的需要量计划。

1. 综合劳动力和主要工种劳动力计划

劳动力综合需要量计划是确定暂设工程规模和组织劳动力进场的依据。编制时首先根据工种工程量汇总表中分别列出的各建筑物专业工种的工程量,查相应定额,便可得到各建筑物几个主要工种的劳动量,再根据总进度计划表中各单位工程工种的持续时间,即可得到某单位工程在某段时间里的平均劳动力人数。用同样方法可计算出各个建筑物的各主要工种在各个时期的平均工人数。将总进度计划表纵坐标方向上各单位工程同工种的人数叠加在一起并连成一条曲线,即某工种的劳动力动态曲线图和计划表。

2. 材料、构件及半成品需要量计划

根据各工种工程工程量汇总表所列各建筑物和构筑物的工程量,查万元定额或概算指标便可得出各建筑物或构筑物所需的建筑材料、构件及半成品的需要量。然后根据总进度计划表,估计出某些建筑材料在某季度的需要量,从而编制出建筑材料、构件及半成品的需要量计划。它是材料和构件等落实组织货源、签订供应合同、确定运输方式、编制运输计划、组织进场和确定暂设工程规模的依据。

3. 施工机具需要量计划

主要施工机械,如挖土机、起重机等的需要量,是根据施工进度计划,主要建筑物施工方案和工程量,并套用机械产量定额求得;辅助机械可以根据建筑安装工程每十万元扩大概算指标求得;运输机械的需要量根据运输量计算。最后编制施工机具需要量计划,施工机具需要量计划除为组织机械供应外,还可作为施工用电、选择变压器容量等的计算和确定停放场地面积依据。

3.2 项目材料管理

3.2.1 项目材料的分类管理

项目材料实行分类管理,施工项目所需的主要材料和大宗材料应由单位物资部门统一招标采购,按计划供给项目经理部。企业物资部门应制订采购计划,审定供应人,建立合格供应人目录,对供应方进行考核,签订供货合同,确保供应工作质量和材料质量。项目经理部应及时向企业物资部门提供材料需要计划。远离企业本部的项目经理部,可在法定代表人授权下就地采购。

ABC 分类法又称帕累托分析法,也称主次因素分析法,是项目管理中常用的一种方法。它是根据事物在技术或经济方面的主要特征,进行分类排队,分清重点和一般,从而有区别地确定管理方式的一种分析方法。由于它把被分析的对象分为 A、B、C3 类,所以又称 ABC 分析法。

在 ABC 分析法的分析图中,有两个纵坐标,一个横坐标,几个长方形,一条曲线,左边纵坐标表示频数,右边纵坐标表示频率,以百分比表示。横坐标表示影响质量的各项因素,按影响大小从左向右排列,曲线表示各种影响因素大小的累计百分比。一般将曲线的累计频率分为 3 级,与之相对应的因素分为 3 类。

(1) A 类因素,发生累计频率为 0~80%,是主要影响因素。

(2) B 类因素,发生累计频率为 80%~90%,是次要影响因素。

(3) C 类因素,发生累计频率为 90%~100%,是一般影响因素。

这种方法有利于人们找出主次矛盾,有针对性地采取对策。

ABC 分析法是由意大利经济学家帕累托首创的。1879 年,帕累托在研究个人收入的分布状态时,发现少数人的收入占全部人日收入的大部分,而多数人的收入却只占一小部分,他将这一关系用图表示出来,就是著名的帕累托图。该分析方法的核心思想是在决定一个事物的众多因素中分清主次,识别出少数的但对事物起决定作用的关键因素和多数的但对事物影响较小的次要因素。后来,ABC 分析法被不断应用于管理的各个方面。1951 年,管理学家 H. F. 戴克(H. F. Dickie)将其应用于库存管理,命名为 ABC 法。1951—1956 年,J. M. 朱兰(J. M. Juran)将 ABC 分析法引入质量管理,用于质量问题的分析,称为排列图。1963 年,P. F. 德鲁克(P. F. Drucker)将这一方法推广到全部社会现象,使 ABC 分析法成为企业提高效益的普遍应用的管理方法。

ABC 分析法大致可以分为 5 个步骤。

(1) 收集数据。针对不同的分析对象和分析内容,收集有关数据。

(2) 统计汇总。

(3) 编制 ABC 分析表。

(4) ABC 分析图。

(5) 确定重点管理方式。

应当说明的是,应用 ABC 分析法,一般是将分析对象分为 A、B、C 3 类。但也可以根据分析对象重要性分布的特性和对象数量的大小分成两类或 3 类以上。

施工项目所需的特殊材料和零星材料(B 类材料和 C 类材料)应按承包人授权,由项目经理部采购。项目经理部应编制采购计划,报企业物资部门批准,按计划采购。特殊材料和零星材料的品种,在《项目管理目标责任书》中约定。

工程项目所需的 A、B 类材料,必须通过招投标的方式进行采购。各项目经理部应设材料组,它是项目经理部管理层的组成部分,业务上受分公司、公司物资部门领导。根据工程需要,各项目应配备材料人员 1~3 人,其材料人员由分公司人力资源部门和物资部门同项目经理商定,报分公司经理批准。项目材料人员职责必须分工明确,杜绝一人包揽,严禁采购兼保管。

3.2.2 材料的计划与供应管理

项目经理部在开工 3 天前,应向分公司物资部门提供"项目材料需用总体计划"。材料计划应明确材料名称、规格、型号、质量(技术要求)、数量及进场时间等,需要加工定做的料具,应附图样并注明要求。

项目参与询价、定价和采购合同的签订，提供价格信息和合格供方，随时了解市场情况，以便分公司物资部门及时确定材料、品种和供应单位。

分公司物资部门根据项目经理部定期编制的项目材料月度计划，保质、保量、按时将材料供应到现场。

建设单位（业主）供应的材料，由分公司物资部门与建设单位（业主）签订材料供应办法，并与建设单位（业主）落实材料的选样工作。

全部材料按实际价格加运杂费计入项目成本，材料进退场及一、二次搬运所发生的人工费、运杂费计入项目成本。材料回收退库所发生的装卸人工费和运输费由项目组承担。发生材料代用的量差（增）由项目承担。

3.2.3 材料的验收和使用保管

进场的材料应进行数量验收和质量检验，做好相应的验收和标志的原始记录。数量验收和质量检验，应符合国家的计量方法和企业的有关规定；进入现场的材料应有生产厂家的材质证明（包括厂名、品种、出厂日期、出厂编号和试验检验单）和出厂合格证。要求复检的材料要有取样送检证明报告。新材料未经试验鉴定，不得用于工程中。现场配置的材料应经试配，使用前应经认证。

材料的计量设备必须经具有资格的机构定期检验，确保计量所需要的精确度。检验不合格的设备不允许使用。

对进场的材料发现质量不合格，应做出标志，按公司程序文件规定，挂上"不合格物资"标牌，及时通知分公司物资部门联系解决。

凡进入项目现场的材料，应根据现场平面布置规划的位置，做到"四定位、五五化、四对口"。现场大宗材料须堆放整齐，砂、石成堆、成方，砖成垛，长大件一头齐，要求场地平整，排水良好，道路畅通，进出方便。

材料使用限额领料制度。

(1) 由负责施工的工长或施工员，根据施工预算和材料消耗定额或技术部门提供的配合比、翻样单，签发施工任务书和限额领料单。两单工程量要一致，并于开始用料24小时前将两单送项目材料组。项目材料组收到后，立即根据单位工程分部分项用料预算进行审核。审核工程量有无重复或超过预算，审核材料消耗定额有无套错，审核计算有无差错。审核无误后，送工长或施工员交承担的施工生产班组凭单领料。

(2) 无限额领料单，材料员有权停止发料，由此影响施工生产应由负责施工的工长或施工员负责。

(3) 班组用料超过限额数时，材料员有权停止发料，并通知负责施工的工长或施工员查核原因。属工程量增加的，增补工程量及限额领料数量；属操作浪费的，按有关奖罚规定办理，赔偿手续办好后再补发材料。

(4) 限额领料单随同施工任务单当月同时结算，已领未用材料要办理假退料手续。在结算的同时应与班组办理余料退库手续。

(5) 班组使用材料实行节约有奖、浪费赔偿、奖赔对等的原则，其材料将按节约材料的20%发给班组，杜绝材料浪费。

仍以浪费材料的20%扣罚班组。奖罚节约或浪费的材料单价，按工程当地的定额材料单价计算或按项目与班组的合同单价计算。

(6) 钢筋按放样料单数量加1.5%～3%的损耗一次承包给钢筋加工车间(班组)，达到指标应给予奖励，节约部分五五分成。

应建立材料使用台账，记录使用和节超状况。材料管理人员应对材料使用情况进行监督；做到工完、料净、场清；建立监督记录；每月按时对材料使用情况进行盘点和料具租赁费的结算，对存在的问题应及时分析和处理。

3.2.4 材料的统计与核算

项目材料组自项目开工到竣工交付验收，应做好各种资料收集整理，装订成册，按月做好统计核算工作，资料包括以下几方面。

(1) 项目承包工程材料消耗表。
(2) 项目承包工程主材预算与消耗对比表。
(3) 项目承包周转料具租赁结算表。
(4) 项目承包周转材料(非租赁)摊销情况表。
(5) 建立材料耗用情况数据库。

项目经理部的材料管理应满足下列要求。

(1) 按计划保质、保量、及时供应材料。
(2) 材料需要量计划应包括材料需要量总计划、年计划、季计划、月计划和日计划。
(3) 材料仓库的选址应有利于材料的进出和存放，符合防火、防雨、防盗、防风和防变质的要求。
(4) 进场的材料应进行数量验收和质量认证，做好相应的验收记录和标志。不合格的材料应更换、退货或让步接收(降级使用)，严禁使用不合格的材料。
(5) 材料的计量设备必须经具有资格的机构定期检验，确保计量所需要的精确度。检验不合格的设备不允许使用。
(6) 进入现场的材料应有生产厂家的材质证明(包括厂名、品种、出厂日期、出厂编号、试验检验单)和出厂合格证。要求复检的材料要有取样送检证明报告。新材料未经试验鉴定，不得用于工程中。现场配制的材料应经试配，使用前应经认证。

材料储存应满足下列要求。

(1) 应建立材料使用限额领料制度。超限额的用料，用料前应办理手续，填写领料单，注明超耗原因，经项目经理部材料管理人员审批。
(2) 建立材料使用台账，记录使用和节超状况。
(3) 应实施材料使用监督制度。材料管理人员应对材料使用情况进行监督，做到工完、料净、场清，建立监督记录，对存在的问题应及时分析和处理。
(4) 班组应办理剩余材料退料手续。设施用料、包装物及容器应回收，并建立回收台账。
(5) 制定周转材料保管、使用制度。

3.2.5 材料采购管理

为了加强项目材料的采购管理，建立规范的采购运行机制，保护国家利益、企业利益和招投标当事人的合法权益，提高经济效益，保证工程质量，工程主要材料的采购均实行招投标制。采购活动应属于企业管理行为。各工程施工项目经理部只是参与招投标采购的询价等过程，不得私自采购工程项目所需的大宗材料。远离分公司的单个工程项目应在分公司（或公司）的授权下方可组织工程材料的采购工作。

施工单位应成立工程材料采购领导小组，以物质部门为主成立工程材料招投标采购中心，负责工程材料招投标采购全过程的管理。

1. 材料招标

施工单位的物质部门应根据由项目经理部编制工程项目所需材料的总体计划制订工程材料招标采购计划，报请企业工程材料采购领导小组审批同意后实施。

招标分为公开招标和邀请招标，根据目前建筑企业的特点，一般施工单位的物资采购招标采用邀请招标的方式。

招标人应根据工程的特点和工程对物资的需用情况确定招标物资的名称、规格型号、数量、质量要求等内容，结合对市场的调查情况和项目的资金情况，制作标底，标底内容应包含物资的质量等级、合适的价格、可能的付款情况等内容。

邀请参与投标的分供方应为招标人的合格分供方名册中已建立档案的合格分供方，对新近联系的分供方，在经过招标人考察后，认定合格的可邀请参与投标。从符合条件的分供方中选择4～6家确定为邀请投标的分供方，对其发出"投标邀请书"。在发出"投标邀请书"的同时发出"招标文件"。

2. 材料开标、评标和中标

招标人应组建物资采购招标评审小组并报公司级物质部门备案。此小组为常设机构，负责对物资采购招标工作进行领导、监督和合同评审。评审小组由单位主要领导或主管领导担任组长，成员有书记、经营、财务、物质和监察等部门的负责人，可邀请物资使用项目的项目经理参加（与分供方有利害关系的人不得参与评标）。物资采购招标工作的具体实施由物质部门负责。

开标应当在招投标文件确定的提交投标文件截止时间的同一时间进行，由招标评审小组组长主持，内部开标。

评标由招标人组建的物资采购招标评审小组根据评标标准负责进行。

参与评标的材料应符合以下基本标准。

(1) "三证"应齐全，即营业执照、生产许可证或经营许可证，产品检测报告，施工项目所在地建筑主管部门要求有产品准用证的应有产品准用证。

(2) 所提供的产品样品经鉴定应符合要求。

(3) 产品应由正规的质量检测机关检测，由省级以上（含省级）质量检测机关定点检测的优先考虑。

(4) 产品报价为合理低价，价格最低者优先考虑。

(5) 有一定的资金实力,垫资能力大者优先考虑。
(6) 供货方式、质量保证措施切实可行,售后服务承诺合理。
(7) 为那些有影响的工程供应过同类产品,近期给招标人有影响的工程供应过同类产品且信誉良好的优先考虑。

业主推荐的供应商也应参与投标,同等条件可予优先考虑。

物资采购招标评审小组成员应当客观、公正地履行职务,遵守职业道德,对所提出的评审意见承担个人责任。评审小组成员不得私下接触投标人,不得收受投标人的财物或者其他好处,违反规定,影响投标结果者,将给予严肃处理。

评审小组经过综合评审,确定中标人后,会签"物资采购招标评审会签表",确认中标结果。中标人确定后,招标人应当向中标人发出"中标通知书",同时将中标结果通知其他未中标的投标人。

物质部门应将工程材料的采购价格(或中标价)与同期的市场信息价对比分析,并登记造册。

签订合同与考核物质部门根据评审小组会签后的"物资采购招标评审会签表"与中标人签订"物资采购合同"。在合同签字生效前,应由财务、生产、经营、法律等部门负责人审核,经主管领导签字后,才能在合同上签字盖章。

由业主指定品牌或分供方,必须要有联系函,若业主口头指定无书面函件的,由项目经理出具详细的书面报告,并由招投标小组审核后方能采购。

物质部门应定期对工程项目物质供应的分供方考核。

物资部门应建立动态的材料分供方和材料价格的数据库。

3.2.6 材料(含构配件)的质量控制

材料(含构配件)是工程施工的物质条件,没有材料就无法施工,材料的质量是工程质量的基础,材料质量不符合要求,工程质量也就不可能符合标准。所以,加强材料的质量控制,是提高工程质量的重要保证,也是创造正常施工条件的前提。

1. 材料质量控制的要点

(1) 掌握材料信息,优选供货厂家。掌握材料质量、价格、供货能力的信息,选择好供货厂家,就可获得质量好、价格低的材料资源,从而确保工程质量,降低工程造价。这是企业获得良好社会效益、经济效益、提高市场竞争能力的重要因素。

(2) 合理组织材料供应,确保施工正常进行。合理地、科学地组织材料的采购、加工、储备、运输,建立严密的计划、调度体系,加快材料的周转,减少材料的占用量,按质、按量、如期地满足建设需要,乃是提高供应效益,确保正常施工的关键环节。

(3) 合理地组织材料使用,减少材料的损失。正确按定额计量使用材料,加强运输、仓库、保管工作,加强材料限额管理和发放工作,健全现场材料管理制度,避免材料损失、变质,乃是确保材料质量、节约材料的重要措施。

(4) 加强材料检查验收,严把材料质量关。

(5) 要重视材料的使用认证,以防错用或使用不合格的材料。

2. 材料质量控制的内容

材料质量控制的内容主要有材料的质量标准，材料的性能，材料取样、试验方法，材料的适用范围和施工要求等。

1) 材料质量标准

材料质量标准是用以衡量材料质量的尺度，也是作为验收、检验材料质量的依据。不同的材料有不同的质量标准，如水泥的质量标准有细度、标准稠度用水量、凝结时间、强度、安定性等。掌握材料的质量标准，便于可靠地控制材料和工程的质量。例如，水泥颗粒越细，水化作用就越充分，强度就越高；初凝时间过短，不能满足施工有足够的操作时间，初凝时间过长，又影响施工进度；安定性不良，会引起水泥石开裂，造成质量事故；强度达不到标号要求，直接危害结构的安全。因此，对水泥的质量控制，就是要检验水泥是否符合质量标准。

2) 材料质量检验的目的

材料质量检验的目的是通过一系列的检测手段，将所取得的材料数据与材料的质量标准相比较，借以判断材料质量的可靠性，能否使用于工程中；同时，还有利于掌握材料信息。

3) 材料质量的检验方法

材料质量检验方法有书面检验、外观检验、理化检验和无损检验4种。

(1) 书面检验是通过对提供的材料质量保证资料、试验报告等进行审核，取得认可方能使用。

(2) 外观检验是对材料品种、规格、标志、外形尺寸等进行直观检查，看其有无质量问题。

(3) 理化检验是借助试验设备和仪器对材料样品的化学成分、机械性能等进行科学的鉴定。

(4) 无损检验是在不破坏材料样品的前提下，利用超声波、X射线、表面探伤仪等进行检测。

4) 材料质量检验程度

根据材料信息和保证资料的具体情况，其质量检验程度分免检、抽检和全检验三种。

(1) 免检就是免去质量检验过程。对有足够质量保证的一般材料以及实践证明质量长期稳定且质量保证资料齐全的材料，可予免检。

(2) 抽检就是按随机抽样的方法对材料进行抽样检验。当对材料的性能不清楚，或对质量保证资料有怀疑，或对成批生产的构配件，均应按一定比例进行抽样检验。

(3) 全检验。凡对进口的材料、设备和重要工程部位的材料以及贵重的材料，应进行全部检验，以确保材料和工程质量。

5) 材料质量检验项目

材料质量的检验项目分"一般试验项目"，为通常进行的试验项目；"其他试验项目"，为根据需要进行的试验项目。例如，水泥，一般要进行标准稠度、凝结时间、抗压和抗折强度检验；若是小窑水泥，往往由于安定性不良好，应进行安定性检验。

6) 材料质量检验的取样

材料质量检验的取样必须有代表性，即所采取样品的质量应能代表该批材料的质量。在采取试样时，必须按规定的部位、数量及采选的操作要求进行。

7) 材料抽样检验的判断

抽样检验一般适用于对原材料、半成品或成品的质量鉴定。由于产品数量大或检验费用高，不可能对产品逐个进行检验，特别是破坏性和损伤性的检验。通过抽样检验，可判断整批产品是否合格。现仅就一次抽样检验方案的判断原理叙述如下。一次抽样检验是根据一次对样品的检验结果来判断该批产品是否合格。

8) 材料质量检验的标准

对不同的材料，有不同的检验项目和不同的检验标准，而检验标准则是用以判断材料是否合格的依据。

3. 材料的选择和使用要求

材料的选择和使用不当，均会严重影响工程质量或造成质量事故。为此，必须针对工程特点，根据材料的性能、质量标准、适用范围和对施工要求等方面进行综合考虑，慎重地来选择和使用材料。

3.3 项目机械设备管理

项目机械设备管理是项目生产要素和施工过程管理的重要组成部分，必须做好工程项目机械设备的优化配置与动态管理，强化机械综合管理，加强基础管理，合理使用机械，做好维修保养，确保安全运行。为充分发挥机械设备的效能，使工程项目取得较好的经济效益，必须加强机械设备的管理。

3.3.1 施工项目机械设备的获取

项目所需机械设备可以从企业自有机械设备调配，或租赁，或购买，提供给项目经理部使用。远离公司本部的项目经理部，可由企业法定代表人授权，就地解决机械设备来源。

施工项目机械设备来源一般有两种方式。

(1) 本企业设备租赁公司（站）租用的施工机械设备。

(2) 分包工程的施工队伍自带的施工机械设备。

施工项目所需用的机械设备必须由公司（分公司）机械部门审定，租金一般应根据具体情况由公司按地区编制《机械设备租赁台班费用定额》来确定。如果项目从本企业设备租赁公司（站）租赁机械设备，需要签订需用设备租赁合同，合同条款应包括机械设备名称、规格型号、起止日期、月工作台班、台班单价、费用结算、双方责任和其他有关内容，并经双方单位盖章和负责人签字后生效。按机械设备租赁合同对进场、出场设备做好交接和验收工作。

1. 项目机械设备来源

项目机械设备来源主要有 4 种方式。

(1) 从本企业设备租赁公司（站）租用的施工机械设备。

(2) 从社会上的设备租赁市场租用的施工机械设备。

(3) 分包工程的施工队伍自带的施工机械设备。

(4) 企业新购的施工机械设备。

设备租赁单位必须具备相应资质要求。对大型起重设备和特种设备，租赁单位应提供营业执照、租赁资质、设备安装资质、安全使用许可证、设备安全技术定期检验证明、机型机种在本地区注册备案资料、机械操作人员作业证明及地区注册资料，符合要求方可租用。

2. 设备租赁原则

(1) 按已批准的施工组织设计及施工方案，选择所需机械设备的型号和数量。施工项目不得购置机械设备，所需机械设备一律实行租赁使用，实行统一管理、人随机走和独立核算。

(2) 租赁机械设备租赁应本着先内后外的原则，充分利用企业现有设备，内部调剂余缺，在本企业内部无法解决时可考虑从社会租用。

(3) 外部租用的设备应实行招租，全面考评供方情况、设备状况、服务能力和价格等择优确定供方，招租时应由公司(分公司)机械部门组织进行。

(4) 租用的设备应选择整机性能好、安全可靠、效率高、故障率低、维修方便和互换性强的设备，避免使用淘汰产品。

3. 租赁计划

(1) 在开工前一段时间，项目应根据批准的施工组织设计及方案向公司(分公司)机械部门申报机械设备需用总体计划(包括机械名称、规格、型号、数量、计划进退场时间等)，由公司(分公司)机械部门审定后组织落实机械设备来源。

(2) 项目根据施工生产中的实际情况，依据总体计划编报季度、月度计划(含临时需用的设备、机具、配件等)，编报的阶段性计划必须于季度末20日、月末20日前报公司(分公司)机械部门，若有较大的调整应提前一个月报公司(分公司)机械部门。

4. 租赁设备合同签订

(1) 合同条款应包括机械编号、机械名称、规格型号、起止日期、月工作台班、台班单价、费用结算、双方责任和其他有关内容。

(2) 合同签订。

①内部提供的机械设备由机械设备租赁公司(站)与项目经理部签订租赁合同。

②外部租用的机械设备由机械设备租赁单位与分公司机械部门签订租赁合同，再按公司内部租赁办法租给项目。

(3) 合同生效后，租用双方应严格遵守合同条款。若任何一方违反条款，所造成的经济损失由违约方负责。

(4) 合同期满后，若项目需继续使用时，应提前通知机械设备租赁公司(站)，续签合同；若提前终止合同，应协商终止合同。

5. 租赁设备进退场

(1) 租赁合同签订后，公司(分公司)机械部门应根据项目申请的设备进场计划，协助组织实施，监督租赁方按期将机械设备运至现场。

（2）大型机械设备的进出场费、安拆费和辅助设施费等由双方协商，并在合同中签订。

（3）租赁的设备进退场，项目应保证道路畅通和作业现场安全。

（4）租赁的设备在进退场时，租用双方共同交接清点并办理交接验收签字手续，公司（分公司）机械部门监督执行。

6. 租赁双方责任

1）项目经理部

（1）项目机械管理员（兼职），负责本项目租用的机械设备的管、用、养、修、租、算及有关资料的收集，并按时填报报表。

（2）项目应建立内部管理制度及班组工作规章制度，机械管理员职责，设备安全操作规程、岗位责任制和安全文明施工规程，并在设备旁悬挂岗位责任制、安全操作规程和责任人标牌。

（3）项目使用的设备必须做到一机、一闸、一漏、一箱，严格执行建设部《建筑施工安全检查标准》JGJ 59－1999。

（4）项目发生机械事故，须在规定的时间内报分公司领导及分公司机械部门，不得隐瞒不报。

（5）项目机械员要做好下列资料收集和整理。设备租赁合同，设备台账，设备需用计划，机械运转记录，机械设备周检记录，机械设备交接班记录，机械设备维修记录，机械设备保养记录，机械操作人员、维修人员、维修电工花名册，机械设备交接清单，设备月租赁结算单等。

（6）对于租用的塔吊，外用施工电梯还应做好下列工作。基础资料（属隐蔽工程需有基础图、测量数据、项目技术负责人签字），安装、拆卸方案，安装后或顶升后的测量资料，技术试验报告，附墙资料（包括附墙图、预埋件图以及项目技术负责人签字），塔吊、电梯每周、每月的自检情况。

2）机械设备租赁公司（站）

（1）按合同规定日期提供合格的机械设备，负责机械设备的完好、安全使用，确保机械设备安全运转。

（2）负责出租机械设备的进场、安装、验收、报检取证、拆卸退场和保险等工作。

（3）根据出租机械设备的具体情况和要求，配备足够的管理及作业人员。

（4）在各类检查中，对机械设备本身提出存在的有关问题和整改意见要求，负责整改。

（5）遵守施工项目上的各项规章制度和管理规定。

3）公司（分公司）机械部门

（1）分公司机械部门负责组织、监督、检查、指导和协调工作。

（2）定期检查项目租用机械设备的安全、合理使用和文明施工等情况，督促项目部搞好机械设备的维修、保养，确保安全生产。

（3）认真做好设备租赁结算工作。

（4）分公司机械部门经常组织安全教育和技术培训。

(5) 应建立设备动态管理的数据库,包括设备名称、规格型号、生产厂家、设备编号、设备状况和使用地点等。

3.3.2 项目经理部机械设备管理的主要工作

项目经理部应以项目施工进度计划为依据,编制机械设备使用计划并报企业审批。对进场的机械设备必须进行安装验收,并做到资料齐全准确。进入现场的机械设备在使用中应做好维护和管理。

项目经理部应采取技术、经济、组织、合同措施保证施工机械设备合理使用,提高施工机械设备的使用效率,用养结合,降低项目的机械使用成本。

机械设备操作人员应持证上岗、实行岗位责任制,严格按照操作规范作业,搞好班组核算,加强考核和激励。严格执行建设部《建筑施工安全检查标准》JGJ 59—1999、《建筑机械使用安全技术规程》JG J33—2001、《建筑机械技术试验规程》JGJ 34—86 和企业有关规定。

施工项目应建立项目机械设备台账,对使用的机械设备进行单机、机组核算。

3.3.3 机械设备的优化配置

依据施工组织设计要求编制项目机械设备需用量计划,并按工程项目施工进度计划编制季度、月度机械设备需用计划,计划包括设备名称、规格型号、数量、进场及退场时间,并能认真组织实施,做好施工设备总量、进度控制。

设备选择配置要力求少而精,做到生产上适用、技术性能先进、安全可靠、设备状况稳定、经济合理,能满足施工要求。

设备选型应按实物工程数量、施工条件、技术力量、配置动力与生产能力相适应。

设备配备应选择整机性能好、效率高、故障率低、维修方便和互换性强的设备。

机械设备的使用管理如下。

(1) 有分管机械设备的领导、专职(小型工程项目也可设兼职)机械管理员,负责施工项目的机械管理工作,履行岗位职责。

(2) 属专人操作的大型、专用机械设备,租赁单位应按机械设备使用要求,随机配足操作、指挥、维修和司索人员。

(3) 坚持"三定"(定人、定机、定岗位责任)制度、交接班制度和每周检查制度,填写机械设备周检记录。

(4) 作业人员严格遵守操作规程,机械操作人员负责机械设备的日常保养,做好"十字"(清洁、润滑、调整、紧固、防腐)作业,填写机械设备运转和交接班记录;维修人员负责机械设备的维护和修理;填写机械设备维修、保养记录,确保机械设备良好正常运转,不得失修、失保、带病作业。

(5) 设备进场应按施工平面布置图规定的位置停放和安装。机械设备安放场地应平整、清洁、无障碍物、排水良好,操作棚搭设以及临时施工用电架设和配电装置应符合现场文明施工的要求。

3.3.4 机械设备的安全管理

施工组织设计或施工方案的安全措施中有切实可行的机械设备使用安全技术措施,尤其起重机械及现场临时施工用电等要有明确的安全要求。

(1) 机械设备投入使用前必须按原厂使用说明书的要求和建设部《建筑机械技术试验规程》JGJ 34-86规定进行试运转,并填写试验记录,试验合格,办理验收交接手续后方可使用。起重机械、施工升降机等垂直运输机械设备必须按《起重机安全技术检验大纲》进行自检,并报请当地有关部门检验,取得"准用证"。

(2) 机械设备的特种作业人员必须持当地政府主管部门认可的有效操作证,才能上岗;其他机械操作人员也必须经培训考核合格后上岗。

(3) 机械设备的各种限位开关、安全保护装置应齐全、灵敏、可靠,做到一机、一闸、一漏、一箱。

(4) 机械设备旁应悬挂岗位责任制、安全操作规程和责任人标牌。

(5) 主要机械设备操作人员、指挥人员必须持证上岗,特殊工种作业人员应持当地有关部门颁发的操作证;其他机械操作人员也应经培训考核合格后上岗,并建立人员花名册。

(6) 开展机械安全教育和安全检查。

(7) 发生机械设备事故应及时报告,并保护现场。

3.3.5 机械设备的成本核算

随时掌握机械设备完成单位产量、所需动力、配件消耗及运杂费用开支等情况,及时分析设备使用效能。做好资金预测,以利随时调整施工机械用量,减少费用开支。

对运转台班、台时、完成产量、燃油电力消耗等,做好基础资料收集,施工项目按月汇总、按月租计费结算,填写机械设备月租赁结算单,并对其使用效果进行评估分析。

采取技术、经济、组织、合同措施保证施工机械设备合理使用,提高施工机械设备的使用效率,用养结合,降低项目的机械使用成本。

应提前做好准备,及时组织设备进、出场,做到进场即用,用完早退,减少闲置占用时间。

3.3.6 项目周转料具管理办法

为了动态管理和优化配置工程项目周转料具,发挥企业整体优势,必须尽量减少周转料具的库存积压和浪费,降低工程项目成本。

项目周转料具的管理应坚持"内部租赁、有偿使用、动态管理、优化配置"的原则。

公司(分公司)物质部门统一管理周转料具,负责周转料具的购置、租赁和指导检查料具的使用、维修保养及统计资料等的管理工作;负责有关周转料具管理方面规章制度的建立和实施,推进料具管理的合理化,建立料具台账,做到账、卡、物、资四相符,及时收集整理、汇总上报各种资料报表。

料具的使用管理如下。

(1) 周转料具在使用过程中项目物质部门要定期、不定期进行检查。

(2) 周转料具不准任意锯割开洞或做他用，如铺路、搭桥、搭临时设施等。

(3) 周转料具在装拆或装卸运输时，应轻装轻卸（拆），不准死敲硬搬或空中抛落。

3.3.7 施工机械设备选用的质量控制

施工机械设备是实现施工机械化的重要物质基础，是现代化施工中必不可少的设备，对施工项目的进度、质量均有直接影响。为此，施工机械设备的选用，必须综合考虑施工现场的条件、建筑结构形式、机械设备性能、施工工艺和方法、施工组织与管理、建筑技术经济等各种因素并进行多方案比较，使之合理装备、配套使用、有机联系，以充分发挥机械设备的效能，力求获得较好的综合经济效益。

机械设备的选用，应着重从机械设备的选型、机械设备的主要性能参数、机械设备的使用和操作要求3方面予以控制。

1. 机械设备的选型

机械设备的选择，应本着因地制宜、因工程制宜，按照技术上先进、经济上合理、生产上适用、性能上可靠、使用上安全、操作方便和维修方便的原则，贯彻执行机械化、半机械化与改良工具相结合的方针，突出施工与机械相结合的特色，使其具有工程的适用性，具有保证工程质量的可靠性，具有使用操作的方便性和安全性。

2. 机械设备的主要性能参数

机械设备的主要性能参数是选择机械设备的依据，要能满足需要和保证质量的要求。

3. 机械设备的使用、操作要求

合理使用机械设备，正确地进行操作，是保证项目施工质量的重要环节。应贯彻"人机固定"原则，实行定机、定人、定岗位责任的"三定"制度。操作人员必须认真执行各项规章制度，严格遵守操作规程，防止出现安全质量事故。

机械设备在使用中，要尽量避免发生故障，尤其是预防事故损坏（非正常损坏），即人为的损坏。造成事故损坏的主要原因有操作人员违返安全技术操作规程和保养规程；操作人员技术不熟练或麻痹大意；机械设备保养、维修不良；机械设备运输和保管不当；施工使用方法不合理和指挥错误，气候和作业条件的影响等。这些都必须采取措施，严加防范，随时以"五好"标准予以检查控制，即完成任务好；技术状况好；使用好；保养好；安全好。

案例分析

某工程安全事故案例分析

某综合楼为框架结构，12层，其中首层大堂建筑面积1200m²，其室内装饰装修做法如表3-1所示。

问题

(1) 建筑工程专业建筑师应控制的装饰装修材料采购信息有哪几方面？

(2) 该大堂装饰装修材料进场时验收要求有哪些？通常检验方法有哪些？

(3) 该大堂装饰装修做法使用了几种材料？哪些材料需要复验？如果需要复验，见证取样检测如何控制？复验哪些性能指标？

表3-1 大堂装饰装修做法

序号	部位	材料名称	规 格	做 法
1	顶棚 地面	奶黄色穿孔铝板 优等品米黄瓷质砖	加工定做 800mm×800mm	1∶2.5干硬性水泥砂浆层，水泥浆(掺建筑胶)结合层
2	墙面	木纹大理石	20mm	88J1-1B29 外墙 37C

分析

(1) 实务中建筑工程专业建筑师应通过审批采购计划(采购清单)、评审采购合同，实现材料采购信息控制。与材料采购有关的信息包括产品的规格、型号；材料的技术要求以及应达到的性能指标；执行的法律法规以及采用的技术规范、规程；材料验收标准；验收方式；运输、防护、储存、交付的条件等。

(2) 大堂装饰装修材料进场时应对品种、规格、外观和尺寸进行验收。材料包装应完好，应有产品合格证书、中文说明书及相关性能的检测报告，进口产品应按规定进行商品检验。

装饰装修材料常用的检验方法有书面检验、外观检查、取样复验等。

(3) 该大堂装饰装修做法使用了七种主要材料。即奶黄色穿孔铝板、米黄瓷质砖、木纹大理石、吊顶龙骨、水泥、建筑胶、型钢及有关配件等。其中，米黄瓷质砖、水泥进场时需要复验。

需复验的建筑装饰装修材料应按批准的检验计划见证取样和送检，且见证取样和送检的比例不得低于有关技术标准中规定应取样数量的30%。

该大堂所用的水泥应复验凝结时间、安定性、抗压强度，瓷质砖应复验放射性。

本 章 小 结

通过本章的学习，学生可以更好地了解施工项目生产要素及其管理过程。

通过掌握资源管理的任务与内容，能熟练编制各种主要资源的需要量计划，更好地掌握材料的分类管理，理解材料的计划与供应管理过程，更好地掌握并运用材料限额方法；

通过了解材料管理的要求，熟悉工程材料招投标采购全过程的管理步骤、评标办法，掌握材料质量控制的要点、内容。

通过掌握施工项目机械设备的来源、设备租赁原则、理解编制租赁计划、租赁设备合同签订的方法，了解项目经理部机械设备管理的主要工作及其优化配置、安全管理和成本核算，了解项目周转料具管理原则，熟悉机械设备选型的原则与标准。

思考题与习题

1. 施工项目的生产要素包括哪些?
2. 资源管理的任务与内容有哪些?
3. 什么是 ABC 分析法?
4. 简述材料限额领料制度。
5. 简述施工项目机械设备的来源。
6. 设备租赁原则包括哪些?
7. 简述项目经理部机械设备管理的主要工作及其优化配置。
8. 简述机械设备选型的原则与标准。
9. 试述作为项目经理,如何获取工程项目所需要的资源并进行科学管理与优化配置?

第4章 工程项目进度管理

教学提示

本章主要讲述工程项目进度管理的基本理论和方法。通过本章学习，应达到以下目标：
(1) 掌握网络进度计划的绘制与时间参数计算；
(2) 熟悉进度检查的方法；
(3) 理解进度控制和调整的措施、方法。

学习要点

知识要点	能力要求	相关知识
进度计划编制	(1) 理解进度和进度计划的概念 (2) 熟悉施工进度计划编制的依据和步骤 (3) 掌握网络图的绘制和时间参数计算	(1) 衡量进度的指标 (2) 进度计划系统的类型 (3) 进度计划的不同形式
进度计划实施与检查	(1) 进度计划的执行 (2) 进度检查	(1) 生产任务书、生产调度 (2) 对比法、前锋线、切割线检查方法 (3) 进度检查内容、检查报告
进度控制与调整	(1) 进度控制 (2) 进度调整	(1) 组织、管理、经济、技术控制措施 (2) 进度调整的方法和内容

基本概念

进度、工期、进度计划系统、流水施工、关键工作、时差、实际进度前锋线、切割线。

 引例

项目都有明确的工期目标,在项目实施中,需要对项目范围管理确认的全部活动进行计划(Plan)—执行(DO)—检查(Check)—处理(Action)的 PDCA 循环,以按期完成任务。实际进度的检查是本章的要点。

如某 110kV 户内配送式变电站新建工程,变电站土建包括建筑面积 1900m² 的综合配电楼、主变基础及废油池、电缆隧道、泵房及蓄水池、化粪池、站内外道路、围墙与大门等,变电站电气装置安装包括主变压器系统设备安装、主控及直流设备安装、110kV GIS 封闭式组合电器安装、10kV 及站用配电装置安装、无功补偿装置安装、全站电缆敷设等。施工单位计划开工日期为 2011 年 10 月 10 日,计划完工日期为 2012 年 9 月 30 日,与配套建设的输电线路工程(110kV 进线 2 回,10kV 出线 10 回)同时完工。为按期达标投运,试编制该变电站施工进度计划,并跟踪检查进度计划的执行情况,及时纠正进度偏差。

4.1 工程项目进度计划的编制方法

4.1.1 进度与进度目标

1. 进度

现代项目管理中的进度是一个综合的指标,它将项目的工期、成本、资源等有机地结合起来,能全面反映项目各活动(工作)的进展情况。

进度管理的目的就是按期完工,其总目标和工期管理是一致的,但在进度管理过程中,其不仅追求时间上的一致性,而且追求劳动效率的一致性。进度与工期这两个概念既相互联系,又有区别。工期作为进度的一个指标,进度管理首先表现为工期管理,有效的工期管理才能达到有效的进度管理。但不能只用工期来表达进度,这样是不全面的,有可能产生误导。若进度延误了,最终工期目标也不可能实现;在项目实施中,对计划的有关活动进行调整,当然工期也会发生变化。本章重点为工期管理。

2. 项目总进度目标

建设工程项目的总进度目标是指整个项目的进度目标,它是在项目决策阶段项目定义时确定的。项目管理的主要任务是在项目的实施阶段对项目目标进行控制。建设工程项目总进度目标的控制是业主方项目管理的任务。在项目的实施阶段,项目总进度目标包括以下 7 个方面。

(1) 设计前准备阶段的工作进度。
(2) 设计工作进度。
(3) 招标工作进度。
(4) 施工前准备工作进度。
(5) 工程施工(土建和设备安装)进度。
(6) 工程物资采购工作进度。
(7) 项目动用前的准备工作进度等。

在进行建设工程项目总进度目标控制前,首先应分析和论证上述各项工作的进度目标实现的可能性以及上述各项工作进度的相互关系。若项目总进度目标不可能实现,则项目管理者应提出调整项目总进度目标的建议,提请项目决策者审议。

在建设工程项目总进度目标论证时,往往还不能掌握比较详细的设计资料,也缺乏比较全面的有关工程承发包的组织、施工组织和施工技术方面的资料以及其他有关项目实施条件的资料。因此,总进度目标论证并不是单纯的总进度规划的编制工作,它涉及许多工程实施的条件分析和工程实施策划方面的问题。

大型建设工程项目总进度目标论证的核心工作是通过编制总进度纲要论证目标实现的可能性。总进度纲要的主要内容包括以下几点。

(1) 项目实施的总体部署。
(2) 总进度规划。
(3) 各子系统进度规划。
(4) 确定里程碑事件(主要阶段的开始和结束时间)的计划进度目标。
(5) 总进度目标实现的条件和应采取的措施等。

4.1.2 建设工程项目进度计划系统

1. 建设工程项目进度计划系统的概念

工程项目实施活动的时间进度计划,即工期计划,就是确保项目目标实现所必须进行的工程活动,根据其之间的内在联系及持续时间,用横道图方法或网络计划进行安排。它是项目计划的主要内容,也是其他计划工作的基础。工程项目进度目标是项目的主要目标之一,对工期计划具有规定性和限制性。

从项目整体角度看,建设工程包括多个相互关联的进度计划,各项目参与方,各不同层次项目管理者都有其进度计划,他们组成了一个系统。对于总目标的实现而言,缺一不可。建设工程项目进度计划系统是项目进度控制的依据。由于各种进度计划编制所需要的必要资料是在项目进展过程中逐步形成的,因此项目进度计划系统的建立和完善也有一个过程,它是逐步形成的。例如,没有设计的图样和说明,是不能编制施工进度计划的。图4.1所示是一个建设工程项目进度计划系统的示例,这个计划系统有4个计划层次。

为了满足不同管理和研究的需要,还可以从多个不同角度来看待建设工程项目进度计划系统,这样就有了不同的进度计划系统类型。

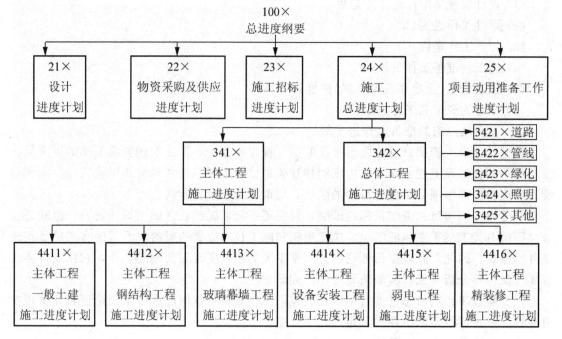

图 4.1 建设工程项目进度计划系统示例

2. 进度计划系统的类型

根据项目进度控制不同的需要和用途，业主方和项目各参与方可以构建多个不同的建设工程项目进度计划系统。

(1) 由不同深度的计划构成进度计划系统，包括：

① 总进度规划（计划）；

② 项目子系统进度规划（计划）；

③ 项目子系统中的单位工程（或单项工程）进度计划等。

(2) 由不同功能的计划构成进度计划系统，包括：

① 控制性进度规划（计划）；

② 指导性进度规划（计划）；

③ 实施性（操作性）进度计划等。

(3) 由不同项目参与方的计划构成进度计划系统，包括：

① 业主编制的整个项目实施的进度计划；

② 设计进度计划；

③ 施工进度计划；

④ 采购和供货进度计划等。

(4) 由不同周期的计划构成进度计划系统，包括：

① 五年建设进度计划；

② 年度、季度、月度、旬和周进度计划等。

在建设工程项目进度计划系统中，各进度计划或各子系统进度计划编制和调整时必须注意其相互之间的联系和协调。

4.1.3 施工项目进度计划编制的依据与步骤

1. 施工总进度计划

1) 施工总进度计划概述

施工总进度计划是针对建设项目或建筑群的施工而编制的施工进度计划,它是施工总体方案在时间序列上的反映。由于这种项目规模大、子项目多,因而其进度计划具有概略的控制性、综合性、预测因素多的特点,对进度只能起规划作用,用以确定各主要工程项目的施工起止日期,综合平衡各施工阶段(或施工年度、季度)建筑工程的工程量和投资分配。施工总进度计划应在施工组织总设计阶段编制完成。

2) 施工总进度计划编制依据

(1) 施工合同,包括合同工期、分期分批子工程的开、竣工日期,关于工期提前、延误、调整的约定以及标前施工组织设计。

(2) 施工进度目标。为了追求保险的进度目标,企业领导可能有自己的施工进度目标,一般比合同目标更短。

(3) 工期定额。工期定额通常是承发包双方签订合同的依据,在编制施工总进度计划时,应以此为最大工期标准,力争缩短而绝对不能超过定额规定的工期。

(4) 有关技术经验资料,主要指设计文件,可供参考的施工档案资料(如类似工程的实际进度情况)、地质资料、环境资料、统计资料等。

(5) 施工部署与主要工程施工方案。施工总进度计划是施工部署在时间上的体现,所以其编制应在施工部署与主要工程施工方案确定以后进行。

3) 施工总进度计划的编制步骤

(1) 收集编制依据。

(2) 确定进度编制目标。应在充分研究经营策略的前提下,确定一个比合同工期和指令工期更积极可靠(更短)的工期作为编制施工总进度计划的目标工期。

(3) 计算工程量。施工总进度计划的工程量综合性比较大,编制计划者可从图样计算得到。因为企业投标报价需要计算工程量,现在有些招标文件就附有工程量清单,所以也可利用这些工程量。

(4) 确定各单位工程的施工期限和开、竣工日期。影响单位工程施工期限的因素很多,主要是建筑类型、结构特征和工程规模,施工方法,施工经验和管理水平,资源供应情况以及施工现场的地形、地质条件等。因此,各单位工程的工期应综合考虑上述因素并参考有关工程定额(或指标)、类似工程实际情况决定。

(5) 安排各单位工程的搭接关系。在不违背工艺关系(如设备安装与土建工程)的前提下,主要考虑资源平衡(如主要工种工人的连续作业)的需要,搭接越多,总工期越短。在具体安排时重考虑以下几点。

① 根据施工要求兼顾施工可能,尽量分期分批的安排施工,明确每个施工阶段的主要单位工程开、竣工时间。

② 同一时期安排开工项目不宜过多,其中施工难度大、工期长的应尽量先安排开工。

③ 每个项目的施工准备、土建施工、设备安装、试生产在时间上要合理衔接。

④ 土建、设备安装应组织连续、均衡的流水施工。

(6) 编制施工总进度计划表。首先，根据各单位工程（或单项工程）的工期与搭接关系，编制初步计划；其次，按照流水施工与综合平衡的要求，调整进度计划得出施工总进度计划；最后，依据总进度计划编制分期分批施工工程的开工日期、完工日期及工期一览表，资源需要量表等。

(7) 编制说明书。施工总进度计划的编制说明书内容有本施工总进度计划安排的总工期；工期提前率（与合同工期比较）；施工高峰人数，平均人数及劳动力不均衡系数；本计划的优缺点；本计划执行的重点和措施；有关责任的分配等。

2. 单位工程施工进度计划

1) 单位工程施工进度计划概述

单位工程施工进度计划以施工方案为基础，根据规定工期、技术及物资的供应条件，遵循各施工过程合理的工艺顺序，统筹安排各项施工活动进行编制，它是针对单位工程的施工而编制的。这种进度计划所含施工内容比较简单，施工工期相对较短，故具有作业指导性。它为各施工过程指明了一个确定的施工日期，即时间计划，并以此为依据确定施工作业所必需的劳动力和各种物资的供应计划。单位工程施工进度计划通常由建筑业企业项目经理部在单位工程开工之前编制完成。

2) 单位工程施工进度计划的编制依据

(1) 项目管理目标责任。"项目管理目标责任书"中的六项内容均与单位工程施工进度计划有关，但最主要的还是其中的"应达到的项目进度目标"。这个目标既不是合同目标，也不是定额工期，而是项目管理的责任目标，不但有工期，而且有开工时间和竣工时间等。总之，凡是"项目管理目标责任书"中对进度的要求，均是编制单位工程施工进度计划的依据。

(2) 施工总进度计划。单位工程施工进度计划应执行施工总进度计划中的开、竣工时间，工期安排，搭接关系以及说明书。在实施中如需调整，不能打乱总计划的部署，且应征得施工总进度计划审批者（企业经理或技术主管）的批准。

(3) 施工方案。施工方案的选择先于施工进度计划确定，它所包含的内容都对施工进度计划有约束作用。其中，施工方法直接影响施工进度的快慢；施工顺序就是施工进度计划的编制次序；机械设备的选择，既影响所涉及的子项的持续时间，又影响总工期，对施工顺序也有制约。

(4) 主要材料和设备的供应能力。施工进度计划编制的过程中，必须考虑主要材料和机械设备的供应能力，主要检查供应能否满足进度要求，这就需要反复平衡。一旦进度确定，则供应能力必须满足进度的需要。

(5) 施工人员的技术素质及劳动效率。施工项目的活动大多以人工为主，机械为辅，施工人员技术素质的高低影响着施工的速度和质量。作业人员技术素质必须满足规定要求，不能以"壮工"代替"技工"。作业人员的劳动效率要客观实际，并应考虑社会平均先进水平。

(6) 施工现场条件、气候条件和环境条件。这些条件的摸底调查是编制施工计划的要求，也是以后施工调整的需要。

(7) 已建成的同类工程实际进度及经济指标。这项依据既可参照、模仿，又可用来分析本计划的水平高低。

3) 单位工程施工进度计划的编制步骤

(1) 熟悉图样和有关资料，调查施工条件。

(2) 施工过程项目划分。任何一个建筑物的建造，都是由许多施工过程组成的。因建筑物类型、建造地点、时间的不同，每一个建筑物所要完成的施工过程的数量和内容也各不相同。

① 施工过程的粗细程度。为使计划简明，便于执行，原则上应尽量减少施工过程的数目，能合并的项目尽量合并。关键是找到工作量大、工作持续时间长的主导施工过程。

② 施工过程应与施工方法一致。应结合施工方法进行划项，以保证进度计划能够完全符合施工进展的实际情况，真正起到指导施工的作用。

(3) 编排合理的施工顺序。确定施工顺序是为了按照施工的技术规律和合理的组织关系，解决各项目之间在时间上的先后顺序和搭接关系，以期做到保证质量、安全施工、充分利用空间、争取时间，实现合理安排工期的目的。

施工顺序是在施工方案中确定的施工起点流向、施工阶段程序的基础上，按照所选的施工方法和施工机械的要求确定的。确定施工顺序时，必须根据工程的特点、技术上和组织上的要求以及施工方案等进行研究，不能拘泥于某种僵化的顺序。

(4) 计算各施工过程的工程量。施工过程确定后，根据施工图及有关工程量计算规划，按划分的施工段的分界线，分层、分段分别计算各个施工过程的工程量，以便安排进度。工程量计算应与所采用的施工方法一致，工程量的计量单位应与采用定额的单位一致。

(5) 确定劳动量和机械需要量。计算劳动量和机械需要量时，应根据现行施工定额，并考虑实际施工水平，使作业班组有超额完成的可能性，以调动其工作积极性。

① 对普通工程分项的劳动量或机械台班需要量，其计算公式为

$$P_i = \frac{Q_i}{S_i} = Q_i H_i \tag{4-1}$$

式中　P_i——每工程分项劳动量或机械台班需要量；

Q_i——某工程分项的工程量；

S_i——完成某工程分项的产量定额；

H_i——完成某工程分项的时间定额。

② 对于零星工程的组合工程分项，可先由公式(4-2)确定其平均产量定额，然后按公式(4-1)确定其劳动量或机械需要量。

$$\bar{S} = \frac{\sum_{n=1}^{n} Q_i}{\frac{Q_1}{S_1} + \frac{Q_2}{S_2} + \cdots + \frac{Q_i}{S_i} + \cdots + \frac{Q_n}{S_n}} \tag{4-2}$$

式中　$\bar{S}$——某组合分项平均产量定额；

Q_i——第 i 个零星工程的工程量；

S_i——第 i 个零星工程的产量定额，$1 \leqslant i \leqslant n$；

n——组合分项的零星工程数量。

(6) 工程分项工作持续时间。其计算方法分为以下3种。

① 定额计算法。这种方法是根据施工项目需要的劳动量或机械台班需要量,按配备的劳动人数或机械台数计算其工作持续时间,计算公式为

$$t_i = \frac{P_i}{R_i b} \tag{4-3}$$

式中　t_i——某工程分项的工作持续时间;

　　　R_i——该工程分项所配备的班组作业人数或机械台数;

　　　b——每天采用的工作班制。

施工班组人数的确定。在确定班组人数时,应考虑最小劳动组合人数、最小工作面和可能安排的施工人数等因素。最小劳动组合人数即某一施工过程进行正常施工所必需的最低限度的班组人数;可能安排的施工人数即施工单位所能配备的人数;最小工作面即施工班组为保证安全生产和有效地操作所需的工作空间。

工作班制的确定。一般情况下,当工期允许、劳动力和机械周转使用不紧迫、施工工艺无连续施工要求时,可采用一班制施工;当工期较紧或为了提高机械的使用率,或工艺上要求连续施工时,某些施工过程可考虑二班制甚至三班制施工。

② 经验估算法。针对采用新工艺、新技术、新结构、新材料等无定额可循的工程分项,首先根据经验进行最乐观时间 a、最可能时间 b、最悲观时间 c 的估计,然后确定工作持续时间,计算公式为

$$t = \frac{a + 4b + c}{6} \tag{4-4}$$

③ 倒排计划法。倒排计划法根据流水施工方式及要求工期,先确定工作持续时间,再确定班组人数(或机械台数)及工作班制。

(7) 编制施工进度计划图(表)。应优先使用网络图,有时也可使用横道图。注意要进行编制说明,要进行进度计划风险分析并制定控制措施。

(8) 编制劳动力和物资等资源计划。有了施工进度计划之后,还需要依据它编制劳动力、主要材料、预制件、半成品及机械设备需要量计划,资金收支计划。施工过程就是资源的消耗过程,要以资源支持施工,这些计划统称为施工进度计划的支持性计划。

4.1.4　流水施工

生产实践证明,流水作业法是组织产品生产的理想方法,流水施工也是工程建造有效的科学组织方法。它建立在专业化大生产的基础上,但由于工程项目本身及其建造的特点不同,流水施工中是人员、机具在"产品"上流动,而一般工业产品的生产,其人员、机械设备是固定的,流动的是产品。

流水施工组织方式是将拟建工程项目的整个建造活动分解成若干个施工过程,可以是若干工作性质不相同的分部、分项工程或工序;同时将拟建工程项目在平面上划分为若干个劳动量大致相等的施工段(区),这是实现"批量"生产的前提条件;在竖向上为了满足操作需要,往往需要划分为若干个施工层;按照施工过程分别建立相应的专业工作队(组),各专业工作队按照一定的施工顺序投入施工(不同的专业工作队在时间上最大限度地、合理地搭接起来),依次、连续地在各施工层各施工段上按规定时间完成各自的施工

任务，保证拟建工程项目的施工全过程在时间上、空间上，有节奏、连续、均衡地进行下去，直到完成全部施工任务。

流水施工是在工艺划分、时间排列和空间布置上的科学规划和统筹安排，使劳动力得以合理使用，资源供应也较均衡，无论是在缩短工期、保证工程质量方面，还是在提高劳动效率、降低工程成本等方面效果显著。组织流水施工重要的是确定反映流水特征的工艺参数、空间参数和时间参数，主要有施工过程数 n、施工段数 m、流水节拍 t、流水步距 k 等。

4.1.5 横道图进度计划

横道图进度计划法是一种传统方法，其横坐标是时间标尺，各工作的进度线与之相对应，这种表达方式简便直观、易于管理使用，依据它直接进行统计计算可得到资源需要量计划。

横道图的基本形式如图 4.2 所示。其纵坐标按照项目实施的先后顺序自上而下表示各工作的名称、编号，为了便于计划的审查与使用，在纵坐标上也可以表示出各工作的工程量、劳动量（或机械量）、工作队人数（或机械台数）、工作持续时间等内容。图中的横道线段表示任务计划各工作的开展情况，工作持续时间、开始与结束时间，一目了然。其实质上是图和表的结合形式，在工程中被广泛应用，很受欢迎。

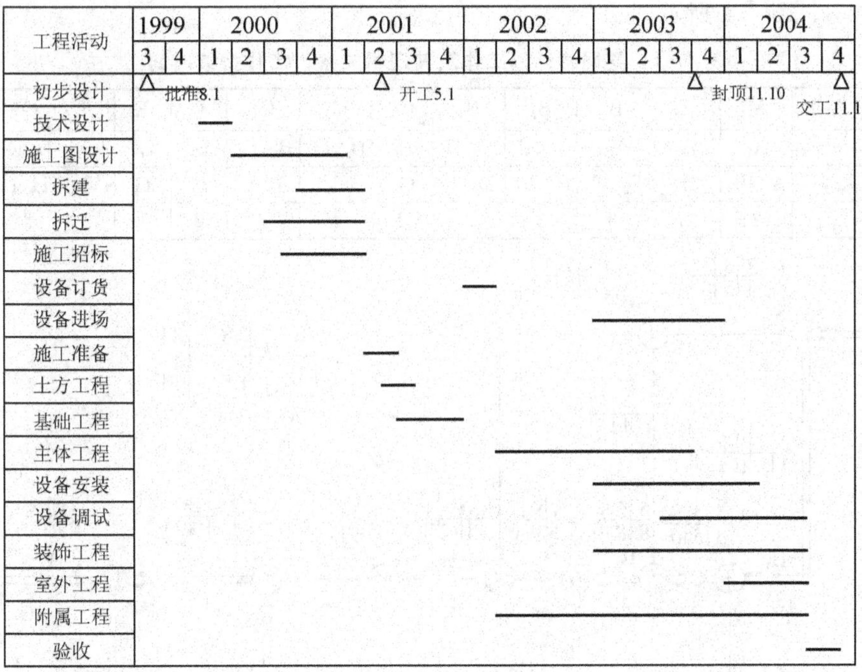

注："△" 为里程碑事件

图 4.2 某项目进度计划

当然，横道图的使用也有局限性，主要是工作之间的逻辑关系表达不清楚，不能确定关键工作，不能充分利用计算机等，尤其是项目包含的工作数量较多时，这些缺点表现得更加突出。所以，它适用于一些简单的小项目，工作划分范围很大的总进度计划，适用于工程活动及其相互关系还不是很清楚的项目初期的总体计划。

4.1.6 网络计划技术

1. 网络计划技术概述

1) 网络计划的类型

网络图是指由箭线和节点组成的,用来表示工作流程的有向、有序的网状图形。这种利用网络图的形式来表达各项工作的相互制约和相互依赖关系,并标注时间参数,用以编制计划、控制进度、优化管理的方法统称为网络计划技术。我国《工程网络计划技术规程》(JGJ/T121—1999)推荐的常用的工程网络计划类型包括:

① 双代号网络计划——以箭线及其两端节点的编号表示工作的网络图。

② 双代号时标网络计划——以时间坐标为尺度编制的双代号网络计划。

③ 单代号网络图——以节点及其编号表示工作,以箭线表示工作之间逻辑关系的网络图。

④ 单代号搭接网络计划——前后工作之间有多种逻辑关系的肯定型(工作持续时间确定)单代号网络计划。

工作之间的逻辑关系包括工艺关系和组织关系,一项计划的工作及其逻辑关系、工作持续时间如表4-1所示,该计划的双代号网络图、双代号时标网络图及其时间参数计算结果如图4.3、图4.4所示。

表4-1 某网络计划工作及其逻辑关系、工作持续时间

工作名称	A_1	A_2	A_3	B_1	B_2	B_3	C_1	C_2	C_3	D	E	F	G	H	I
紧前工作	—	A_1	A_2	A_1	A_2,B_1	A_3,B_2	B_1	B_2,C_1	B_3,C_2	B_3	C_3	C_3	D,E	G	F,G
紧后工作	A_2,B_1	A_3,B_2	B_3	B_2,C_1	B_3,C_2	D,C_3	C_2	C_3	E,F	G	G	I	H,I	—	—
持续时间	2	2	2	3	3	3	2	4	2	2	1	2	4	3	3

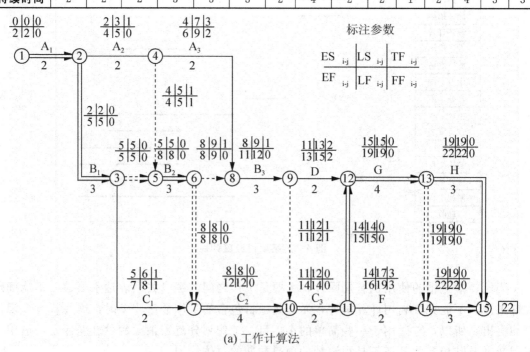

(a) 工作计算法

图4.3 双代号网络图及其时间参数计算结果

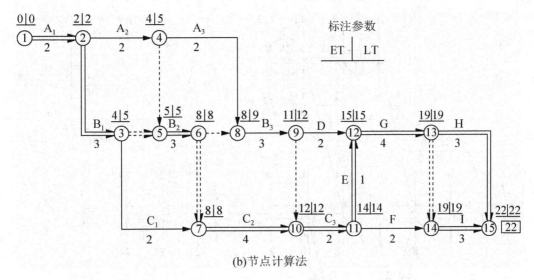

(b)节点计算法

图 4.3 双代号网络图及其时间参数计算结果(续)

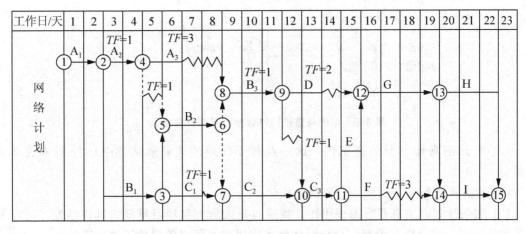

图 4.4 双代号时标网络图及其时间参数计算结果

图 4.5 所示为一单代号搭接网络计划图及其计算结果。双代号与单代号网络图只能表示工作之间的先后顺序,而难以表示工作在时间上的搭接与其他要求。单代号搭接网络建立在单代号网络计划基础上,可在前后工作之间的连接箭线上标注上一些特殊的逻辑关系(FTS,STS,FTF,STF)。欧洲较多使用单代号搭接网络计划。

网络计划技术的主要工作有网络图绘制、时间参数计算、网络计划优化等。为避免和本系列教材其他课程内容重叠,本节以下按单代号网络计划介绍网络图的绘制与计算。

2)网络计划技术的特点

网络计划是目前最理想的进度计划与控制方法,与横道图比较,它有许多优点。

(1)网络计划把计划各工作的逻辑关系表达得非常清楚,其实质上表示了项目工程活动的流程,网络图就是一个工作流程图。

(2)通过网络分析,能够为项目组织者提供丰富的信息(时间参数)。

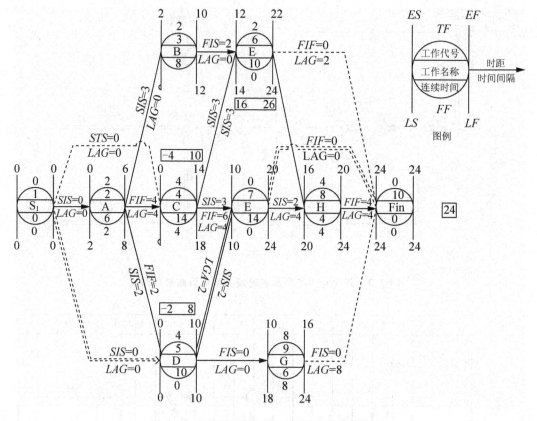

图 4.5 单代号搭接网络计划图及其计算结果

(3) 十分清晰地判明关键工作。这一点对于计划的调整和实施中的控制来说非常重要。

(4) 很方便进行工期、成本、资源的优化。

(5) 网络计划方法有普遍的适用性，特别对复杂的大型项目更显出其优越性。对于复杂的网络计划，网络图的绘制、分析、优化和使用往往可以借助计算机来进行。

2. 单代号网络图的绘制

1) 单代号网络图的组成及一般规定

用一个圆圈或方框代表一项工作，工作代号、名称、持续时间都标注在圆圈或方框内，箭线仅表示工作之间的逻辑关系。由于一项工作只用一个代码表示，"单代号"的名称由此而来。单代号工作的表示方法如图 4.6 所示。

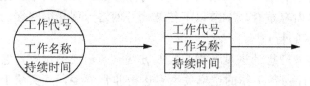

图 4.6 单代号工作表示方法

完成一项计划所需进行的工作按其相互间的逻辑关系用上述符号从左到右绘制而成的图形称作单代号网络图，如图 4.7 所示。单代号网络图基本符号的含义与双代号网络图截然不同，单代号网络图的节点表示的是工作，而箭线仅表示各工作之间的相互逻辑关系，不存在"虚工作"。单代号网络图具有绘图简单，便于检查、修改等优点。

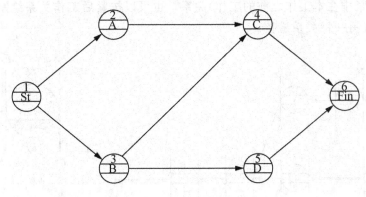

图 4.7　单代号网络图

2）单代号网络图绘制规则

绘制网络图时要遵守绘图规则，单代号网络图的绘图规则与双代号网络图的绘图规则基本一致。此外，还须注意以下几点。

（1）当有多项开始工作或多项结束工作时，应在网络图的两端分别设置一项"虚工作"，以作为网络图的起点节点和终点节点，如图 4.7 所示。

（2）节点必须编号，号码可以连续，也可以间断，但不能重复，一个代码只能代表一项工作。

（3）单代号网络计划时间参数的标注形式如图 4.8、图 4.9 所示。

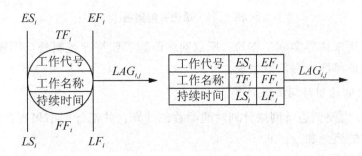

图 4.8　单代号网络图时间参数标注形式（一）

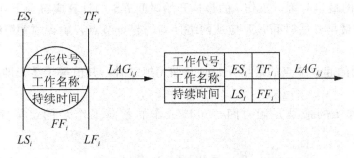

图 4.9　单代号网络图时间参数标注形式（二）

3) 网络图的绘制

按表4-1所示工程任务计划绘制出的单代号网络图如图4.10所示。绘制网络图，可以按紧前工作(紧排在本工作之前的工作)关系，也可以按紧后工作关系绘制，通常是按一种关系绘制，按另一种关系检核。

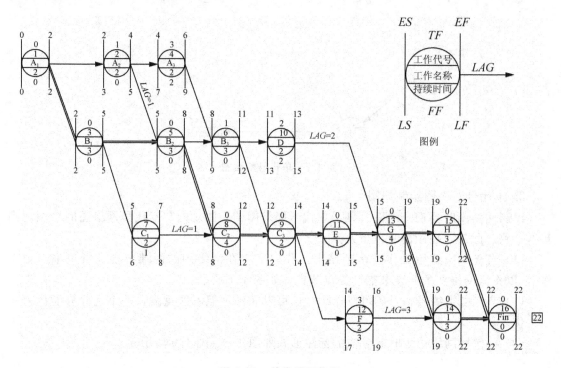

图4.10 单代号网络图

网络计划是用来指导实际工作的，所以网络图除了要符合逻辑外，图面还须清晰、整齐。通常是先绘成草图，再加以整理。

3. 单代号网络计划时间参数计算

现以图4.10为模型进行网络计划时间参数的计算，并把计算结果直接标注在该图上。以下介绍各参数的概念和分析式。

1) 工作最早时间的计算

(1) 工作最早开始时间的计算：工作的最早开始时间是指各紧前工作全部完成后，本工作有可能开始的最早时刻。工作i的最早开始时间ES_i的计算应符合下列规定。

① 工作i的最早开始时间ES_i应从网络计划的起点节点开始，顺着箭线方向依次逐项计算。

② 网络计划的起点节点的最早开始时间如无规定时，其值等于零，即

$$ES_1 = 0 \tag{4-5}$$

③ 其他工作i的最早开始时间等于该工作的紧前工作h的最早完成时间的最大值，即

$$ES_i = \max[ES_h + D_h] \tag{4-6}$$

式中 D_h——工作h的持续时间。

(2) 工作最早完成时间的计算：工作的最早完成时间是指各紧前工作全部完成后，本工作有可能完成的最早时刻。工作 i 的最早完成时间 EF_i 的计算式为

$$EF_i = ES_i + D_i \qquad (4-7)$$

按式(4-5)、式(4-6)、式(4-7)，计算图 4.10 中各项工作的最早开始时间和最早完成时间，其计算结果如下：

$ES_1 = 0$；　　　　　$EF_1 = ES_1 + D_1 = 0 + 2 = 2$

$ES_2 = EF_1 = 2$；　　$EF_2 = ES_2 + D_2 = 2 + 2 = 4$

……

依此类推，计算出其他工作的最早开始及最早完成时间。

2) 网络计划工期的计算

(1) 网络计划的计算工期：计算工期 T_c 是指根据时间参数计算得到的工期，其计算式为

$$T_c = EF_n \qquad (4-8)$$

式中　EF_n——终点节点(工作)n 的最早完成时间。

(2) 网络计划的计划工期的计算：网络计划的计划工期 T_p，是指按要求工期和计算工期确定的作为实施目标的工期。其应按下述规定计算

① 当已规定了要求工期 T_r 时

$$T_p \leqslant T_r \qquad (4-9)$$

② 当未规定要求工期时

$$T_p = T_c \qquad (4-10)$$

由于图 4.10 未规定要求工期，故其计划工期取其计算工期，即

$$T_p = T_c = 22$$

此工期标注在终点节点的右侧，并用方框框起来。

3) 工作最迟时间的计算

(1) 工作最迟完成时间的计算：工作最迟完成时间是指在不影响整个任务按期完成的前提下，工作顺利完成的最迟时刻。其计算规定如下。

① 工作 i 的最迟完成时间 LF_i 应从网络计划的终点节点开始，逆着箭线方向依次逐项计算。

② 终点节点所代表的工作 n 的最迟完成时间应等于计划工期，当未规定要求工期时，可令计划工期等于计算工期，即

$$LF_n = T_p = T_c = EF_n \qquad (4-11)$$

③ 其他任一工作 i 最迟完成时间不应影响其紧后工作 j 的最迟开始时间(LS)，所以，工作的最迟完成时间等于其紧后工作最迟开始时间的最小值，即

$$LF_i = \min[LS_j] \qquad (4-12)$$

(2) 工作最迟开始时间的计算：工作的最迟开始时间是指在不影响整个任务按期完成的前提下，工作必须开始的最迟时刻。工作 i 的最迟开始时间 LS_i 的计算式为

$$LS_i = LF_i - D_i \qquad (4-13)$$

按式 4-11、式 4-12、式 4-13，计算图 4.10 中各项工作的最迟完成时间和最迟开

始时间，其计算结果如下

$$LF_{16}=T_p=T_c=EF_{16}=22; \qquad LS_{16}=LF_{16}-D_{16}=22-0=22;$$
$$LF_{15}=LS_{16}=22; \qquad LS_{15}=LF_{15}-D_{15}=22-3=19;$$
$$\cdots$$

依此类推，算出其他工作的最迟完成及最迟开始时间

4) 计算相邻两项工作之间的时间间隔和工作自由时差

(1) 相邻两项工作之间的时间间隔计算：时间间隔是指工作的最早完成时间与其紧后工作最早开始时间的差值。工作 i 与其紧后工作 j 之间的时间间隔用 $LAG_{i,j}$ 表示。其值为工作 j 的最早开始时间减去工作 i 的最早完成时间所得之差，即

$$LAG_{i,j}=ES_j-EF_i \tag{4-14}$$

(2) 工作自由时差的计算：工作自由时差是指在不影响其紧后工作最早开始时间的前提下，本工作可以利用的机动时间。工作 i 的自由时差 FF_i 等于该工作与其紧后工作之间的时间间隔的最小值，即

$$F_{Fi}=\min[LAG_{i,j}] \tag{4-15}$$

按式 4-14、式 4-15，计算图 4.10 中各时间间隔及各工作自由时差，计算结果如下

$$LAG_{1,2}=ES_2-EF_1=2-2=0;$$
$$LAG_{1,3}=ES_3-EF_1=2-2=0;$$
$$\cdots$$

依此类推，算出全部各时间间隔。

$$FF_1=\min[LAG_{1,2},LAG_{1,3}]=\min[0,0]=0;$$
$$\cdots$$

依此类推，算出各工作自由时差。

5) 计算工作总时差并判断关键线路

(1) 工作总时差计算：工作总时差是指在不影响总工期的前提条件下，本工作可以利用的机动时间。当已知各项工作的最早时间和最迟时间时，工作总时差 TF_i 的计算式为

$$TF_i=LS_i-ES_i \tag{4-16}$$
$$TF_i=LF_i-EF_i \tag{4-17}$$

工作总时差 TF_i 也可依据相邻工作的时间间隔进行计算，规定如下

① 工作总时差应从网络计划的终点节点开始，逆着箭线方向依次逐项计算。

② 终点节点所代表的工作 n 的总时差 TF_n 值为

$$TF_n=T_p-EF_n \tag{4-18}$$

当无规定工期时，$T_p=T_c=EF_n$，即

$$TF_n=0 \tag{4-19}$$

③ 其他工作的总时差 TF_i 等于本工作 i 与紧后工作 j 的时间间隔加上该紧后工作的总时差所得之和的最小值，即

$$TF_i=\min[LAG_{i,j}+TF_j] \tag{4-20}$$

按式(4-19)、式(4-20),计算图 4.10 中各工作的总时差,其计算结果如下

$$TF_{16} = 0;$$
$$TF_{15} = LAG_{15,16} + TF_{16} = 0 + 0 = 0;$$
……

依此类推,可算出各工作的总时差。

(2) 判定关键线路:总时差为最小的工作即关键工作,关键工作是工期管理的重点对象。从起点节点到终点节点的线路上的工作均为关键工作,且该线路上所有工作的时间间隔均为零,这样的线路即关键线路。关键线路应当用粗线或双线或彩色线标注。关键线路可能只有一条,也可能有若干条,图 4.10 的关键线路有两条。

关键线路上各工作持续时间的总和(线路长度)最大,它决定了工期。但关键线路和非关键线路并不是一成不变的,在一定条件下,二者可以相互转化。

当无工期要求时,关键工作的总时差为零,除关键工作以外的工作即非关键工作,非关键工作都有机动(富裕)时间。非关键工作的时差对工程实施过程中的管理及资源平衡来讲,有重要作用。

4.2 工程项目进度计划的实施与检查

4.2.1 进度计划的实施

实施进度计划要做好 3 项工作,即编制年、季、月、旬、周作业计划和作业任务书,通过明确了负责人的团队实施;记录计划实施的实际情况;调整控制进度计划。下面以施工进度计划的实施为例进行介绍。

1. 年、季、月、旬、周作业计划

施工组织设计中编制的施工进度计划,是按整个项目(或单位工程)编制的,具有一定的控制性(或指导性),但还不能满足施工作业(操作)的要求。实际作业时是按年(或季)、月(或旬、周)的作业计划和施工任务书执行的,故应进行认真编制。

作业计划除依据施工进度计划编制外,还应依据现场情况及年(季)、月(旬、周)的具体要求编制。作业计划以贯彻施工进度计划、明确当期任务及满足作业要求为前提。

对于大型项目,工期往往几年,这就需要编制年(季)施工进度计划,以实现施工总进度计划。对于单位工程来说,月(旬、周)计划有实施作业的作用要求,因此要具体编制成作业计划,应在单位工程施工进度计划的基础上分段细化编制。

年、季、月、旬、周施工进度计划应逐级落实,最终通过施工任务书由班组实施。

2. 施工任务书

施工任务书是向作业班组下达施工任务的一种工具,表达形式如表 4-2 所示。施工任务书的背面是考勤表,限额领料单(形式如表 4-3 所示)随施工任务书下达并流转,它是进行材料管理和核算的良好手段。施工任务书是一份计划文件,也是一份核算文件,又

是作业实施的原始记录。它把作业计划下达到班组,并将计划执行与技术管理、质量管理、安全管理、成本核算、原始记录、资源管理等融为一体。

表 4-2 施工任务书

	开工	竣工	天数
计划			
实际			

第_____施工队_____组　　任务书编号:_____
工地名称:_____　　单位工程名称:_____

签发日期___年___月___日

定额编号	工程部位及项目	计量单位	计划			实际			安全、质量、技术、节约措施及要求
			工程量	时间定额	每工产量	定额工日	工程量	定额工日	实际用工	
										验收意见
										生产效率: 定额用工 ___工日 / 实际用工 ___工日 / 工效 ___%
合计										

工长:_____　　定额员:_____　　班组长:_____

施工任务书一般由工长根据计划要求、工程数量、定额标准、工艺标准、技术要求、质量标准、安全措施、节约措施等为依据进行编制。在编制时涉及定额以外的项目和用工,由工长、定额员及工人班组长进行"三结合"估工。

任务书下达班组时,由工长进行交底。交底内容为交任务、交操作规程、交施工方法、交质量、交安全、交定额、交节约措施、交材料使用、交施工计划、交奖罚要求等,做到任务明确,报酬预知,责任到人。

施工班组接到任务书后,应做好分工,安排完成,执行中要保质量、保进度、保安全、保节约、保工效提高。任务完成后,班组自检,在确认以后,向工长报请验收。工长验收时查数量、查质量、查安全、查用工、查节约,然后回收任务书,交作业队登记,以备结算、统计,然后存档。

表 4-3 限额领料单

材料名称	规格	计量单位	单位用量	限额用量		领料记录						退料数量	执行情况		
				按计划工程量	按实际工程量	第一次		第二次		第三次			实际耗用量	节约或浪费(+,−)	其中:返工损失
						日/月	数量	日/月	数量	日/月	数量				

发料人:_____　　领料人:_____

3. 生产调度

在施工进度计划的实施过程中，应跟踪计划的实施进行监督，当发现进度计划执行受到干扰时，应采取调度措施。

调度工作主要对进度控制起协调作用。协调配合关系，排除施工中出现的各种矛盾，克服薄弱环节，实现动态平衡。调度工作的内容包括：检查作业计划执行中的问题，找出原因，并采取措施解决；督促供应单位按进度要求供应资源；控制施工现场临时设施的使用；按计划进行作业条件准备；传达决策人员的决策意图；发布调度令等。调度工作要求做到及时、灵活、准确、果断。

4. 实施进度计划中的几个问题

(1) 执行施工合同中对进度、开工及延期开工、暂停施工、工期延误、工程竣工的承诺。施工合同对上述 5 点都有具体规定。

(2) 编制统计报表。在施工进度计划实施的过程中，应跟踪形象进度对工程量，总产值，耗用的人工、材料和机械台班等的数量进行统计分析，编制统计报表。以上统计内容应按企业制定的统计表格进行取量和填表，按规定上报。这是基础统计，应力求准确。工程计量应在施工合同中具体约定。

(3) 进度索赔。当合同一方因另外一方的原因导致工期拖延时，便应进行工期索赔。

① 当发包人未能按合同规定提供施工条件，如未及时交付设计图样、技术资料、场地、道路等，或因非承包人原因，发包人指令停止施工，或其他不可抗力因素作用等原因，造成工程中断，或工程进度放慢，使工期拖延，承包人均可提出索赔。

② 由于发包人或监理工程师指令修改设计、增加或减少工程量、增加或删除部分工程、修改施工进度计划、变更施工顺序等造成的工期延长，可进行工期索赔。

③ 当出现不可预见的外部障碍时，如在施工期间即使有经验的承包人也很难预见到地质条件与业主提供的预计资料不同，出现未预见到的地下水、淤泥或岩石等，导致工期拖延，可进行索赔。

索赔工期的资料要准确，要有说服力。分析工期索赔值就是探讨干扰事件对工期的影响，对此可以通过原网络计划与可能状态的网络计划对比得到，而分析的重点是两种状态的关键线路长度。分析的基本思路如下：假设工程施工一直按原网络计划确定的施工顺序和工期进行，现发生了干扰事件，使某些工程活动(工作)受到干扰，如延长持续时间、活动之间逻辑关系变化，或者网络中增加了新的工程活动。将这些影响代入原网络中，重新进行网络分析，得到一新工期，新工期与原工期之差为干扰事件对工期的影响，即工期索赔值。显然，如果受干扰的活动在关键线路上，则该活动的持续时间增加值即总工期的延长值；如果受干扰的活动在非关键路线上，当该活动的持续时间增加值未超过其总时差，则这个干扰事件对工期无影响，这种情况不能提出工期索赔。

(4) 分包工程的实施。分包人应根据项目施工进度计划编制分包工程施工进度计划并组织实施。施工项目经理部应将分包工程施工进度计划纳入项目进度计划控制范畴，并协助分包人解决项目进度控制中的相关问题，主要是"帮"。

4.2.2 工程项目进度计划的检查

工程进度的检查与进度计划的执行是融合在一起的，计划检查是对执行情况的总结，是工程项目进度调整和分析的依据。

1. 检查方法

进度计划的检查方法主要是对比法，即实际进度与计划进度相对比较。通过比较发现偏差，以便调整或修改计划，保证进度目标的实现。

实际进度都是记录在计划图上的，故因计划图形的不同而产生了多种检查方法。

1) 横道图检查

横道图检查的方法就是将项目实施中针对工作任务检查实际进度收集到的信息，经过整理后直接用横道双线(彩色线或其他线型)并列标于原计划的横道单线下方(或上方)，进行直观比较的方法。例如，某工程的施工实际进度与计划进度横道图检查，如图 4.11 所示。

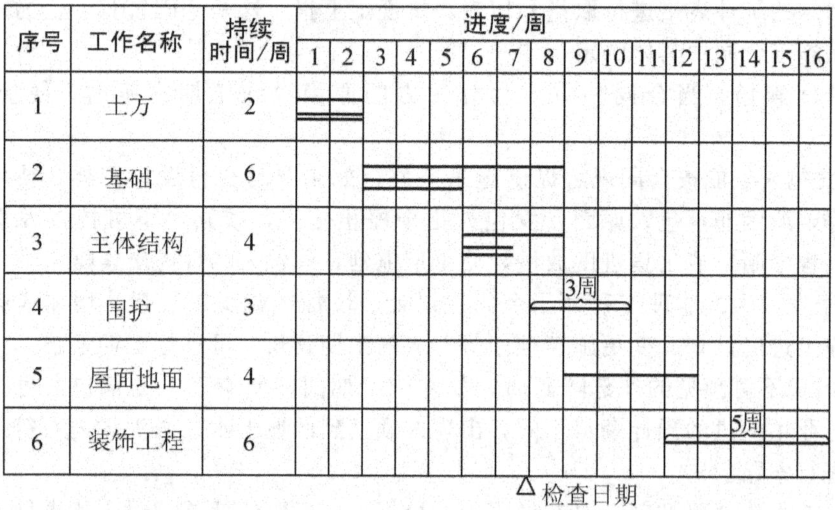
序号
工作名称
持续时间/周
进度/周
1 2 3 4 5 6 7 8 9 10 11 12 13 14 15 16
1 土方 2
2 基础 6
3 主体结构 4
4 围护 3
5 屋面地面 4
6 装饰工程 6
3周
5周
检查日期

图 4.11 某工程的施工实际进度与计划进度的横道图检查

通过这种比较，管理人员能很清晰和方便地观察出实际进度与计划进度的偏差。横道图检查中的实际进度可用持续时间或任务量(如劳动消耗量、实物工程量、已完工程价值量等)的累计百分比表示。但由于计划图中的进度横道线只表示工作的开始时间、持续时间和完成时间，并不表示计划完成量，所以在实际工作中要根据工作任务的性质分别考虑。

工作进展有两种情况：一是工作任务是匀速进行的(单位时间完成的任务量是相同的)；二是工作任务的进展速度是变化的。因此，进度比较法就需相应采取不同的方法。每一期检查，管理人员应将每一项工作任务的进度评价结果合理地标在整个项目的进度横道图上，最后综合判断工程项目的进度进展情况。

(1) 匀速进展横道线比较法。其可用持续时间(或任务量)来表达实际进度，并与计划进度进行比较。其步骤如下。

① 在计划图中标出检查日期。
② 将检查收集的实际进度数据，按比例用双线标于计划进度线的下方，如图 4.12 所示。

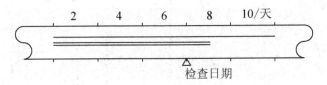

图 4.12　匀速进展横道线比较法

③ 比较分析实际进度与计划进度。当双线右端与检查日期相适合，表明实际进度与计划进度相一致；双线右端落在检查日期左侧，表明实际进度拖后；双线右端落在检查日期右侧，表明实际进度超前。

（2）双比例单侧横道线比较法。这是适用于工作的进度按变速进展情况的对比检查方法之一。该方法用双线表示工作实际进度的同时，标出其对应完成任务量的累计百分比，将该百分比与同时刻该工作计划完成任务量的累计百分比相比较，判断工作的实际进度与计划进度之间的关系。其步骤如下：

① 在任务计划图中进度横线上、下方分别标出各主要时间工作的计划、实际完成任务量累计百分比。其中，确定计划累计完成任务量累计百分比需要进行大量的工程实践案例分析计算。
② 用双线标出实际（时间）进度线，如图 4.13 所示。

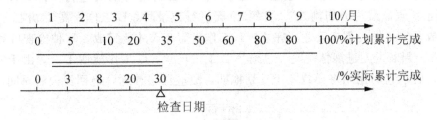

图 4.13　双比例单侧横道线比较法

③ 对照检查日期横道双线下方实际完成任务量累计百分比与同时刻的横道单线上方计划完成任务量累计百分比，比较它们的偏差，分析对比结果。同一时刻上下两个累计百分比相等，表明实际进度与计划一致；同一时刻下方的累计百分比小于上方的累计百分比，表明该时刻实际进度拖后；同一时刻下方的累计百分比大于上方的累计百分比，表明该时刻实际进度超前。

2）实际进度前锋线检查

前锋线检查主要适用于双代号时标网络图计划及横道图进度计划。该方法是从检查时刻的时间标点出发，用点画线依次连接各工作任务的实际进度点（前锋），最后到计划检查的时点为止，形成实际进度前锋线，按前锋线判定工程项目进度偏差，如图 4.14 所示。

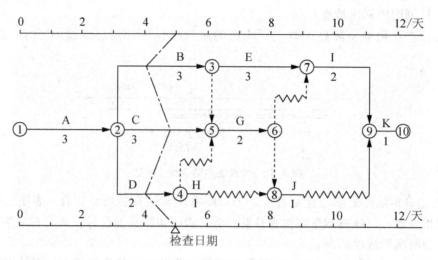

图 4.14 时标网络图计划前锋线检查

当某工作前锋点落在检查日期左侧,表明实际进度拖延;当该前锋点在检查日期右侧,表明实际进度超前。进度前锋点的确定可以采用比例法。这种方法形象直观,便于采取措施,但最后应针对项目计划作全面分析,以判定实际进度情况对应的工期。Project 2000 软件具有前锋线检查的功能,并可以根据实际进度检查结果,直接计算出新的时间参数。

3)利用网络计划检查

(1)双代号网络计划切割线检查。这种方法就是利用切割线进行实际进度记录,如图 4.15 所示,点画线为"切割线"。在第 10 天进行记录时,D 工作尚需 1(方括号内的数)天才能完成;G 工作尚需 8 天才能完成;L 工作尚需 2 天才能完成。这种检查可利用表 4-4 进行分析。判断进度进展情况是 D 工作、L 工作正常,G 工作拖期 1 天。由于 G 工作是关键工作,所以它的拖期将导致整个计划拖期,故应调整计划,追回损失的时间。

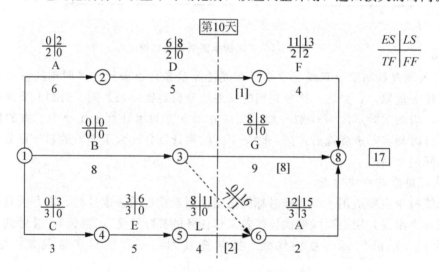

图 4.15 双代号网络计划切割线检查

表 4-4　网络计划进行到第 10 天的检查结果

工作编号	工作名称	检查时尚需时间	到计划最迟完成前尚有时间/天	原有总时差/天	尚有时差/天	情况判断
2-7	D	1	13-10=3	2	3-1=2	正常
3-8	G	8	17-10=7	0	7-8=-1	拖期 1 天
5-6	L	2	15-10=5	3	5-2=3	正常

（2）单代号网络计划检查。在单代号网络计划图上，可以在表示活动工作的节点的方框（或圆圈）内加上"×"表示该活动已经结束，在方框内加上"/"表示活动已经开始，但尚未结束，图 4.16 表示某一单代号网络计划的进度状况。

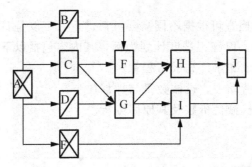

图 4.16　单代号网络计划的进度状况

4）利用"香蕉"曲线检查

因为在工程项目的实施过程中，开始和收尾阶段，单位时间内投入的资源量较小，中间阶段单位时间内投入的资源量较多，所以随时间进展累计完成的任务量应该呈 S 形变化。"香蕉"曲线是两种 S 曲线组合成的闭合曲线，一是以网络计划中各项工作的最早开始时间安排进度而绘制的 S 曲线，称作 ES 曲线；二是以各项工作的最迟开始时间安排进度而绘制的 S 曲线，称作 LS 曲线。ES 曲线和 LS 曲线都是计划累计完成任务量曲线。由于两条 S 形曲线都是同一项目的，其计划开始时间和完成时间都相同，因此，ES 曲线与 LS 曲线是闭合的，如图 4.17 所示。

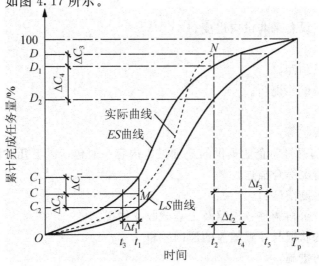

图 4.17　"香蕉"形曲线检查

检查方法是当计划进行到时间 t_1 时，累计完成的实际任务量记录在 M 点。这个进度比最早时间计划曲线（ES 曲线）的要求少完成 $\Delta C_1 = OC_1 - OC$；比最迟时间计划曲线（LS 曲线）的要求多完成 $\Delta C_2 = OC - OC_2$。由于其进度比最迟时间要求提前，故不会影响总工期，只要控制得好，有可能提前 $\Delta t_1 = Ot_1 - Ot_3$ 完成全部计划任务。同理，可分析 t_2 时的进度状况。

若工程项目实施情况正常，如没有变更、没有停工、没有增加资源投入等，实际进度曲线即累计的实际完成任务量与时间对应关系的轨迹，应落在该"香蕉"曲线围成的区域内。

2. 进度计划检查内容与检查报告

1）检查内容

进度计划的执行情况检查可根据不同需要灵活进行，可以是日检查或定期（如周、月）检查，但检查必须有内涵。以施工进度计划为例，其内容包括以下几项。

(1) 检查期内实际完成和累计完成工程量。

(2) 实际参加施工的劳动力、机械数量与计划数。

(3) 窝工天数、窝工机械台班数及其原因分析。

(4) 进度偏差情况。

(5) 进度管理情况。

(6) 影响进度的原因及分析。

2）进度报告

通过进度计划检查，项目组织者（如项目经理部）应定期向上级提供进度计划执行情况检查报告，即进度报告。进度报告是在项目执行过程中，把有关项目业务的现状和将来发展趋势以最简练的书面形式提供给上一级管理部门或业务职能负责人。通常还借用图、表、图解对设计、采购、施工、试运转等阶段的时间进度、劳力、资金、材料等现状，将来的预测以及变更指令现状等进行简要说明。

业主方项目经理部向上提交的报告内容通常包括以下几方面。

(1) 项目实施情况、管理及监理概况、进度概要。

(2) 设计进度。

(3) 材料、生产设备采购供应进度。

(4) 施工进度。

(5) 劳务记录及预测。

(6) 形象进度及概要说明。

(7) 日历计划。

(8) 变更指令现状等。

施工项目经理部每月向企业提供的进度报告内容一般包括以下几方面。

(1) 进度执行情况综合描述。

(2) 实际施工进度图（表）。

(3) 工程变更、价格调整、索赔及工程款收支情况。

(4) 进度偏差的状况与导致偏差的原因分析。

(5) 解决问题的措施。

(6) 计划调整意见等。

4.3 工程项目进度的控制与调整

4.3.1 工程项目进度的控制

1. 工程项目进度控制的概念

在项目实施过程中,怎样保证项目按计划的轨道运行,是项目控制的任务。世界上没有不需要控制的项目,因为理想的完美无缺的计划是没有的,理想的没有干扰并完全均衡地组织,分毫不差地按计划运行也是不能的。这是因为项目实施都是处在一个开放的动态条件下,环境的变化、业主目标的修正、技术设计的不确定性、施工方案的缺陷及其他风险的出现,使原计划必须不断修改,以适应新的变化。解决实施中发现的实际与原计划差异的矛盾及新的变化带来的新的矛盾和问题都需要控制。

工程项目进度控制的目的是确保工程进度目标的实现。

2. 工程项目进度控制的任务

工程项目进度控制的任务就是按计划进行任务实施,控制计划的执行,按期完成工程项目实施任务,最终实现进度目标。建筑工程项目管理有多种类型,代表不同利益方的项目管理者(业主方和项目各参与方)都有进度控制的任务,但其控制的目标、时间,甚至工作内容、范畴都是不相同的。

(1) 业主方进度控制的任务是控制整个项目实施阶段的进度,包括控制设计准备阶段的工作进度、设计工作进度、施工进度、物资采购工作进度以及项目使用(或生产运行)前准备阶段的工作进度。

(2) 设计方进度控制的任务是依据设计任务委托合同对设计工作进度的要求控制各设计阶段的设计图样的出图时间(设计工作进度),这是设计方履行合同的义务。注意,设计方应尽可能使设计工作的进度与招标、施工及物资采购等工作进度相协调。

(3) 施工方进度控制的任务是依据施工任务委托合同对施工进度的要求控制施工进度,这是施工方履行合同的义务。在进度计划编制方面,施工方应视项目的特点和施工进度的需要,编制深度不同的控制性、指导性和实施性施工进度计划以及不同生产期(年、季、月、旬、周)的施工计划等。

(4) 供货方进度控制的任务是依据供货合同对供货的要求控制供货进度,这是供货方履行合同的义务,供货进度计划应包括供货过程中的原料采购、加工制造、运输等所有环节。

3. 工程项目进度控制的方法与措施

1) 控制方法

工程项目进度控制的主要工作环节首先是确定(确认)总进度目标和各进度控制子目标,并编制进度计划;其次在工程项目实施的全过程中,分阶段进行实际进度与计划进度的比较,出现偏差则及时采取措施予以调整,并编制新计划;最后是协调工程项目各参加单位、部门和工作队之间的工作节奏与进度关系。简单地说，进度控制就是规划(计划)、检查与调整、协调这样一个循环的过程，直到项目活动全部结束。

进度控制的关键工作环节是计划执行中的跟踪检查和调整。

2) 控制措施

工程项目进度控制采取的主要措施有组织措施、管理措施、经济措施、技术措施等。

(1) 组织措施。组织是目标能否实现的决定性因素，为实现项目的进度目标，应充分重视项目管理的组织体系。

① 落实工程项目中各层次进度目标的管理部门及责任人。

② 进度控制主要工作任务和相应的管理职能应在项目管理组织设计分工表和管理职能分工表中标示并落实。

③ 应编制项目进度控制的工作流程，如确定项目进度计划系统的组成；各类进度计划的编制程序、审批程序、计划调整程序等。

④ 进度控制工作往往包括大量的组织和协调工作，而会议是组织和协调的重要手段，应进行有关进度控制会议的组织设计，以明确会议的类型，各类会议的主持人及参加单位和人员，各类会议的召开时间(时机)，各类会议文件的整理、分发和确认等。

(2) 管理措施。建设工程项目进度控制的管理措施涉及管理的思想、管理的方法、管理的手段、承发包模式、合同管理和风险管理等。在理顺组织的前提下，科学和严谨的管理显得十分重要。

① 在管理观念方面下述问题比较突出。一是缺乏进度计划系统的观念，分别编制各种独立而互不联系的计划，形成不了系统；二是缺乏动态控制的观念，只重视计划的编制，而不重视计划执行中的及时调整；三是缺乏进度计划多方案比较和择优的观念，合理的进度计划应体现资源的合理使用，空间(工作面)的合理安排，有利于提高建设工程质量，有利于文明施工和缩短建设周期。

② 工程网络计划的方法有利于实现进度控制的科学化。用工程网络计划的方法编制进度计划应仔细严谨地分析和考虑工作之间的逻辑关系，通过工程网络计划可发现关键工作和关键线路，也可以知道非关键工作及误差。

③ 承发包模式的选择直接关系到工程实施的组织和协调。应选择合理的合同结构，以避免合同界面过多而对工程的进展产生负面影响。工程物资的采购模式对进度也有直接影响，对此应作分析比较。

④ 应该分析影响工程进度的风险，并在此基础上制定风险措施，以减少进度失控的风险量。

⑤ 重视信息技术(包括各种应用软件、互联网以及数据处理设备等)在进度控制中的应用。信息技术应用是一种先进的管理手段，有利于提高进度信息处理的速度和准确性，有利于增加进度信息的透明度，有利于促进相互间的信息统一与协调工作。

(3) 经济措施。建设工程项目进度控制的经济措施涉及资金需求计划、资金供应的条件及经济激励措施等。

① 应编制与进度计划相适应的各种资源(劳力、材料、机械设备、资金等)需求计划，以反映工程实施的各时段所需的资源。进度计划确定在先，资源需要量计划编制在后，其中，资金需要量计划非常重要，它同时也是工程融资的重要依据。

② 资金供应条件包括可能的资金总供应量、资金来源以及资金供应的时间。

③ 在工程预算中应考虑加快工程进度所需要的资金，其中包括为实现进度目标将要采取的经济激励措施所需要的费用。

(4) 技术措施。建设工程项目进度控制的技术措施涉及对实现进度目标有利的设计技术和施工方案。

① 不同的设计理念、设计技术路线、设计方案会对工程进度产生不同的影响。在设计工作的前期，特别是在设计方案评审和择优选用时，应对设计技术与工程进度，尤其是施工进度的关系作分析比较。在工程进度受阻时，应分析是否存在设计技术的影响因素以及为实现进度目标有无设计变更的可能性。

② 施工方案对工程进度有直接的影响。在选择施工方案时，不仅需要析技术是否先进与合理，还应考虑其对进度的影响。在工程进度受阻时，应分析是否存在施工技术的影响因素以及为实现进度目标有无变更施工技术、施工流向、施工机械和施工顺序的可能性。

4.3.2　工程项目进度的调整

1. 调整的方法

项目实施过程中经常发生工期延误，发生工期延误后，通常应采取积极的措施赶工，以弥补或部分地弥补已经产生的延误。主要通过调整后期计划，采取措施赶工，修改（调整）原网络进度计划等方法解决进度延误问题。发现工期延误后，任其发展或不及时采取措施赶工，拖延的影响会越来越大，最终必然会损害工期目标和经济效益。有时刚开始仅一周多的工期延误，如任其发展或采取的是无效的措施，到最后可能会导致拖期一年的结果，所以进度调整应及时有效。调整后编制的进度计划应及时下达执行。

1) 利用网络计划的关键线路进行调整

(1) 关键工作持续时间的缩短，可以减小关键线路的长度，即可以缩短工期，要有目的地去压缩那些能缩短工期的工作的持续时间，解决此类问题最接近于实际需要的方法是"选择法"。此方法综合考虑压缩关键工作的持续时间对质量的影响、对资源的需求增加等多种因素，对关键工作进行排序，优先缩短排序靠前，即综合影响小的工作的持续时间，具体方法见相关教材网络计划"工期优化"。

(2) 一切生产经营活动简单说都是"唯利是图"，压缩工期通常都会引起直接费用支出的增加，在保证工期目标的前提下，如何使相应追加费用的数额最小呢？关键线路上的关键工作有若干个，在压缩其持续时间上，显然有一个次序排列的问题需要解决，其原理与方法见相关教材网络计划"工期——成本优化"。

2) 利用网络计划的时差进行调整

(1) 任何进度计划的实施都受到资源的限制，计划工期的任一时段，如果资源需要量超过资源最大供应量，那这样的计划是没有任何意义的，它不具有实践的可能性，不能被执行。受资源供给限制的网络计划调整是利用非关键工作的时差来进行，具体方法见相关教材网络计划"资源最大——工期优化"。

(2) 项目均衡实施，是指在进度开展过程中所完成的工作量和所消耗的资源量尽可能保持得比较均衡。反映在支持性计划中，是工作量进度动态曲线、劳动力需要量动态曲线和各种材料需要量动态曲线尽可能不出现短时期的高峰和低谷。工程的均衡实施优点很多，可以节约实施中的临时设施等费用支出，经济效果显著。使资源均衡的网络计划调整方法是利用非关键工作的时差来进行，具体方法见相关教材网络计划"资源均衡——工期优化"。

2. 调整的内容

进度计划的调整，以进度计划执行中的跟踪检查结果进行，调整的内容包括以下几方面。

(1) 工作内容。

(2) 工作量。

(3) 工作起止时间。

(4) 工作持续时间。

(5) 工作逻辑关系。

(6) 资源供应。

可以只调整六项中一项，也可以同时调整多项，还可以将几项结合起来调整，以求综合效益最佳。只要能达到预期目标，调整越少越好。

1) 关键路线长度的调整

(1) 当关键线路的实际进度比计划进度提前时，首先要确定是否对原计划工期予以缩短。如果不拟缩短，可以利用这个机会降低资源强度或费用，方法是选择后续关键工作中资源占用量大的或直接费用高的予以适当延长，延长的长度不应超过已完成的关键工作提前的时间量，以保证关键线路总长度不变。

(2) 当关键线路的实际进度比计划进度落后(拖延工期)时，计划调整的任务是采取措施赶工，把失去的时间抢回来。

2) 非关键工作时差的调整

时差调整的目的是充分或均衡地利用资源，降低成本，满足项目实施需要，时差调整幅度不得大于计划总时差值。

需要注意非关键工作的自由时差，它只是工作总时差的一部分，是不影响紧后工作最早可能开始时间的机动时间。在项目实施工程中，如果发现正在开展的工作存在自由时差，一定要考虑是否需要立即利用，如把相应的人力、物力调整支援关键工作或调整到别的工程区号上去等，因为自由时差不用"过期作废"。关键是进度管理人员要有这个意识。

3) 增减工作项目

增减工作项目均不应打乱原网络计划总的逻辑关系。由于增减工作项目，只能改变局部的逻辑关系，此局部改变不影响总的逻辑关系。增加工作项目，只是对原遗漏或不具体的逻辑关系进行补充；减少工作项目，只是对提前完成了的工作项目或原不应设置而设置了的工作项目予以删除。只有这样才是真正调整而不是"重编"。增减工作项目之后应重新计算时间参数，以分析此调整是否对原网络计划工期产生影响，如有影响应采取措施消除。

4) 逻辑关系调整

工作之间逻辑关系改变的原因必须是施工方法或组织方法改变。但一般说来，只能调整组织关系，而工艺关系不宜调整，以免打乱原计划。

5) 持续时间的调整

在这里，工作持续时间调整的原因是指原计划有误或实施条件不充分。调整的方法是重新估算。

6) 资源调整

资源调整应在资源供应发生异常时进行。所谓异常，即因供应满足不了需要，导致工程实施强度（单位时间完成的工程量）降低或者实施中断，影响了计划工期的实现。

案例分析

【案例 4-1】

进度计划检查与调整

某工程项目的施工进度计划如图 4.18 所示，是按各工作的正常工作持续时间和最早时间绘制的双代号时标网络计划。图中箭线下方括号内数字分别为该工作的正常工作持续时间和最短工作持续时间。第五天收工后检查施工进度完成情况发现：A 工作已完成，D 工作尚未开始，C 工作进行 1 天，B 工作进行 2 天。

已知：工期优化调整时，综合考虑对质量、安全、资源等影响后，压缩工作持续时间的先后次序为 D、I、H、C、E、B、G。

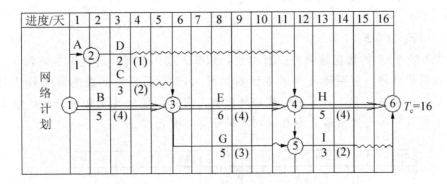

图 4.18 某工程项目的施工进度计划

请分析此工程进度是否正常？若工期延误，试按原工期目标进行进度计划调整。
(1) 绘制实际进度前锋线，了解进度计划执行情况，如图 4.19 所示。

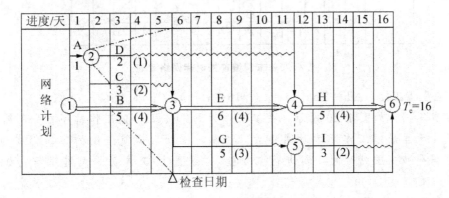

图 4.19 实际进度前锋线检查

（2）网络进度检查结果的分析如表4-5所示。

表4-5 网络计划检查结果分析

工作代号	工作名称	检查时尚需时间/天	到计划最迟完成前尚有时间/天	原有总时差/天	尚有总时差/天	情况判断
2-4	D	2-0=2	11-5=6	8	6-2=4	正常
2-3	C	3-1=2	5-5=0	1	0-2=-2	拖期2天
1-3	B	5-2=3	5-5=0	0	0-3=-3	拖期3天

其中，D工作、C工作、B工作的总时差计算过程如下（总时差计算应从终点节点逆着箭线方向向着起点节点依次逐项进行计算，其他工作总时差的计算此处省略）：

$TF_{2-4}=\min[TF_{4-5}, TF_{4-6}]+FF_{2-4}=\min[2, 0]+8=8$；

$TF_{2-3}=\min[TF_{3-4}, TF_{3-5}]+FF_{2-3}=\min[0, 3]+1=1$；

$TF_{1-3}=\min[TF_{3-4}, TF_{3-5}]+FF_{1-3}=\min[0, 3]+0=0$；

其中，D工作、C工作、B工作的最迟必须完成时间的计算过程如下：

$LF_{2-4}=EF_{2-4}+TF_{2-4}=3+8=11$；

$LF_{2-3}=EF_{2-3}+TF_{2-3}=4+1=5$；

$LF_{1-3}=EF_{1-3}+TF_{1-3}=5+0=5$。

（3）根据表4-5的检查结果的分析结论，第5天收工后实际进度工期延误3天，未调整前的时标网络计划，即实际进度网络计划如图4.20所示。实际进度的网络计划绘制很简单，只需按照检查日期，将实际进度前锋线拉直即可，显然其与列表分析的结论是一致的，列表分析与实际进度网络计划可以相互验证，以免出错。

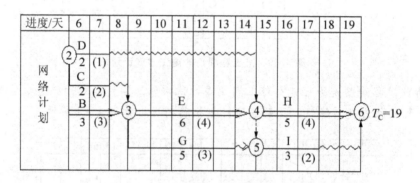

图4.20 未调整前的时标网络计划

（4）应压缩工期：$\Delta T=Tc-Tr=19-16=3$（天）。

第1步压缩：如图4.20所示，关键工作为B、E、H，依工作排序首先压缩H工作持续时间1天至最短工作持续时间4天。注意，压缩后需使压缩的工作仍成为关键工作，否则需要减少压缩时间，即进行"松弛"，这里H工作仍是关键工作，如图4.21所示。

第2步压缩：如图4.21所示，可压缩的关键工作为B、E，压缩E工作持续2天至最短工作持续时间（需使之仍成为关键工作），如图4.22所示。

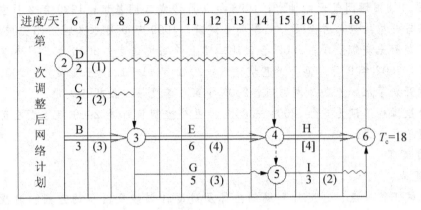

图 4.21　第 1 次调整后的时标网络计划

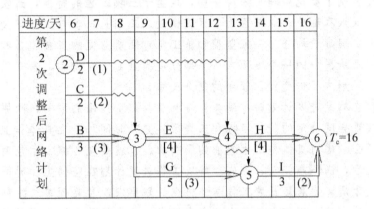

图 4.22　第 2 次调整后的时标网络计划

通过两次压缩使工期缩短了 3 天,满足了需求,计划调整完毕,第 2 次调整后的网络计划就是最终的修正计划。

【案例 4-2】

三峡工程的进度管理

1. 工程概况

三峡工程是一个具有防洪、发电、船运等综合效益的巨型水利枢纽工程。枢纽主要由大坝、水电站厂房、通航建筑物三部分组成。其中大坝最高坝高 181m;电站厂房共装机 26 台,总装机容量 18 200MW;通航建筑物由双线连续五级船闸、垂直升船机、临时船闸及上下游引航道组成。三峡工程规模宏伟,工程量巨大,其主体工程土石方开挖约 1 亿 m^3,土石方填筑 4 000 万 m^3,混凝土浇筑 2 800m^3 之多,钢筋 46 万 t,金属结构安装约 26 万 t。

根据审定的三峡工程初步设计报告,建设工期为 17 年,工程分三个阶段实施。

第一阶段工程工期为 5 年(1993—1997)。主要控制目标是 1997 年 5 月导流明渠进水,1997 年 10 月导流明渠通航,1997 年 11 月实现大江截流,1997 年年底基本建成临时船闸。

第二阶段工程工期为 6 年(1998—2003)。主要控制目标是 1998 年 5 月临时船闸通航;

1998年6月二期围堰闭气开始抽水；1998年9月形成二期基坑；1999年2月左岸电站厂房及大坝基础开挖结束，并全面开始混凝土浇筑；1999年9月永久性船闸完成闸室开挖，并全面进入混凝土浇筑阶段；2002年5月二期上游基坑进水；2002年6月永久性船闸完建开始调试，2002年9月二期下游基坑进水；2002年11—12月三期截流；2003年6月大坝下闸水库开始蓄水，永久船闸通航；2003年第4季度第一批机组发电。

第三阶段工程工期为6年（2004—2009）。主要控制目标是2009年年底全部机组发电和三峡枢纽工程完工。

2. 进度管理

1) 管理特点

针对三峡工程特点、进度计划编制主体及进度计划涉及内容的范围和时段等具体情况，确定三峡工程进度计分三个层次进行管理，即业主层、监理层和施工承包商层。通常业主在工程进度控制上要比监理更宏观一些，但鉴于三峡工程的特性，三峡工程业主对进度的控制要相对深入和细致。这是因为工程规模大、工期长，参与工程建设的监理和施工承包商多。参与工程建设的任何一家监理和施工承包商所监理的工程项目和施工内容都仅仅是三峡工程一个阶段中的一个方面或一个部分，而且业主在设备、物资供应及标段交接和协调上的介入，形成了进度计划管理的复杂关系。

施工承包商在编制进度计划时，受其自身利益及职责范围的限制，除原则上按合同规定实施并保证实现合同确定的阶段目标和工程项目完工时间外，在具体作业安排上、公共资源使用上是不会考虑对其他施工承包商的影响的。也就是说各施工承包商的工程进度计划在监理协调之后，尚不能完全、彻底地解决工程进度计划在空间上、时间上和资源使用上的交叉和冲突矛盾。为满足三峡工程总体进度计划要求，各监理单位控制的工程进度计划还需要多协调一次，这个工作自然要由业主来完成，这也就是三峡工程进度计划为什么要分为三个大层次进行管理的客观原因和进度计划管理的特点。

2) 管理措施

(1) 统一进度计划编制方法。业主根据合同要求制定统一的工程进度计划编制办法，在办法里对进度计划编制的原则、内容、编写格式、表达方式、进度计划提交、更新的时间及工程进度计划编制使用的软件等作出统一规定，通过监理转发给各施工承包商，让其照此执行。

(2) 确定工程进度计划编制原则。三峡工程进度计划编制必须遵守以下原则：即分标段工程进度计划编制必须以工程承包合同、监理发布的有关进度计划指令以及国家有关政策、法令和规程规范为依据；分标段工程进度计划的编制必须建立在合理的施工组织设计的基础上，并做到组织、措施及资源落实；分标段工程进度计划应在确保工程质量，合理使用资源的前提下，保证项目在合同规定工期内完成；采用的有关指标既要先进，又要留有余地；分项工程进度计划和分标段进度计划的编制必须服从三峡工程实施的总进度计划要求。

(3) 统一进度计划内容要求。三峡工程进度计划内容主要有两部分，即上一工程进度计划完成情况报告和下一工程进度计划说明，具体如下。

对上一工程进度计划执行情况进行总结，主要包括以下内容：主体工程完成情况；施工手段形成；施工道路、施工栈桥完成情况；混凝土生产系统建设或运行情况；施工工厂的建设和生产情况；工程质量、安全和造价等完成情况；边界条件满足情况。

对下一工程进度计划需要说明的主要内容有为完成工程项目所采取的施工方案和施工措施；按要求完成工程项目的进度和工程量；主要物资材料计划耗用量；施工现场各类人员和下一时段劳动力安排计划；物资、设备的订货、交货和使用安排；工程价款结算情况以及下一时段预计完成的工程投资额；其他需要说明的事项；进度计划网络。

（4）统一进度计划提交、更新的时间。三峡工程进度计划提交时间规定如下：分标段总进度计划要求施工承包商在接到中标通知书的 35 天内提交，年度进度计划在前一年的 12 月 5 日前提交。

三峡工程进度计划更新仅对三峡工程实施阶段的总进度计划和三峡工程分项工程及三峡工程分标段工程总进度计划和年度进度计划进行，并有具体的时间要求。

（5）统一软件、统一格式。为便于进度计划网络编制主体间的传递、汇总、协调及修改，首先对工程进度计划网络编制使用的软件进行了统一，即三峡工程进度计划网络编制统一使用 primavera project planner（以下简称 P3）软件。同时业主对 P3 软件中的工作结构分解、作业分类码、作业代码及资源代码作出了统一规定。通过工作结构分解的统一规定对不同进度计划编制内容的粗细作出具体要求，即三峡工程总进度计划中的作业项目划分到分部分项工程；分标段进度计划中的作业项目划分到单元工程（检验批），甚至工序。通过作业分类码、作业代码及资源代码的统一规定，实现进度计划的汇总、协调和平衡。

3）进度控制

（1）贯彻执行总进度计划。业主对三峡工程进度的控制首先是通过招标文件中的开工、完工时间及阶段目标来实现的。监理则是在上述基础上对工期、阶段目标进一步分解和细化后，编制出分标段和分项工程进度计划，以此作为对施工承包商上报的分标段工程进度计划的审批依据，确保施工按进度计划执行。施工承包商分标段工程总进度计划，是在确定了施工方案和施工组织设计后，对招标文件要求的工期、阶段目标进一步分解和细化编制而成，它提交给监理用来响应和保证业主的进度要求；施工承包商的分标段工程年、季度、月度和周进度计划则是告诉监理和业主，如何具体组织和安排生产，并实现进度计划目标的。这样一个程序可保证三峡工程总进度计划一开始就可以得到正确贯彻。

上述过程仅仅是进度控制的开始，还不是进度控制的全部，作为完整的进度控制还需要将进度实际执行情况进行反馈，然后对原有进度计划进行调整，作出下一步计划，这样周而复始，才可能对进度起到及时、有效地控制。

（2）控制手段。三峡工程用于工程进度控制的具体手段是建立严格的进度计划协商会议和审批制度；对进度计划执行进行考核，并实行奖罚；定期更新进度计划，及时调整偏差；通过进度计划滚动（分标段工程年度、季度、月度及周进度计划编制）编制过程的远粗、近细，实现对工程进度计划动态控制；对三峡工程总进度计划中的关键项目进行重点跟踪控制，达到确保工程建设工期的目的；业主根据整个三峡工程实际进度，统一安排而提出的指导性或目标性的年度、季度总进度计划，用于协调整个三峡工程进度。

3. 进度计划编制支持系统

1）计算机网络建设

为提高工作效率、加强联系并及时互通信息，由业主出资在坝区设计、监理、施工，承包商和业主之间建立了计算机局域网,选择 Lotus Notes 作为信息交换和应用平台,这些基础建设为进度计划编制和传递提供了强有力的手段。

2) 混凝土施工仿真系统

三峡水利枢纽主要由混凝土建筑物组成,其混凝土工程量巨大,特别是第 2 阶段工程中的混凝土量更是峰高量大。在进度计划编制安排混凝土施工作业程序时,靠过去的手工排块方法,很难在短时间内得出一个较优的混凝土施工程序。在编制进度计划时,为了能够及时、高效地得到一个较优的混凝土施工程序,业主与电力公司成都勘测设计研究院,共同研制三峡第二阶段工程厂坝混凝土施工仿真系统和永久船闸混凝土仿真系统,用于解决上述问题。目前三峡第 2 阶段工程厂坝混凝土施工仿真系统在进度计划编制中已初见成效。

3) 工程进度日报系统

要做好施工进度动态控制并及时调整计划部署,就必须建立传递施工现场施工信息的快速通道。针对此问题,业主组织人力利用 Lotus Notes 开发三峡工程日报系统。该系统主要包括实物工程量日完成情况、大型施工设备工作状况、工程施工质量及安全统计结果、物资(主要是水泥和粉煤灰)仓储情况等。利用该系统,业主和监理等有关单位就可及时掌握和了解到工程进展状况。如再通过分析和加工处理,就可为下一步工作提供参考和决策依据。

本 章 小 结

通过本章的学习,学生可以加深对工程项目进度管理过程的理解,在进度管理中通过不同广度和功能进度计划编制依据与步骤的学习,加深对计划作用的认识,做到计划牵头、计划科学合理。

网络技术是最先进的进度计划和进度控制的工具,通过不同形式网络图的绘制、时间参数计算、调整,具备进度管理的初步能力。

计划调整可将计划检查发现的问题转入下一个目标管理的 PDCA 循环。进度目标管理需要重视进度计划的实施和执行,进度计划的检查和调整是密切关联的。

思考题与习题

一、思考题

1. 试述"工期"与"进度"的联系与区别。
2. 为何进行建设工程项目总进度的分析、论证?
3. 什么是"里程碑事件"?试列举项目中常见的 5 个"里程碑事件"。

4. 确定工程活动的持续时间要考虑哪些因素？
5. 试述进度计划与资源需要量计划的联系。
6. 为何说流水施工是专业化的大生产，是科学的施工组织方式？
7. 什么是网络计划技术？与横道图比较有什么优点？
8. 什么是关键线路？它有什么作用？
9. 施工任务书的作用有哪些？与其组成整体并一起下达收回的文件有哪些？
10. 实际进度前锋线如何确定？用它怎样检查进度情况？
11. 如果实际累计完成任务量曲线落在"香蕉"区域之外，进度就一定拖期吗？
12. 简述进度报告的目的。
13. 进度控制一般在哪些方面采取措施？
14. 进度计划调整有哪些方法？

二、计算题

1. 某施工项目任务依次有Ⅰ、Ⅱ、Ⅲ、Ⅳ 4个施工过程；它在平面上划分为6个施工段。各施工过程在各施工段上的持续时间如表4-6所示。施工过程Ⅱ完成后，其相应施工段至少有技术间歇2天；分项工程Ⅲ完成后，其相应施工段至少应有组织间歇时间1天。试编制该工程流水施工进度横道指示图表。

表4-6 各施工过程在各施工段上的持续时间

分项工程名称	①	②	③	④	⑤	⑥
Ⅰ	3	2	3	3	2	3
Ⅱ	2	3	4	4	3	2
Ⅲ	4	2	3	2	4	2
Ⅳ	3	3	2	3	2	4

2. 某工程主体结构的工程活动及逻辑关系和持续时间如表4-7所示。请绘制该工程的单代号网络图；计算时间参数，并标明关键线路。

表4-7 某工程主体结构的工程活动及逻辑关系和持续时间

工作名称	A	B	C	D	E	F	G	H	I	J	K	L	M	N	P
紧前工序	—	A	A	—	B,C	B,D	D	E,F	C	I,H	G,F	K,J	L	L	M,N
持续时间	2	2	3	2	2	2	2	2	3	2	1	3	1.5	2	2

3. 在一项目中有浇筑混凝土工程活动，计划工程量为5000 m³，计划每天浇筑200m³。实际施工情况为开始3天进度为180m³/天，接着因下雨停工3天，在接下4天中共浇筑860 m³，最后以240 m³/天的速度完成剩余工程量。试用横道图检查法分析进度执行情况。

4. 某工程双代号时标网络计划执行到第四周末，检查实际进度如图4.23所示前锋线检查，请分析该工程进度情况，并绘出相应的网络计划。

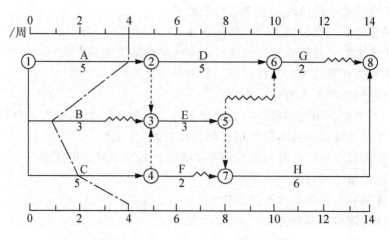

图 4.23 某工程实际进度前锋线检查

5. 某工程项目进度计划如图 4.24 所示，其箭线上方为各项工作的直接费率（万元/周）。

（1）试确定该项目的重点控制工作对象。

（2）在工程进行到第 6 周末时检查了解的实际进度是 E 工作完成了 40%，D 工作已全部完成，C 工作尚需 1 周完成，试绘制其实际进度前锋线，并分析各项工作对计划进度的影响。

（3）试绘制第 7 周至完工的进度计划。

（4）若该项目不能按原计划工期完工，工期每拖延 1 周按合同将被罚款 10 万元。是否应对该进度计划进行调整？为什么？

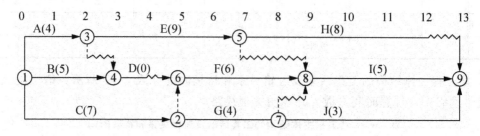

图 4.24 某工程项目进度计划

第 5 章
工程项目质量管理

教学提示

本章主要讲述工程项目质量管理的基本理论和方法。通过本章的学习,应达到以下目标:
(1) 掌握工程质量控制原理及方法;
(2) 熟悉各质量管理体系标准;
(3) 掌握工程项目施工质量验收程序;
(4) 熟悉工程质量事故的处理。

学习要点

知识要点	能力要求	相关知识
质量控制原理	(1) 准确理解质量控制的概念、质量总目标 (2) 掌握质量控制的基本原理	(1) 质量控制与质量管理的区别 (2) PDCA 循环原理、三阶段原理、三全控制原理
质量管理体系标准	(1) 掌握质量管理体系的核心标准 (2) 掌握质量管理八项原则 (3) 熟悉质量管理体系的建立	(1) ISO 9001:2008 版标准 (2) 质量手册、程序文件、作业指导书 (3) 质量管理体系认证
工程项目施工质量控制与验收评定	(1) 掌握施工控制计划的编制 (2) 掌握施工质量验收程序 (3) 理解全过程施工质量控制	(1) 工程项目质量控制系统 (2) 施工阶段质量控制与持续改进 (3) 过程验收与竣工验收
工程项目质量事故的处理	(1) 掌握质量问题的处理方法 (2) 熟悉质量事故的处理	质量事故等级

基本概念

工程项目质量控制系统、质量管理体系标准、内部审核与外部审核、生产要素的质量控制、质量维护。

 引例

在项目管理活动中,项目质量管理尤为重要,特别是工程项目,往往由于较小的质量问题,可能导致出现较大的质量事故。因此,项目的质量管理应当引起项目管理人员的高度重视。

2000年11月27日晚9时45分,深圳东部高速路在建的盐坝高速路起点高架引桥30m至50m长的桥面突然坍塌,共造成19人受伤,通过对现场深入细致地调查,造成该次事故的主要原因是因为施工单位和监理单位管理不力,施工人员安全质量意识淡薄;缺乏全过程的项目质量管理控制体系,包括监督和反馈机制等。这次工程质量事故的发生,给所有工程施工项目的质量安全管理敲响了警钟。

5.1 工程项目质量控制概述

5.1.1 工程项目质量控制的基本概念

1. 工程项目质量控制

质量控制是指在明确的质量目标条件下通过行动方案和资源配置的计划、实施、检查和监督来实现预期目标的过程。

工程项目质量控制则是指在工程项目质量目标的指导下,通过对项目各阶段的资源、过程和成果所进行的计划、实施、检查和监督过程,以判定其是否符合有关的质量标准,并找出方法消除造成项目成果令人不满意的原因。该过程贯穿于项目执行的全过程。

质量控制与质量管理的关系和区别在于:质量控制是质量管理的一部分,致力于满足质量要求,如适用性、可靠性、安全性等。质量控制属于为了达到质量要求所采取的作业技术和管理活动,是在有明确的质量目标条件下进行的控制过程。工程项目质量管理是工程项目各项管理工作的重要组成部分,它是工程项目从施工准备到交付使用的全过程中,为保证和提高工程质量所进行的各项组织管理工作。

2. 工程项目的质量总目标

工程项目的质量总目标由业主提出,是对工程项目质量提出的总要求,包括项目范围的定义、系统构成、使用功能与价值、规格以及应达到的质量等级等。这一总目标是在工程项目策划阶段进行目标决策时确定的。从微观上讲,工程项目的质量总目标还要满足国家对建设项目规定的各项工程质量验收标准以及使用方(客户)提出的其他质量方面的要求。

3. 工程项目质量控制的范围

工程项目质量控制的范围包括勘察设计、招标投标、施工安装和竣工验收四个阶段的质量控制。在不同的阶段，质量控制的对象和重点不完全相同，需要在实施过程中加以选择和确定。

4. 工程项目质量控制与产品质量控制的区别

项目质量控制相对产品来说，由于是一个复杂的非周期性过程，各种不同类型的项目，其区域环境、施工方法、技术要求和工艺过程可能不尽相同。因此，工程项目的质量控制更加困难。主要的区别有以下几方面。

1) 影响因素多样性

工程项目的实施是一个动态过程，影响项目质量的因素因此也是动态变化的。项目在不同阶段、不同施工过程，其影响因素也不完全相同，这就造成工程项目质量控制的因素众多、复杂，使工程项目的质量控制比产品的质量控制要困难得多。

2) 项目质量变异性

工程项目施工与工业产品生产不同，产品生产有固定的生产线以及相应的自动控制系统、规范化的生产工艺和完善的检测技术，有成套的生产设备和稳定的生产环境，有相同系列规格和相同功能的产品；同时，由于影响工程项目质量的偶然性因素和系统性因素都较多。因此，很容易产生质量变异。

3) 质量判断难易性

工程项目在施工中，由于工序交接多、中间产品和隐蔽工程多，造成质量检测数据的采集、处理和判断的难度加大，由此容易导致对项目的质量状况作出错误判断。而产品生产具有相对固定的生产线和较为准确、可靠的检测控制手段。因此，相对来说，更容易对产品质量作出正确的判断。

4) 项目构造分解性

项目建成后，构成一项建筑（或土木）工程产品的整体，一般不能解体和拆分，其中有的隐蔽工程内部质量的检测，在项目完成后，很难再进行检查。对已加工完成的工业产品，一般都能一定程度上予以分解、拆卸，进而可再对各零部件的质量进行检查，达到产品质量控制的目的。

5) 项目质量的制约性

工程项目的质量受费用、工期影响的制约较大，三者之间的协调关系不能简单地偏顾一方，要正确处理质量、费用、进度三方关系，在保证适当、可行的项目质量基础上，使工程项目整体最优。而产品的质量标准是国家或行业规定的，只需完全按照有关质量规范要求进行控制，不受生产时间、费用的限制。

5.1.2 工程项目质量形成的影响因素

1. 人的质量意识和质量能力

人是工程项目质量活动的主体，泛指与工程有关的单位、组织和个人，包括建设单位、勘察设计单位、施工承包单位、监理及咨询服务单位、政府主管及工程质量监督监测单位以及策划者、设计者、作业者和管理者等。人既是工程项目的监督者又是实施者，因此，人的质量意识和控制质量的能力是最重要的一项因素。这一因素集中反映在人的素质上，包括人的思想意识、文化教育、技术水平、工作经验以及身体状况等，都直接或间接地影响工程项目的质量。从质量控制的角度，则主要考虑从人的资质条件、生理条件和心理因素与行为等方面进行控制。

1）资质条件

制定领导者和主要管理人员（如总工程师、总会计师、各部门经理等）的素质要求对工程项目的质量控制起着重要保证作用，应在组织设计中对其岗位职位的要求加以说明，如最低的学历或相关工作经历。从事技术管理的人员还应对相应的专业知识提出要求。

对主要的技术人员，应对其具有的文化素质（学历或学位证书）、专业知识（职称资格证书）和实践能力（职业资格证书）等提出参考要求，并要进行相关的职业培训。

对技术工人要求具有从事本专业工作的资质证书或上岗培训证书，具有较丰富的专业知识和操作技能，熟悉相关的项目操作规程和质量标准等。

2）生理条件

人的生理条件主要指是否有缺陷性疾病，如精神失常、智商过低、影响工作质量的严重疾病等。针对具体的工作内容，还要对特定的工种限制患有特定疾病的人，如患有高血压、心脏病和恐高症的人，不应从事高空作业和水下作业；视力、听力较差的人，不适合从事测量工作和以灯光、音响、旗语进行指挥的作业；反应迟钝、应变能力差的人，不宜操作快速运转的仪器设备等。

3）心理因素与行为

人的心理失常会使人的注意力不集中、厌倦、烦躁不安，引起工作质量下降；其他由于主观因素引起的打闹嬉笑、粗心大意、玩忽职守等行为，也会引起质量问题或事故，需要严格加以控制。

2. 工程项目的决策和方案

1）项目的决策

项目决策阶段是项目整个生命周期的起始阶段，这一阶段工作的质量关系到全局。主要是确定项目的可行性，对项目所涉及的领域、投融资、技术可行性、社会与环境影响等进行全面的评估。在项目质量控制方面的工作是在项目总体方案策划基础上确定项目的总体质量水平。因此可以说，这一阶段是从总体上明确了项目的质量控制方向，其成果将影响项目总体质量，属于项目质量控制工作的一种质量战略管理。

2）项目的勘察

工程项目勘察包括技术经济条件勘察和工程岩土地质条件勘察。前者是对工程项目所在区域环境的技术经济条件进行的实际状况调查、数据收集以及实证分析等；后者是直接获取工程项目所需原始场地资料的工作，其工作质量的好坏，对后续工程项目各阶段的质量控制起着重要的影响，包括钻探、野外测试、土工实验、工程水文地质、测绘及勘察成果等内容的质量控制。这些质量结果均影响工程项目质量的形成。

3）项目的总体规划和设计

总体规划和设计是工程项目建设中的一个关键环节。工程项目的资源利用是否合理，总体布局是否达到最优，施工组织是否科学、严谨，能否以较少的投资取得较高的效益，在很大程度上取决于规划与设计质量的好坏及水平的高低。工程项目设计首先应满足建设单位所需的功能和使用价值,符合建设单位投资的目的。但这些功能和目的可能受到资金、资源、技术与环境等因素的制约,均会使工程项目的质量受到限制。同时,工程项目规划与设计必须遵守国家有关城市规划、环境保护、质量安全等一系列技术规范和标准。因此,要将适用、经济、美观融为一体,考虑这些复杂、综合的因素来达到工程项目的设计合理性、可靠性以及可施工性,这些必然与工程质量有关。

4) 项目的施工方案

工程项目的施工方案是指施工技术方案和施工组织方案。施工技术方案包括施工的技术、工艺、方法和相应的施工机械、设备和工具等资源的配置。因此组织设计、施工工艺、施工技术措施、检测方法、处理措施等内容都直接影响工程项目的质量形成,其正确与否,水平高低不仅影响到施工质量,还对施工的进度和费用产生重大影响。因此,对工程项目施工方案应从技术、组织、管理、经济等方面进行全面分析与论证,确保施工方案既能保证工程项目质量,又能加快施工进度、降低成本。

3. 工程项目材料

项目材料方面的因素包括原材料、半成品、成品、构配件、仪器仪表和生产设备等,属于工程项目实体的组成部分。这些因素的质量控制着重表现在以下几方面。

1) 采购质量控制

承包单位在采购订货前应充分调查市场信息,优选供货厂家,并向监理方申报所购材料的数量、品种、规格型号、技术标准和质量要求、计量方法、交货期限与方式、价格及供货方应提供的质量保证文件等。

2) 制造质量控制

对于一些重要设备、器材或外包件可以采取对生产厂家制造实行监造方式,进行重点或全过程的质量控制。

3) 材料、设备进场的质量控制

对运到施工现场的原材料、半成品或构配件,必须具有合格证、技术说明书和产品检验报告等质量证明文件。对某些质量状况波动大的材料还要进行平行检验和抽样检验,使所有进场材料的质量处于可控状态。

4) 材料、设备存放的质量控制

材料、设备进场后的存放,要满足各种材料、设备对存放条件的要求,要有定期的检查或抽样,以保证材料质量的稳定,并得到有效控制。

4. 施工设备和机具

施工设备和机具是实现工程项目施工的物质基础和手段,特别是现代化施工必不可少的设备。施工设备和机具的选择是否合理、适用与先进,直接影响工程项目的施工质量和进度。因此,要对施工设备和机具的使用培训、保养制度、操作规程等加以严格管理和完善,以保证和控制施工设备与机具达到高效率和高质量的使用水平。

5. 施工环境

影响工程项目施工环境的因素主要包括3个方面,即工程技术环境、工程管理环境和劳动环境。

1) 工程技术环境

影响质量控制的工程技术环境因素有工程地质、地形地貌、水文地质、工程水文和气象等。这些因素不同程度地影响工程项目施工的质量控制和管理。

2) 工程管理环境

工程管理环境的主要影响因素有质量管理体系、质量管理制度、工作制度、质量保证活动、协调管理及能力等。例如，由总承包单位的工程承发包合同结构所派生的多单位多专业共同施工的管理关系，组织协调方式及现场施工质量控制系统等构成的管理环境，对工程质量的形成将产生相当大的影响。

3) 劳动环境

劳动环境因素主要包括施工现场的气候、通风、照明和安全卫生防护设施等。

在工程项目的质量控制与管理中，环境因素是在不断变化的。例如，工程技术环境和劳动环境，随着工程项目的进展，地质条件、气象、施工工作面等都可能在不断变化，同时也将引起工程管理环境的变化。应根据工程项目特点和具体条件，采取有效措施对影响质量的环境因素进行管理。例如，建设工程项目，则要建立文明施工和文明生产的环境，保持材料、工件堆放有序，道路通畅，工作场所清洁整齐等，为确保工程质量创造良好条件。

5.1.3 工程项目质量控制的基本原理

1. PDCA 循环原理

工程项目的质量控制是一个持续过程，首先在提出项目质量目标的基础上，制订质量控制计划，包括实现该计划需采取的措施；其次将计划加以实施，特别要在组织上加以落实，真正将工程项目质量控制的计划措施落实到实处；在实施过程中，还要经常检查、监测，以评价检查结果与计划是否一致；最后对出现的工程质量问题进行处理，对暂时无法处理的质量问题重新进行分析，进一步采取措施加以解决。这一过程的原理是 PDCA 循环。PDCA 循环又称戴明环，是美国质量管理专家戴明博士首先提出的。PDCA 循环是工程项目质量管理应遵循的科学程序。其质量管理活动的全部过程，就是质量计划的制订和组织实现的过程，这个过程按照 PDCA 循环，不停顿地周而复始地运转。

PDCA 由英语单词 Plan(计划)、Do(执行)、Check(检查)和 Action(处理)的首字母组成，PDCA 循环就是按照这样的顺序进行质量管理，并且循环不止地进行下去的科学程序。

工程项目质量管理活动的运转，离不开管理循环的转动，这就是说，改进与解决质量问题，赶超先进水平的各项工作，都要运用 PDCA 循环的科学程序。不论是提高工程施工质量，还是减少不合格率，都要先提出目标，即质量提高到什么程度，不合格率降低多少，都要有个计划，这个计划不仅包括目标，而且也包括实现这个目标需要采取的措施。计划制订之后，就要按照计划进行检查，看是否实现了预期效果，有没有达到预期的目标。通过检查找出问题和原因，最后就要进行处理，将经验和教训制定成标准、形成制度。

PDCA 循环作为工程项目质量管理体系运转的基本方法，其实施需要监测、记录大量工程施工数据资料,并综合运用各种管理技术和方法。一个 PDCA 循环一般都要经历以下四个阶段(见图 5.1)、8 个步骤(见图 5.2)。

在实施以上所述的 PDCA 循环时,工程项目的质量控制要重点做好施工准备、施工验收、服务全过程的质量监督,抓好全过程的质量控制,确保工程质量目标达到预定的要求,具体措施如下。

(1) 将质量目标逐层分解到分部工程、分项工程,并落实到部门、班组和个人。以指标控制为目的,以要素控制为手段,以体系活动为基础,以保证在组织上加以全面落实。

图 5.1　PDCA 循环的四个阶段

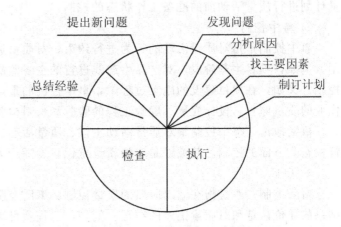

图 5.2　PDCA 循环的 8 个步骤

(2) 实行质量责任制。项目经理是工程施工质量的第一责任人,各工程队长是本队施工质量的第一责任人,质量保证工程师和责任工程师是各专业质量责任人,各部门负责人要按分工认真履行质量职责。

(3) 每周组织一次质量大检查,一切用数据说话,实施质量奖惩,激励施工人员,保证施工质量的自觉性和责任心。

(4) 每周召开一次质量分析会,通过各部门、各单位反馈输入各种不合格信息,采取纠正和预防措施,排除质量隐患。

(5) 加大质量权威,质检部门及质检人员根据公司质量管理制度可以行使质量否决权。

(6) 施工全过程执行业主和有关工程质量管理及质量监督的各种制度和规定,对各部门检查发现的任何质量问题应及时制定整改措施,进行整改,达到合格为止。

2. 工程项目质量控制三阶段原理

工程项目的质量控制,是一个持续管理的过程。从工程项目的立项开始到竣工验收属于工程项目建设阶段的质量控制,项目投产后到项目生命周期结束属于项目生产(或经营)阶段的质量控制。两者在质量控制内容上有较大的不同,但不管是建设阶段的质量控制,还是经营阶段的质量控制,从控制工作的开展与控制对象实施的时间关系来看,可分为事前控制、事中控制和事后控制 3 种。

1) 事前控制

事前控制强调质量目标的计划预控,并按质量计划进行质量活动前的准备工作状态的控制。例如，在施工过程中，事前控制重点在于施工准备工作，且贯穿于施工全过程。首先，要熟悉和审查工程项目的施工图样，做好项目建设地点的自然条件、技术经济条件的调查分析，完成项目施工图预算、施工预算和项目的组织设计等技术准备工作；其次，做好器材、施工机具、生产设备的物质准备工作；再次，要组成项目组织机构，进场人员技术资质、施工单位质量管理体系的核查；最后编制好季节性施工措施，制定施工现场管理制度，组织施工现场准备方案等。

可以看出，事前控制的内涵包括两个方面，一是注重质量目标的计划预控；二是按质量计划进行质量活动前的准备工作状态的控制。

2) 事中控制

事中控制是指对质量活动的行为进行约束、对质量进行监控，实际上属于一种实时控制。例如，项目生产阶段，对产品生产线进行的在线监测控制，即对产品质量的一种实时控制。又如，在项目建设的施工过程中，事中控制的重点在工序质量监控上。其他如施工作业的质量监督、设计变更、隐蔽工程的验收和材料检验等都属于事中控制。

概括地说，事中控制是对质量活动主体、质量活动过程和结果所进行的自我约束和监督检查两方面的控制。其关键是增强质量意识，发挥行为主体的自我约束控制。

3) 事后控制

事后控制一般是指在输出阶段的质量控制。事后控制又称合格控制，包括对质量活动结果的评价认定和对质量偏差的纠正。例如，工程项目竣工验收进行的质量控制，即属于工程项目质量的事后控制。项目生产阶段的产品质量检验也属于产品质量的事后控制。

3. 工程项目质量的三全控制原理

三全控制原理来自于全面质量管理(Total Quality Management，TQM)的思想，是指企业组织的质量管理应该做到全面、全过程和全员参与。在工程项目质量管理中应用这一原理，对工程项目的质量控制同样具有重要的理论和实践指导意义。

1) 全面质量控制

工程项目质量的全面控制可以从纵横两个方面来理解。从纵向的组织管理角度来看，质量总目标的实现有赖于项目组织的上层、中层、基层乃至一线员工的通力协作，其中尤以上层管理能否全力支持与参与，起着决定性的作用。从项目各部门职能间的横向配合来看，要保证和提高工程项目质量必须使项目组织的所有质量控制活动构成一个有效的整体。广义地说，横向的协调配合包括业主、勘察设计、施工及分包、材料设备供应、监理等相关方。全面质量控制就是要求项目各相关方都有明确的质量控制活动内容。当然，从纵向看，各层次活动的侧重点不同。上层管理侧重于质量决策，制定出项目整体的质量方针、质量目标、质量政策和质量计划，并统一组织、协调各部门、各环节、各类人员的质量控制活动；中层管理则要贯彻落实领导层的质量决策，运用一定的方法找到各部门的关键、薄弱环节或必须解决的重要事项，确定出本部门的目标和对策，更好地执行各自的质量控制职能；基层管理则要求每个员工都要严格地按标准、按规范进行施工和生产，相互间进行分工合作，互相支持协助，开展群众合理化建议和质量管理小组活动，建立和健全项目的全面质量控制体系。

2) 全过程质量控制

任何产品或服务的质量，都有一个产生、形成和实现的过程。从全过程的角度来看，质量产生、形成和实现的整个过程是由多个相互联系、相互影响的环节组成的,每个环节都或轻或重地影响着最终的质量状况。为了保证和提高质量就必须把影响质量的所有环节和因素都控制起来。工程项目的全过程质量控制主要有项目策划与决策过程、勘察设计过程、施工采购过程、施工组织与准备过程、检测设备控制与计量过程、施工生产的检验试验过程、工程质量的评定过程、工程竣工验收与交付过程以及工程回访维修过程等。全过程质量控制强调必须体现如下两个思想。

(1) 预防为主、不断改进的思想。根据这一基本原理,全面质量控制要求把管理工作的重点,从"事后把关"转移到"事前预防"上来;强调预防为主、不断改进的思想。

(2) 为顾客服务的思想。顾客有内部和外部之分:外部的顾客可以是项目的使用者,也可以是项目的开发商;内部的顾客是项目组织的部门和人员。实行全过程的质量控制要求项目所有各相关利益者都必须树立为顾客服务的思想。内部顾客满意是外部顾客满意的基础。因此,在项目组织内部要树立"下道工序是顾客"、"努力为下道工序服务"的思想。使全过程的质量控制一环扣一环,贯穿整个项目过程。

3) 全员参与质量控制

全员参与工程项目的质量控制是工程项目各方面、各部门、各环节工作质量的综合反映。其中任何一个环节、任何一个人的工作质量都会不同程度地直接或间接地影响着工程项目的形成质量或服务质量。因此,全员参与质量控制,才能实现工程项目的质量控制目标,形成顾客满意的产品,主要的工作包括以下几方面。

(1) 必须抓好全员的质量教育和培训。

(2) 要制定各部门、各级、各类人员的质量责任制,明确任务和职权,各司其职,密切配合,以形成一个高效、协调、严密的质量管理工作的系统。

(3) 要开展多种形式的群众性质量管理活动,充分发挥广大职工的聪明才智和当家做主的进取精神,采取多种形式激发全员参与的积极性。

5.2 质量管理体系标准

5.2.1 质量管理体系标准(GB/T 19000—ISO 9000:2000 标准)简介

1. ISO 标准简介

ISO 是国际标准化组织的缩写,ISO 9000 标准是 ISO 制定的国际质量管理标准和指南,最初颁布于 1987 年,1994 年第一次修订,2000 年第二次修订,作为组织建立质量体系的基本要求在世界范围内被广泛采用,到 1999 年底全球已有 150 个国家 340 000 余家组织获得了第三方体系认证。更多组织正在建立和运行质量管理体系。1994 版的系列标准有 ISO 9001、9002 和 9003,均被广泛地用作建立质量管理体系的基础,独立的第三方机构以此为依据进行质量体系审核及认证。ISO 自 1946 年成立以来共颁布了 12 500 多种标准,其中多数为产品标准,以此促进国际贸易的发展。ISO 9000 系列标准是迄今应用最广泛的 ISO 标准。ISO 规定所有的标准至少每 5 年评审一次。ISO 技术委员会 TC176 已经修订 1994 版的 9000 族标准，ISO 9000：2000 版标准于 2000 年 12 月 15 日正式发布，ISO 9001：2008 版标准于 2008 年 11 月 15 日发布。

2. GB/T 19000—ISO 9000：2000 族标准

ISO 9000 族标准是指由 ISO/TC176 技术委员会制定的所有国际标准，它是由 ISO 9000 系列标准派生出来的一整套质量管理和质量保证标准系统。我国等同转化后称作 GB/T 19000—ISO 9000：2000 族国家标准。由于采用的是等同（idt）转化，两种写法的含义完全相同，使用中不作区别。ISO 9000：2000 族标准包括以下几点

1) 核心标准四个
(1) ISO 9000：2000 质量管理体系　基础和术语。
(2) ISO 9001：2008 质量管理体系　要求。
(3) ISO 9004：2000 质量管理体系　业绩改进指南。
(4) ISO 19011：2001 质量和环境管理审核指南。

2) 相关标准一个
ISO 10012《测量设备的质量保证要求》。

3) 技术报告若干份
(1) ISO/TR 10006 项目管理指南。
(2) ISO/TR 10007 技术状态管理指南。
(3) ISO/TR 10013 质量管理体系文件指南。
(4) ISO/TR 10014 质量经济性指南。
(5) ISO/TR 10015 教育和培训指南。
(6) ISO/TR 10017 统计技术在 ISO 9001 中的应用指南。

4) 小册子若干份
(1) 质量管理原理、选择和使用指南。
(2) ISO 9001 在小型企业中的应用指南。

另外，为防止将 ISO 9000 族标准发展为质量管理的百科全书，ISO/TC 176 将与其他委员会或相关行业合作，以扩大 ISO 9000 族标准的使用范围。例如，ISO/TC 176 与国际汽车行业合作，制定了汽车行业的国际标准：ISO/DTR 16949《质量体系—汽车业供应方》，以取代美国、德国、法国和意大利的汽车行业标准 QS 9000、VDA-6.1、EAQF 和 AVSQ。ISO/TC 176 和医学行业合作制定的 ISO/FDIS 13485《质量体系－ISO 9001 在医疗器械中的应用》等国际标准也即将发布。

3. 核心标准简介

1) ISO 9000：2000

本标准规定了质量管理体系的术语和基本原理，取代 1994 版 ISO 8402 和 ISO 9000－1 两个标准。本标准提出的 8 项质量管理原则，是在总结了质量管理经验的基础上，明确了一个组织在实施质量管理中必须遵循的原则，也是 2000 版 9000 族标准制定的指导思想和理论基础。

本标准第二部分提出 10 个部分 87 个术语。在语言上强调采用非技术性语言，使所有潜在用户易于理解。为便于使用，在标准附录中，推荐了以"概念图"方式来描述相关术语的关系。

ISO/DIS 9000：2000 的第 3 个重点内容是提出了质量管理体系的基本原理。作为对本标准引言中质量管理 8 项原则的呼应。

2）ISO 9001：2008

本标准取代了 1994 版 3 个质量保证标准（ISO 9001：1994、ISO 9002：1994 和 ISO 9003：1994）。新版的质量管理体系要求采用了"过程方式模型"，以取代 1994 版 ISO 9001 标准中的 20 个要素。

为适应不同类型的组织需要，在一定情况下，体系要求允许删减（剪裁）。新版名称中不再出现"质量保证"一词，这反映了标准规定的质量管理体系要求包括了产品质量保证和顾客满意两层含义。

3）ISO 9004：2000

本标准给出了质量管理的应用指南，描述了质量管理体系应包括的过程，强调通过改进过程，提高组织的业绩。本标准是 1994 版 ISO 9004-1 的替代标准。

ISO 9004：2000 和 ISO 9001：2000 是一对协调一致并可一起使用的质量管理体系标准，两个标准采用相同的原则，但应注意其适用范围不同，而且 ISO 9004 标准不拟作为 ISO 9001 标准的实施指南。通常情况下，当组织的管理者希望超越 ISO 9001 标准的最低要求，追求增长的业绩改进时，往往以 ISO 9004 标准作为指南。

4）ISO 19011：2001

本标准是 ISO/TC 176 与 ISO/TC 207（环境管理技术委员会）联合制定的，以遵循"不同管理体系，可以共同管理和审核"的原则。新版 ISO 19011 标准将合并并取代 ISO 10011—1、ISO 10011—2、ISO 10011—3 和 ISO 14010、ISO 14011 和 ISO 14012 等几个标准。

本标准在术语和内容方面，兼容了质量管理体系和环境管理体系两方面特点。本标准为审核基本原则、审核大纲的管理、环境和质量管理体系的实施以及对环境和质量管理体系评审员资格要求提供了指南。

4. GB/T 19016—ISO 10006：1997 标准

2000 年开始，我国等同采用 ISO 10006：1997，颁布了 GB/T 19016 质量管理项目管理质量指南。该标准的颁布，对促进我国工程项目的质量管理与控制具有极大意义。

在 GB/T 19016—ISO 10006：1997 标准中，将项目管理过程分为 10 组，每组的过程描述及说明如表 5-1 所示。

表 5-1　项目管理过程描述及说明

分　组	过　程	说　明
战略策划过程	战略策划过程	确定项目方向并管理其他项目过程的实现
配合管理过程	立项和项目计划制订	评估顾客和其他受益者的要求，编制项目计划并开始其他过程
	协调管理	管理项目中相互影响的活动
	更改管理	预测更改并在所有过程中管理更改
	关闭	关闭过程并得到信息反馈

(续)

分组	过程	说明
与范围有关的过程	概念（方案）确定	规定项目产品的大致轮廓
	范围确定和控制	用可测量的、文件的形式表述项目产品特征并对其进行控制
	活动确定	识别实现项目目标所要求的各种活动和步骤并形成文件
	活动控制	控制项目中实际进行的工作
与时间有关的过程	活动相关性策划	识别项目各活动之间的内部关系、逻辑上的相互影响和相关性
	周期估算	每个活动的周期估算要与规定条件和所需资源相联系
	进度确定	将项目的进度目标、活动相关性及其周期联系起来，作为确定项目总进度和详细进度框架
	进度控制	控制项目活动的实现，以确保进度或采取适当的措施使已延期的项目恢复正常
与成本有关的过程	成本估算	确定项目估算成本
	预算	使用成本估算的结果做出项目预算
	成本控制	控制成本及与项目预算的偏离
与资源有关的过程	资源策划	识别、估算、分配所有相关资源并安排资源使用
	资源控制	将资源实际使用情况与计划进行比较，需要时采取措施
与人员有关的过程	项目组织结构的确定	规定一个经过剪裁、适应项目需求的项目组织结构，包括确定在项目中的岗位并规定其职责和权限
	人员分配	选择并安排足够的、有胜任能力的人员以适应项目的需求
	团队发展	开发个人与团队的技艺和能力，以改善项目业绩
与沟通有关的过程	沟通策划	按策划好的沟通体系控制沟通
	信息管理	确保组织成员和其他受益者能够得到所需信息
	沟通控制	控制沟通以符合已获计划的沟通体系
与风险有关的过程	风险识别	确定项目中的风险
	风险评估	评估发生风险事件的可能性和风险事件对项目的影响
	风险响应的确定	编制风险响应计划
	风险控制	实施并修订风险计划
与采购有关的过程	采购策划和控制	识别并控制采购什么、何时采购
	采购文件	商务条件和技术要求的汇编
	分承包评价	评价并确定邀请哪些分承包方参加投标
	签订分包合同	发布招标书、评定投标书、谈判、编制和发出分包合同
	合同控制	确保分承包方的业绩满足合同要求

5.2.2 质量管理的八项原则

1. 以顾客为关注焦点

组织依存于顾客。因此，组织应当理解顾客当前的和未来的需求，满足顾客要求并争取超越顾客期望。

组织在贯彻这一原则时应采取的措施包括通过市场调查研究或访问顾客等方式，准确详细了解顾客当前或未来的需要和期望，并将其作为设计开发和质量改进的依据；将顾客和其他利益相关方的需要和愿望的信息按照规定的渠道和方法，在组织内部完整而准确的传递和沟通；组织在设计开发和生产经营过程中，按规定的方法测量顾客的满意程度，以便针对顾客的不满意因素采取相应的措施。

2. 领导作用

领导者确立组织统一的宗旨及方向。其应当创造并保持使员工能充分参与实现组织目标的内部环境。

领导的作用是指最高管理者具有决策和领导一个组织的关键作用，为全体员工实现组织的目标创造良好的工作环境，最高管理者应建立质量方针和质量目标，以体现组织总的质量宗旨和方向以及在质量方面所追求的目的。应时刻关注组织经营的国内外环境，制定组织的发展战略，规划组织的蓝图。质量方针应随着环境的变化而变化，并与组织的宗旨相一致。最高管理者应将质量方针、目标传达落实到组织的各职能部门和相关层次，让全体员工理解和执行。

3. 全员参与

各级人员是组织之本，只有其充分参与，才能使其才干为组织带来收益。

全体员工是每个组织的基础，人是生产力中最活跃的因素。组织的成功不仅取决于正确的领导，还有赖于全体人员的积极参与，所以应赋予各部门、各岗位人员应有的职责和权限，为全体员工制造一个良好的工作环境，激励其积极性和创造性，通过教育和培训增长其才干和能力，发挥员工的革新和创新精神，共享知识和经验，积极寻求增长知识和经验的机遇，为员工的成长和发展创造良好的条件，这样才能给组织带来最大的收益。

4. 过程方法

将活动和相关的资源作为过程进行管理，可以更高效地得到期望的结果。

工程项目的实施可以作为一个过程来实施管理，过程是指将输入转化为输出所使用资源的各项活动的系统。过程的目的是提高价值，因此在开展质量管理各项活动中应采用过程的方法实施控制，确保每个过程的质量，并按确定的工作步骤和活动顺序建立工作流程，人员培训，所需的设备、材料、测量和控制实施过程的方法以及所需的信息和其他资源等。

5. 管理的系统方法

将相互关联的过程作为系统加以识别、理解和管理，有助于组织提高实现目标的有效性和效率。

管理的系统方法包括了从确定顾客的需求和期望、建立组织的质量方针和目标、确定过程及过程的相互关系和作用并明确职责和资源需求、建立过程有效性的测量方法并用以测量现行过程的有效性、防止不合格、寻找改进机会、确立改进方向、实施改进、监控改进效果、评价结果、评审改进措施和确定后续措施。这种建立和实施质量管理体系的方法，既可建立新体系，也可用于改进现行的体系。这种方法不仅可提高过程能力及项目质量，还可为持续改进打好基础，最终使顾客满意，使组织获得成功。

6. 持续改进

持续改进整体业绩应当是组织的一个永恒目标。

持续改进是一个组织积极寻找改进的机会，努力提高有效性和效率的重要手段，确保不断增强组织的竞争力，使顾客满意。

7. 基于事实的决策方法

有效决策是建立在数据和信息分析的基础上。

决策是通过调查和分析，确定项目质量目标并提出实现目标的方案，对可供选择的若干方案进行优选后作出抉择的过程，项目组织在工程实施的各项管理活动过程中都需要做出决策。能否对各个过程作出正确的决策，将会影响到组织的有效性和效率，甚至关系到项目的成败。所以，有效的决策必须以充分的数据和真实的信息为基础。

8. 与供方互利的关系

组织与供方是相互依存的，互利的关系可增强双方创造价值的能力。

供方提供的材料、设备和半成品等对于项目组织能否为顾客提供满意的最终产品可以产生重要的影响。因此，把供方、协作方和合作方等都看做是项目组织同盟中的利益相关者，形成共同的竞争优势，可以优化成本和资源，有利于项目主体和供方共同双赢。

上述八项质量管理原则构成 ISO9000:2000 族质量管理体系标准的理论基础，又是企业的最高管理者进行质量管理的基本准则。八项质量管理原则，是 ISO 在总结优秀质量管理实践经验的基础上，用精练的语言表达的最基本、最通用的质量管理的一般规律，可以成为企业文化的一个重要组成部分，从而指导企业在一个较长时期内，通过关注顾客及其他相关方的需求和期望，达到改进总体业绩的目的。

5.2.3 质量管理体系的建立

1. 质量管理体系建立的基本程序

项目组织建立质量管理体系一般是与项目部所在企业一起，建立建筑企业的质量管理体系。建立的程序可按下列步骤进行。

1) 领导决策

建立质量管理体系首先要领导作出决策，为此，领导应充分了解 GB/T 19000—ISO 除武装 9000:2000 标准，认识到建立质量管理体系的必要性和重要性，能一如既往地领导和支持企业为建立质量管理体系而开展的各项工作。管理团队要统一思想、提高认识，在此基础上作出贯标的决策。

2) 组织落实

成立贯标领导小组，由企业总经理担任领导小组组长，主管企业质量工作的副总经理任副组长，具体负责贯标的实施工作。领导小组成员由各职能管理部门、计量监督部门、各项目部经理以及部分员工代表组成。一般在质量管理体系涉及的每个部门和不同专业施工的班组应有代表参加。

3) 制订工作计划

制订贯标工作计划是建立质量管理体系的保证。工作计划一般分为 5 个阶段，每个阶段持续时间的长短视企业规模而定。5 个阶段是建立质量管理体系的准备工作，如组织准备、动员宣传、骨干培训等；质量管理体系总体设计，包括质量方针和目标的制定、确定实施过程、确定质量管理体系要素、组织结构、资源及配备方案等；质量管理体系文件编制，主要有质量手册、程序文件、质量记录以及内部与外部制度等；质量管理体系的运行和质量管理体系的认证。在质量管理体系建立后，经过试运行，要首先进行内部审核和评审，提出改进措施，验证合格后可提出认证申请，请第三方进行质量管理体系认证。

4) 组织宣传和培训

首先由企业总经理宣讲质量管理体系标准的重要意义，宣读贯标领导小组名单，以表明组织领导者的高度重视。培训工作在 3 个层次展开，一是建立质量管理体系之前，企业要选派部分骨干进行内审员资格培训；二是中层以上干部和领导小组成员学习质量管理标准文件 GB/T 19000—ISO 出不穷 9000:2000、技术规范、法规及其他非正式发布的标准；三是在全体员工中学习各种管理文件、项目质量计划、质量目标以及有关的质量标准，一般聘请专业咨询师进行讲解，使全体员工能统一、正确地加以理解。

5) 质量管理体系设计

质量管理体系设计的内容较多，应结合企业自身的特点，在现有的质量管理工作基础上，按照 GB/T 19001—ISO 9001:2000 标准中对建立质量管理体系要求，进行企业的质量管理体系设计。主要内容包括确定企业生产活动过程、制定质量方针目标、确定企业质量管理体系要素、确定组织机构与相应职责、资源配置、质量管理体系的内审和第三方审核等。

2. 形成质量管理体系文件

1) 质量管理体系文件结构

企业编制质量管理体系文件包括 3 个层次（见图 5.3）：层次 A 为质量手册，称作第一级文件，主要描述企业组织结构、质量方针和目标、质量管理体系要素和过程描述等质量管理体系的整体描述；层次 B 为质量管理体系程序，称作第二级文件，主要是描述实施质量管理体系要素所涉及的各个过程以及各职能部门文件；层次 C 为质量文件，称作第三级文件。主要是部门工作手册，作为各部门运行质量管理体系的常用实施细则，包括管理标准（各种管理制度等）、工作标准（岗位责任制和任职要求等）、技术标准（国家标准、行业标准、企业标准及作业指导书、检验规范等）和部门质量记录文件等。

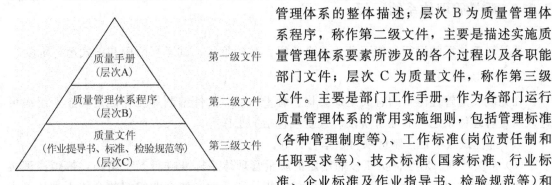

图 5.3 质量管理体系文件结构

2) 质量手册

质量手册是组织建立质量管理体系的纲领性文件，也是指导企业进行质量管理活动的核心文件。质量手册描述了组织的结构、质量方针、确定了组织的质量管理体系要素，规定了应建立程序文件的环节和过程，此外，还对质量手册的控制、修改、发放和评审等管理方式作出了规定。

3) 程序文件

质量管理体系程序是对实施质量管理体系要素所涉及的各职能部门的各项活动所采取

方法的具体描述，应具有可操作性和可检查性，程序文件通常包括活动的目的和范围以及具体实施的步骤。通常按5W1H原则来描述，即 Why(为什么做)、What(做什么)、Who(谁来做和评审)、Where(在哪里做)、When(什么时候做)、How(怎么做、依据什么和用什么方法)。

按照GB/T 19001—ISO 9001:2000 标准，企业实施质量管理体系至少应包括六个程序，即文件控制程序、质量记录控制程序、内部质量审核程序、不合格控制程序、纠正措施程序和预防措施程序。

4) 质量计划

质量计划是针对某项产品、工程项目或合同规定的专门质量措施、资源配备和活动顺序的文件，一般按照质量手册的有关内容和要求来编制。对工程项目而言，质量计划主要是针对特定的工程项目编制质量目标、规定专门的质量措施、各过程的实施步骤、职责和职权的分配、达到质量目标所采取的质量保证措施、作业指导书和程序文件等。质量计划对外可作为特定工程项目的质量保证，对内可作为针对工程项目质量管理的依据。

5) 质量记录

质量记录是指阐明所取得的结果或提供所完成活动的证据的文件。质量记录的作用是证实和追溯，表明质量管理体系要素和程序已满足质量要求，是证明质量管理体系有效性的文件。

GB/T 19001—ISO 9001:2000 标准规定了为证明产品符合要求，质量管理体系有效运行所必需的记录，主要有管理评审记录、培训记录、产品要求的评审记录、设计和开发评审记录、供方评审记录、产品标示记录、产品测量和监控记录以及校准结果记录等。

5.2.4 质量管理体系的运行

质量管理体系的运行一般可分为3个阶段：准备阶段、试运行阶段和正式运行阶段。

1. 准备阶段

在完成质量管理体系的有关组织结构、骨干培训、文件编制等工作之后，企业组织可进入质量管理体系运行的准备阶段。这阶段包括的工作有以下几方面。

(1) 选择试点项目，制订项目试运行计划。

(2) 全员培训。对全体员工按照制定的质量管理体系标准进行系统培训，特别注重实践操作的培训。内审员及咨询师应给予积极的指导和帮助，使企业组织的全体人员从思想和行动上进入质量管理体系的运行状态。

(3) 各种资料发放，文件、标示发放到位。

(4) 有一定的专项经费支持。

2. 试运行阶段

(1) 对质量管理体系中的重点要素进行监控，观察程序执行情况，并与标准对比，找出偏差。

(2) 针对找出的偏差，分析、验证产生偏差的原因。

(3) 针对原因制定纠正措施。

(4) 下达纠正措施的文件通知单，并在规定的期限内进行现场验证。

(5) 通过征求企业组织各职能部门、各层次人员对质量管理体系运行的意见，仔细分析存在的问题，确定改进措施，并同时对质量管理体系文件按照文件修改程序进行及时修改。

3. 正式运行阶段

经过试运行阶段，并修改、完善质量管理体系之后，可进入质量管理体系的正式运行阶段，这一阶段的重点活动主要有以下内容。

1) 对过程、产品（或服务）进行测量和监督

在质量管理体系的运行中，需要对产品、项目实现中的各个过程进行控制和监督，根据质量管理体系程序的规定，对监控的信息进行对比分析，确定每一个过程是否达到质量管理体系程序的标准。经过对过程质量进行评价并制定出相应的纠正措施。

2) 质量管理体系的协调

质量管理体系的运行是整个组织及全体员工共同参与的，因此存在组织协调问题，以保证质量管理体系的运行效率和有效性。组织协调包括内部协调和外部协调两个方面。内部协调主要是依靠执行各项规章制度，提高人员基本素质，培养员工的整体观念和协作精神，各部门、人员的责任边界通过合理的制度来划清等；外部协调主要依靠严格遵纪守法，树立战略眼光和争取双赢的观念，同时要严格执行有关的法律、法规及合同。

3) 内部审核和外部审核

质量管理体系审核的目的是确定质量管理体系要素是否符合规定要求，能否实现组织的质量目标以及是否符合 GB/T 19001—ISO 9001:2000 的各项标准，并根据审核结果为质量管理体系的改进和完善提供修正意见。内部审核时，参加内部审核的内审员与被审核部门应无利益、利害关系，以保证审核工作及结果的公正性；外部审核包括第二方和第三方审核两种，多数情况下都是第三方审核。一般要求第三方为独立的质量管理认证机构，审核的内容基本相同，两者的区别如表 5-2 所示。

表 5-2 组织质量管理体系内部审核与外部审核的区别

审核类型		委托方	审核方	受审方	审核的依据	审核目的
内审	第一方审核	本组织	本组织或由本组织委托、以本组织名义进行审核的机构	本组织	主要依据质量管理体系文件，适用的法律、法规、技术标准、合同以及其他与质量有关的文件	使本组织保持质量管理体系的高效率、有效性和适宜性；作为申请第三方审核的基础
外审	第二方审核	采购方或供方	采购方或其代表、其认可的第三方	供方	主要依据第二方规定或选用的质量保证体系或质量管理标准以及其他适用文件	确认受审方质量管理体系的有效性、满足采购方要求的能力
外审	第三方审核	受审方或其他组织	外部独立的审核服务机构，如认证机构、有资质的咨询机构	本组织	主要依据与委托方商定的质量管理标准，适用的法律、法规，其他适用文件	受审方质量管理体系的认证评审、监督审核

4) 质量管理体系的持续改进

组织的质量管理体系在运行中,环境是在不断变化得到,顾客的要求也在不断变化,为了适应这种变化,企业组织需要对其质量管理体系进行持续的改进,持续改进的活动包括建立一个激励改进的组织环境;通过对顾客满意程度和产品质量特性参数的验证数据来分析评价现有的质量管理体系的适宜性,并具此确定改进的目标;定期或不定期进行管理评审,不断发现质量管理体系的薄弱环节并加以完善、采取积极的纠正和预防措施,避免不合格品的重复发生和潜在不合格品的发生。

5.2.5 质量管理体系的认证与监督

质量认证是指由第三方对供方的产品和质量管理体系进行评定和给予书面证明的一种活动,分为产品质量认证和质量管理体系认证两种。产品质量认证是由国家质量监督检验检疫总局产品认证机构国家认可委员会认可的产品认证机构对供方的产品进行认证的活动,分为产品合格认证和产品安全认证;质量管理体系认证是根据相关的 GB/T19001—ISO 9001:2000 标准,由第三方(质量管理体系认证机构或具有相应资质的其他机构)对供方的质量管理体系进行评定和注册、监督审核的一种活动。前者是对企业产品的质量有效性提供的一种保证,后者是对提供产品的企业组织所具有的质量管理体系有效性提供的一种保证。

1. 质量管理体系认证的意义

(1) 提高供方企业的质量信誉。获得质量管理体系认证通过的企业,证明建立了有效的质量保障机制,因此可以获得市场的广泛认可,即可以提升企业组织的质量信誉。实际上,质量管理体系对企业的信誉和产品的质量水平都起着重要的保障作用。

(2) 促进企业完善质量管理体系。质量管理体系实行认证制度,既能帮助企业建立有效、适用的质量管理体系,又能促使企业不断改进、完善自己的质量管理制度,以获得认证的通过。

(3) 增强国际市场竞争能力。质量管理体系认证属于国际质量认证的统一标准,在经济全球化的今天,我国企业要参与国际竞争,就应采取国际标准规范自己,与国际惯例接轨。只有这样,才能增强自身的国际市场竞争力。

(4) 减少社会重复检验和检查费用。从政府角度,引导组织加强内部质量管理,通过质量管理体系认证,可以避免因重复检查与评定而给社会造成浪费。

(5) 有利于保护消费者利益。质量管理体系认证能帮助用户和消费者鉴别组织的质量保证能力,确保消费者买到优质、满意的产品,达到保护消费者利益的目的。

(6) 有利于法规的实施。

2. 质量管理体系认证程序

1) 申请和受理

企业组织在确定需要实施质量管理体系之后,可以向其自愿选择的认证机构提出申请,并按要求提交申请文件,除有关申请表格外,还包括质量手册、程序文件等。体系认证机构根据组织提交的申请文件,决定是否受理申请,并通知企业。一般来说,认证机构不能无故拒绝认证申请。

通常企业组织在正式提出认证申请之前，会聘请专业咨询机构或认证咨询师对组织建立质量管理体系进行辅导，并指导企业质量管理体系的试运行、完成管理评审、纠正措施等过程，经咨询机构或咨询师推荐，向认证机构正式递交申请。

2）认证审核

体系认证机构根据组织提交的申请，对质量管理体系文件进行书面审核，并将审定意见及时通知企业，企业按认证机构提出的意见对质量管理体系文件进行修改和完善。书面审核完成后，企业经与认证机构商定，进行现场审核。现场审核的内容包括举行初次会议，宣布评审规则及程序；听取企业负责人、管理者代表等人对建立质量管理体系的认识及工作汇报；按（全部或抽查）企业组织的部门或按活动过程对质量管理工作进行评审，需考核各部门的质量管理负责人以及质量管理涉及的原始质量记录；深入现场考核各工序过程的质量管理体系执行情况，检查企业的质量管理体系是否符合文件要求；召开评定小组会议，提出问题，书面提出不符合体系文件的地方，要求在规定的期限纠正；企业完成纠正措施后，认证机构进行复审，提交企业通过质量管理体系认证的审核报告。

3）审批与注册发证

体系认证机构根据审核报告，经审查决定是否批准认证。对批准认证的组织颁发质量管理体系认证证书，并将企业组织的有关情况注册公示，准予组织以一定方式使用质量管理体系认证标志。证书有效期一般为3年。

3. 质量管理体系的维持与监督管理

在证书有效期内，企业组织应经常开展内部审核，以维持质量管理体系的持续改进和有效性，还需接受体系认证机构的监督管理，一般每年对企业组织进行至少一次的监督审核，查证组织有关质量管理体系的保持情况。维持与监督管理的主要内容有以下几方面。

1）企业通报

认证获得通过的企业，在其质量管理体系运行过程中出现重大变化时，应向认证机构通报，认证机构接到通报后，根据具体情况采取必要的监督检查措施。

2）监督检查

监督检查是指认证机构对认证合格企业质量管理体系维持情况进行的监督性审核，包括定期监督检查和不定期监督检查两种，定期监督检查一般每年一次，不定期监督检查根据需要临时安排。

3）认证注销

注销是指企业组织的自愿行为。当企业组织发生变化，认为不再需要质量认证，在有效期满不提出重新申请，或在有效期内提出注销的，认证机构予以注销，收回体系认证证书。

4）认证暂停

认证暂停是指认证机构对获证企业质量管理体系发生不符合认证要求情况时采取的警告性措施。认证暂停期间，企业不得用质量体系证书做宣传。企业在规定期间通过纠正措施满足认证要求后，认证机构撤销认证暂停；若仍不能满足认证要求，认证机构将撤销认证注册，收回质量体系证书。

5）认证撤销

当获证企业质量体系发生严重不符合认证标准、或在认证暂停的规定期限内未予整改的以及发生其他构成撤销质量体系认证资格情况时，认证机构可作出撤销其认证证书资格的决定。企业如有异议可提出申诉。撤销认证的企业一年后可重新提出认证申请。

5.3 工程项目质量控制系统的建立和运行

5.3.1 工程项目质量控制系统概述

1. 工程项目质量控制系统定义

质量控制是指为实现预定的质量目标，根据规定的质量标准对控制对象进行观察和检测，并将观测的实际结果与计划或标准对比，对偏差采取相应调整的方法和措施。质量控制系统则是针对控制对象（产品或项目）形成的一整套质量控制方法和措施，也指形成的相应的计算机质量控制软件系统。工程项目质量控制系统是面向工程项目而建立的质量控制系统。

2. 工程项目质量控制系统与企业质量管理体系的区别

1) 范围不同

工程项目质量控制系统只用于特定的工程项目质量控制，同一企业不同的工程项目则有不同的质量控制系统；企业的质量管理体系是针对企业整体范围来建立的，适用于整个企业的质量管理。

2) 主体不同

工程项目质量控制系统涉及工程项目实施中所有的质量责任主体，质量控制系统的各个环节都有质量责任人；企业质量管理体系的主体资格是企业组织本身，是一个整体达到质量管理体系标准的主体概念，其通过质量管理体系中的程序文件、质量记录和规章制度等来约束和控制工程质量。

3) 目标不同

工程项目质量控制系统的控制目标是工程项目的质量标准，这些标准除建设方（业主）提出的要求外，都属于已颁布的各种国家、行业规范，基本上是量化指标；企业质量管理体系的目标是由企业根据自身情况提出，除引用国家、行业标准外，也可以由企业自己提出。

4) 时效不同

工程项目质量控制系统与工程项目管理组织是相互依存的，随着工程项目的进展和结束，工程项目质量控制系统的作用也随之发挥和停止，即和项目一样，属于一次性的；质量管理体系是对企业组织而言，只要企业存在，能够持续保证质量管理体系的有效性，就可以使质量管理体系一直保持下去。

5) 评价不同

工程项目质量控制系统是企业与项目部共同为控制项目的质量而建立的，一般只作自我评价与诊断，根据经验在实践中不断修正，不进行第三方认证；企业质量管理体系是国际通用标准，需由具有专业资质的机构进行认证审核。

5.3.2 工程项目质量控制系统的构成

1. 按控制内容分

按控制内容可分为以 4 种。
(1) 工程项目勘察设计控制子系统。
(2) 工程项目材料设备质量控制子系统。
(3) 工程项目施工安装质量控制子系统。
(4) 工程项目竣工验收质量控制子系统。

2. 按实施主体分

按实施主体可分为 5 种。
(1) 建设单位建设项目质量控制子系统。
(2) 工程项目总承包企业项目质量控制子系统。
(3) 勘察设计单位勘察设计质量控制子系统(设计-施工分离式)。
(4) 施工企业(含分包商)施工安装质量控制子系统。
(5) 工程监理企业工程项目质量控制子系统。

3. 按控制原理分

按控制原理可分为 4 种。
(1) 质量控制计划系统,确定建设项目的建设标准、质量方针、总目标及其分解。
(2) 质量控制网络系统,明确工程项目质量责任主体构成、合同关系和管理关系,控制的层次和层面。
(3) 质量控制措施系统,描述主要技术措施、组织措施、经济措施和管理措施的安排。
(4) 质量控制信息系统,进行质量信息的收集、整理、加工和文档资料的管理。

5.3.3 工程项目质量控制系统的建立

1. 建立工程项目质量控制系统的原则

1) 分层次规划原则

工程项目质量控制系统可分为两个层次,第一层次是建设单位和工程总承包单位,分别对整个建设项目和总承包工程项目,进行相关范围的质量控制系统;第二层次是设计单位、施工单位(含分包商和建设监理单位等),在建设单位和总承包工程项目质量管理控制系统的框架内,进行各自责任范围内的质量控制系统设计,使总框架更加丰富、具体和明确。

2) 总目标分解原则

按照建设标准和工程项目质量总体目标的要求,把总目标分为若干分目标,分解到各个责任主体,并由合同加以确定,由各责任主体制订具体的质量计划,确定控制措施和方法。

3）质量责任制原则

质量责任制原则与项目经理负责制一样，贯彻质量控制按谁实施谁负责，并使工程项目质量与责任人经济利益挂钩的原则。

4）系统有效性原则

系统有效性原则，即做到整体系统和局部系统的组织、人员、资源和措施落实到位。

2. 建立工程项目质量控制系统的程序

（1）确定控制系统各层面组织的工程质量负责人及其管理职责，形成控制系统网络架构。

（2）确定控制系统组织的领导关系、报告审批及信息流转程序。

（3）制定质量控制工作制度，包括质量控制例会制度、协调制度、验收制度和质量责任制度等。

（4）部署各质量主体编制相关质量计划，并按规定程序完成质量计划的审批，形成质量控制依据。

（5）研究并确定控制系统内部质量职能交叉衔接的界面划分和管理方式。

5.3.4 工程项目质量控制系统的运行

工程项目质量控制系统建立后，将进入运行状态，运行正常与成功的关键是系统的机制设计，成功的机制设计还需要严格的执行和实施。工程项目质量控制系统的运行与其他任何系统的运行一样，都需要在运行过程中，不断地修正和完善，任何特定的工程项目质量控制系统都随工程项目本身不同、所处环境条件不同而使控制参数、特征及控制条件可能有所不同，但系统运行的基本方式、机制是基本相同的。

1. 控制系统运行的基本方式

工程项目质量控制系统的基本运行方式是按照PDCA循环原理，一是制订详细的项目质量计划，作为系统控制的依据；二是实施质量计划时，包含两个环节：计划行动方案的交底和按计划规定的方法展开作业技术活动；三是对质量计划实施过程进行自我检查、相互检查和监督检查；四是针对检查结果进行分析原因，采取纠正措施，保证产品或服务质量的形成和控制系统的正常运行。

2. 控制系统运行机制

1）控制系统运行的动力机制

工程项目质量控制系统的活力在于其运行机制，而运行机制的核心是动力机制，动力机制则来源于利益机制，因此利益机制是关键。由于建设工程项目一般是由多个主体参加，其质量控制的动力是受其利益分配影响的，遵循这一原则来激励和形成工程项目质量控制系统的动力机制是非常重要的。

2）控制系统运行的约束机制

工程项目质量控制系统的约束机制取决于自我约束能力和外部监控效力，外部监控效力是来自于实施主体外部的推动和检查监督，自我约束能力则指质量责任主体和质量活动主体的经营理念、质量意识、职业道德及技术能力的发挥。这两方面的约束机制是质量控制系统正确运行的保障。自我约束能力要靠提高员工素质,加强质量文化建设等来形成;外部监控效力则需严格执行有关建设法规来保证。

3) 控制系统运行的反馈机制

工程项目质量控制系统的运行状态和运行结果信息,需要及时反馈来对系统的控制能力进行评价,以便使系统控制主体进一步作出处理决策,调整或修改系统控制参数,达到预定的控制目标。对此,质量管理人员应力求系统反馈信息准确、及时和不失真。

5.4 工程项目施工阶段质量控制

工程项目施工阶段是根据项目设计文件和施工图样的要求,进入工程实体的形成阶段,所制订的施工质量计划及相应的质量控制措施,都是在这一阶段形成实体的质量或实现质量控制的结果。因此,施工阶段的质量控制是项目质量控制的最后形成阶段,因而对保证工程项目的最终质量具有重大意义。

5.4.1 项目施工质量控制概述

1. 项目施工质量控制内容划分

工程项目施工阶段的质量控制从不同的角度来描述,可以有不同的划分,企业可根据自己的侧重点不同采用适合自己的划分方法,主要有以下 4 种。

(1) 按工程项目施工质量管理主体划分为建设方的质量控制、施工方的质量控制和监理方的质量控制。

(2) 按工程项目施工阶段划分为施工准备阶段质量控制、施工阶段质量控制和竣工验收阶段质量控制。

(3) 按工程项目施工分部工程划分为地基与基础工程的质量控制、主体结构工程的质量控制、屋面工程的质量控制、安装(含给水排水及采暖、电气、智能建筑、通风与空调、电梯等)工程的质量控制和装饰装修工程的质量控制。

(4) 按工程项目施工要素划分为材料因素的质量控制、人员因素的质量控制、设备因素的质量控制、方案因素的质量控制和环境因素的质量控制。

2. 项目施工质量控制的目标

项目施工阶段质量控制的目标可分为施工质量控制总目标、建设单位施工质量控制目标、设计单位施工质量控制目标、施工单位质量控制目标、监理单位施工质量控制目标。

1) 施工质量控制总目标

施工质量控制总目标就是对工程项目施工阶段的总体质量要求,也是建设项目各参与方一致的责任和目标,即要使工程项目满足有关质量法规和标准、正确配置施工生产要素、采用科学管理的方法,实现工程项目预期的使用功能和质量标准。

2) 建设单位施工质量控制目标

建设单位的施工质量控制目标是通过对施工阶段全过程的全面质量监督管理、协调和决策，保证竣工验收项目达到投资决策时所确定的质量标准。

3) 设计单位施工质量控制目标

设计单位施工阶段的质量控制目标是通过对施工质量的验收签证、设计变更控制及纠正施工中所发现的设计问题，采纳变更设计的合理化建议等，保证验收竣工项目的各项施工结果与最终设计文件所规定的标准一致。

4) 施工单位质量控制目标

施工单位的质量控制目标是通过施工全过程的全面质量自控，保证交付满足施工合同及设计文件所规定的质量标准，包括工程质量创优要求的工程项目产品。

5) 监理单位施工质量控制目标

监理单位在施工阶段的质量控制目标，是通过审核施工质量文件、报告报表及现场旁站检查、平行检测、施工指令和结算支付控制等手段，监控施工承包单位的质量活动行为，协调施工关系，正确履行工程质量的监督责任，以保证工程质量达到施工合同和设计文件所规定的质量标准。

3. 施工质量控制的依据

施工质量控制的依据主要是指适用于工程项目施工阶段与质量控制有关的、具有指导意义和必须遵守(强制性)的基本文件，包括国家法律法规、行业技术标准与规范、企业标准、设计文件及合同等。主要的建筑工程施工质量控制文件如下所示。

(1)《建筑法》

(2)《合同法》

(3)《建设工程项目管理规范》(GB/T 50326—2006)

(4)《质量管理体条 项目质量管理指南》(GB/T 19016—2005)

(5)《建筑工程施工质量验收统一标准》(GB 50300—2001)

(6)《建筑地基基础工程施工质量验收规范》(GB 50202—2002)

(7)《砌体工程施工质量验收规范》(GB 50203—2002)

(8)《混凝土结构工程施工质量验收规范》(GB 50204—2002)

(9)《钢结构工程施工质量验收规范》(GB 50205—2001)

(10)《木结构工程施工质量验收规范》(GB 50206—2002)

(11)《屋面工程质量验收规范》(GB 50207—2002)

(12)《地下防水工程质量及验收规范》(GB 50208—2002)

(13)《建筑地面工程施工质量验收规范》(GB 50209—2010)

(14)《建筑装饰装修工程施工质量验收规范》(GB 50210—2001)

(15)《建筑给水排水及采暖工程施工质量验收规范》(GB 50242—2002)

(16)《通风与空调工程施工质量验收规范》(GB 50243—2002)

(17)《建筑电气工程施工质量验收规范》(GB 50303—2002)

(18)《电梯工程施工质量验收规范》(GB 50310—2002)

4. 施工质量持续改进理念

持续改进的概念来自于 ISO 9000：2000《质量管理体系基础和术语》，是指"增强满足要求的能力的循环活动"。阐明组织为了改进其整体业绩,应不断改进产品质量,提高质量管理体系及过程的有效性和效率。对工程项目来说,由于属于一次性活动,面临的经济、环境条件是在不断地变化,技术水平也在日新月异,因此工程项目的质量要求也需要持续提高,而持续改进是永无止境的。

在工程项目施工阶段,质量控制的持续改进必须是主动、有计划和系统地进行质量改进的活动,要做到积极、主动,首先需要树立施工质量持续改进的理念,才能在行动中变成自觉行为;其次要有永恒的决心,坚持不懈;最后关注改进的结果,持续改进要保证是更有效、更完善的结果,改进的结果还能在工程项目的下一个工程质量循环活动中加以应用。概括地说,施工质量持续改进理念包括了以下 4 个过程。

(1) 渐进过程。

(2) 主动过程。

(3) 系统过程。

(4) 有效过程。

5.4.2 施工质量计划的编制

1. 施工质量计划概述

施工质量计划主要是指施工企业根据有关质量管理标准,针对特定的工程项目编制的工程质量控制方法、手段、组织以及相关实施程序。对已实施 ISO 9000:2000 质量管理体系标准的企业,质量计划是质量管理体系文件的组成内容。施工质量计划一般由项目经理(或项目负责人)主持,负责质量、技术、工艺和采购的相关人员参与制定。在总承包的情况下,分包企业的施工质量计划是总包施工质量计划的组成部分,总包企业有责任对分包施工 质量计划的编制进行指导和审核,并要承担施工质量的连带责任。施工质量计划编制完毕,应经企业技术领导审核批准,并按施工承包合同的约定提交工程监理或建设单位批准确认后执行。

根据建筑工程生产施工的特点,目前我国建设工程项目施工的质量计划常用施工组织设计或施工项目管理规划的文件形式进行编制。

2. 编制施工质量计划的目的和作用

施工质量计划编制的目的是加强施工过程中的质量管理和程序管理。规范员工行为,使其严格操作、规范施工,达到提高工程质量、实现项目目标。

施工质量计划的作用是为质量控制提供依据,使工程的特殊质量要求能通过有效的措施加以满足;在合同环境下,质量计划是企业向顾客表明质量管理方针、目标及其具体实现的方法、手段和措施,体现企业对质量责任的承诺和实施的具体步骤。

3. 施工质量计划的内容

1) 工程特点及施工条件分析

熟悉建设项目所属的行业特点和特殊质量要求,详细领会工程合同文件提出的全部质量条款,了解相关的法律法规对本工程项目质量的具体影响和要求,还要详细分析施工现场的作业条件,以便能制订出合理、可行的施工质量计划。

2) 工程质量目标

工程质量目标包括工程质量总目标及分解目标。制定的目标要具体，具有可操作性，对于定性指标，需同时确定衡量的标准和方法。如要确定工程项目预期达到的质量等级（如合格、优良或省、市、部优质工程等），则要求在施工项目交付使用时，质量要达到合同范围内的全部工程的所有使用功能符合设计（或更改）图样要求，检验批、分项、分部和单位工程质量达到施工质量验收统一标准，合格率100%等。

3) 组织与人员

在施工组织设计中，确定质量管理组织机构、人员及资源配置计划，明确各组织、部门人员在工程施工不同阶段的质量管理职责和职权，即确定质量责任人和相应的质量控制权限。

4) 施工方案

根据质量控制总目标的要求，制定具体的施工技术方案和施工程序，包括实施步骤、施工方法、作业文件和技术措施等。

5) 采购质量控制

采购质量控制包括材料、设备的质量管理及控制措施，涉及对供应方质量控制的要求。可以制定具体的采购质量标准或指标、参数和控制方法等。

6) 监督检测

要制订工程检测的项目计划与方法，包括检测、检验、验证和试验程序文件等以及相关的质量要求和标准。

4. 施工质量计划的实施与验证

1) 实施要求

施工质量计划的实施范围主要是在项目施工阶段全过程，重点对工序、分项工程、分部工程到单位工程全过程的质量控制，各级质量管理人员按质量计划确定的质量责任分工、对各环节进行严格的控制，并按施工质量计划要求保存好质量记录、质量审核、质量处理单、相关表格等原始记录。

2) 验证要求

项目质量责任人应定期组织具有相应资格或经验的质量检查人员、内部质量审核员等对施工质量计划的实施效果进行验证，对项目质量控制中存在的问题或隐患，特别是质量计划本身、管理制度、监督机制等环节的问题，要及时提出解决措施，加以纠正。质量问题严重时要追究责任，给予处罚。

5.4.3 生产要素的质量控制

工程项目施工阶段质量控制的影响因素可以归结于5大生产要素，即劳动主体、劳动对象、劳动方法、劳动手段和施工环境。

1. 劳动主体

劳动主体主要是指作业者、管理者，对质量控制产生影响的是人员素质及其组织效果。劳动主体的质量包括参与工程各类人员的生产技能、文化素养、生理体能和心理行为等方面的个体素质及经过合理组织充分发挥其潜在能力的群体素质。因此，企业应通过择优录用、加强思想教育及技能方面的教育培训；合理组织、严格考核，并辅以必要的激励机制，使企业员工的潜在能力得到最好地组合和充分地发挥，从而保证劳动主体在质量控制系统中发挥主体自控作用。

施工企业的质量控制必须坚持对所选派的项目领导者、组织者进行质量意识教育和组织管理能力训练，坚持对分包商的资质考核和施工人员的资质考核，坚持工种按规定持证上岗制度等。

2. 劳动对象

劳动对象的因素是指原材料、半成品、工程用品、设备等的质量。而原材料、半成品、设备是构成工作实体的基础，其质量是工程项目实体质量的组成部分。故加强原材料、半成品及设备的质量控制，不仅是提高工程质量的必要条件，也是实现工程项目投资目标和进度目标的前提。

对原材料、半成品及设备进行质量控制的主要内容为控制材料设备性能、标准与文件的相符性；控制材料设备各项技术性能指标、检验测试指标与标准要求的相符性；控制材料设备进场验收程序及质量文件资料的齐全程度等。施工企业应在施工过程中贯彻执行企业质量程序文件中明确材料设备在封样、采购、进场检验、抽样检测及质保资料提交等一系列明确规定的控制标准。

3. 劳动方法

劳动方法是指采取的施工工艺及技术措施的水平。施工工艺是否先进合理是直接影响工程质量、工程进度及工程造价的关键元素，施工工艺是否合理可靠还直接影响到工程施工安全。因此在工程项目质量控制系统中，制定和采用先进合理的施工工艺是工程质量控制的重要环节。对施工方案的质量控制主要包括以下内容。

（1）全面正确地分析工程特征、技术关键及环境条件等资料，明确质量目标、验收标准、控制的重点和难点。

（2）制定合理有效的施工技术方案和组织方案，前者包括施工工艺、施工方法，后者包括施工区段划分、施工流向及劳动组织等。

（3）合理选用施工机械设备和施工临时设备，合理布置施工总平面图和各阶段施工平面图。

（4）选用和设计保证质量和安全的模具、脚手架等施工设备。

（5）编制工程所采用的新技术、新工艺、新材料的专项技术方案和质量管理方案。

为确保工程质量，尚应针对工程具体情况，编写气象地质等环境不利因素对施工的影响及其应对措施。

4. 劳动手段

劳动手段是指施工中采用的工具、模具、施工机械和设备等条件。对施工所用的机械设备，包括起重设备、各项加工机械、专项技术设备、检查测量仪表设备及人货两用电梯等，应根据工程需要从设备选型、主要性能参数及使用操作要求等方面加以控制。

对施工方案中选用的模板、脚手架等施工设备，除按适用的标准定型选用外，一般需按设计及施工要求进行专项设计，对其设计方案及制作质量的控制及验收应作为重点进行控制。

按现行施工管理制度要求，工程所用的施工机械、模板、脚手架，特别是危险性较大的现场安装的起重机械设备，不仅要对其设计安装方案进行审批，而且安装完毕交付使用前必须经专业管理部门验收，合格后方可使用。同时，在使用过程中尚需落实相应的管理制度，以确保其安全正常使用。

5. 施工环境

施工环境因素主要包括现场地质水文状况，气象变化及其他不可抗力因素等自然环境，施工现场的通风、照明、安全卫生防护设施等劳动作业环境以及协调配合的管理环境等内容。环境因素对工程施工的影响一般难以避免。要消除其对施工质量的不利影响，主要是采用预测预防的控制方法。

（1）对地质水文等方面的影响因素的控制，应根据设计要求，分析基地地质资料，预测不利因素，并会同设计等方面采取相应的措施，如降水排水加固等技术的控制方案。

（2）对天气气象方面的不利条件，应在施工方案中制定专项施工方案，明确施工措施，落实人员、器材等方面各项准备以紧急应付，从而控制其对施工质量的不利影响。

（3）对环境因素造成的施工中断，往往也会对施工质量造成不利影响，必须通过加强管理、调整计划等措施，加以控制。

5.4.4 施工全过程的质量控制

建设工程施工项目是由一系列相互关联、相互制约的作业过程（工序）构成，控制工程项目施工过程的质量，除施工准备阶段、竣工阶段的质量控制外，重点是必须控制全部作业过程，即各道工序的施工质量。

1. 施工准备阶段的质量控制

施工准备阶段的质量控制是指在正式施工前进行的质量控制活动，其重点是做好施工准备工作的同时，做好施工质量预控和对策方案。施工质量预控是指在施工阶段，预先分析施工中可能发生的质量问题和隐患及其产生的原因，采取相应的对策措施进行预先控制，以防止在施工中发生质量问题。这一阶段的控制措施包括以下几方面。

1）文件资料的质量控制

施工项目所在地的自然条件和技术经济条件调查资料应保证客观、真实、详尽、周密，以保证能为施工质量控制提供可靠的依据；施工组织设计文件的质量控制，应要求提出的施工顺序、施工方法和技术措施等能保证质量，同时应进行技术经济分析，尽量做到技术可行、经济合理和质量符合要求；通过设计交底，图样会审等环节，发现、纠正和减少设计差错，从施工图样上消除质量隐患，保证工程质量。

2）采购和分包的质量控制

材料设备采购的质量控制包括严格按有关产品提供的程序要求操作；对供方人员资格、供方质量管理体系的要求；建立合格材料、成品和设备供应商的档案库，定期进行考核，从中选择质量、信誉最好的供应商；采购品必须具有厂家批号、出厂合格证和材质化验单，验收入库后还要根据规定进行抽样检验，对进口材料设备和重大工程、关键施工部位所用材料应全部进行检验。

要在资质合格的基础上择优选择分包商；分包商合同需从生产、技术、质量、安全、物质和文明施工等方面最大限度地对分包商提出要求，条款必须清楚、内容详尽；还应对分包队伍进行技术培训和质量教育，帮助分包商提高质量管理水平；从主观和客观两方面把分包商纳入总包的系统质量管理与质量控制体系中，接受总包的组织和协调。

3) 现场准备的质量控制

建立现场项目组织机构，集结施工队伍并进行入场教育；对现场控制网、水准点、标桩的测量；拟定有关试验、试制和技术进步的项目计划；制定施工现场管理制度等。

2. 施工过程的质量控制

工程项目的施工过程是由若干道工序组成的，因此，施工过程的控制，重点就是施工工序的控制，主要包括 4 方面的内容，即施工工序控制的要求、施工工序控制的程序、施工工序质量控制点的设置和施工工序控制的检验。

1) 施工工序控制的要求

工序质量是施工质量的基础，也是施工顺利进行的关键。为满足对工序质量控制的要求，在工序管理方面应做到以下几点。

(1) 贯彻预防为主的基本要求，设置工序质量检查点，对材料质量状况、工具设备状况、施工程序、关键操作、安全条件、新材料新工艺的应用、常见质量问题通病、甚至包括操作者的行为等影响因素列为控制点作为重点检查项目进行预控。

(2) 落实工序操作质量巡查、抽查及重要部位跟踪检查等方法，及时掌握施工质量总体状况。

(3) 对工序产品、分项工程的检查应按标准要求进行目测、实测及抽样试验的程序，做好原始记录，经数据分析后，及时做出合格或不合格的判断。

(4) 对合格工序产品应及时提交监理进行隐蔽工程验收。

(5) 完善管理过程的各项检查记录、检测资料及验收资料，作为工程验收的依据，并为工程质量分析提供可追溯的依据。

2) 施工工序控制的程序

(1) 进行作业技术交底，包括作业技术要领、质量标准、施工依据、与前后工序的关系等。

(2) 检查施工工序、程序的合理性、科学性，防止工程流程错误，导致工序质量失控。检查内容包括施工总体流程和具体施工作业的先后顺序，在正常的情况下，要坚持先准备后施工、先深后浅、先土建后安装、先验收后交工等。

(3) 检查工序施工条件，即每道工序投入的材料，使用的工具、设备及操作工艺及环境条件是否符合施工组织设计的要求。

(4) 检查工序施工中人员操作程序、操作质量是否符合质量规程要求。

(5) 检查工序施工中间产品的质量，即工序质量和分项工程质量。

(6) 对工序质量符合要求的中间产品(分项工程)及时进行工序验收或隐蔽工程验收。

(7) 质量合格的工序验收后可进入下道工序施工。未经验收合格的工序，不得进入下道工序施工。

3) 施工工序质量控制点的设置

在施工过程中，为了对施工质量进行有效控制，需要找出对工序的关键或重要质量特性起支配作用的全部活动，对这些支配性要素，要加以重点控制。工序质量控制点就是根据支配性要素进行重点控制的要求而选择的质量控制重点部位、重点工序和重点因素。一般来讲，质量控制点是随不同的工程项目类型和特点而不完全相同的，基本原则是选择施工过程中的关键工序，隐蔽工程，薄弱环节，对后续工序有重大影响、施工条件困难、技术难度大的环节。表5-3所示列出了建设工程质量控制点设置的一般位置。

表5-3 质量控制点设置的一般位置

分项工程	质量控制点
工程测量定位	标准轴线桩、水平桩、龙门桩、定位轴线、标高
地基、基础（含设备基础）	基坑(槽)尺寸、标高、土质、地基耐压力、基础垫层标高、基础位置、尺寸、标高，预留洞孔、预埋件的位置、规格、数量，基础高、杯底弹线
砌体	砌体轴线，皮数杆，砂浆配合比、预留洞孔、预埋件位置、数量、砌块排列
模板	位置、尺寸、标高，预埋件位置、预留洞孔尺寸、位置，模板强度及稳定性，模板内部清理及润湿情况
钢筋混凝土	水泥品种、标号、砂石质量、混凝土配合比、外加剂比例、混凝土振捣，钢筋品种、规格、尺寸、搭接长度，钢筋焊接，预留洞、孔及预埋件规格、数量、尺寸、位置，预制构件吊装或出场(脱模)强度，吊装位置、标高、支承长度、焊缝长度
吊装	吊装设备起重能力、吊具、索具、地锚
钢结构	翻样图、放大样
焊接	焊接条件、焊接工艺
装修	视具体情况而定

4）施工工序控制的检验

施工过程中对施工工序的质量控制效果如何，应在施工单位自检的基础上，在现场对工序施工质量进行检验，以判断工序活动的质量效果是否符合质量标准的要求。

（1）抽样。对工序抽取规定数量的样品，或者确定规定数量符合的检测点。

（2）实测。采用必要的检测设备和手段，对抽取的样品或确定的检测点进行检测，测定其质量性能指标或质量性能状况。

（3）分析。对检验所得繁荣数据，用统计方法进行分析、整理，发现其遵循的变化规律。

（4）判断。根据对数据分析的结果，经与质量标准或规定对比，判断该工序施工的质量是否达到规定的质量标准要求。

（5）处理。根据对抽样检测的结论，如果符合规定的质量标准的要求，则可对该工序的质量予以确认，如果通过判断，发现该工序的质量不符合规定的质量标准的要求，则应进一步分析产生偏差的原因，并采取相应的措施进行纠正。

3．施工竣工阶段的质量控制

竣工阶段的质量控制包括最终质量检验和试验、技术资料的整理、施工质量缺陷的处理、工程竣工验收文件的编制和移交准备、产品防护和撤场计划等。这个阶段主要的质量控制有以下要求。

1）最终质量检验和试验

施工项目最终检验和试验是指对单位工程质量进行的验证，是对建筑工程产品质量的最后把关，是全面考核产品质量是否满足质量控制计划预期要求的重要手段。最终检验和试验提供的结果是证明产品符合性的证据，如各种质量合格证书、材料试验检验单、隐蔽工程记录、施工记录和验收记录等。

2）缺陷纠正与处理

施工阶段出现的所有质量缺陷，应及时予以纠正，并在纠正后要再次验证，以证明其纠正的有效性。处理方案包括修补处理、返工处理、限制使用和不做处理。

3）资料移交

组织有关专业人员按合同要求，编制工程竣工文件，整理竣工资料及档案，并做好工程移交准备。

4）产品防护

在最终检验和试验合格后，对产品采取防护措施，防止部件丢失和损坏。

5）撤场计划

工程验收通过后，项目部应编制符合文明施工和环境保护要求的撤场计划。及时拆除、运走多余物资，按照项目规划要求恢复或平整场地，做到符合质量要求的项目整体移交。

5.4.5 施工成品的质量维护

在施工阶段，由于工序和工程进度的不同，有些分项、分部工程可能已经完成，而其他工程尚在施工，或者有些部位已经完工，其他部位还在施工，因此这一阶段需特别重视对施工成品的质量维护问题。

1. 树立施工成品质量维护的观念

施工阶段的成品保护问题，应该看做也是施工质量控制的范围，因此需要全员树立施工成品的质量维护观念，对国家、人民负责，尊重他人和自己的劳动成果，施工操作中珍惜已完成和部分完成的成品，把这种维护变成施工过程中的一种自觉行为。

2. 施工成品质量维护的措施

根据需要维护的施工成品的特点和要求，首先在施工顺序上给予充分合理的安排，按正确的施工流程组织施工，在此基础上，可采取以下维护措施。

1）防护

防护是指针对具体的施工成品，采取各种保护的措施以防止成品可能发生的损伤和质量侵害。例如，对进出口台阶可采取垫砖或方木搭设防护踏板作为临时通行，对于门口易碰的部位钉上防护条或者槽型盖铁保护等。

2）包裹

包裹是指对欲保护的施工成品采取临时外包装进行保护的办法。例如，对镶面的饰材可用立板包裹或保留好原包装，铝合金门窗采用塑料布包裹等。

3）覆盖

覆盖是指采用其他材料覆盖在需要保护的成品表面，起到防堵塞、防损伤的目的。例如，地漏、落水口排水管等安装后加以覆盖，以防止异物落入造成堵塞；水泥地面、现浇或预制水磨石地面，应铺干锯末保护等。

4）封闭

封闭是指对施工成品采取局部临时性隔离保护的办法。例如，房间水泥地面或木地板油漆完成后，应将该房间暂时封闭；屋面防水完成后，需封闭进入该屋面的楼梯口或出入口等。

5.5 工程项目施工质量验收

5.5.1 施工质量验收概述

1. 施工质量验收的概念

工程项目质量的评定验收，是对工程项目整体和工程项目质量的等级而言，分为"合格"和"优良"，凡不合格的项目不予验收；凡验收通过的项目，必有等级的评定。因此，对工程项目整体的质量验收，可称为工程项目质量的评定验收或简称工程质量验收。

工程质量验收可分为过程验收和竣工验收。过程验收按项目阶段分为勘察设计质量验收、施工质量验收，按项目构成分为单位工程、分部工程、分项工程和检验批四种层次的验收。其中检验批是指施工过程中条件相同并含有一定数量材料、构配件或安装项目的施工内容。由于其质量基本均匀一致，所以可作为检验的基础单位，并按批验收。

与检验批有关的另一个概念是主控项目和一般检验项目。主控项目是指对检验批的基本质量起决定性影响的检验项目，一般检验项目是除主控项目以外的其他检验项目。

施工质量验收是指对已完工的工程实体的外观质量及内在质量按规定程序检查后，确认其是否符合设计及各项验收标准要求的质量控制过程，也是确认是否可交付使用的一个重要环节。正确地进行工程施工质量的检查评定和验收，是保证工程项目质量的重要手段。

2. 施工验收项目的划分

为了便于施工质量的检验和验收，保证施工质量符合设计、合同和技术标准的规定，同时也更有利于衡量承包单位的施工质量水平，全面评价工程项目的综合施工质量，通常在验收时，将施工项目验收按项目构成划分为四种验收单位或层次。

建筑工程项目的分部、子分部、分项工程的划分如表5-4所示，室外工程的划分如表5-5所示。

表 5-4 建筑工程项目的分部、子分部、分项工程划分

序号	分部工程	子分部工程	分 项 工 程
1	地基与基础	无支护土方	土方开挖,土方回填
		有支护土方	排桩、降水、排水、地下连续墙、锚杆、土钉墙、水泥土桩、沉井与沉箱,钢及混凝土支撑
		地基处理	灰土地基、砂和砂石地基、碎砖三合土地基,土工合成材料地基,粉煤灰地基,重锤夯实地基,强夯地基,振冲地基,砂桩地基,预压地基,高压喷射注浆地基,土和灰土挤密桩地基,注浆地基,水泥粉煤灰碎石桩地基,夯实水泥土桩地基
		桩基	锚杆静压桩及静力压桩,预应力离心管桩,钢筋混凝土预制桩,钢桩,混凝土灌注桩(成孔、钢筋笼、清孔、水下混凝土灌注)
		地下防水	防水混凝土,水泥砂浆防水层,卷材防水层,涂料防水层,金属防水层,塑料板防水层,细部构造,喷锚支护,复合式衬砌,地下连续墙,盾构法隧道;渗排水、盲沟排水、隧道、坑道排水;预注浆、后注浆,衬砌裂缝注浆
		混凝土基础	模板、钢筋、混凝土,后浇带混凝土,混凝土结构缝处理
		砌体基础	砖砌体,混凝土砌块砌体,配筋砌体,石砌体
		劲钢(管)混凝土	劲钢(管)焊接、劲钢(管)与钢筋的连接,混凝土
		钢结构	焊接钢结构、栓结钢结构,钢结构制作,钢结构安装,钢结构涂装
2	主体结构	混凝土结构	模板、钢筋、混凝土、预应力、现浇结构,装配式结构
		劲钢(管)混凝土结构	劲钢(管)焊接、螺栓连接、劲钢(管)与钢筋的连接、劲钢(管)制作、安装,混凝土
		砌体结构	砖砌体,混凝土小型空心砌块砌体,石砌体,填充墙砌体,配筋砖砌体
		钢结构	钢结构焊接,紧固件连接,钢零部件加工,单层钢结构安装,多层及高层钢结构安装,钢结构涂装,钢构件组装,钢构件预拼装,钢网架结构安装,压型金属板
		木结构	方木和原木结构、胶合木结构、轻型木结构,木构件防护
		网架和索膜结构	网架制作、网架安装、索膜安装、网架防火、防腐涂料
		地面	整体面层:基层、水泥混凝土面层、水泥砂浆面层、水磨石面层、防油渗面层、水泥钢(铁)屑面层、不发火(防爆的)面层,板块面层基层、砖面层(陶瓷锦砖、缸砖、陶瓷地砖和水泥花砖面层)、大理石面层和花岗岩面层,预制板块面层(预制水泥混凝土、水磨石板块面层)、料石面层(条石、块石面层)、塑料板面层、活动地板面层、地毯面层,木竹面层基层、实木地板面层(条材、块材面层)、实木复合地板面层(条材、块材面层)、中密度(强化)复合地板面层(条材面层)、竹地板面层

（续）

序号	分部工程	子分部工程	分项工程
3	建筑装饰装修	抹灰	一般抹灰，装饰抹灰，清水砌体勾缝
		门窗	木门窗制作与安装，金属门窗安装，塑料门窗安装，特种门安装，门窗玻璃安装
		吊顶	暗龙骨吊顶、明龙骨吊顶
		轻质隔墙	板材隔墙、骨架隔墙、活动隔墙、玻璃隔墙
		饰面板（砖）	饰面板安装、饰面砖粘贴
		幕墙	玻璃幕墙、金属幕墙、石材幕墙
		涂饰	水性涂料涂饰、溶剂型涂料涂饰、美术涂饰
		裱糊与软包	裱糊、软包
		细部	橱柜制作与安装，窗帘盒、窗台板和暖气罩制作与安装，门窗套制作与安装护栏和扶手制作与安装，花饰制作与安装
4	建筑屋面	卷材防水屋面	保温层、找平层、卷材防水层、细部构造
		涂膜防水屋面	保温层、找平层、涂膜防水层、细部构造
		刚性防水屋面	细石混凝土防水层、密封材料嵌缝、细部构造
		瓦屋面	平瓦屋面、油毡瓦屋面、金属板屋面、细部构造
		隔热屋面	架空屋面、蓄水屋面、种植屋面
5	建筑给水排水及采暖	室内给水系统	给水管道及配件安装，室内消火栓系统安装、给水设备安装、管道防腐、绝热
		室内排水系统	排水管道及配件安装、雨水管道及配件安装
		室内热水供应系统	管道及配件安装、辅助设备安装、防腐、绝热
		卫生器具安装	卫生器具安装、卫生器具给水配件安装、卫生器具排水管道安装
		室内采暖系统	管道及配件安装、辅助设备及散热器安装、金属辐射板安装、低温热水地板辐射采暖系统安装、系统水压试验及调试、防腐、绝热
		室外给水管网	给水管道安装、消防水泵接合器及室外消火栓安装、管沟及井室
		室外排水管网	排水管道安装、排水管沟与井池
		室外供热管网	管道及配件安装、系统水压试验及调试、防腐、绝热
		建筑中水系统及游泳池系统	建筑中水系统管道及辅助设备安装、游泳池水系统安装
		供热锅炉及辅助设备安装	锅炉安装、辅助设备及管道安装、安全附件安装、烘炉、煮炉和试运行、换热站安装、防腐、绝热
6	建筑电器	室外电气	架空线路及杆上电气设备安装，变压器、箱式变电所安装，成套配电柜、控制柜（屏、台）和动力、照明配电箱（盘）及控制柜安装，电线、电缆导管和线槽敷设，电线、电缆穿管和线槽敷设，电缆头制作、导线连接和线路电气试验，建筑物外部装饰灯具、航空障碍标志灯和庭院路灯安装，建筑照明通电试运行，接地装置安装

（续）

序号	分部工程	子分部工程	分项工程
6	建筑电器	变配电室	变压器、箱式变电所安装，成套配电柜、控制柜（屏、台）和动力、照明配电箱（盘）安装，裸母线、封闭母线、插接式母线安装，电缆沟内和电缆竖井内电缆敷设，电缆头制作、导线连接和线路电气试验，接地装置安装，避雷引下线和变配电室接地干线敷设
		供电干线	裸母线、封闭母线、插接式母线安装，桥架安装和桥架内电缆敷设，电缆沟内和电缆竖井内电缆敷设，电线、电缆导管和线槽敷设，电线、电缆穿管和线槽敷设，电缆头制作，导线连接和线路电气试验
		电气动力	成套配电柜、控制柜（屏、台）和动力、照明配电箱（盘）及安装，低压电动机、电加热器及电动执行机构检查、接线，低压电气动力设备检测、试验和空载试运行，桥架安装很桥架内电缆敷设，电线、电缆导管和线槽敷设，电线、电缆穿管和线槽敷设，电缆头制作、导线连接和线路电气试验，插座、开关、风扇安装
		电气照明安装	成套配电柜，控制柜（屏、台）很动力、照明配电箱（盘）安装，电线、电缆导管和线槽敷设，电线、电缆导管和线槽敷线，槽板配线，钢索配线，电缆头制作、导线连接和线路电气试验，普通灯具安装，专用灯具安装，插座、开关、风扇安装，建筑照明通电试运行
		备用和不间断电源安装	成套配电柜、控制柜（屏、台）和动力、照明配电箱（盘）安装，柴油发电机组安装，不间断电源的其他功能单元安装，裸母线、封闭母线、插接式母线安装，电线、电缆导管和线槽敷设，电线、电缆导管和线槽放线，电缆头制作，导线连接和线路电气试验，接地装置安装
		防雷及接地安装	接地装置安装，避雷引下线和变配电室接地干线敷设，建筑物等电位连接，接闪器安装
7	智能建筑	通信网络系统	通信系统、卫星及有线电视系统、公共广播系统
		办公自动化系统	计算机网络系统、信息平台及办公自动化应用软件、网络安全系统
		建筑设备监控系统	空调与通风系统、变配电系统、照明系统、给排水系统、热源与热交换系统、冷冻与冷却系统、电梯与自动扶梯系统、中央管理工作站与操作分站、子系统通信接口
		火灾报警及消防联动系统	火灾和可燃气体探测系统、火灾报警控制系统、消防联动系统

(续)

序号	分部工程	子分部工程	分项工程
7	智能建筑	安全防范系统	电视监控系统、入侵报警系统、巡更系统、出入口控制系统(门禁)系统和停车管理系统
		综合布线系统	缆线敷设和终结、机柜、机架、配电架的安装、信息插座和光缆芯线终端的安装
		智能化集成系统	集成网络系统、实时数据库、信息安全和功能接口
		电源与接地	智能建筑电源、防雷与接地
		环境	空间环境、室内空调环境、视觉照明环境和电磁环境
		住宅(小区)智能化系统	火灾自动报警及消防联动系统、安全防范系统(含电视监控系统、入侵报警系统、巡更系统、门禁系统、楼宇对讲系统、住户对讲呼救系统、停车管理系统)、物业管理系统(多表现场计量及与远程传输系统、建筑设备监控系统、公共广播系统、小区网络及信息服务系统和物业办公自动化系统)和智能家庭信息平台
8	通风与空调	送排风系统	风管与配件制作,部件制作,风管系统安装,空气处理设备安装,消声设备制作与安装,风管与设备防腐,风机安装,系统调试
		防排烟系统	风管与配件制作,部件制作,风管系统安装,防排烟风口、常闭正压风口与设备安装,风管与设备防腐,风机安装,系统调试
		除尘系统	风管与配件制作,部件制作,风管系统安装,除尘器与排污设备安装,风管与设备防腐,风机安装,系统调试
		空调风系统	风管与配件制作,部件制作,风管系统安装,空气处理设备安装,消声设备制作与安装,风管与设备防腐,风机安装,风管与设备绝热,系统调试
		净化空调系统	风管与配件制作,部件制作,风管系统安装,空气处理设备安装,消声设备制作与安装,风管与设备防腐,风机安装,风管与设备绝热,高效过滤器安装,系统调试
		制冷设备系统	制冷机组安装,制冷剂管道及配件安装,制冷附属设备安装,管道及设备的防腐与绝热,系统调试
		空调水系统	管道冷热(媒)水系统安装,冷却水系统安装,冷凝水系统安装,阀门及部件安装,冷却塔安装,水泵及附属设备安装,管道与设备的防腐与绝热,系统调试
9	电梯	电力驱动的曳引式或强制式电梯安装工程	设备进场验收,土建交接检验,驱动主机,导轨,门系统,轿厢,对重(平衡重),安全部件,悬挂装置,随行电缆,补偿装置,电气装置,整机安装验收
		液压电梯安装工程	设备进场验收,土建交接检验,液压系统,导轨,门系统,轿厢,平衡重,安全部件,悬挂装置,随行电缆,电气装置,整机安装验收
		自动扶梯、自动人行道安装工程	设备进场验收,土建交接检验,整机安装验收

表 5-5 建筑工程室外工程划分

单位工程	子单位工程	分部(子分部)工程
室外建筑环境	附属建筑	车棚、围墙、大门、挡土墙和垃圾收集站
	室外环境	建筑小品、道路、亭台、连廊、花坛和场坪绿化
室外安装	给排水与采暖	室外给水系统、室外排水系统和室外供热系统
	电气	室外供电系统、室外照明系统

3. 工程质量验收依据

(1) 国家和相关部门颁发的工程质量评定标准。
(2) 国家和相关部门颁发的工程项目质量验收规范。
(3) 相关部门颁发的施工规范、规程和施工操作规程等。
(4) 工程项目承包合同中有关质量的规定和要求。
(5) 经批准的勘察设计文件、施工图样、设计变更文件与图样。
(6) 施工组织设计、施工技术措施和施工说明书等施工文件。
(7) 设备产品说明书、安装说明书和合格证等设备文件。
(8) 材料、成品、半成品、购配件的说明书和合格证等质量证明文件。
(9) 工程项目质量控制各阶段的验收记录。

4. 施工质量验收的要求

工程项目施工质量的验收应满足以下要求。
(1) 工程质量验收均应在施工单位自行检查评定的基础上进行。
(2) 参加工程施工质量验收的各方人员,应该具有规定的资格。
(3) 建设项目的施工,应符合工程勘察和设计文件的要求。
(4) 隐蔽工程应在隐蔽前由施工单位通知有关单位进行验收,并形成验收文件。
(5) 单位工程施工质量应该符合相关验收规范的标准。
(6) 涉及结构安全的材料及施工内容,应有按照规定对材料及施工内容进行见证取样检测资料。
(7) 对涉及结构安全和使用功能的重要部分工程,专业工程应进行功能性抽样检测。
(8) 工程外观质量应由验收人员通过现场检查后共同确认。

5.5.2 施工质量验收的程序

施工质量验收属于过程验收。其程序包括以下几方面。
(1) 施工过程中隐蔽工程在隐蔽前通知建设单位(或工程监理)进行验收,并形成验收文件。
(2) 分部分项施工完成后应在施工单位自行验收合格后,通知建设单位(或工程监理)验收,重要的分部分项应请设计单位参加验收。
(3) 单位工程完工后,施工单位应自行组织检查、评定,符合验收标准后,向建设单位提交验收申请。
(4) 建设单位收到验收申请后,应组织施工、勘察、设计、监理单位等方面人员进行单位工程验收,明确验收结果,并形成验收报告。

(5)按国家现行管理制度,房屋建筑工程及市政基础设施工程验收合格后,尚需在规定时间内,将验收文件报政府管理部门备案。

5.5.3 施工质量的评定验收

1. 施工质量评定验收的内容

1)分部分项工程内容的抽样检查

分项工程所含的检验批的质量均应符合质量合格的规定,分部(子分部)工程所含分项工程的质量均应验收,单位(子单位)工程所含分部工程的质量均应验收合格。

2)施工质量保证资料的检查

施工质量保证资料包括施工全过程的技术质量管理资料,其中又以原材料、施工检测、测量复核及功能性试验资料为重点检查内容。

3)主要功能项目的抽查

使用功能的抽查是对建筑工程和设备安装工程最终质量的综合检验,也是用户最为关心的内容。因此,在分项分部工程验收合格的基础上,竣工验收时应再做一定数量的抽样检查,抽查结果应符合相关专业质量验收规范的规定。

4)工程外观质量的检查

竣工验收时,须由参加验收的各方人员共同进行外观质量检查,可采用观察、触摸或简单测量的方式对外观质量综合给出综合评价,最后共同确定是否通过验收。

2. 施工质量验收的结果处理

对施工质量验收不符合验收标准的要求时,应按规定进行处理。

(1)经返工或更换设备的工程,应该重新检查验收。

在检验批验收时,其主控项目不能达到验收规范要求或一般检验项目超过偏差限制的子项不符合检验规定的要求时,对其中的严重缺陷应返工处理;对一般缺陷则通过翻修或更换器皿、设备进行处理。通过返工处理的检验批,应重新进行验收。

(2)经有资质的检测单位检测鉴定,能达到设计要求的工程,应予以验收。

在检验批发现试块强度等指标不能满足验收标准要求,但经具有资质的法定检测单位检测,能够达到设计要求的,应认为检验批合格,准予验收。例如检验批经检测达不到设计要求,但经原设计单位核算,能够满足结构安全和使用功能时,可予以验收。

(3)经返修或加固处理的工程,虽局部尺寸等不符合设计要求,但仍然能满足使用要求,可按技术处理方案和协商文件进行验收。

严重缺陷或超过检验批的更大范围内的缺陷,可能影响结构的安全性和使用功能。若经有资质的检测单位检测鉴定,确认达不到验收标准的要求,即不能满足最低限度的安全储备和使用功能要求,则必须按一定的技术方案进行加固处理,使之达到能满足安全使用的基本要求。但可能造成一些永久性的缺陷,只要不影响安全和使用功能,可以按处理技术方案和协商文件进行验收,而责任方要承担经济责任。

（4）经返修和加固后仍不能满足使用要求的工程严禁验收。

经返修和加固处理的分项、分部工程，虽然改变外形尺寸，但仍不能满足安全使用标准和功能使用要求，则严禁验收。

5.6 工程项目质量问题和质量事故处理

5.6.1 工程项目质量问题与质量事故概述

1. 工程项目质量问题与质量事故定义

在工程项目中，凡存在工程质量不符合建筑、安装质量检验评定标准，相关施工与验收规范或设计图样要求以及合同规定的质量要求，程度轻微的称作工程质量问题；造成一定经济损失或永久性缺陷的，称作工程质量事故。

工程质量事故按危害性分为重大质量事故、一般质量事故。

2. 工程项目质量问题的特点

1）复杂性

工程项目质量问题的复杂性主要在于其质量问题的成因可能是单因素、多因素或综合因素起作用，而这些因素可能导致一个相同的质量问题结果，从而使得工程项目质量问题的分析和判断复杂化。

2）隐蔽性

工程项目质量问题的发生，很多情况下是从隐蔽部位开始的，特别是建筑工程地基基础方面出现的质量问题，在问题出现的初期，可能从建筑物外观无法判断和发现，造成此类质量问题具有一定的隐蔽性。

3）渐变性

工程项目的质量在项目环境的影响下，将是一个渐变的过程，其中由于微小的质量问题，在质量渐变的过程中，也可能导致工程项目质量由稳定的量变出现不稳定的突变，导致工程项目发生质量事故。

4）严重性

工程项目质量事故的后果一般较为严重，较轻的影响工程项目进度、增加工程费用；严重的使项目成果不能交付使用或者结构破坏，造成巨大经济损失和人员伤亡。

5）多发性

工程项目中的有些质量问题在施工中很容易发生，难以控制，所以这类质量问题经常性地发生。例如，卫生间漏水、预制件出现裂缝、现浇混凝土质量不均或强度不足等问题，在大多数工程项目中都有出现，甚至同一项目中还多次出现。

3. 工程项目质量事故产生原因

引起工程项目质量事故的原因很多，重要的是能分析出其中起主要影响的因素，以使采取的技术处理措施能有效地纠正问题。这些原因综合起来有如下几个方面。

1) 违背建设程序

项目不经可行性论证，不作调查分析就决策；没有工程地质、水文地质资料就仓促开工；无证设计，无图施工，任意修改设计，不按图样施工；工程竣工不进行试车运行、不经验收就交付使用等现象，致使不少工程项目留有严重隐患。

2) 工程地质勘察原因

未认真进行地质勘察，提供地质资料、数据有误；地质勘察时，钻孔间距太大，不能全面反映地基的实际情况；地质勘察钻孔深度不够，没有查清地下软土层、滑坡、墓穴、孔洞等地层结构；地质勘察报告不详细、不准确等，均会导致采用错误的基础方案，造成地基不均匀沉降、失稳，使上部结构及墙体开裂、破坏、倒塌等。

3) 未加固处理好地基

对软弱土、冲填土、杂填土、湿陷性黄土、膨胀土、岩层出露、熔岩或土洞等不均匀地基未进行加固处理或处理不当，均是导致重大质量问题的原因。必须根据不同地基的工程特性，按照地基处理应与上部结构相结合，使其共同工作的原则，从地基处理、设计措施、结构措施、防水措施和施工措施等方面综合考虑处理。

4) 设计计算问题

设计考虑不周，结构构造不合理，计算简图不正确，计算载荷取值过小，内力分析有误，沉降缝及伸缩缝设置不当，悬挑结构未进行抗颠覆验算等，都是诱发质量问题的隐患。

5) 建筑材料及制品不合格

建筑材料及制品不合格。例如，钢筋物理力学性能不符合标准，水泥受潮、过期、结块、安定性不良、砂石级配不合理、有害物含量过多，混凝土配合比不准，外加剂性能、掺量不符合要求时，均会影响混凝土强度、和易性、密实性、抗掺性，导致混凝土结构强度不足、裂缝、渗漏、蜂窝、露筋等质量问题；预制构件断面尺寸不准，支承锚固长度不足，未可靠建立预应力值，钢筋漏放、错位，板面开裂等，必然会出现断裂、垮塌。

6) 施工和管理问题

许多工程质量问题，往往是由施工和管理造成，具体如下。

(1) 不熟悉图样，盲目施工；图样未经会审，仓促施工；未经监理、设计部门同意，擅自修改设计。不按图施工。把铰接做成刚接，把简支梁做成连续梁，抗裂结构用光圆钢筋代替变形钢筋等，致使结构裂缝破坏；挡土墙不按图设滤水层，留排水口，致使土压力增大，造成挡土墙倾覆。

(2) 不按有关施工验收规范施工。例如，现浇混凝土结构不按规定的位置和方法任意留设施工缝；不按规定的强度拆除摸板；砌体不按组砌形式砌筑，留直槎不加拉结条，在小于1m宽的窗间墙上留设脚手眼等。

(3) 不按有关操作规程施工。例如，用插入式振捣器捣实混凝土时，不按插点均布、快插慢拔、上下抽动、层层扣搭的操作方法，致使混凝土振捣不实，整体性差；又如，砖砌体包心砌筑，上下通缝，灰浆不均匀饱满，游丁走缝，不横平竖直等都是导致砖墙、砖柱破坏、倒塌的主要原因。

(4) 缺乏基本结构知识。例如，将钢筋混凝土预制梁倒放安装；将悬臂梁的受拉钢筋放在受压区；结构构件吊点选择不合理，不了解结构使用受力和吊装受力的状态；施工中在楼面超载堆放构件和材料等，均会给质量和安全造成严重的后果。

(5) 施工管理紊乱，施工方案考虑不周，施工顺序错误。技术组织措施不当，技术交底不清，违章作业。不重视质量检查和验收工作等，都是导致质量问题的祸根。

7) 自然条件影响

施工项目周期长、露天作业多，受自然条件影响大，温度、湿度、日照、雷电、洪水、大风和暴雨等都能造成重大的质量事故，施工中应特别重视，采取有效措施予以预防。

8) 建筑结构使用问题

建筑物使用不当，也会造成质量问题。例如，不经校核、验算，就在原有建筑物上任意加层；使用荷载超过原设计的容许荷载；任意开槽、打洞、削弱承重结构的截面等。

5.6.2 工程项目质量问题处理

1. 工程项目质量问题的分析

工程项目的质量问题多数以质量通病的形式存在。所谓质量通病是指工程项目中具有普遍性的常见质量问题。对这类问题的特点应该认真加以分析，有针对性地进行防治，主要有以下几点。

1) 主观重视程度不高

由于这类质量问题一般并不严重，甚至可能不出现直接经济损失，因此施工中很多操作人员主观上并不高度重视，造成这类质量问题经常产生。根据这一特点，应在技术人员和操作人员中强调质量观念，培养一丝不苟、严格操作的工作作风。

2) 非施工质量原因引起

施工质量的好坏直接影响工程项目质量问题的发生，但有很多质量通病的产生并不仅限于施工质量不好。例如，设计欠合理、构配件本身质量低劣、技术不成熟、工期紧以及操作人员技术水平低等因素都可能质量问题的发生。因此，对工程项目质量问题的控制应遵循三全控制原理，即全面、全过程、即全员对工程项目的质量问题进行监控和管理。

3) 多因素影响

有些工程项目的质量问题，可能既有设计欠周全和材质差的原因，又有施工不当和使用不当的原因。这类由多因素形成的质量问题，在治理上难度要大于其他质量问题。

2. 工程项目质量问题的综合治理

1) 制定针对质量问题的专门规划

对特定的工程施工队伍，要对本企业出现的质量通病进行分析，明确哪些质量通病是普遍、危害性大的，根据发生的原因选择最适合的措施进行治理。根据难易程度，制定专门的综合治理规划，先治理难度小的，后治理难度大的。治理规划要具体，目标要明确，责任要落实，措施要恰当。

2) 精心设计，改善因设计问题出现的工程质量通病

设计单位在易于发生质量通病的部位，应注意结构的合理性，同时加强构造设计，不留任何容易引起质量问题的设计环节。

3) 提高施工人员素质，改善工艺、规范施工

为减少因施工作业造成的质量问题，一方面应努力提高直接作业人员的技术水平和质

量意识；另一方面要积极改进工艺施工方法，严格规范施工。在容易出现质量通病的部位，最好设置质量控制点，使整个施工过程的每一个环节都处于严格的质量控制状态。

4) 严格控制原材料、设备、购配件的质量

由于建筑材料生产品种繁多，生产企业质量控制不严、管理不规范，施工企业采购的原材料、购配件等要严格查验产品说明书、合格证及技术说明书等，严格抽样，检测合格后才能使用，新产品应具有技术鉴定证书、试验资料及用户报告等。

5) 建立质量奖罚机制

工程项目的质量问题由于存在主观方面的因素，因此在执行国家、行业有关法规标准规定的处罚外，建立与项目质量目标挂钩的奖罚机制，对充分调动全体施工人员的主观能动性，从思想上树立质量控制意识的自我约束机制、从组织上健全质量优奖劣罚的管理机制、从制度上建立质量效果与经济收入挂钩的联动机制，全方位地防止质量问题的出现和形成具有积极作用。

5.6.3 工程项目质量事故处理

1. 事故调查与分析

对工程质量事故的处理，首先要进行细致的现场调查，观察记录全部实况，充分了解与掌握引发质量事故的现象和特征；其次要及时收集保存与事故有关的全部设计和施工资料，分析摸清工程施工环境的异常变化；最后要找出可能产生质量事故的所有因素，并进行分析、比较和综合判断，确定最可能造成质量事故的原因，必要时，进行科学的计算分析或模拟实验予以论证确认。

进行质量事故原因分析时，采取的基本原理是确定质量事故的初始点（即原点），它是反映质量事故的直接原因，在分析中具有关键作用；围绕原点对现场各种现象和特征进行分析，区别导致同类质量事故的不同原因，逐步揭示质量事故萌生、发展和最终形成的过程；综合考虑原因复杂性，确定诱发质量事故的起源，即确定真正原因。

质量事故的调查与分析结果最终形成调查报告。

2. 处理方案的确定

1) 处理依据

质量事故处理的依据包括施工承包合同、设计委托合同、材料设备订购合同；设计文件，质量事故发生部位的施工图；有关的技术文件，如检验单、试验报告、施工记录、施工组织设计、施工日志等；有关的法规、标准和规定等；质量事故调查分析报告。

2) 方案类型

质量事故处理的方案应根据事故的性质、原因、程度而采取不同的方案，主要有封闭保护、结构补强和返工重建等。

3) 方案选择

根据质量事故的具体情况，可先提出几种可行的处理方案对比初选；必要时辅以实验验证；并要结合当地的资源情况，选择具有较高处理效果又便于施工的处理方案；若涉及的技术领域比较广泛、问题复杂，可请专家论证，按经济、工期、效果等指标综合评判决策。

3. 方案实施与鉴定验收

1) 实施要求

严格按处理方案的质量要求进行施工，处理现场要有相关质量监督人员（政府监督部门、监理工程师或建设方），处理完后要按有关规定取样检测并验收。检测结果作为质量事故处理报告的附件材料。

2) 验收结论

所有质量事故，包括不进行技术处理的都需要提出明确的书面结论，书面验收结论一般包括事故已排除，可以继续施工；隐患已消除，结构安全有保证；经修补处理后，完全能满足使用要求；基本上满足使用要求，但需限制荷载等；其他对耐久性、建筑外观影响的结论等。

3) 责任分析

对责任的分析应慎重。对短期内难以作出结论的，可提出进一步观测检验意见；对某些问题认识不一致，意见暂时不同意的，应继续调查，以便掌握更充分的资料和数据来支持其结论。

4. 处理报告

工程项目质量事故报告的内容一般包括以下几方面。

(1) 事故的基本情况。

(2) 事故的性质和类型。

(3) 事故原因的初步分析。

(4) 事故的评价。

(5) 事故责任人员情况。

(6) 事故处理意见。

案例分析

施工作业过程质量控制案例分析

湖南 ZH 高速公路 K 桥梁工程的施工由甲公司中标，其中的桩基工程分包给乙公司。施工前甲公司复核了该工程的测量控制点，发现桩中心线偏移量超过规范允许的误差。原因是桩位施工图尺寸与总平面图尺寸不一致造成的。为此，甲公司向建设方聘请的监理机构现场监理工程师报送了处理方案，并经其总监理工程师审核批准，认为可行，予以批准。

乙公司根据监理工程师批准的处理方案进行了补桩和整改，但在部分桩基施工完毕后，发现浇注混凝土时留置的试块试验结果未达到设计要求的强度，同时发现按合同规定由建设单位采购的一批钢筋，供方虽提供了质量合格证，但在使用前的抽样检验中材质不合格。

问题

(1) 总监理工程师批准上述处理方案，在工作程序上是否妥当？

(2) 简述监理工程师在施工过程中处理质量问题的工作程序要点。

(3) 监理工程师和施工单位在桩位偏移问题上有何责任？

(4) 对试块强度未达到设计要求和钢筋材质不合格应分别如何处理？

(5) 简述施工工序质量控制的步骤。

分析

(1) 总监理工程师批准处理方案在工作程序上不妥，因为没有得到建设单位和设计单位的认可。

(2) 监理工程师处理质量问题的工作程序。

①发出质量问题通知单，责令承包单位报送质量问题调查报告。

②审查质量问题处理方案。

③跟踪检查承包单位对已批准处理方案的实施情况。

④验收处理结果。

⑤向建设单位提交有关质量问题的处理报告。

⑥完整的处理记录整理归档。

(3) 施工单位和监理工程师在桩位偏移这一质量问题是没有责任，责任在设计单位。

(4) 应责令停止相关部位的继续施工，请具有相应检测资质的法定单位进行混凝土结构无损检测。如能达到设计要求，可继续施工；否则要求返修或加固处理。对钢筋材质不合格问题，应责令承包单位立即停止使用该批钢筋。如果该批钢筋可降级使用，应与建设、设计和施工方共同确定处理方案；如不能用于工程则做退回处理。

(5) 对工序质量的控制步骤如下。

①实测。采用有效检测手段，及时对样品进行检验，测定其质量特性指标。

②分析。对所检测数据进行整理、分析、找出统计规律。

③判断。判断该工序质量是否达到了法定标准。

④纠正或认可。如果符合要求则予以确认，如果未达到，应采取措施纠正。

本 章 小 结

本章讨论了工程质量控制原理及方法，主要包括 PDCA 循环原理、三阶段原理、三全控制原理。

建立质量管理体系引用 ISO 9000：2000 族标准，其中 ISO 9001：2008 版为核心标准；坚持质量管理八项原则；建立适用、能持续改进的质量管理体系。

工程质量验收分为过程验收和竣工验收。过程验收按项目阶段分为勘察设计质量验收、施工质量验收；按项目构成分为单位工程、分部工程、分项工程和检验批四种层次的验收。

对工程质量事故的处理，首先要进行细致的现场调查，观察记录全部实况，充分了解与掌握引发质量事故的现象和特征；其次要及时收集保存与事故有关的全部设计和施工资料，分析摸清工程施工环境的异常变化；最后要找出可能产生质量事故的所有因素，并进行分析、比较和综合判断评价指标。

思考题与习题

一、思考题

1. PDCA 循环作为工程项目质量管理的原理是什么？
2. 何谓工程项目质量控制的三阶段原理？其与施工阶段有何关系？
3. GB/T 19016—ISO 10006：1997 标准对促进我国工程项目的质量管理与控制有何意义？
4. 简述企业质量管理体系文件结构包括的三个层次和文件名称。
5. 内部审核和外部审核有什么区别？
6. 工程项目质量控制系统与企业质量管理体系的区别？
7. 工程项目质量控制系统按控制原理如何划分？
8. 施工企业施工质量计划有什么特点？
9. 施工过程的质量控制关键是什么？为什么？
10. 质量控制点的确定原则是什么？
11. 工程质量验收与施工质量验收有何区别？
12. 施工质量验收不符合验收标准的，应如何进行处理？
13. 重大质量事故和一般质量事故的分界点？
14. 工程项目质量问题与工程项目质量事故的处理区别？
15. 工程项目质量问题产生的最主要原因是什么？
16. 建设工程项目质量事故处理报告包括哪些内容？

二、单项选择题

1. 工程项目质量控制系统的运行机制不包括(　　)。
   A. 控制系统运行的动力机制　　　　B. 控制系统运行的约束机制
   C. 控制系统运行的检查机制　　　　D. 控制系统运行的反馈机制
2. 施工验收质量控制不包括(　　)。
   A. 隐蔽工程验收　　B. 单项工程验收　　C. 检验批验收　　D. 分项工程验收
3. 开展内部质量审核活动的主要目的不包括(　　)。
   A. 增加顾客满意的机会　　　　　　B. 向外部审核提供体系有效的证据
   C. 揭露问题，为质量改进提供依据　　D. 评价质量管理程序的执行及有效性
4. 影响施工质量的五大要素之一是(　　)。
   A. 管理水平　　　B. 业务素质　　　C. 材料供应　　　D. 劳动主体
5. 施工质量控制点的管理应该是(　　)。
   A. 持续的　　　　B. 经常的　　　　C. 动态的　　　　D. 静态的
6. 在为工程施工项目准备原材料时，抽样检测的活动属于(　　)。
   A. 事前控制　　　B. 事中控制　　　C. 合格控制　　　D. 事后控制

7. 质量管理体系文件包括质量方针和( )、质量手册、形成文件的程序、文件和记录。
   A. 管理目标　　　　B. 管理战略　　　　C. 质量目标　　　　D. 战略目标
8. 在合同环境下,质量计划是企业向( )表明质量管理方针、目标及其具体实现的方法、手段和措施。
   A. 顾客　　　　　　B. 员工　　　　　　C. 审核方　　　　　D. 合同方
9. 单位工程完工后,施工单位应自行组织检查、评定,符合验收标准后,向( )提交验收申请。
   A. 政府监督部门　　B. 建设单位　　　　C. 监理师　　　　　D. 主管部门
10. 工程项目质量问题的特点不包括( )。
    A. 复杂性　　　　　B. 隐蔽性　　　　　C. 严重性　　　　　D. 普遍性

三、多项选择题

1. 对工程项目质量控制系统与质量管理体系之间的关系阐述正确的( )。
   A. 时效不同　　　　B. 评价方式不同　　C. 目的不同　　　　D. 范围不同
   E. 目标相同
2. 施工质量控制的总体目标包括( )。
   A. 贯彻执行建设工程质量法规和强制性标准
   B. 保证竣工项目达到投资决策所确定的质量标准
   C. 正确配置施工生产要素和提高质量水平和效率
   D. 保证工程质量达到施工合同和设计所规定的质量标准
   E. 实现工程预期的使用功能和质量标准
3. 影响工程质量的因素中,对人控制的目的在于( )。
   A. 避免人的失误
   B. 全面提高人的素质,以适应工程需要
   C. 便于对影星工程质量的因素进行综合控制
   D. 调动人的主观能动性,以便用人的工作质量去保证工程质量
   E. 预防为主,防止质量事故
4. 项目施工质量控制内容按工程项目施工要素,可划分为( )的质量控制。
   A. 材料因素　　　　B. 监理人员因素　　C. 设备安装　　　　D. 环境因素
   E. 施工方案
5. 施工成品质量维护的措施包括( )。
   A. 防护　　　　　　B. 修补　　　　　　C. 包裹　　　　　　D. 覆盖
   E. 隔离

第6章 工程项目费用管理

教学提示

本章主要讲述费用管理的基本理论和方法。通过本章的学习,应达到以下目标:
(1) 掌握工程项目费用的组成;
(2) 掌握业主方投资计划与控制;
(3) 理解作为施工方的成本计划与控制。

学习要点

知识要点	能力要求	相关知识
投资计划与控制	(1) 准确理解投资控制的关键阶段 (2) 掌握设计阶段投资控制的途径和方法 (3) 掌握施工阶段投资控制的内容和方法	(1) 限额设计 (2) 工程价款的结算方法 (3) 投资偏差分析方法
成本计划与控制	(1) 掌握成本计划和控制的程序 (2) 熟悉成本计划和成本控制的内容 (3) 理解成本控制的方法	(1) 价值工程 (2) 赢得值原理(挣值法) (3) 因素替换法

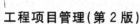 **基本概念**

投资控制、限额设计、投资偏差分析、价值工程、赢得值原理(挣值法)、因素替换法。

  引例

在项目的实施过程中存在着许多影响费用的不利影响,使投资存在一定程度的风险,所以在进行费用管理时,必须综合考虑各方面的因素。

如某施工单位承包一建筑工程,甲乙双方签订的有关工程价款的合同内容如下:

1) 建筑安装工程造价1200万元,主要材料费占施工产值的比重为60%;
2) 预付备料款为建筑安装工程造价的25%;
3) 规定在每次拨付进度款时,扣除5%的保证金。
4) 假定工程施工的工期为6月,其进度和预计产值如下表

时间	1月	2月	3月	4月	5月	6月
产值/万元	100	200	300	300	180	120

问题:

(1) 试计算该工程的预付备料款和起扣点各为多少?

(2) 试问3月份的进度款为多少?

(3) 假定4月计划产值为300万,而实际完成产值360万;实际支出成本为345万,试计算4月份的成本偏差和进度偏差。

费用管理是工程项目管理三大目标之一。所谓工程项目费用管理,就是在完成一个工程项目过程中,对所发生的所有费用支出,有组织、系统地进行预测、计划、控制、核算、分析等一系列科学管理工作的总称。其目的是在保证工期和质量满足要求的情况下,充分利用组织、经济、技术、合同措施及各种方法手段将费用控制在计划范围内,以尽可能少的费用实现预定目标。

从不同的立场出发,有着不同的名称,不同的含义。由于参与工程项目的各方主体不同,其对费用管理的出发点就有所不同,因而费用的具体名称和内容也不同。对于业主来说,是对整个工程项目负责,以尽可能少的投资保质保量地按期完成工程项目,称为投资计划与控制;而承包商则是针对合同任务对象根据合同价来进行管理,以最低成本获取最大利润,称为成本计划与控制。

项目费用管理的内容包括对工程项目费用进行预测、决策、计划、控制、核算、分析和检查等一系列工作。工程项目费用管理是项目管理的一个重要方面。项目费用管理水平的提高将带动整个项目管理水平乃至整个企业管理水平的提高。因此,工程项目费用管理在工程项目管理中的重要地位是不可替代的。

6.1 工程项目费用组成

工程项目建设总投资包括两部分：建设投资（固定资产投资）和流动资产投资。建设投资，按其性质不同划分为建筑安装工程费，设备及工器具购置费，工程建设其他费用，预备费，建设期贷款利息和建设投资方向调节税等。流动资产投资是指生产性建设工程为保证生产和经营正常进行，按规定应列入建设工程总投资的铺底流动资金，一般按流动资金的30%计算。我国现行建设工程总投资构成，如图6.1所示。

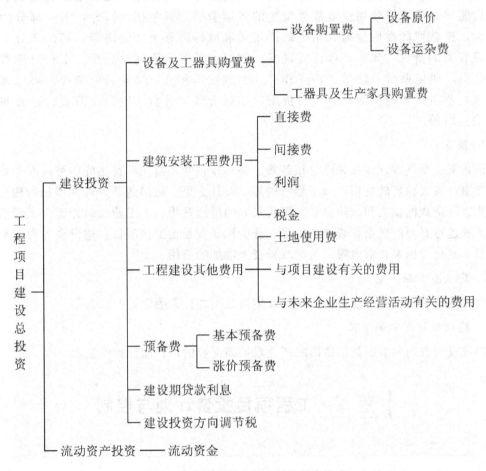

图6.1 我国现行建设工程总投资构成

1. 建筑安装工程费

建筑安装工程费是指用于建筑工程和安装工程的费用。建筑工程分为一般土建工程、采暖通风工程、电气照明工程、给排水工程、工业管道工程和特殊构筑物工程。安装工程分为电气设备安装工程、化学工业设备安装工程、机械设备安装工程和热力设备安装工程等。建筑安装工程费包括直接费、间接费、利润和税金4部分，一般占项目总投资的50%～60%。

2. 设备及工器具购置费

设备及工器具购置费是指为工程项目购置或自制达到固定资产标准的设备和新、扩建工程项目配置的首批工器具及生产家具所需的费用。它由设备购置费和工器具及生产家具购置费组成，设备购置费包括设备原价和设备运杂费。在生产性工程建设中，设备、工器具费用占投资费用比例的多少，意味着资本有机构成和生产技术进步的程度。

3. 工程建设其他费用

工程建设其他费用是指从工程筹集到工程竣工验收交付使用为止的整个建设期间，除建筑安装工程费和设备及工器具购置费以外，为保证工程建设顺利完成和交付使用后能够正常发挥效用或效能而发生的各项费用。其包括3部分：第一部分为土地使用费，按获取的性质分为农用土地征用费和取得国有土地使用费；第二部分是与项目建设有关的费用，如建设单位管理费、勘察设计费、研究试验费、工程监理费、工程保险费、供电贴费、施工机构迁移费、引进技术和进口设备其他费等；第三部分是与未来企业生产和经营活动有关的费用，如联合试运转费、生产准备费、办公和生活家具购置费等。

4. 预备费

预备费包括基本预备费和涨价预备费。基本预备费是指在项目实施中可能发生难以预料的支出，需要预留的费用，如工程量增加、设计变更、局部地基处理等增加的费用、一般自然灾害造成的损失和预防自然灾害所采取的措施费用、竣工验收时为鉴定工程质量对隐蔽工程进行必要的挖掘和修复费用等。涨价预备费是指工程项目在建设期内由于物价上涨、费率变化等因素影响而需在基本预备费上增加的费用。

5. 建设期贷款利息

建设期贷款利息是指项目借款在建设期内发生并计入固定资产的利息。

6. 建设投资方向调节税

建设投资方向调节税是根据国家产业政策而征收的，目前已暂停征收。

6.2 工程项目投资计划与控制

6.2.1 工程项目投资计划

在项目的策划和实施过程中，投资计划分为若干个阶段，它们从项目建议书（目标设计）开始直到竣工验收形成专业性非常强的计价过程。从总体上看，投资计划通常是经过确定项目总投资目标，费用目标逐层分解、项目单元费用估算，再由下而上逐层汇总，并进行对比分析的过程。工程多次计价如图6.2所示。

1. 投资估算

在整个投资决策阶段，根据现有数据资料和一定方法对项目所需的投资额进行估算称作投资估算。投资估算可由业主委托设计单位或咨询单位编制，也可由业主单位有关人员编制。投资估算的精确度在详细可行性研究阶段为±10%。当可行性研究报告批准后，投资估算作为批准下达的投资限额对初步设计概算及整个工程造价起着控制作用，同时也是编制投资计划、进行资金筹措及申请建设贷款的主要依据。

2. 设计概算

业主委托设计单位(或造价事务所)在设计阶段根据设计文件规定的总体布置及各单项工程的主要建筑结构、设备清单和其他工程的费用综合而成设计概算，其根据颁布的概算定额合理计算而得。设计总概算一经批准，就确定了建设投资计划、签订贷款合同金额，控制了建设拨款，形成施工图预算的上限。修正总概算是在初步设计完成后需要进行技术设计时编制的设计总概算的修正部分。

3. 施工图预算

设计单位在施工图设计阶段对各单位工程的分部分项工程量作出更精确的描述，相应编制更详细地实施计划，进而在WBS工作包中根据预算定额及取费标准对费用作出更精确的计算，形成施工图预算。一旦施工图预算得到确认，则工程项目的投资计划就相对固定下来，成为编制标底和签订建筑安装工程承包合同的依据。

4. 合同价

业主一般通过招投标方式选择承包商，承包商根据招标文件和施工的实际情况编制投标报价，业主的标底和承包商的投标报价会有所差异，但一旦双方认可某一价款后，就形成了约束双方的合同价，在承包合同中予以规定。因此，合同价成为业主和承包商的共同目标成本，是双方结算的基础和索赔的依据。

5. 结算价

在合同实施阶段业主根据承包合同规定的结算方式对承包商进行费用结算并予以支付，成为结算工程的实际价格。

6. 竣工决算

竣工决算不仅反映了项目竣工后的实际价格，同时也是核定新增固定资产价值、考核分析投资效果、办理交付使用验收的依据。它是竣工验收报告的重要组成部分。

由图6.2可知，整个投资计划的过程是随着工程的发展阶段而形成的，投资计划由概略到详细，再到确定。其金额应是一个递减的过程，即投资估算额是设计概算额的上限，设计概算额又是施工图预算额的上限，施工图预算额又控制着合同价款等。只有形成这样的递减过程才说明投资计划得当，控制有效。

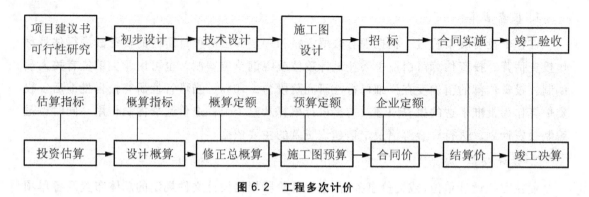

图 6.2 工程多次计价

6.2.2 工程项目投资控制

工程项目投资控制是指在投资决策阶段、设计阶段、建设项目发包阶段和施工阶段，把建设项目投资和发生控制在批准的投资限额以内，以保证项目投资控制目标的实现，进而取得较好的经济效益和社会效益。

投资控制贯穿建设的全过程，但不同建设阶段对投资的影响程度是不同的，如图 6.3 所示是国外描述不同建设阶段主要环节影响投资程度图，与我国的情况是大致吻合的。

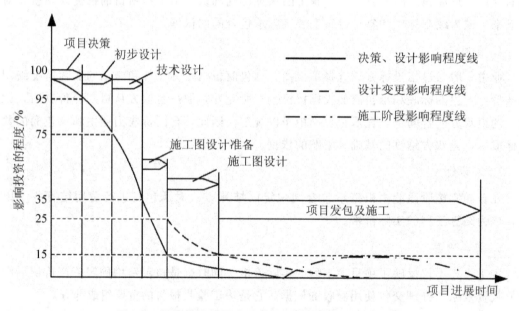

图 6.3 国外描述不同建设阶段主要环节影响投资程度

由图 6.3 可知，项目决策阶段对投资影响程度可达 95%~100%，即项目决策如发生重大错误，项目投资可能毫无效益。其他影响程度为初步设计 75%~95%，技术设计 35%~75%，施工图设计 10%~35%，项目发包阶段及施工阶段在 10% 以内。因此，对项目投资的控制重点在项目建设前期。

综上所述，项目投资控制的重点在于施工以前的投资决策和设计阶段，而在项目作出投资决策后，控制的关键应放在设计阶段。本章将投资控制的内容重点放在设计阶段和施工阶段。

1. 设计阶段的投资控制

设计阶段的投资控制是项目实施阶段投资控制的重点，设计优劣对投资的影响程度远高于施工阶段。业主方在设计阶段的投资控制主要是通过监理工程师来控制。

1) 设计准备阶段监理工程师对投资进行控制的内容

（1）在可行性研究的基础上，进行项目总投资目标的分析论证。在项目可行性研究阶段，对已给出项目的总投资估算额进行分级论证。进入设计准备阶段，监理工程师应根据已批准的设计任务书进一步对项目的总投资额进行分析论证，弄清总投资估算的构成及其合理性。

（2）编制项目总投资切块分解的初步规划。在进一步对项目的总投资额进行分析论证的基础上，应编制项目总投资切块，按总投资构成进行分解，给出各项投资构成的初步规划控制额度目标。

（3）评价总投资目标实现的风险，制定投资风险控制的初步方案。对各项投资构成的初步规划控制目标进行风险分析，评价总投资目标实现的风险，制定投资风险控制的初步方案。

（4）编制设计阶段资金使用计划并控制其执行。

2) 设计阶段投资控制的内容

（1）根据选定的项目方案审核项目总投资估算。在项目初步设计完成项目设计方案后，应审核选定项目方案的总投资估算，对设计方案提出投资评价建议。例如，方案的总投资估算超出设计任务书总投资控制额，应要求设计进行调整。

（2）对设计方案提出投资评价建议。设计方案从大局上确定了项目的总体平面布置、立面布置、剖面布置、结构选型、设备及工艺方案等，其合理性、适用性及经济性需要认真审查。从投资控制角度，应审查方案的经济合理性，对设计方案提出投资评价建议。例如，设计方案中有大跨度的屋面结构，可以选择复合桁架结构、网架结构、预应力混凝土屋面梁结构等形式，但其造价不同，由于施工难度不同而带来的建筑安装费也不同，因此必须进行综合评价，选出既适用又经济的方案。所以投资评价建议必须建立在方案优化的基础上进行。

（3）审核项目设计概算，对设计概算作出评价报告和建议。初步设计完成后，设计单位应编制设计概算，业主通过监理工程师对设计概算进行审核，并作出设计概算评价报告和建议。这项工作应在设计概算上报主管部门审批之前完成，因为设计概算上报主管部门批准之后，如需调整设计概算，须重新上报主管部门审批。同时在设计深化过程中要严格控制项目投资在设计概算所确定的投资计划值之内。

（4）对设计有关内容进行市场调查分析和技术经济比较论证。从设计、施工、材料和设备等多方面作必要的市场调查分析和技术经济比较论证，并提出咨询报告，如发现设计可能突破投资目标，则可提出解决办法的建议，供业主和设计人员参考。

（5）考虑优化设计，进一步挖掘节约投资的潜力，如采用价值工程方法，在充分满足项目功能的条件下考虑进一步挖掘节约投资的潜力。

（6）严格审核施工图预算。施工图完成后，设计应编制施工图预算，监理应严格审核施工图预算，并控制其不超出经批准的设计概算。

(7) 编制设计资金限额指标。根据设计概算，要求设计单位编制设计阶段各单项工程、单位工程、分部工程及各专业设计进行合理的投资分配，制定设计资金限额指标，以体现控制投资的主动性。必要时可对设计资金限额指标提出调整建议。

(8) 控制设计变更。进入施工阶段，施工图投入使用后，出于多方面原因难免会出现要求设计变更情况，问题还会返回到设计单位，所以要注意控制设计变更，认真审核变更设计的合理性、适用性和经济性。

(9) 认真监督勘察设计合同的履行。

3) 设计阶段控制投资的方法

设计阶段控制投资的方法很多，以下主要介绍几种常用方法。

(1) 推行设计招标或方案竞赛。推行设计招标或方案竞赛的目的是想通过竞争的方式优选设计方案，确保项目设计满足业主所需功能的使用价值，同时，又把投资控制在合理的额度内。

大型建设项目设计方案，习惯上多采用设计方案竞赛的方式。设计方案竞赛的第一名往往是设计任务的承担者。但业主有时可能并不完全中意于某一方案，而希望综合有关方案特色，此时可把前几名中奖的方案优点综合起来，作为确定设计方案的基础，再以一定的方式委托设计，商签设计合同。此时对于被部分采用的方案设计者应给予一定的补偿。

在设计方案的优选及审查中要注意运用价值工程原理，正确处理功能与费用成本的关系。例如，某大城市电视塔设计，塔高 415.2m，若仅作发射塔用，每年维修更新费上百万元。后来利用价值工程原理，以增加少量投资扩大使用功能，以塔养塔，以塔创收。在 274m 处增加综合利用机房，为气象、环保、消防和通信服务。在 253m、257m 处增加了瞭望、旋转餐厅可供观景游览，工程投资虽由此增加 1000 多万元，但建成后年综合收入近千万元，为今后的维修更新提供了充分的保障，增加了经济收益。

(2) 认真履行勘测设计合同。业主与勘测设计单位为完成一定的勘测设计任务商签的合同，若不能认真履行，必然带来工期、质量及经济上的损失，因此，监理单位应监督双方认真履行合同。委托方或承托方违反合同规定时，应承担违约的责任。

① 因勘察设计质量低劣引起返工或未按期提交勘察设计文件拖延工期造成损失，由勘察设计单位继续完善勘察、设计任务，勘察设计单位应视造成的损失浪费大小减收或免收勘察设计费。

② 由于变更计划，提供的资料不准确，未按期提供勘察、设计必需的资料或工作条件而造成勘察、设计的返工、停工、窝工或修改设计，业主方应按承包方实际消耗的工作量增付费用。因业主方责任而造成重大返工或重作设计，应另行增费。委托方超过合同规定的日期付费时，应偿付逾期的违约金。偿付办法与金额，由双方按照国家的有关规定协商，在合同中明确规定。业主方不履行合同的，无权要求返还定金；承包方不履行合同的，应当双倍偿还定金（勘察定金为勘测费的 30%，设计定金为设计费的 20%）。

(3) 推行限额设计。采用限额设计是控制项目投资的有力措施，监理应在设计中充分运用这一措施控制投资。

① 要求按照批准的设计任务书的投资估算额控制设计概算，以批准的设计概算控制各专业技术设计及施工图设计。

② 要求各专业设计按照分配的限额指标进行设计，即"算着画"。

③ 要求设计单位完善各专业限额设计考核制度。设计开始前,按照设计过程的估算、概算、预算的不同阶段,将工程投资按专业进行分配,并分段考核。下段指标不得突破上段指标。问题发生在哪一阶段,就消灭在哪一阶段。哪一个专业突破控制投资限额指标时,应首先分析突破的原因,用修改设计的方法解决。

④ 对设计单位未经建设项目审批单位同意擅自提高建设标准、设备标准、增设初设范围以外工程项目等造成投资增加;或者由于设计深度不够或设计标准选用不当,导致设计或下一步设计仍有较大变动导致投资增加,可扣减一定的设计费。

限额设计是控制设计投资超支的重要手段,但如运用不当,各专业投资分配不合理,或统筹调整不够灵活,过分强调限额,有可能使某些专业设计特色不能表现出来。

(4) 标准设计的应用。标准设计,又称定型设计或通用设计,是工程设计标准化的组成部分,各类工程设计中的构件、配件、零部件、通用的建筑物、构筑物、公用设施等,有条件时都应编制标准设计、推广使用。

标准设计一般较为成熟,经得起实践考验。推广标准设计有助于降低工程造价,节约设计费用,加快设计速度。例如,天津市曾统计使用标准构件建安造价可降16%左右,上海市调查可降低10%~15%。

2. 工程项目施工阶段的投资控制

施工阶段是工程投资具体使用到建筑物实体上的阶段,设备的购置、工程款的支付主要在此阶段,加之此阶段施工工期长,市场物价及环境因素变化大,因此是投资控制最困难的阶段。

这一阶段主要做好以下工作。

(1) 投资控制目标、资金使用计划的制订。

(2) 工程进度款支付控制。

(3) 工程变更控制。

(4) 工程价款的动态结算。

(5) 施工索赔处理等项工作。

1) 施工阶段投资控制目标及资金使用计划

(1) 投资控制目标。从业主的角度当然是希望投资额尽可能少,但如果由此而对承包单位盲目压价,损害承包单位应得利益则是不恰当的。应按照经济规律,从公正的立场维护业主方合法的权益,并且不损害承包单位合法权益。因此投资控制的目标不是盲目追求越少越好,而应当是以计划投资额为控制目标,在可能的情况下,努力节约投资。

如对于设备采购和建安工程通过招标并签订合同的,则合同价款就是控制目标,当然不排斥合同实施过程中挖潜节约带来的投资节约。

(2) 资金使用计划。投资控制在具体操作上须将投资逐级分解到工程分项上才能具体控制,同时由于工程价款现行的支付方式主要是按工程实际进度支付,因此除按工程分项分解外,还需要按照工程进度计划中工程分项进展的时间编制资金使用时间计划。所以资金使用计划包括工程分项资金使用计划和单项工程资金使用时间计划。

① 工程分项资金使用计划。从投资控制角度将一个项目分解成工程分项,需要综合考虑多方面因素,如工程的部位、概预算子项的划分、工作队组相应承担的任务等,而且要与工程进度计划中分项的划分协调。特别是使用计算机辅助管理时,进度计划,投资计

划、工程概预算工程分项的划分一定要一致，这样才可能建立统一的数据库，即必须保持一致的 WBS。

项目分解应有层次性，应统一编码以便管理，其单位工程分解结构如图 6.4 所示。

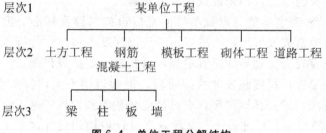

图 6.4　单位工程分解结构

工程分项的资金支出是工程分项综合单价与工程量的乘积，每个工程分项应填写资金使用计划表，供分项费用控制使用。资金使用计划表主要栏目有工程分项编码、工程内容、计量单位、工程数量、计划综合单价、不可预见费等。

② 单项工程资金使用时间计划。在工程分项资金使用计划编制后，结合工程进度计划可以按单位工程或整个项目制订资金使用时间计划，这样可以供业主筹措资金，保证工程资金及时到位，从而保证工程进度按计划进行。

编制资金使用时间计划，通常可利用工程进度计划横道图或带时间坐标的网络计划图，并在相应的工程分项上注出单位时间平均资金消耗额，然后按时间累计可得到资金支出 S 形曲线。参照网络计划中最早开始时间、最迟开始时间可以得到两条投资资金计划使用时间 S 形曲线，如图 6.5 所示。

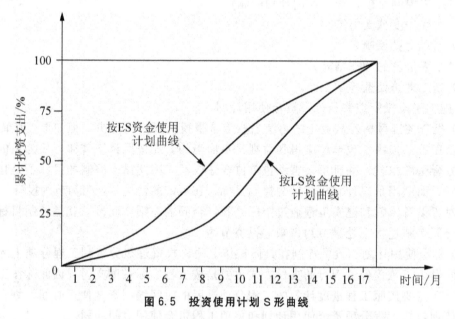

图 6.5　投资使用计划 S 形曲线

一般而言，所有的工程分项若都按最迟开始时间开始，投资贷款利息可最少，但同时也降低了项目按期完工的保证率，因此要合理的控制资金使用计划，实际使用曲线应介于上述二曲线间。

资金使用时间计划还应编制投资计划年度(季度)分配表,以便统计和操作,如表6-1所示。

表6-1 投资计划年度(季度)分配表

工程编码	工程名称（单位、分部、分项）	投资额/万元	年度(季度)投资分配/万元															
			2011年				2012年				2013年				2014年			
			1	2	3	4	1	2	3	4	1	2	3	4	1	2	3	4
××-××-1																		
××-××-2																		
…																		
合　计																		

2) 工程款的结算

我国现行建安工程价款的主要结算方式。有以下几种。

(1) 按月结算。一般采用月终(末)结算、竣工后清算。对于跨年竣工的工程,在年终进行盘点,办理年度结算。

(2) 竣工后一次结算,即每月月中预支,竣工后一次结算。这种结算方式适用工期短,合同价额不大的项目。

(3) 分段结算,即将工程划分不同阶段进行结算。这种结算方式适用于固定总价,一般不能调价的合同方式。

分段结算可按月预支工程款,或按合同造价分段拨付工程款。例如,按开工、基础完工、主体完工、竣工验收等阶段按比例拨付工程款。

(4) 结算双方约定并经开户银行同意的其他结算方式。

① 由承包单位自行采购建筑材料的,发包单位可在双方签订合同后,按年度工作量的一定比例向承包方预付备料资金,并在一个月内付清。

② 由发包单位供应材料,其材料可按合同约定价格转给承包单位,材料价款在结算工程款时陆续扣回。这部分材料,承包方不收取备料款。

上述结算款在施工期间一般不应超过承包价的95%,另外5%的尾款在工程竣工验收后按规定清算。

按月结算建安工程价款的一般程序是按分部分项工程,以工程实际完成进度为对象,按月结算,待工程竣工后再办理竣工结算。

(1) 预付备料款是,指施工企业承包工程储备主要材料、构件所需的流动资金。

① 预付备料限额。影响预付备料款的因素有主要材料占施工产值的比重、材料储备天数、施工工期等。

$$备料款限额 = \frac{年产值 \times 材料比重}{年度施工日历天} \times 材料储备天数 \qquad (6-1)$$

一般建筑工程备料款不应超过当年建筑工作量的30%,安装工程不超过当年工作量的10~15%。

② 备料款的扣回预付备料款相当于发包方借给承包方的流动资金,到工程后期要陆续扣回,其方式为抵充工程价款。

备料款的扣回一般按未完成工程中的主要材料及构件的价值等于备料款时开始起扣,竣工前全部扣清。

设备料款为 M,主要材料占工程价款的比重为 N,则 $\dfrac{M}{N}$ 是主要材料款为 M 时相应的工程价款。也就是说当待完成工程价款还剩 $\dfrac{M}{N}$ 时应开始起,即工程完成到 T 时应开始起扣。

$$T = P - \frac{M}{N} \tag{6-2}$$

式　中 P 为合同总价,T 为起扣点,即预付备料款开始扣回时的累计完成工程量金额。

备料款预付的比例、收回的方式、时间主要是业主与承包商在合同中事先约定的一种行为,不同的工程情况可视情况允许有一定的变动。

(2) 中间结算。施工企业在工程建设过程中,按月完成的分部分项工程数量计算各项费用,向建设单位办理中间结算手续。即月中预支,月终根据工程月报表和结算单,并通过银行结算。

【例 6-1】　某建筑安装工程价款总额为 600 万元,备料款按 25% 预付,主要材料比重占总价款的 62.5%,工期 4 个月,计划各月的施工产值如下:二月 100 万元,三月 140 万元,四月 180 万元,五月 180 万元,试分析如何按月结算工程价款。

解:(1) 预付款 $M = 600 \times 25\% = 150$(万元)。

(2) 起扣点 $T = P - \dfrac{M}{N} = 600 - \dfrac{150}{62.5\%}$

$= 600 - 240 = 360$(万元)。

(3) 二月完成产值 100 万元 $< T$,结算 100 万元。

(4) 三月完成 140 万元,工程累计完成 240 万元 $< T$,三月结算 140 万元。

(5) 四月完成 180 万元,工程累计完成 420 万元 $> T = 360$(万元)。

所以:T(360 万元)—上月累计完成额(240 万元)= 120(万元),本月可结算,但本月实际完成 180 万元,尚余 60 万元应扣备料预付款,本月实际可结算工程款为

$120 + 60 \times (1 - 62.5\%) = 120 + 22.5 = 142.5$(万元)。

(6) 五月完成产值 180 万元,并已竣工,应结算 $180 \times (1 - 62.5\%) = 67.5$(万元)。

(3) 竣工结算,即工程按合同规定内容全部完工并交工之后,向发包单位进行的最终工程价款结算。如合同价款发生变化,则按规定对合同价款进行调整。

竣工结算工程价款=预算(或概算或合同价款)+施工过程中预算(或合同价款调整数额)—预付及已结算工程价款。

3) 工程价款的动态结算

建设项目按照合同价款事先约定的方式进行结算时,通常要考虑到造价管理部门公布的价格指数(或调价系数)、政策性因素引起的价格变化、市场的涨价因素等进行动态结算,常用的动态结算方法有以下几种。

(1) 按实际价格结算法。其主要材料按市场实际价格结算,工程承包人凭发票实报实销。

(2) 按调价文件结算法。甲、乙双方合同期内按造价管理部门调价文件规定补足价差。

(3) 调值公式法。对项目已完成工程价款的结算，国际上通常采用调值公式法，并在合同中事先明确规定各项费用的比重系数。

建筑安装工程费用价格调值公式包括固定部分、材料部分和人工部分三项。典型的材料成本要素有钢筋、水泥、木材、钢构件、沥青制品等，同样，人工可包括普通工、技术工和监理工程师。调值公式一般为

$$P = P_0(a_0 + a_1 \cdot A/A_0 + a_2 \cdot B/B_0 + a_3 \cdot C/C_0 + a_4 \cdot D/D_0) \quad (6-3)$$

式中　P ——调值后合同价款或工程实际结算款；

P_0 —— 合同价款中工程预算进度款；

a_0 —— 固定要素，代表合同支付中不能调整的管理费用等部分；

a_1、a_2、a_3、a_4… —— 有关各项费用(如，人工费用、钢材费用、水泥费用、运输费用等)在合同总价中所占的比重，并且 $a_1 + a_2 + a_3 + a_4 + \cdots = 1$；

A_0、B_0、C_0、D_0… —— 签订合同时与 a_1、a_2、a_3、a_4…对应的各种费用的基准日期(投标截止日期前 28 天)价格指数或价格；

A、B、C、D… —— 在工程结算月份与 a_1、a_2、a_3、a_4…对应的各项费用的现行价格指数或价格。

各部分成本的比重系数在许多标书中要求承包方在投标时即提出，并在价格分析中予以论证。

但也有的是由发包方(业主)在标书中规定一个允许范围，由投标人在此范围内选定。因此，在编制标书中，尽可能要确定合同价中固定部分和不同投入因素的比重系数和范围，招标时以给投标人留下选择的余地。

4) 工程款计量支付

(1) 工程款计量一般程序。工程款计量的一般程序是承包方按协议条款的时间(承包方完成的工程分项获得质量验收合格证书以后)，向监理工程师提交《合同工程月计量申报表》，监理工程师接到申报表后 7 天内按设计图样核实已完工程数量，并在计量 24 h 前通知承包方，承包方必须为监理工程师进行计量提供便利条件并派人参加予以确认。承包方无正当理由不参加计量，由监理工程师自行进行，计量结果仍然视为有效。根据合同的公正原则，如果监理工程师在收到承包方报告后 7 天内未进行计量，从第 8 天起，承包方报告中开列的工程量即视为已被确认。

因此，无特殊情况，监理工程师对工程计量不能有任何拖延。另外监理工程师在计量时必须按约定时间通知承包方参加，否则计量结果按合同视为无效。经监理工程师确认签字后的《合同工程月计量申报表》，可作为工程价款支付的依据。

(2) 工程计量应注意的事项如下。

① 严格确定计量内容。监理工程师进行计量必须根据具体的设计图样以及材料和设备明细表中计算的各项工程的数量进行，并采用合同中所规定的计量方法和单位。监理工程师对承包方超出设计图样要求增加的工程量和自身原因造成返工的工程量，不予计量。

② 加强隐蔽工程的计量。为了切实做好工程计量与复核工作，避免建设单位和承建

单位之间的扯皮，监理工程师必须对隐蔽工程做预先测量。测量结果必须经甲、乙方认可，并以签字为凭。

(3) 合同价款的复核与支付。承包方根据协议所规定的时间、方式和经监理工程师签字的计量表，按照构成合同价款相应项目的单价和取费标准提出付款申请，申请由监理工程师审核后，签署"工程款支付证书"，再由建设单位予以支付。在确认计量结果后 14 天内，发包人应向承包人支付工程款（进度款）。根据国家工商行政管理局、建设部文件规定，合同价款在协议条款约定后，任何一方不得擅自改变，协议条件另有约定或发生下列情况之一的可作调整。

① 法律、行政法规和国家有关政策变化影响合同价款。
② 监理工程师确认可调价的工程量增减、设计变更或工程洽商。
③ 工程造价管理部门公布的价格调整。
④ 一周内因非承包方费用原因造成停水、停电、停气造成停工累计超过 8h。
⑤ 合同约定的其他因素。

5) 费用的变更和索赔

工程变更在施工阶段常常会发生，一旦发生总是会对工程的造价、质量、工期或功能要求带来一定的影响，而工程变更又常会导致费用的索赔，因此必须加强工程变更管理，避免不必要的工程变更发生。工程费用索赔（承包商向业主的索赔、业主向承包商的反索赔）往往难以避免，无论是哪方面的索赔处理，都应通过总监理工程师的审核以后，在双方协商的基础上进行。

(1) 我国现行工程变更价款的确定方法

工程变更的费率和价格应先根据合同中的约定计算，若没有具体约定则取类似工程的费率和价格。当某项工作的工程量的变化较大时，宜采用新的费率和价格来计算，由承包商提出，监理工程师签字认可并执行。例如，某项工作的实际工程量大于原计划的 10%，或某项工作的工程量的变化与其原费率的乘积超过合同价的 0.01%，或者工程量的变化使原工作单位成本的变动超过 1%，此外该项工作不是合同中规定的"固定费率项目"，都可采用新价格来计算。

(2) 索赔费用的计算 索赔包括承包商向业主的索赔和业主向承包商的反索赔两方面。要计算索赔费用就必须先了解其构成。国际上通行的可索赔费用的构成如图 6.6 所示。

从原则上说，承包商有索赔权利的工程成本增加，都是可以索赔的费用。这些费用都是承包商为了完成额外的施工任务而增加的开支，业主理应予以支付。

【例 6-2】 某高速公路由于业主修改了高架桥设计导致承包商全面停工一个月，承包商可向业主索赔的费用包括以下几方面。

(1) 人工费：对固定工人索赔人工窝工费，按人工日成本计算；对可辞退工人索赔人工上涨费。

(2) 材料费：索赔超期储存费用或材料价格上涨费。

(3) 施工机械使用费：索赔机械窝工费及机械台班上涨费。自有机械窝工费一般按台班折旧费索赔，租赁机械按实际租金和调进调出的分摊费计算。

(4) 分包费：由于工程暂停，分包商向总包商索赔的费用，总包商进而向业主要求赔偿此项费用。

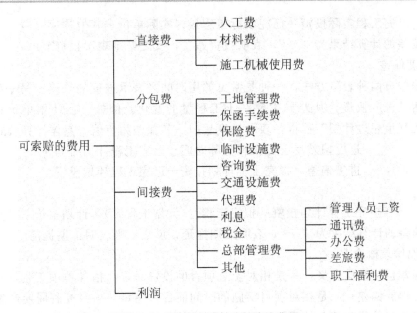

图 6.6 国际通行的可索赔的费用

(5) 工地管理费：由于全面停工，可索赔增加的工地管理费，按日计算或按直接成本的百分比计算。若只是部分停工则不能赔偿此项。

(6) 保险费：索赔延期一个月的保险费，按保险公司保险费率计算。

(7) 保函手续费：索赔一个月的保函手续费，按银行规定的保函手续费率计算。

(8) 利息：索赔延期一个月增加的利息支出，按合同约定的利率计算。

(9) 总部管理费：索赔增加的总部管理费，按总部规定的百分比(3%～8%)计算。若只是部分停工则不能索赔此项。

常用的索赔费用的计算方法有 3 种。

(1) 实际费用法。此法最常用，即承包商以实际开支为依据向业主要求费用补偿。

(2) 总费用法。此种方法在实际费用法很难计算时才用。即当发生多次索赔事件后，重新计算该工程的实际总费用，再扣除投标报价时的估算总费用，可得索赔金额。

(3) 改进总费用法。此法是在总费用计算的基础上去掉一些不合理因素，使其更准确，即某项工作调整后的实际总费用扣除该项工作的报价费用，可得索赔金额。

6.2.3　投资分析

1. 投资偏差的概念

1) 投资偏差

投资偏差是指投资的实际值与计划值的差异，即在完成相同工程量的情况下，实际单价和计划单价的差异。具体计算公式如下

$$投资偏差 = 已完工程实际投资 - 已完工程计划投资 \tag{6-4}$$

其中

$$已完工程计划投资 = 已完实际工程量 \times 计划单价 \tag{6-5}$$

$$\text{已完工程实际投资} = \text{已完实际工程量} \times \text{实际单价} + \text{其他款项} \quad (6-6)$$

投资偏差的计算结果为"+",表明投资超支;反之,则表明投资节约。

2) 进度偏差

进度偏差有两种表达方法,一种是常见的用时间来表示进度的快慢;另一种是用投资额度来表达其进度快慢,其差异主要在于工程量的变化。例如,在计划单价相同的情况下,实际工程量超过计划工程量,表示进度超前,其偏差为负值。具体计算公式如下

$$\text{进度偏差} = \text{已完工程实际时间} - \text{已完工程计划时间} \quad (6-7)$$

或

$$\text{进度偏差} = \text{拟完工程计划投资} - \text{已完工程计划投资} \quad (6-8)$$

其中

$$\text{拟完工程计划投资} = \text{拟完工程量(计划工程量)} \times \text{计划单价} \quad (6-9)$$

进度偏差的计算结果为"+",表明工期拖延;反之,则表明工期提前。

3) 其他偏差概念

局部偏差包括两层含义:一是相对于总项目的投资而言,指各单项工程、单位工程和分部分项工程的偏差;二是相对项目实施的时间而言,指每一项目控制周期产生的偏差。

累计偏差就是局部偏差的累加,最终的累计偏差就是项目投资的偏差。

偏差程度是指投资实际值对计划值的偏离程度。

具体计算方法如表6-2所示。

表6-2 投资偏差分析表(横道图法)

项目编码	项目名称	投资参数数额(万元)	投资偏差(万元)	进度偏差(万元)	偏差原因
031	木门窗安装	33 / 30 / 40	7	−3	
032	钢门窗安装	33 / 30 / 42	9	−3	
033	铝合金门窗安装	32 / 38 / 40	8	6	
…	…				
合计		98 / 100 / 132			

■ 已完工程实际投资　　▓ 拟完工程计划投资　　▨ 已完工程计划投资

2. 分析方法

偏差分析可采用不同的方法,常用的有横道图法、表格法和曲线法。

1) 横道图法

横道图法比较形象、直观，但所反映的信息量少，一般用在项目的高层管理中，如表6-2所示。

2) 表格法

表格法是进行偏差分析的最常用方法。各偏差参数都在表中列出，使投资管理者能综合了解这些数据并用计算机进行处理，如表6-3所示。

表6-3　投资偏差分析　　　　　　　　　　　　　　　　单位：万元

项目编码	(1)	031	032	033
项目名称	(2)	木门窗安装	钢门窗安装	铝合金门窗安装
单位	(3)			
计划单价	(4)			
拟完工程量	(5)			
拟完工程计划投资	(6)=(4)×(5)	30	30	38
已完工程量	(7)			
已完工程计划投资	(8)=(4)×(7)	33	33	32
实际单价	(9)			
其他款项	(10)			
已完工程实际投资	(11)=(7)×(9)+(10)	40	42	40
投资局部偏差	(12)=(11)-(8)	7	9	8
投资局部偏差程度	(13)=(11)÷(8)	1.21	1.27	1.25
投资累计偏差	(14)=∑(12)			
投资累计偏差程度	(15)=∑(11)÷∑(8)			
进度局部偏差	(16)=(6)-(8)	-3	-3	6
进度局部偏差程度	(17)=(6)÷(8)	0.91	0.91	1.19
进度累计偏差	(18)=∑(16)			
进度累计偏差程度	(19)=∑(6)÷∑(8)			

3) 曲线法

曲线法是用投资累计曲线（S形曲线）来进行投资偏差分析，很形象直观，但较难直接用于定量分析，如图6.7所示。

图6.7所示，曲线a与曲线b的竖向距离表示投资偏差，曲线b与曲线p的水平距离表示进度偏差。

3. 偏差原因分析

进行偏差原因分析，就是要找出产生偏差的原因，采取有针对性的措施，以减少或避免同样问题的发生。工程项目产生投资偏差的原因包括物价上涨、设计原因、业主原因、施工原因和客观原因五个方面，如图6.8所示。

从投资控制的角度考虑,业主原因和设计原因才是投资管理者应注意的问题,是纠偏的主要对象。因为有些偏差原因是无法主动控制的,如客观原因和物价上涨;而承包商自身原因造成的成本增加不需要业主考虑。

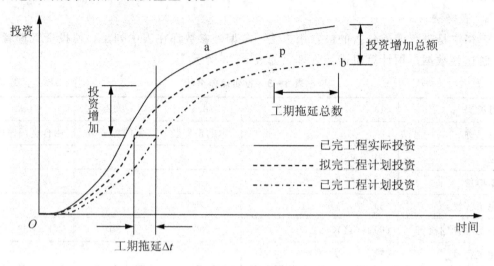

图 6.7　曲线法

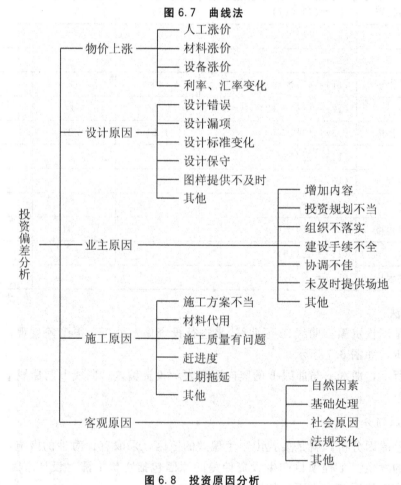

图 6.8　投资原因分析

6.3 施工项目成本计划与控制

工程项目中很大一部分的成本是由承包人在实施过程中产生的,而业主和监理单位对实施过程中具体发生的成本不感兴趣,因此,施工项目成本计划与控制一般由承包人(施工企业)来完成。

6.3.1 施工项目成本管理概述

1. 成本的概念

成本是一种耗费,是耗费劳动(物化劳动和活劳动)的货币表现形式。

施工项目成本是施工企业为完成施工合同所约定的施工项目的全部任务所耗费的各项生产、管理、服务和经营费用等的总和。施工项目成本管理一般分为两个层次。

1) 组织管理层

以企业负责人为首的组织管理层,主要负责项目全面成本管理的决策,确定项目的合同价格和成本计划,确定项目管理层的成本目标。当然除了管理生产成本以外,还要管理经营成本。其生产成本管理贯穿于项目投标、实施和结算过程,体现效益中心的管理职能。

2) 项目经理部

以项目经理为首的项目经理部,执行组织确定的成本管理目标,进行成本控制,实现项目管理目标责任书中的成本目标,发挥现场生产成本控制中心的管理职能。

施工项目成本管理应从工程投标报价开始,直至项目竣工结算完成为止,贯穿于项目实施过程。其作为项目管理的一个重要内容,必须首先掌握成本费用的构成,如图 6.9 所示。

2. 施工项目成本费用分类

施工项目成本是项目在施工过程中所发生的费用支出总和。由于各种费用的性质和特点各异,必须对这些费用进行科学分类,成本的分类方法很多,按照研究目的的不同,有不同分类。

1) 按成本习性划分

(1) 固定成本是指在一定的时期和一定的工程范围内不随工程量变化而改变的成本,如折旧费、企业管理人员工资、规费等。

(2) 变动成本是指随着工程量变化而变化的成本,如人工费、材料费、施工机械使用费等。

2) 按生产费用计入成本的方法划分

(1) 直接成本。

(2) 间接成本。

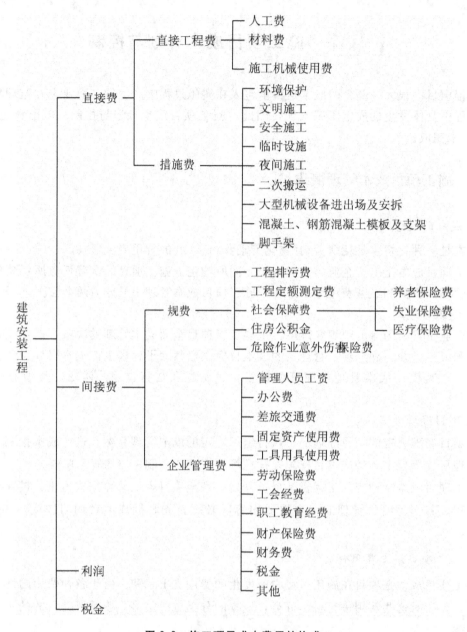

图 6.9　施工项目成本费用的构成

3) 按成本发生的时间划分

(1) 预算成本是按照建筑安装工程实物量和国家(或部)或地区或企业制定的预算定额及取费标准计算的社会平均成本或企业平均成本,以施工图预算为基础进行分析、预测、归集和计算确定的。预算成本包括直接费和间接费。

(2) 计划成本是在预算成本的基础上确定的标准成本。计划成本确定的根据是施工企业的要求(如内部承包合同的规定),结合施工项目的技术特征、项目管理人员素质、劳动力素质及设备情况等。它是成本管理的目标,也是控制项目成本的标准。

(3) 实际成本是项目施工过程中实际发生的可以列入成本支出的费用总和。

上述三种成本的关系是实际成本与预算成本比较，反映的是对社会平均成本（或企业平均成本）的超支或节约；计划成本与预算成本比较，差额是计划成本降低额；计划成本与实际成本比较，差额是实际成本降低额，是项目经理部的经济效益。

施工项目成本计划与控制是指在满足合同规定的条件下制订施工项目的成本计划，并对施工过程中所发生的各种费用支出，进行指导、监督、调节，及时控制和纠正即将发生和已经发生的偏差，保证项目计划成本目标的实现。

3. 施工项目成本计划与控制

1）施工项目成本计划与控制的概念

2）项目成本计划与控制的一般原则

（1）效益原则。

（2）全面性原则。

（3）责、权、利相结合的原则。

（4）目标管理原则。

3）项目成本计划与控制程序

工程项目成本的控制过程是与承包商承揽合同（投标报价）、实施合同（施工阶段）以及合同结束（竣工验收）的全过程相对应的。其控制程序如下。

（1）企业进行项目成本预测。投标报价阶段，企业进行项目成本预测，提出投标决策。

（2）项目经理部编制成本计划。签约以后，在施工准备阶段项目经理以与企业签订的项目管理目标责任书中的责任目标成本为基础，确定项目的计划成本目标，编制成本计划，以此作为项目经理部的成本目标。

（3）项目经理部实施成本计划，进行动态控制。施工阶段，项目经理部以项目经理为核心实施该成本计划，及时反馈实际成本情况，进行过程控制。

（4）项目经理部进行成本核算和工程价款结算。项目经理部在施工阶段中收集实际发生的成本来进行成本核算和工程价款结算，及时收回工程款。

（5）项目经理部进行成本分析并编制月度及项目的成本报告。通过成本核算，项目经理部进行成本分析，编制月度及项目的成本报告。

（6）编制成本资料并按规定存档。合同结束阶段汇总成本资料，考核实际成本作为评价本项目成本完成情况好坏的依据，并作为今后成本预测的依据存档。

4. 责任目标成本与计划目标成本

1）责任目标成本

在投标报价中企业经过预测的成本，主要考虑报价会不会造成赔本，而在施工合同签订后企业为了营造内部竞争、提高项目管理水平和多创毛利等考虑，先根据合同造价、施工图和招标文件中的工程量清单确定正常情况下的企业管理费、财务费用和制造成本，再按此成本与项目经理进行"谈判"并签订项目内部责任成本合同（即"项目管理目标责任书"），以确定项目经理的责任目标成本。也就是说，它是企业要求项目经理负责实施和控制的目标成本。因为项目经理将还有部分减少成本开支的空间，这个空间因工程所在地、工程结构、工程类型的不同，也与项目经理管理水平的不同，而表现不同的系数，一般在2%～5%。

2) 计划目标成本

项目经理部的计划目标成本，又称现场目标成本，是责任目标成本的具体化，把项目成本在企业管理层和项目经理部的运行有机地连接起来，可以将项目的施工预算作为计划目标成本。

6.3.2 成本计划

1. 成本计划的依据和要求

1) 项目经理部编制成本计划的依据

（1）合同文件。

（2）项目管理实施规划。

（3）市场价格信息。

（4）相关定额。

（5）类似项目的成本资料。

2) 项目成本计划必须反映的要求

（1）合同规定的项目质量和工期要求。

（2）企业对项目成本管理目标的要求。

（3）以经济合理的项目实施方案为基础的要求。

（4）有关定额及市场价格的要求。

（5）类似项目提供的启示。

2. 成本计划的内容

成本计划的内内包括直接成本计划和间接成本计划两部分。下面详细介绍直接成本计划。

1) 编制说明

编制说明指对工程的范围、投标竞争过程及合同条件、承包人对项目经理提出的责任成本目标、项目成本计划编制的指导思想和依据等的具体说明。

2) 项目成本计划的指标

项目成本计划的指标应经过科学地分析预测加以确定，可以采用比较法、因素差异分析法等进行测定。

3) 单位工程计划成本汇总表

根据工程量清单中所列项，形成单位工程计划成本汇总表，如表6-4所示。

表6-4 单位工程计划成本汇总表

编号	清单项目编码	清单项目名称	合同价格	计划成本
1				
2				
...				

4) 单位工程成本计划表

按成本性质划分的单位工程成本汇总表，根据清单项目的造价分析，分别对人工费、材料费、机械费、措施费、企业管理费和税费进行汇总，形成单位工程成本计划表。

5) 项目计划目标成本及其分解

不同的实施方案会使直接工程费、措施费和企业管理费发生较大变化，因此应在实施方案确定和不断优化的前提下编制项目成本计划，将计划成本目标分解落实，作为成本预控的重要手段。

间接成本计划根据项目核算期，以项目总收入费的管理费为基础，制订各部门的收支计划，汇总后形成项目的管理费用计划。其主要反映施工现场管理费用的计划数、预算收入及降低额。

6.3.3 成本控制

1. 成本控制程序

成本控制的目标是以合同文件和成本计划，进度报告、工程变更与索赔资料作为控制动态资料，承包人就可以按程序顺利进行成本控制。成本控制程序与投资控制程序基本相同。

(1) 收集实际成本数据。
(2) 实际成本数据与成本计划目标进行比较。
(3) 分析成本偏差及原因。
(4) 采取措施纠正偏差。
(5) 必要时修改成本计划。
(6) 按规定的时间间隔编制成本报告。

2. 成本控制的一般内容

(1) 按照计划成本目标值来控制生产要素的采购价格，并认真做好材料、设备进场数量和质量的检查、验收与保管。

(2) 控制生产要素利用效率和消耗定额，如任务单管理、限额领料、验收报告审核等。同时做好不可预见成本风险的分析与预控工作，包括编制相应的应急措施等。

(3) 控制影响效率和消耗量的其他因素（如工程变更等）所造成的成本增加。

(4) 把项目成本管理责任制度与对项目管理者的激励机制结合起来，以增强管理人员的成本意识和控制能力。

(5) 在企业已建立的项目财务管理制度基础上，按规定的权限和程序审核项目资金的使用和进行费用的结算支付。

(6) 加强施工合同和施工索赔管理，正确运用施工合同条件和有关法规，及时进行索赔。

3. 施工项目成本的日常控制

施工项目成本日常控制，必须由项目全员参加，根据各自的责任成本对自己分工内容负责成本控制。

1) 施工技术和计划经营部门或职能人员

（1）根据施工项目管理大纲，科学地组织施工。及时组织已完工程的计量、验收、计价和收回工程价款，保证施工所用资金的周转。业主要求加快施工必须有加快施工的具体签证文件，避免无效的资金占用。

（2）按建设工程施工合同示范文本通用条款规定，资金到位组织施工，避免垫付资金施工。

2) 材料、设备部门或职能人员

（1）根据施工项目管理规划的材料需用量计划制订合理的材料采购计划，严格控制主材的储备量，既保证施工需要，又不增大储备资金。

（2）按采购计划和经济批量进行采购订货，严格控制采购成本，如就近采购，选择最经济运输方式，将采购材料、配件直接运入施工现场等。

（3）量大的主要材料可以公开或邀请招标。这样可以降低成本，保证材料质量，按时供应，保证连续施工。

（4）签订材料供应合同，保证采购材料质量。供应商违约，可以利用索赔减少损失或增加收益。

（5）坚持限额领料，控制材料消耗。可以分别按施工任务书控制、定额控制、指标控制、计量控制、小型配件或零星材料可以钱代物包干控制。

3) 财务部门或职能人员

（1）按间接费使用计划控制间接费用，特别是财务费用和项目经理部不可控的成本费用，如上交管理费、折旧费、税金、提取工会会费、劳动保险费、待业保险费、固定资产大修理费、机械退场费等。财务费用主要是控制资金的筹集和使用，调剂资金的余缺，减少利息的支出，增息收入。

（2）严格其他应收款、预付款的支付手续。例如，购买材料配件等预付款，一般不得超过合同价的80％，并经项目经理部集体研究确定。

（3）其他费用按计划、标准和定额控制执行。

（4）对分包商、施工队支付工程价款时，手续应齐全，有计量、验工计价单，项目部领导签字方可支付。

4) 其他职能部门或职能人员

其他职能部门，根据分工不同控制施工成本。例如，质监部门责任是质量、安全不出大事故；合同管理部门防止自己违约，避免对方向自己索赔等。

5) 施工队或职工

施工队包括机械作业队，主要控制人工费、材料费、机械使用费的发生和可控的间接费。

6) 班(机)组或职工

班(机)组或职工主要控制人工费、材料费、机械使用费的使用。要严格领料退料，避免窝工、返工，注重提高劳动效率。机组主要控制燃料费、动力费和经常修理费，认真执行维修保养制度，保持设备的完好率和出勤率。

4. 常用的施工项目成本控制方法

1) 价值工程

价值工程是把技术和经济结合起来的管理技术，其运用需要多方面的业务知识和实际数据,涉及经济部门和技术部门,所以必须按系统工程的要求,有组织地集合各部门的智慧,才能取得较理想的效果。

用价值工程控制成本的核心目的是合理处理成本与功能的关系(性价比),保证在确保功能的前提下能降低成本。价值工程的公式为

$$V = \frac{F}{C} \tag{6-10}$$

式中 V —— 项目的生产要素和实施方案的价值;
　　　F —— 项目的生产要素和实施方案的功能;
　　　C —— 项目的生产要素和实施方案的全寿命成本。

价值工程原理不仅在施工期间被承包人广泛使用,而且在设计阶段也能对设计方案进行选择和优化。具体应用可参考相应书籍(如《工程经济学》等)。

2) 赢得值法

赢得值法(又称挣值法)是对成本和进度综合控制的方法,始于20世纪70年代美国的国防工程,现在国际工程承包的业主出于自身考虑,在选择工程公司时,把能否运用赢得值法进行项目管理和控制作为审查和能否中标的先决条件之一。此法的原理与投资偏差分析一致,不过计算的指标有所出入。

赢得值法需要使用实际项目中的三项成本数据。

BCWS(Budgeted Cost for Work Scheduled)——计划工作量的预算费用。
BCWP(Budgeted Cost for Work Performed)——已完工作量的预算成本(即赢得值)。
ACWP(Actual Cost for Work Performed)——已完工作量的实际费用。

常见的计算评价指如下。

(1) 费用偏差(Cost Variance,CV)

$$CV = BCWP - ACWP \tag{6-11}$$

计算结果为"—"表明预算超支;反之,说明预算节约。

(2) 进度偏差(Schedule Variance,SV)

$$SV = BCWP - BCWS \tag{6-12}$$

计算结果为"—"表明进度拖后;反之,说明进度提前。

(3) 费用执行指标(Cost Performed Index,CPI)

$$CPI = BCWP/ACWP \tag{6-13}$$

计算结果小于"1"表明预算超支,工作效果差;反之,说明工作效果好。

(4) 进度执行指标(Schedule Performed Index,SPI)

$$SPI = BCWP/BCWS \tag{6-14}$$

计算结果小于"1"表明进度落后,工作效果差;反之,说明工作效果好。

(5) 项目完成时成本差异

$$VAC = BAC - EAC \tag{6.15}$$

式中 BAC —— 项目完成预算成本;
　　　EAC —— 项目完成预测成本。

计算结果为"—"表明项目任务执行效果不佳,预算超支;反之,说明预算节约。

(6) 赢得值参数分析与对应措施表

当发现费用发生偏差时,可以采用挣得值参数分析与对应措施,来达到费用控制的目的,如表6-5所示。

表6-5 挣得值法参数分析与对应措施

序号	图型	参数间关系	分析	措施
1	BCW BCWS ACWP	BCWP>BCWS>ACWP SV>0 CV>0	进度较快 投入延后 效率高	若偏离不大,维持现状
2	BCW ACWP BCWS	BCWP>ACWP>BCWS SV>0 CV>0	进度快 投入超前 效率较高	抽出部分人员和资金,放慢进度
3	ACW BCWP BCWS	ACWP>BCWP>BCWS SV>0 CV<0	进度较快 投入超前 效率较低	抽出部分人员,增加少量骨干人员
4	ACW BCWS BCWP	ACWP>BCWS>BCWP SV<0 CV<0	进度较慢 投入延后 效率低	用工作效率高的人员更换工作效率低的人员
5	BCWS ACWP BCW	BCWS>ACWP>BCWP SV<0 CV<0	进度慢 投入延后 效率较低	增加高效人员和资金的投入
6	BCWS BCWP ACW	BCWS>BCWP>ACWP SV<0 CV>0	进度较慢 投入延后 效率较高	迅速增加人员投入

有效费用控制的关键是经常及时地发现费用绩效偏差,获取费用偏差后,要集中全力在那些有负费用偏差的任务上,以减少费用或提高工程进行的效率。根据 CV 的值来确定集中全力采取纠正措施的优先权,也就是说,CV 的负值最大的任务应该给予最高的优先权。

根据项目负费用偏差减少项目成本应集中在两类工作上。

第一类是近期就要进行的工作。打算在以后的进度中减少个别工作费用是不现实的。如果拖到项目后期,项目的负费用差异会更大,并且随着项目的进行,留给采取纠正措施的时间会越来越少。

第二类是具有较大的估计费用的工作。采取措施减少一个3万元的工程的5%的成本比减少一个总值为500元的工作的影响要大得多。通常,一项工程的估计费用越大,取得费用大幅减少的机会也就越多。

降低项目费用的方法,一是采用符合规范而费用较低的原材料;二是提高工作效率。还有一种降低费用的方法是减少任务或特殊工作的作业范围或要求。在很多时候,需要交替控制减少费用偏差的发生,既有时减少项目的范围,有时推迟项目的进度,这需要和投资方一起找到双方均能接受的平衡点。

3）成本计划评审法

成本计划评审法是在施工项目的网络图上标出各工作的计划成本和工期，箭线下方数字为工期，箭线上方 C 后的数字为成本费用。在计划开始实施后，将实际进度和费用的开支（主要是直接费）累计算出，标于箭杆附近的方格中，就可知每道工序的计划进度与实际进度对比情况，若出现偏差，及时分析原因，采取措施加以纠正。

当然，成本控制方法还有。例如，利用成本横道图法、"香蕉"图法可对实际成本和计划成本进行比较，及时发现偏差予以纠正。在实际工作中由于计算机的普及应用，通过项目管理软件的快速信息处理，运用不同的控制方法可以及时地计划和监控每个环节的费用支出，并加以有效控制，可取得良好的经济效果。

以上是成本与进度相结合的成本控制方法，下面还将介绍成本与质量相结合的控制方法，称为质量成本控制。

4）质量成本控制法

质量成本是指为保证质量必需支出的和未达到质量标准而损失的费用总和。质量成本占产品总成本的比重是不完全相同的，最少的仅占 1‰～2‰，最高的可达 10％。其重要意义在于通过开展质量成本统计核算工作，可以发现施工质量及管理问题存在的薄弱环节，提醒管理者采取措施，提高经济效益。

质量成本的内容包括两方面，即

（1）控制成本——产品质量的保证费用，包括预防成本，如质量管理工作费、质量保证宣传费等以及鉴定成本，如材料检试验费、工序监测和计量费等。控制成本与质量成正比关系，即质量越高，此费用越大。

（2）故障成本——未达到质量标准造成的损失费用，包括内部故障成本，如返工、返修、停工损失费、事故处理费等以及外部故障成本，如保修、赔偿费、担保费、诉讼费等。故障成本与质量成反比关系，即质量越高，此成本越低。

质量成本控制步骤如下。

（1）编制质量成本计划。质量成本计划编制的依据，理论上应该是故障成本和预防成本之和最低时的值，即成本最佳值；还应考虑本企业或本项目的实际管理能力、生产能力和管理水平，考虑本企业质量管理与质量成本管理的历史资料，综合编制，计划才有可能更接近实际。

（2）核算质量成本。按照质量成本的分类，主要通过会计账簿和财务报表的资料整理加工而得。也有一部分可从技监部门获得资料。

（3）分析质量成本。主要分析质量成本总额的构成内容、构成比例，各要素间的比例关系以其占预算成本的比例，反映在质量成本分析表中。

（4）控制质量成本。根据分析资料，确定影响质量成本较大的关键因素并执行有效措施加以控制。

5. 降低施工项目成本的主要途径

降低施工项目成本的主要途径可从组织措施、技术措施、经济措施几个方面分别来考虑。

（1）制定先进合理、经济适用的施工方案。

（2）认真审核图样，积极提出修改意见。

(3) 组织流水施工,加快施工进度。
(4) 切实落实技术组织措施。
(5) 以激励机制调动职工增产节约的积极性。
(6) 加强合同管理,增创工程收入。
(7) 降低材料成本。
(8) 降低机械使用费。

6.3.4 成本核算

1. 成本核算与项目经理部的职责

成本核算是对施工过程中的劳动消耗、资金占用和效果进行记录、计算、分析和控制,反映的是施工项目的实际支付和耗费,是项目成本控制中的基础性工作,一般以制度的形式规定下来。

进行项目的成本核算,应明确成本核算的原则、范围、程序、方法、内容、责任及要求,并设置核算台账,记录原始数据,要保证数据的准确、真实、可靠。

在项目经理领导下,项目经理部应根据财务制度和会计制度的有关规定,在企业职能部门的指导下,建立一系列项目业务核算台账和施工成本会计帐户,实施全过程的成本核算,具体分为定期的(每周或每月)成本核算和竣工工程成本核算。

项目成本核算必须依据项目成本效益资料,以"谁受益、谁负担"为基准,用制造成本法实行"一本账"核算。

项目经理部在施工过程中应按照规定的时间间隔(每月末)对单位工程进行项目成本跟踪核算,做到口径统一,有可比性,账账相符,账实相符,坚持施工形象进度、施工产值统计、实际成本归集"三同步"的原则,在此基础上编制月度项目成本报告以便上级部门检查和考核。

2. 成本核算的方法

(1) 以单位工程为核算对象,包括预算成本、计划成本、实际成本。

(2) 划清各项费用开支界限,严格遵守成本控制范围。例如,人工费按劳动管理人员提供的用工分析和收益对象进行账务处理;材料费按当月项目材料消耗和实际价格计算当期消耗;周转材料实行内部调配制,按当月使用时间、数量、单价计算,计入工程实际成本;机械使用费按项目当月使用台班和单价计入工程实际成本等。

(3) 建立目标成本考核体系,落实到每个负责人和个人。

(4) 加强成本基础工作,坚持成本核算的程序,保证成本计算资料的准确。

① 对各分项工程中消耗的人工、材料、机械台班及费用的数量做好准确详细记录。

② 本期内施工项目完成状况的量度。实际进度是成本花费所获得的已完建筑施工产品,其量度的准确性与否,直接关系到成本核算、成本分析和趋势预测的准确性。已开始但尚未结束的分项工程较难估算其量度,一般笼统地认为工作任务开始直到完成前其完成程度为50%,完成后为100%。

③ 工程工地管理费及总部管理费开支的汇总、核算和分摊应准确。

④ 各分项工程及总工程的各项费用核算和盈亏核算应准确,并提出工程成本核算报表。

实际工作中,成本核算也可通过工程项目结构分解 WBS 系统进行成本核算编码,将每期(月或周)成本核算输入计算机,并与工作项目的任务、进度计划协调一致,便能得到该期的劳动力(人工)消耗报告。

6.3.5 成本分析与考核

1. 成本分析

项目成本分析必须依据会计核算、统计核算和业务核算的资料进行,其实际上是成本核算的延续。成本分析方法有多种,可以单独使用,也可以结合使用,特别是综合分析时,应进行定量与定性相结合的分析方法,具体包括实际成本与责任目标成本的比较分析和实际成本与计划目标成本的比较分析两方面内容。

常见的成本分析方法有比较法、比率法、因素差异分析法等。

1) 比较法

项目经理部可按量价分离原则,用比较法分析影响成本节超的主要因素,常用已完工程成本分析指标

$$成本偏差 = 实际成本 - 计划成本 \tag{6-16}$$

式中成本偏差分为局部成本偏差和累计成本偏差,与6.2.6中的概念一致。

$$成本偏差率 = 成本偏差/计划成本 \times 100\% \tag{6-17}$$

$$利润 = 已完工程价格 - 实际成本 \tag{6-18}$$

2) 比率法

(1) 工期和进度的分析指标

$$时间消耗程度 = 已用工期/计划总工期 \times 100\% \tag{6-19}$$

工程完成程度 = 已完工程量/计划总工程量 × 100%

工程完成程度 = 已完工程价格/工程计划总价格 × 100%

$$工程完成程度 = 已投入人工工时/计划使用总工时 \times 100\% \tag{6-20}$$

(2) 已完工程效率比

$$机械生产效率 = 实际台班数/计划台班数 \tag{6-21}$$

$$劳动效率 = 实际使用人工工时/计划使用人工工时 \tag{6-22}$$

至于材料消耗的比较及各项费用消耗的比较,可用上述类似办法计算。

3) 因素差异分析法

此方法通过分析各影响成本因素对成本的影响程度,从而找出成本变动的根源。计算时,先假定一个因素变动,而其他因素不变,然后逐个替换,并分别计算其结果,以确定各个因素的变化对成本的影响程度,但要注意各个因素的排列顺序应固定不变,否则会得出不同计算结果和结论。

【例 6-3】 某工程浇筑一层结构的商品混凝土,通过成本比较法得知,实际成本比计划成本超支 30513.5 元。用因素差异法分析供应量、单价、损耗率的变化对实际成本的影响程度,如表 6-6 所示。

表6-6 商品混凝土计划成本与实际成本对比

项目	单位	计划	实际	差额
供应量	m²	410	450	+40
单价	元	760	765	+5
损耗率	%	4	3	-1
成本	元	324064	354577.5	30513.5

解： 具体成本因素分析如表6-7所示。

表6-7 商品混凝土具体成本因素分析

项目	计算过程	差异	因素分析
计划数	410×760×(1+4%)=324 064	—	—
第一次替换	450×760×(1+4%)=355 680	31616	由于供应量增加40 m²，成本增加31 616元
第二次替换	450×765×(1+4%)=358 020	2340	由于单价提高5元，成本增加2340元
第三次替换	450×765×(1+3%)=354 577.5	-3442.5	由于损耗率降低1%，成本下降3442.5元
合计	31616+2340-3442.5=30513.5		—

从分析表中可看出，导致成本增加最多的原因是供应量的增加，究其原因，制定可控制措施；以及损耗率降低的原因和是否还能有降低的空间。

在成本分析之后应编制定期成本报告，不同层次的管理人员需要不同的信息及分析报告。分项工程成本报告主要有实际成本消耗，成本的正负偏差，可能措施及趋势分析。对项目经理提供较粗略的信息，如控制结果、项目总成本现状、主要节约或超支的项目等。

2. 成本考核

项目成本考核是项目管理激励机制的体现，一般分两层进行。

(1) 企业以确定的责任目标成本为依据，对项目经理部进行成本管理考核。其主要考核指标是

$$成本计划降低额 = 责任目标成本 - 计划目标成本 \qquad (6-23)$$

$$成本计划降低率 = 成本计划降低额 / 责任目标成本 \times 100\% \qquad (6-24)$$

(2) 项目经理部以控制过程为重点，结合竣工考核指标，对项目内部各岗位及各作业队进行成本管理考核。其主要考核指标是

$$成本实际降低额 = 计划目标成本 - 实际成本 \qquad (6-25)$$

$$成本实际降低率 = 成本实际降低额 / 计划目标成本 \times 100\% \qquad (6-26)$$

项目成本考核内容包括计划目标成本完成情况考核和成本管理工作业绩考核。通常采用评分制(七三比例)考核，还应与进度、质量、安全等指标的完成情况相联系，防止项目管理在企业内部异化为靠少数人承担风险的以包代管模式。

企业对项目经理部进行考核与奖惩时，既要防止虚盈实亏，也要避免实际成本归集差

错等的影响,使项目成本考核真正做到公平、公正、公开,在此基础上兑现项目成本管理责任制的奖惩或激励措施。

通过以上介绍,可以清晰地认识到工程项目成本控制的基本任务是全过程的核算控制项目成本,即对设计、采购、制造、质量、管理等发生的所有费用进行跟踪,执行有关的成本开支范围、费用开支标准、工程预算定额等,制定积极的、合理的计划成本和降低成本的措施,严格、准确地控制和核算施工过程中发生的各项成本,及时地提供可靠的成本分析报告和有关资料,并与计划成本对比,对项目进行经济责任承包的考核,以期改善经营管理,降低成本,提高经济效益。

案例分析

在项目的实施过程中存在着许多影响费用的不利影响,使投资存在一定程度的风险,所以在进行费用管理时,必须综合考虑各方面的因素。

如某施工单位承包一项建筑工程,甲乙双方签订的有关工程价款的合同内容如下:
(1) 建筑安装工程造价1200万元,主要材料费占施工产值的比重为60%;
(2) 预付备料款为建筑安装工程造价的25%;
(3) 规定在每次拨付进度款时,扣除5%的保证金。
(4) 假定工程施工的工期为6个月,其进度和预计产值如表6-8所示

表6-8 某工程和预计产值

时间	1月	2月	3月	4月	5月	6月
产值/万元	100	200	300	300	180	120

问题
(1) 试计算该工程的预付备料款和起扣点 T 各为多少万元?
(2) 试问3月的进度款为多少万元?
(3) 假定4月计划产值为300万元,而实际完成产值360万元;实际支出成本为345万元,试计算4月的成本偏差和进度偏差。

分析
(1) 该工程的预付备料款=1200×20%=240(万元);
起扣点:T=1200−240/60%=1200−400=800(万元)。
(2) 1月+2月+3月的工程进度款合计:85+156+300=541(万元);
距离起扣点:800−541=259(万元);
4月的产值为321万元,分为两部分:其中259万元全额支付321−259=62万元应扣除材料预付备料款;
4月的工程进度款=259+62×(1−60%)=283.8(万元);
实际支付=283.8×(1−5%)=269.61(万元)。
(3) 5月的成本偏差=234−240=−6万表明成本节约;
进度偏差:218−240=−22万元表明进度超前。

本 章 小 结

本章从业主和承包商两方面分别详述了费用管理的内容。

通过本章学习使学生更好地掌握项目决策期和设计阶段的费用管理;掌握工程价款的支付和工程变更管理;更好地理解投资偏差分析。

通过本章学习使学生更好地理解承包商的成本管理的主要任务是进行成本计划、成本控制、成本核算、成本分析和成本考核五方面的工作;掌握成本控制的方法;更好地掌握成本分析的方法。

思考题与习题

一、思考题

1. 工程项目总投资构成包括哪些方面的费用?
2. 工程项目投资控制的重点应放在哪些阶段?在该阶段里应怎样进行有效控制?
3. 投资偏差分析常用哪些方法?各有何特点?
4. 工程项目的投资计划与成本计划有何异同?
5. 投资控制和成本控制措施有何区别?
6. 常用的成本控制方法有哪些?
7. 什么是质量成本?它包括哪两个方面?
8. 我国现行建安工程价款的主要结算方式有哪些?工程预付备料款如何扣回?

二、案例分析题

1. 某工程项目进展到第 6 周后,对前 5 周的工作进行了统计检查,有关统计情况如表 6-9 所示。

表 6-9　前 5 周成本统计

工作代号	计划完成预算成本 /BCWS 元	已完成工作/%	实际发生成本 ACWP/元	已完成工作的预算成本 BCWP/元
A	420 000	90	425 200	
B	308 000	80	246 800	
C	230 880	100	254 034	
5 周末合计	938 880		906 034	

问题：

(1) 在表中计算前 9 周每项工作(即 A、B、C、D 各项工作项)的 BCWP。

(2) 计算 9 周末的费用偏差 CV 与进度偏差 SV，并对结果含义加以说明。

(3) 计算 9 周末的费用绩效指数 CPI 与进度绩效指数 SPI(计算结果小数点后面保留 3 位)，并对结果含义加以说明。(此题为一级注册建造师实物考题)

2. 某项目结构现浇混凝土计划为 1200m^3，使用商品混凝土。实际浇注工程量为 1250m^3，计划损耗量 2%，实际供应量 1293.75m^3，计划价格 310 元/m^3，实际价格 285 元/m^3。试分析采用因素替换法分析成本偏差和成本升降原因及结果。

第 7 章 工程项目安全与环境管理

教学提示

本章主要讲述项目施工现场管理的要求、内容、意义和措施。通过本章的学习,应达到以下目标:

(1) 了解工程项目职业健康安全与环境管理;
(2) 熟悉安全生产与安全控制技术与措施;
(3) 熟悉危险源控制与事故处理;
(4) 了解职业健康安全与环境管理体系。

学习要点

知识要点	能力要求	相关知识
职业健康安全管理	(1) 了解职业健康与环境管理的概念 (2) 熟悉安全生产与施工安全控制	(1) 了解职业健康的相关知识 (2) 了解环境管理的相关知识
安全控制理论与方法	(1) 掌握施工安全控制的基本方法 (2) 掌握安全管理的基本内容	(1) 熟悉安全控制的基本技术 (2) 了解两类危险源的基本概念
安全事故分类与处理	(1) 掌握安全事故的分类 (2) 掌握安全事故的处理	了解国家与行业相关安全法规
职业健康安全管理体系与环境管理体系	(1) 了解两大体系的建立步骤 (2) 了解两大体系的运行	(1) 了解职业健康安全管理体系与环境管理两大体系 (2) 了解施工现场环境污染的相关知识

 **基本概念**

职业健康安全管理、安全控制、安全事故、职业健康安全管理体系、环境管理体系。

 引例

某工程为上海WD商业广场桩基工程。本工程±0.000相当于绝对标高4.200m。工程总桩数PHC管桩1801根,方桩411根,灌注桩687根。本工程采用Φ600预应力高强混凝土管桩。桩长24m。桩型为PHC-AB600(110)—24a,方桩450×450桩长28m,灌注桩直径900,桩长为24~56.5m。现场压桩采用4台静力压桩机进行压桩,灌注桩机械6—7台。

工程桩有关技术参数见下表:

表1 预制桩基工程设计概况

工程名称	桩型号	桩数(根) 数量	设计承载力	极限设计承载力	备注
上海WD商业广场	PHC—AB600—110—24a	1801	2000KN	3200KN	工程桩
上海WD商业广场	JZHb—245—1414B	411	1100KN	1760KN	工程桩

表2 灌注桩基工程设计概况

序号	规格	有效桩长(m)	桩数(根)	设计承载力	极限承载力	备注
1	裙房一	24	116	3900KN	6240KN	抗压
2	裙房二	24	133	1400KN	2240KN	抗拔
3	步行街	24	43	1400KN	2240KN	抗拔
4	主楼一	56.5	387	7000KN	11200KN	抗压
5	主楼二	56.5	8	2900KN	4640KN	抗拔

工程在90天内完工(从现场达到全面开工条件),严格遵守上海市工现场文明工地的一切规章制度和要求,为总包工程创上海市标化工地、上海市文明工地创造条件。杜绝重大人员伤亡事故和重大机械安全事故,轻伤频率控制在2‰以下。

加强进场人员的安全思想教育,提高施工人员的安全意识,同时加大安全措施费用投入,确保实现安全生产目标。

7.1 工程项目安全与环境管理概述

7.1.1 建设工程职业健康安全与环境管理的目的、内容及任务

建设工程项目的职业健康安全管理的目的是保护产品生产者和使用者的健康与安全,

控制影响工作场所内员工、临时工作人员、合同方人员、访问者及其他有关部门人员健康与安全的条件和因素。考虑和避免因使用不当对使用者造成的健康与安全的危害。

宏观的安全管理包括劳动保护、安全技术和工业卫生三个相互联系又相互独立的方面。

（1）劳动保护侧重于以政策、规程、条例和制度等形式，规范操作或管理行为，从而使劳动者的劳动安全与身体健康，得到应有的法律保障。

（2）安全技术侧重于对"劳动手段和劳动对象"的管理，包括预防伤亡事故的工程技术和安全技术规范、技术规定、标准和条例等，以规范物的状态，减轻或消除对人的威胁。

（3）工业卫生着重对工业生产中高温、粉尘、振动、噪声和毒物的管理。通过防护、医疗、保健等措施，防止劳动者的安全与健康受到有害因素的危害。

从生产管理的角度，安全管理应概括为在进行生产管理的同时，通过计划、组织、技术等手段，依据并适应生产中人、物、环境因素的运动规律，使其积极方面充分发挥，而又利于控制事故不致发生的一切管理活动。例如，在生产管理过程中实行作业标准化，组织安全点检，安全、合理地进行作业现场布置，推行安全操作资格确认制度，建立与完善安全生产管理制度等。

针对生产中人、物、环境因素的状态，有侧重地采取控制人的具体不安全行为或物和环境的具体不安全状态的措施，往往会收到较好的效果。这种具体的安全控制措施，是实现安全管理的有力保障。

建设工程项目环境管理的目的是保护生态环境，使社会的经济发展与人类的生存环境协调。控制作业现场的各种粉尘、废水、废气、固体废弃物以及噪声、振动对环境的污染和危害，考虑能源节约和避免资源的浪费。

职业健康安全与环境管理的任务是建筑生产组织（企业）为达到建筑工程的职业健康安全与环境管理的目的指挥和控制组织的协调活动，包括制定、实施、实现、评审和保持职业健康安全与环境方针所需的组织机构、计划活动、职责、惯例、程序、过程和资源。

不同的组织（企业）根据自身的实际情况制定方针，并为实施、实现、评审和保持（持续改进）来建立组织机构、策划活动、明确职责、遵守有关法律法规和惯例、编制程序控制文件，实行过程控制并提供人员、设备、资金和信息资源。保证职业健康安全与环境管理任务的完成，对于职业健康安全与环境密切相关的任务，可一同完成。

7.1.2 建设工程职业健康安全与环境管理的特点

（1）建筑产品的固定性和生产的流动性及受外部环境影响因素多，决定了建设工程职业健康安全与环境管理的复杂性。

① 建筑产品的分散性与固定性使得在建筑施工生产过程中生产人员、工具与设备具有明显的流动性。

② 建筑生产主要是露天作业，不可避免地受到自然地理及气候条件变化的影响，加上建筑生产人员、工具和设备的交叉和流动作业，使项目的建设工程健康安全与环境管理具有很强的不确定性。

(2) 建筑生产的单件性决定了建设工程职业健康安全与环境管理的多样性。建筑产品的多样性决定了建筑生产的单件性。项目管理的"一次性"特征及生产过程中大量的新技术、新工艺、新设备和新材料给职业健康安全与环境管理带来了不少新的问题。因此，对于每个建设工程项目都要根据其实际情况，制订相应的健康安全与环境管理计划。

(3) 产品生产过程的连续性和分工性决定了建设工程职业健康安全与环境管理的协调性。建筑产品是在同一固定场地进行分段连续作业，且上一道工序生产的结果往往会被下一道工序掩盖，每一道程序又由不同的人员和单位来完成。因此，在建设工程职业健康安全与环境管理中要求各单位和各专业人员横向配合和协调，共同注意施工生产过程接口部分的健康安全和环境管理的协调性。

(4) 产品的委托性决定了职业健康安全与环境管理的不符合性。建筑产品在建造前就确定了买主，按建设单位特定的要求委托进行生产建造。如果业主过分压低标价，就会造成产品的生产单位对健康安全与环境管理的费用投入的减少，给建筑产品生产的健康安全与环境管理造成不利的影响。

(5) 产品生产的阶段性决定建设工程职业健康安全与环境管理的持续性。一个建设工程项目从立项到投产使用要经历多个阶段，因此要持续不断地对项目各个阶段可能出现的安全和环境问题实施管理。否则，一旦在某个阶段出现安全问题和环境问题就会造成投资的巨大浪费。

(6) 建筑产品的社会性决定了环境管理的多样性。建设工程产品是历史与环境的记录，是环境的重要组成部分又受环境影响。建设工程产品是否规划、设计和施工质量的好坏，也会对整个社会安全与环境造成影响。

7.1.3 工程项目施工安全控制

1. 安全生产的概念

安全管理的中心问题是保护生产活动中人的安全与健康，保证生产顺利进行。安全生产是指使生产过程处于避免人身伤害、设备损坏及其他不可接受的损害风险（危险）的状态。

不可接受的损害风险（危险）通常是指超出了法律、法规和规章的要求；超出了方针、目标和企业规定的其他要求；超出了人们普遍接受（通常是隐含的）的要求。

因此，安全与否要对照风险接受程度来判定，是一个相对性的概念。

2010年4月15日，国家安全生产监督管理总局发布了《企业安全生产标准化基本规范》以下简称《基本规范》安全生产行业标准，标准编号为 AQ/T 9006—2010，自 2010 年 6 月 1 日起实施。

《基本规范》共分为范围、规范性引用文件、术语和定义、一般要求、核心要求五章。在"核心要求"这一章，对企业安全生产工作的组织机构、安全投入、安全生产标准化安全管理制度、人员教育培训、设备设施运行管理、作业安全管理、隐患排查和治理、重大危险源监控、职业健康、应急救援、事故的报告和调查处理、绩效评定和持续改进等方面的内容作了具体规定。

其中，"安全生产标准化"是指通过建立安全生产责任制，制定安全管理制度和操作规程，排查治理隐患和监控重大危险源，建立预防机制，规范生产行为，使各生产环节符合有关安全生产法律法规和标准规范的要求，人、机、物、环处于良好的生产状态，并持续改进，不断加强企业安全生产规范化建设。

2. 施工安全控制的概念

安全控制是通过对生产过程中涉及的计划、组织、监控、调节和改进等一系列致力于满足生产安全所进行的管理活动。

施工项目安全管理是指施工项目在施工过程中，组织安全生产的全部管理活动。通过对生产因素具体的状态进行控制，使生产因素不安全的行为和状态减少或消除，不引发事故，尤其是不引发使人受到伤害的事故，使施工项目效益目标的实现，得到充分保证。

3. 安全控制的方针

安全控制的目的是安全生产，因此安全控制的方针也应符合安全生产的方针，即"安全第一，预防为主"。

"安全第一"是把人身的安全放在首位，安全为了生产，生产必须保证人身安全，充分体现了"以人为本"的理念。

"预防为主"是实现"安全第一"的最重要手段，采取正确的措施和方法进行安全控制，从而减少甚至消除事故隐患，尽量把事故消灭在萌芽状态，这是安全控制最重要的思想。

4. 施工安全控制的目标

施工项目要实现以经济效益为中心的工期、成本、质量、安全等方面的综合目标管理。为此，则需对与实现效益相关的生产因素进行有效的控制。安全生产是施工项目重要的控制目标之一，也是衡量施工项目管理水平的重要标志。因此，施工项目必须把实现安全生产当作组织施工活动时的重要任务。

安全控制的目标是减少和消除生产过程中的事故，保证人员健康安全和财产免受损失。具体可包括以下几点。

(1) 减少或消除人的不安全行为的目标。

(2) 减少或消除设备、材料的不安全状态的目标。

(3) 改善生产环境和保护自然环境的目标。

(4) 安全管理的目标。

5. 施工安全控制的特点

(1) 控制面广。建设工程规模较大，生产工艺复杂、工序多，在建造过程中流动作业多，高处作业多，作业位置多变，遇到的不确定因素多，安全控制工作涉及范围大，控制面广。

(2) 控制的动态性。由于建设工程项目的单件性，使得每项工程所处的条件不同，所面临的危险因素和防范措施也会有所改变，员工在转移工地后，熟悉一个新的工作环境需要一定的时间，有些工作制度和安全技术措施也会有所调整，员工同样有个熟悉的过程。又因为现场施工是分散于施工现场的各个部位，尽管有各种规章制度和安全技术交底的环节，但是面对具体的生产环境时，仍然需要自己的判断和处理，有经验的人员还必须适应不断变化的情况。

(3) 控制系统交叉性。建设工程项目是开放系统,受自然环境和社会环境影响很大,安全控制需要把工程系统和环境系统及社会系统结合。

(4) 控制的严谨性。安全状态具有触发性,其控制措施必须严谨,一旦失控,就会造成损失和伤害。

6. 施工安全控制的程序

施工安全控制的程序如图 7.1 所示。

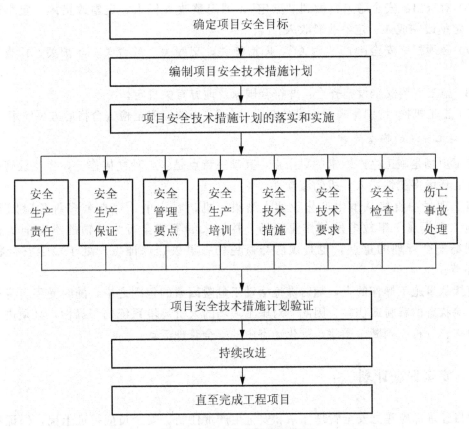

图 7.1 施工安全控制的程序

(1) 确定项目安全目标。按"目标管理"方法在以项目经理为首的项目管理系统内进行分解,从而确定每个岗位的安全目标,实现全员安全控制。

(2) 编制项目安全技术措施计划。对生产过程中的不安全因素,用技术手段加以消除和控制,并用文件化的方式表示,这是落实"预防为主"方针的具体体现,是进行工程项目安全控制的指导性文件。

(3) 项目安全技术措施计划的落实和实施,包括建立健全安全生产责任制、设置安全生产设施、进行安全教育和培训、沟通和交流信息、通过安全控制使生产作业的安全状况处于受控状态。

(4) 项目安全技术措施计划验证,包括安全检查、纠正不符合情况,并做好检查记录工作。根据实际情况补充和修改安全技术措施。

(5) 持续改进,直至完成建设工程项目的所有工作。

7. 施工安全控制的基本要求

(1) 必须取得安全行政主管部门颁发的《安全施工许可证》后才可开工。
(2) 总承包单位和每一个分包单位都应持有《施工企业安全资格审查认可证》。
(3) 各类人员必须具备相应的执业资格才能上岗。
(4) 所有新员工必须经过三级安全教育,即进厂、进车间和进班组的安全教育。
(5) 特殊工种作业人员必须持有特种作业操作证,并严格按规定定期进行复查。
(6) 对查出的安全隐患要做到"五定",即定整改责任人、定整改措施、定整改完成时间、定整改完成人、定整改验收人。
(7) 必须把好安全生产"六关",即措施关、交底关、教育关、防护关、检查关、改进关。
(8) 施工现场安全设施齐全,并符合国家及地方有关规定。
(9) 施工机械(特别是现场安设的起重设备等)必须经安全检查合格后方可使用。

8. 施工现场的安全管理

施工现场是施工生产因素的集中点,其动态特点是多工种立体作业,生产设施的临时性,作业环境多变性,人、机的流动性。

施工现场中直接从事生产作业的人密集,机、料集中,存在着多种危险因素。因此,施工现场属于事故多发的作业现场。控制人的不安全行为和物的不安全状态,是施工现场安全管理的重点,也是预防与避免伤害事故,保证生产处于最佳安全状态的根本环节。

直接从事施工操作的人,随时随地活动于危险因素的包围之中,随时受到自身行为失误和危险状态的威胁或伤害。因此,对施工现场的人机环境系统的可靠性,必须进行经常性的检查、分析、判断、调整、强化动态中的安全管理活动。

7.1.4 安全保证计划

项目经理部应建立安全管理体系和安全生产责任制。安全员应持证上岗,保证项目安全目标的实现。项目经理是项目安全生产的总负责人。

项目经理部应根据项目特点,制定安全施工组织设计或安全技术措施。

项目经理部应根据施工中人的不安全行为,物的不安全状态,作业环境的不安全因素和管理缺陷进行相应的安全控制。

实行分包的项目,安全控制应由承包人全面负责,分包人向承包人负责,并服从承包人对施工现场的安全管理。

项目经理部和分包人在施工中必须保护环境。

在进行施工平面图设计时,应充分考虑安全、防火、防爆、防污染等因素,做到分区明确,合理定位。

项目经理部必须建立施工安全生产教育制度,未经施工安全生产教育的人员不得上岗作业。

项目经理部必须为从事危险作业的人员办理人身意外伤害保险。

施工作业过程中对危及生命安全和人身健康的行为，作业人员有权抵制、检举和控告。

项目经理部应根据项目施工安全目标的要求配置必要的资源，确保施工安全，保证目标实现。专业性较强的施工项目，应编制专项安全施工组织设计并采取安全技术措施。

项目安全保证计划应在项目开工前编制，经项目经理批准后实施。

项目安全保证计划的内容应包括工程概况、控制程序、控制目标、组织结构、职责权限、规章制度、资源配置、安全措施、检查评价和奖惩制度。

项目经理部应根据工程特点、施工方法、施工程序、安全法规和标准的要求，采取可靠的技术措施，消除安全隐患，保证施工安全。

对结构复杂、施工难度大、专业性强的项目，除制定项目安全技术总体安全保证计划外，还必须制定单位工程或分部、分项工程的安全施工措施。

对高空作业、井下作业、水上作业、水下作业、深基础开挖、爆破作业、脚手架上作业、有害有毒作业和特种机械作业等专业性强的施工作业以及从事电气、压力容器、起重机、金属焊接、井下瓦斯检验、机动车和船舶驾驶等特殊工种的作业，应制定单项安全技术方案和措施，并应对管理人员和操作人员的安全作业资格和身体状况进行合格审查。

安全技术措施应包括防火、防毒、防爆、防洪、防尘、防雷击、防触电、防坍塌、防物体打击、防机械伤害、防溜车、防高空坠落、防交通事故、防寒、防暑、防疫和防环境污染等方面的措施。

7.1.5 安全保证计划的实施

项目经理部应根据安全生产责任制的要求，把安全责任目标分解到岗，落实到人。安全生产责任制必须经项目经理批准后实施。

（1）项目经理安全职责应包括认真贯彻安全生产方针、政策、法规和各项规章制度，制定和执行安全生产管理办法，严格执行安全考核指标和安全生产奖惩办法，严格执行安全技术措施审批和施工安全技术措施交底制度；定期组织安全生产检查和分析，针对可能产生的安全隐患制定相应的预防措施；当施工过程中发生安全事故时，项目经理必须按安全事故处理的有关规定和程序及时上报和处置，并制定防止同类事故再次发生的措施。

（2）安全员安全职责应包括落实安全设施的设置；对施工全过程的安全进行监督，纠正违章作业，配合有关部门排除安全隐患，组织安全教育和全员安全活动，监督劳保用品质量和正确使用。

（3）作业队长安全职责应包括向作业人员进行安全技术措施交底，组织实施安全技术措施；对施工现场安全防护装置和设施进行验收；对作业人员进行安全操作规程培训，提高作业人员的安全意识，避免产生安全隐患；当发生重大或恶性工伤事故时，应保护现场，立即上报并参与事故调查处理。

（4）班组长安全职责应包括安排施工生产任务时，向本工种作业人员进行安全措施交底；严格执行本工种安全技术操作规程，拒绝违章指挥；作业前应对本次作业所使用的机具、设备、防护用具及作业环境进行安全检查，消除安全隐患，检查安全标牌是否按规定设置，标识方法和内容是否正确完整；组织班组开展安全活动，召开上岗前安全生产会；每周应进行安全讲评。

(5) 操作工人安全职责应包括认真学习并严格执行安全技术操作规程，不违规作业；自觉遵守安全生产规章制度，执行安全技术交底和有关安全生产的规定；服从安全监督人员的指导，积极参加安全活动；爱护安全设施；正确使用防护用具；对不安全作业提出意见，拒绝违章指挥。

(6) 承包人对分包人的安全生产责任应包括审查分包人的安全施工资格和安全生产保证体系，不应将工程分包给不具备安全生产条件的分包人；在分包合同中应明确分包人安全生产责任和义务；对分包人提出安全要求，并认真监督、检查；对违反安全规定冒险蛮干的分包人，应令其停工整改；承包人应统计分包人的伤亡事故，按规定上报，并按分包合同约定协助处理分包人的伤亡事故。

(7) 分包人安全生产责任应包括分包人对本施工现场的安全工作负责，认真履行分包合同规定的安全生产责任；遵守承包人的有关安全生产制度，服从承包人的安全生产管理，及时向承包人报告伤亡事故并参与调查，处理善后事宜。

(8) 施工中发生安全事故时，项目经理必须按国务院安全行政主管部门的规定及时报告并协助有关人员进行处理。

7.1.6 施工安全技术措施计划及其实施

1. 施工安全技术措施计划

(1) 施工安全技术措施计划的主要内容包括工程概况、控制目标、控制程序、组织机构、职责权限、规章制度、资源配置、安全措施、检查评价和奖惩制度等。

(2) 编制施工安全技术措施计划时，对于某些特殊情况应考虑。

① 对结构复杂、施工难度大、专业性较强的工程项目，除制订项目总体安全保证计划外，还必须制定单位工程或分部分项工程的安全技术措施。

② 对高处作业、井下作业等专业性强的作业，电器、压力容器等特殊工种作业，应制定单项安全技术规程，并应对管理人员和操作人员的安全作业资格和身体状况进行合格检查。

(3) 制定和完善施工安全操作规程，编制各施工工种，特别是危险性较大工种的安全施工操作要求，作为规范和检查考核员工安全生产行为的依据。

(4) 施工安全技术措施包括安全防护设施的设置和安全预防措施，主要有17个方面的内容，如防火、防毒、防爆、防洪、防尘、防雷击、防触电、防坍塌、防物体打击、防机械伤害、防起重设备滑落、防高空坠落、防交通事故、防寒、防暑、防疫和防环境污染方面的措施。

2. 施工安全技术措施计划的实施

建立安全生产责任制是施工安全技术措施计划实施的重要保证。安全生产责任制是指企业对项目经理部各级领导、各个部门、各类人员所规定的在他们各自职责范围内对安全生产应负责任的制度。

7.1.7 实施安全教育

(1) 广泛开展安全生产的宣传教育，使全体员工真正认识到安全生产的重要性和必要性，懂得安全生产和文明施工的科学知识，牢固树立"安全第一"的思想，自觉地遵守各项安全生产法律法规和规章制度。

(2) 建立经常性的安全教育考核制度，考核成绩要记入员工档案。

(3) 项目经理部的安全教育内容应包括学习安全知识、安全技能、设备性能、操作规程、安全生产法律、法规、制度和安全纪律，讲解安全事故案例。

(4) 作业队安全教育内容应包括了解所承担施工任务的特点，学习施工安全基本知识、安全生产制度及相关工种的安全技术操作规程；学习机械设备和电器使用、高处作业等安全基本知识；学习防火、防毒、防爆、防洪、防尘、防雷击、防触电、防高空坠落、防物体打击、防坍塌和防机械伤害等知识及紧急安全救护知识；了解安全防护用品发放标准，防护用具、用品使用基本知识。

(5) 班组安全教育内容应包括了解本班组作业特点，学习安全操作规程、安全生产制度及纪律；学习正确使用安全防护装置（设施）及个人劳动防护用品知识；了解本班组作业中的不安全因素及防范对策、作业环境及所使用的机具安全要求。

(6) 电工、电焊工、架子工、司炉工、爆破工、机操工、起重工、机械司机和机动车辆司机等特殊工种工人，除一般安全教育外，还要经过专业安全技能培训，经考试合格持证后，方可独立操作。

(7) 采用新技术、新工艺、新设备施工和调换工作岗位时，也要进行安全教育，未经安全教育培训的人员不得上岗操作。

7.1.8 安全技术交底

1. 安全技术交底的基本要求

(1) 项目经理部必须实行逐级安全技术交底制度，纵向延伸到班组全体作业人员。

(2) 技术交底必须具体、明确，针对性强。

(3) 技术交底的内容应针对分部分项工程施工中给作业人员带来的潜在危害和存在问题。

(4) 应优先采用新的安全技术措施。

(5) 应将工程概况、施工方法、施工程序和安全技术措施等向工长、班组长进行详细交底。

(6) 定期向由两个以上作业队和多工种进行交叉施工的作业队伍进行书面交底。

(7) 保持书面安全技术交底签字记录。

2. 安全技术交底主要内容

(1) 本工程项目的施工作业特点和危险点。

(2) 针对危险点的具体预防措施。

(3) 应注意的安全事项。
(4) 相应的安全操作规程和标准。
(5) 发生事故后应及时采取的避难和急救措施。

3. 安全交底的相关注意事项

(1) 单位工程开工前,项目经理部的技术负责人必须将工程概况、施工方法、施工工艺、施工程序、安全技术措施,向承担施工的作业队负责人、工长、班组长和相关人员进行交底。

(2) 结构复杂的分部分项工程施工前,项目经理部的技术负责人应有针对性地进行全面、详细的安全技术交底。

(3) 项目经理部应保存双方签字确认的安全技术交底记录。

7.1.9 项目安全检查

工程项目安全检查的目的是消除隐患、防止事故、改善劳动条件及提高员工安全生产意识的重要手段,是安全控制工作的一项重要内容。通过安全检查可以发现工程中的危险因素,以便有计划地采取措施,保证安全生产。施工项目的安全检查应由项目经理组织,定期进行。

1. 安全检查的类型

安全检查可分为日常性检查、专业性检查、季节性检查、节假日前后的检查和不定期检查。

(1) 日常性检查即经常的、普遍的检查。企业一般每年进行1~4次;工程项目组、车间、科室每月至少进行一次;班组每周、每班次都应进行检查。专职安全技术人员的日常检查应该有计划,针对重点部位周期性地进行。

(2) 专业性检查,是针对特种作业、特种设备和特殊场所进行的检查,如电焊、气焊、起重设备、运输车辆、锅炉压力容器、易燃易爆场所等。

(3) 季节性检查,是指根据季节特点,为保障安全生产的特殊要求所进行的检查。例如,春季风大,要着重防火、防爆;夏季高温多雨雷电,要着重防暑、降温、防汛、防雷击、防触电;冬季着重防寒、防冻等。

(4) 节假日前后的检查,是针对节假日期间容易产生麻痹思想的特点而进行的安全检查,包括节假日前进行安全生产综合检查,节假日后要进行遵章守纪的检查等。

(5) 不定期检查,是指在工程或设备开工和停工前及检修中,工程或设备竣工及试运转时进行的安全检查。

2. 安全检查的注意事项

(1) 安全检查要深入基层、紧紧依靠职工,坚持领导与群众相结合的原则,组织好检查工作。

(2) 建立检查的组织领导机构,配备适当的检查力量,挑选具有较高技术业务水平的专业人员参加。

（3）做好检查的各项准备工作，包括思想、业务知识、法规政策和检查设备、奖金的准备。

（4）明确检查的目的和要求。既要严格要求，又要防止一刀切，要从实际出发，分清主次矛盾，力求实效。

（5）把自查与互查有机结合起来，基层以自检为主，企业内相应部门间互相检查，取长补短，相互学习和借鉴。

（6）坚持查改结合。检查不是目的，只是一种手段，整改才是最终目的。发现问题，要及时采取切实有效的防范措施。

（7）建立检查档案。结合安全检查表的实施，逐步建立健全检查档案，收集基本的数据，掌握基本安全状况，为及时消除隐患提供数据，同时也为以后的职业健康安全检查奠定基础。在制定安全检查表时，应根据用途和目的具体确定安全检查表的种类。安全检查表的主要种类有设计用安全检查表；厂级安全检查表；车间安全检查表；班组及岗位安全检查表；专业安全检查表等。制定安全检查表要在安全技术部门的指导下，充分依靠职工来进行。初步制定出来的检查表，要经过群众的讨论，反复试行，再加以修订，最后由安全技术部门审定后方可正式实行。

3. 安全检查的主要内容

安全检查的主要内容包括查思想、查管理、查隐患、查整改和查事故处理。

安全检查的重点是违章指挥和违章作业。安全检查后应编制安全检查报告，说明已达标项目、未达标项目、存在问题、原因分析、纠正和预防措施。

4. 项目经理部安全检查的主要规定

（1）项目经理应组织项目经理部定期对安全控制计划的执行情况进行检查考核和评价。对施工中存在的不安全行为和隐患，对作业中存在的不安全行为和隐患，签发安全整改通知，项目经理部应分析原因并制定落实相应整改防范措施，实施整改后应予复查。

（2）项目经理部应根据施工过程的特点和安全目标的要求，确定安全检查内容。

（3）项目经理部安全检查应配备必要的设备或器具，确定检查负责人和检查人员，并明确检查内容及要求。

（4）项目经理部安全检查应采取随机抽样、现场观察、实地检测相结合的方法，并记录检测结果。对现场管理人员的违章指挥和操作人员的违章作业行为应进行纠正。

（5）安全检查人员应对检查结果进行分析，找出安全隐患部位，确定危险程度。

（6）项目经理部应编写安全检查报告并上报。

7.2 建设工程施工安全控制的理论与方法

7.2.1 危险源的概念

1. 危险源的定义

危险源是指可能导致人身伤害或疾病、财产损失、工作环境破坏或这些情况组合的危险因素和有害因素。

危险因素强调突发性和瞬间作用的因素，有害因素强调在一定时期内的慢性损害和累积作用。

危险源是安全控制的主要对象，所以，安全控制又称危险控制或安全风险控制。

2. 两类危险源

在实际生活和生产过程中的危险源是以多种多样的形式存在的，其导致的事故可归结为能量的意外释放或有害物质的泄漏。根据危险源在事故发生发展中的作用把危险源分为两大类，即第一类危险源和第二类危险源。

1) 第一类危险源

可能发生意外释放的能量的载体或危险物质称作第一类危险源（如"炸药"是能够产生能量的物质；"压力容器"是拥有能量的载体）。能量或危险物质的意外释放是事故发生的物理本质。通常把产生能量的能量源或拥有能量的能量载体作为第一类危险源来处理。

2) 第二类危险源

造成约束、限制能量措施失效或破坏的各种不安全因素称作第二类危险源（如"电缆绝缘层"、"脚手架"、"起重机钢绳"等）。

在生产生活中，为了利用能源，人们制造了各种机器设备，让能量按照人们的意图在系统中流动、转换和做功，为人类服务，而这些设备设施又可看做限制约束能量的工具。正常情况下，生产过程的能量或危险物质受到约束或限制，不会发生意外释放，即不会发生事故。但是，一旦这些约束或限制能量或危险物质的措施受到破坏或失效（故障），则将发生事故。第二类危险源包括人的不安全行为、物的不安全状态和不良环境条件三个方面。

3. 危险源与事故

事故的发生是两类危险源共同作用的结果，第一类危险源是事故发生的前提，第二类危险源的出现是第一类危险源导致事故的必要条件。在事故的发生和发展过程中，两类危险源相互依存，相辅相成。第一类危险源是事故的主体，决定事故的严重程度，第二类危险源出现的难易，决定事故发生的可能性大小。

7.2.2 危险源控制的方法

1. 危险源辨识与风险评价

1) 危险源辨识的方法

（1）专家调查法是通过向有经验的专家咨询、调查、辨识、分析和评价危险源的一类方法，其优点是简便、易行，其缺点是受专家的知识、经验和占有资料的限制，可能出现遗漏。常用的有头脑风暴法（Brain storming）和德尔菲（Delphi）法。

① 头脑风暴法是通过专家创造性的思考，从而产生大量的观点、问题和议题的方法。其特点是多人讨论，集思广益，可以弥补个人判断的不足，常采取专家会议的方式来相互启发、交换意见，使危险、危害因素的辨识更加细致和具体。常用于目标比较单纯的议题，如果涉及面较广，包含因素多，可以分解目标，再对单一目标或简单目标使用本方法。

② 德尔菲法是采用背对背的方式对专家进行调查，其特点是避免了集体讨论中的从众性倾向，更代表专家的真实意见。要求对调查的各种意见进行汇总统计处理，再反馈给专家反复征求意见。

(2) 安全检查表(Safety check list)实际上就是实施安全检查和诊断项目的明细表。运用已编制好的安全检查表，进行系统的安全检查，辨识工程项目存在的危险源。检查表的内容一般包括分类项目、检查内容及要求、检查以后处理意见等。可以用"是"、"否"做回答或"√"、"×"符号做标记，同时注明检查日期，并由检查人员和被检单位同时签字。

安全检查表法的优点是简单易懂、容易掌握，可以事先组织专家编制检查项目，使安全检查做到系统化、完整化。缺点是一般只能作出定性评价。

2) 风险评价方法

风险评价是评估危险源所带来的风险大小及确定风险是否可容许的全过程。根据评价结果对风险进行分级，按不同级别的风险有针对性地采取风险控制措施。以下介绍两种常用的风险评价方法。

(1) 方法1。

将安全风险的大小用事故发生的概率与发生事故后果的严重程度的乘积来衡量，即

$$R = p \cdot f \tag{7-1}$$

式中　R —— 风险的大小；

　　　p —— 事故发生的概率(频率)；

　　　f —— 事故后果的严重程度。

根据上述估算结果，可按表7-1对风险的大小进行分级。

表7-1　风险分级表

风险级别(大小)　　后果(f)　　概率(p)	轻度损失 (轻微伤害)	中度损失 (伤害)	重大损失 (严重伤害)
很大	Ⅲ	Ⅳ	Ⅴ
中等	Ⅱ	Ⅲ	Ⅳ
极小	Ⅰ	Ⅱ	Ⅲ

表中：Ⅰ——可忽略风险；Ⅱ——可容许风险；Ⅲ——中度风险；Ⅳ——重大风险；Ⅴ——不容许风险。

(2) 方法2。将可能造成安全风险的大小用事故发生的可能性、人员暴露于危险环境中的频繁程度和事故后果三个自变量的乘积衡量，即

$$S = L \cdot E \cdot C \tag{7-2}$$

式中　S —— 风险的大小；

　　　L —— 事故发生的可能性，按表7-2所给的定义取值；

　　　E —— 人员暴露于危险环境中的频繁程度，按表7-3所给的定义取值；

　　　C —— 事故后果的严重程度，按表7-4所给的定义取值；

此方法因为引用了L、E、C三个自变量，因此称LEC方法。

表7-2 事故发生的可能性(L)

分数值	事故发生的可能性	分数值	事故发生的可能性
10	必然发生的	0.5	很不可能,可以设想
6	相当可能	0.2	极不可能
3	可能,但不经常	0.1	实际不可能
1	可能性极小,完全意外		

表7-3 暴露于危险环境中的频繁程度(E)

分数值	人员暴露于危险环境中的频繁程度	分数值	人员暴露于危险环境中的频繁程度
10	连续暴露	2	每月一次暴露
6	每天工作时间暴露	1	每年几次暴露
3	每周一次暴露	0.5	非常罕见的暴露

表7-4 发生事故产生的后果(C)

分数值	事故发生造成的后果	分数值	事故发生造成的后果
100	大灾难,许多人死亡	7	严重,重伤
40	灾难,多人死亡	3	较严重,受伤较重
15	非常严重,一人死亡	1	引人关注,轻伤

根据经验,如表7-5所示。危险性量值在20以下为可忽略风险;危险性量值在20~70为可容许风险;危险性量值在70~160为中度风险;危险性量值在160~320为重大风险。当危险性量值大于320的为不容许风险。

表7-5 危险性等级划分

危险性量值(S)	危险程度	危险性量值(S)	危险程度
≥320	不容许风险,不能继续作业	20~70	可容许风险,需要注意
160~320	重大风险,需要立即整改	≤20	可忽略风险,可以接受
70~160	中度风险,需要整改		

2. 危险源的控制方法

1) 第一类危险源的控制方法

(1) 防止事故发生的方法:消除危险源、限制能量或危险物质、隔离。

(2) 避免或减少事故损失的方法:隔离、个体防护、设置薄弱环节、使能量或危险物质按人们的意图释放、避难与援救措施。

2) 第二类危险源的控制方法

(1) 减少故障:增加安全系数、提高可靠性、设置安全监控系统。

(2) 故障—安全设计包括:故障—消极方案(即故障发生后,设备、系统处于最低能量状态,直到采取校正措施之前不能运转);故障—积极方案(即故障发生后,在没有采取校正措施之前使系统、设备处于安全的能量状态之下);故障—正常方案(即保证在采取校正行动之前,设备、系统正常发挥功能)。

3. 危险源控制的策划原则

（1）尽可能完全消除有不可接受风险的危险源，如用安全品取代危险品。

（2）如果是不可能消除有重大风险的危险源，应努力采取降低风险的措施，如使用低压电器等。

（3）在条件允许时，应使工作适合于人，如考虑降低人的精神压力和体能消耗。

（4）应尽可能利用技术进步来改善安全控制措施。

（5）应考虑保护每个工作人员的措施。

（6）将技术管理与程序控制结合起来。

（7）应考虑引入诸如机械安全防护装置的维护计划的要求。

（8）在各种措施还不能绝对保证安全的情况下，作为最终手段，还应考虑使用个人防护用品。

（9）应有可行、有效的应急方案。

（10）预防性测定指标是否符合监视控制措施计划的要求。

不同的组织可根据不同的风险量选择适合的控制策略。表7-6所示为简单的风险控制策划表。

表7-6 风险控制策划表

风 险	措 施
可忽略的	不采取措施且不必保留文件记录
可容许的	不需要另外的控制措施，应考虑投资效果更佳的解决方案或不增加额外成本的改进措施，需要监视来确保控制措施得以维持
中度的	应努力降低风险，但应仔细测定并限定预防成本，并在规定的时间期限内实现降低风险的措施。在中度风险与严重伤害后果相关的场合，必须进一步地评价，以更准确地确定伤害地可能性，以确定是否需要改进控制措施
重大的	直至风险降低后才能开始工作。为降低风险有时必须配给大量的资源。当风险涉及正在进行中的工作时，就应采取应急措施
不容许的	只有当风险已经降低时，才能开始或继续工作。如果无限的资源投入也不能降低风险，就必须禁止工作

7.2.3 安全管理基本原则

安全管理是企业生产管理的重要组成部分，是一门综合性的系统科学。安全管理的对象是生产中一切人、物、环境的状态管理与控制，安全管理是一种动态管理。

施工现场的安全管理，主要是组织实施企业安全管理规划、指导、检查和决策，同时，其又是保证生产处于最佳安全状态的根本环节。施工现场安全管理的内容，大体可归纳为安全组织管理，场地与设施管理，行为控制和安全技术管理四个方面，分别对生产中的人、物、环境的行为与状态，进行具体的管理与控制。为有效地将生产因素的状态控制好，实施安全管理过程中，必须正确处理五种关系，坚持六项基本管理原则。

1. 正确处理五种关系

1) 安全与危险并存

安全与危险在同一事物的运动中是相互对立、相互依赖的。因为有危险,才要进行安全管理,以防止危险。随着事物的运动变化,安全与危险每时每刻都在变化着,进行着此消彼长的斗争。事物的状态将向斗争的胜方倾斜。可见,在事物的运动中,都不会存在绝对的安全或危险。

保持生产的安全状态,必须采取多种措施,以预防为主。危险因素是客观的存在于事物运动之中的,自然是可知的,也是可控的。

2) 安全与生产的统一

生产是人类社会存在和发展的基础。如果生产中人、物、环境都处于危险状态,则生产无法顺利进行。因此,安全是生产的客观要求。就生产的目的性来说,组织好安全生产就是对国家、人民和社会最大的负责。生产有了安全保障,才能持续、稳定发展。

3) 安全与质量的包涵

从广义上看,质量包涵安全工作质量,安全概念也内涵着质量,交互作用,互为因果。安全第一,质量第一,两个第一并不矛盾。安全第一是从保护生产因素的角度提出的,而质量第一则是从关心产品成果的角度而强调的。安全为质量服务,质量需要安全保证。

4) 安全与速度互保

速度应以安全做保障,安全就是速度。应追求安全加速度,竭力避免安全减速度。当速度与安全发生矛盾时,暂时减缓速度,保证安全才是正确的做法。

5) 安全与效益的兼顾

安全技术措施的实施,定会改善劳动条件,调动职工的积极性,焕发劳动热情,带来经济效益,足以使原来的投入得以补偿。从这个意义上说,安全与效益完全是一致的,安全促进了效益的增长。

在安全管理中,投入要适度、适当,精打细算,统筹安排,既要保证安全生产,又要经济合理,还要考虑力所能及。单纯为了省钱而忽视安全生产,或单纯追求安全生产不惜资金的盲目高标准,都不可取。

2. 坚持安全管理六项基本原则

1) 管生产同时管安全

安全寓于生产之中,并对生产发挥促进与保证作用。因此,安全与生产表现出高度的一致和完全的统一。

管生产同时管安全,不仅是对各级领导人员明确安全管理责任,同时,也向一切与生产有关的机构、人员,明确了业务范围内的安全管理责任。由此可见,一切与生产有关的机构、人员,都必须参与安全管理并在管理中承担责任。

2) 坚持安全管理的目的性

没有明确目的的安全管理是一种盲目行为。在一定意义上,盲目的安全管理,只能纵容威胁人的安全与健康的状态向更为严重的方向发展或转化。

3) 必须贯彻预防为主的方针

安全生产的方针是"安全第一、预防为主"。进行安全管理不是处理事故,而是在生产活动中,针对生产的特点,对生产因素采取管理措施,有效地控制不安全因素的发展与扩大,把可能发生的事故,消灭在萌芽状态,以保证生产活动中,人的安全与健康。

4) 坚持"四全"动态管理

安全管理不是少数人和安全机构的责任,而是一切与生产有关的人共同的责任。生产组织者在安全管理中的作用固然重要,全员参与管理也十分重要。因此,生产活动中必须坚持全员、全过程、全方位和全天候的动态安全管理。

5) 安全管理重在控制

进行安全管理的目的是预防、消灭事故,防止或消除事故伤害,保护劳动者的安全与健康。安全管理的四项主要内容虽然都是为了达到安全管理的目的,但是对生产因素状态的控制,与安全管理目的的关系更直接,显得更为突出。因此,对生产中人的不安全行为和物的不安全状态的控制,必须看做是动态安全管理的重点。事故的发生,是由于人的不安全行为运动轨迹与物的不安全状态运动轨迹的交叉。事故发生的原理也说明了对生产因素状态的控制,应该作为安全管理的重点。

6) 在管理中发展和提高

7.2.4 人的不安全行为与物的不安全状态

安全与不安全是相对的概念。从事施工生产活动,随时随地都会遇到、接触、克服多方面的危险因素。一旦对危险因素失控,必将导致事故。探求事故成因,人、物和环境因素的作用,是事故的根本原因。从对人和管理两方面去探讨事故,人的不安全行为和物的不安全状态,都是酿成事故的直接原因。

1. 人的不安全行为与人失误

不安全行为是人表现出来的,与人的心理特征相违背的非正常行为。人在生产活动中,曾引起或可能引起事故的行为,必然是不安全行为。人的自身因素是人的行为根据、内因。环境因素是人的行为外因;是影响人的行为的条件,甚至产生重大影响。

人失误是指人的行为结果偏离了规定的目标或超出可接受的界限,并产生了不良影响的行为。在生产作业中,往往人失误是不可避免的副产物。

1) 人失误具有与人能力的可比性

工作环境可诱发人失误,由于人失误是不可避免的,因此,在生产中凭直觉、靠侥幸,是不能长期成功地维持安全生产的。当编制操作程序和操作方法时,侧重地考虑了生产和产品条件,忽视了人的能力与水平,有促使发生人失误的可能。

2) 人失误的类型

(1) 随机失误。由人的行为、动作的随机性质引起的人失误,属于随机失误。随机失误与人的心理、生理原因有关。随机失误往往是不可预测,也不重复出现的。

(2) 系统失误。由系统设计不足或人的不正常状态引发的人失误属于系统失误。系统失误与工作条件有关,类似的条件可能引发失误再出现或重复发生。改善工作条件,加强职业训练可以克服系统失误。

3）人失误的表现

一般出现失误结果以后，人的表现是很难预测的。例如，遗漏或遗忘现象，把事弄颠倒，没按要求或规定的时间操作，无意识动作，调整错误，进行规定外的动作等。

4）人的信息处理过程失误

人在进行信息处理时，必然要出现失误，这是客观的倾向。信息处理失误倾向，都可能导致人失误。在工艺、操作、设备等进行设计时，采取一些预防失误倾向的措施，对克服失误倾向是极有利的。

5）心理紧张与人失误的关联

人大脑意识水平降低，直接引起信息处理能力的降低，影响人对事物注意力的集中，降低警觉程度。意识水平的降低是发生人失误的内在原因。经常进行教育、训练，合理安排工作，消除心理紧张因素，有效控制心理紧张的外部原因，使人保持最优的心理紧张度，对消除人失误现象是十分重要的。

6）人失误的原因

造成人失误的原因是多方面，有人的自身因素对过负荷的不适应原因，如超体能、精神状态、熟练程度、疲劳、疾病时的超负荷操作以及环境过负荷，心理过负荷，人际立场负荷等都能使人发生操作失误。

7）不安全行为的心理原因

一切人的个性心理特征不会完全相同。人的性格是个性心理的核心，因此，性格能决定人对某种情况的态度和行为。鲁莽、草率、懒惰等性格往往成为产生不安全行为的原因。

非理智行为在引发为事故的不安全行为中，所占比例相当大，在生产中出现的违章、违纪现象，都是非理智行为的表现，冒险蛮干则表现的尤为突出。在安全管理过程中，控制非理智行为的任务是相当重的，也是非常严肃、非常细致的一项工作。

2. 物的不安全状态和安全技术措施

人机系统把生产过程中并发挥一定作用的机械、物料、生产对象以及其他生产要素统称为物。物都具有不同形式、性质的能量，有出现能量意外释放，引发事故的可能性。物的能量可能释放引起事故的状态，称为物的不安全状态。这是从能量与人的伤害间的联系所给以的定义。如果从发生事故的角度来看，也可把物的不安全状态看做曾引起或可能引起事故的物的状态。

在生产过程中，物的不安全状态极易出现。所有的物的不安全状态，都与人的不安全行为或人的操作、管理失误有关。往往在物的不安全状态背后，隐藏着人的不安全行为或人失误。物的不安全状态既反映了物的自身特性，又反映了人的素质和人的决策水平。

物的不安全状态的运动轨迹，一旦与人的不安全行为的运动轨迹交叉，就是发生事故的时间与空间。所以物的不安全状态是发生事故的直接原因。因此，正确判断物的具体不安全状态，控制其发展，对预防、消除事故有直接的现实意义。

针对生产中物的不安全状态的形成与发展，在进行施工设计、工艺安排、施工组织与具体操作时，采取有效的控制措施，把物的不安全状态消除在生产活动进行之前，或引发为事故之前，是安全管理的重要任务之一。

消除生产活动中物的不安全状态,是生产活动所必需的,又是预防为主方针落实的需要,同时,也体现了生产组织者的素质状况和工作才能。

1) 能量意外释放与控制方法

生产活动中一直未间断过能量的利用,在利用中,人们给以能量种种约束与限制,使之按人的意志进行流动与转换,正常发挥能量用以做功。一旦能量失去人的控制,便会立即超越约束与限制,自行开辟新的流动渠道,出现能量的突然释放,于是,发生事故的可能性就随着突然释放而变得完全可能。

突然释放的能量,如果达及人体又超过人体的承受能力,就会酿成伤害事故。从这个观点去看,事故是不正常或不希望的能量意外释放的最终结果。

2) 屏蔽

约束、限制能量意外释放,防止能量与人体接触的措施,统称为屏蔽。

3) 能量意外释放伤害及预防措施

能量意外逸出,在开辟新流动渠道时达及人体而致伤害。发生此类事故有突然性,事故发生瞬间,人往往来不及采取措施即已受到伤害。预防的方法比较复杂,除加大流动渠道的安全性,从根本上防止能量外逸之外,同时在能量正常流动与转换时,采取物理屏蔽、信息屏蔽、时空屏蔽等综合措施,也能够减轻伤害的机会和严重程度。

预防此类事故,完善能量控制系统最为重要,如自动报警、自动控制,在出现能量释放时既需要立即报警,又能进行自动疏放或封闭。同时在能量正常流动与转换时,应考虑非正常时的处理,及早采取时空与物理屏蔽措施。

4) 安全技术措施

安全技术是改善生产工艺,改进生产设备,控制生产因素不安全状态,预防与消除危险因素对人产生的伤害的科学武器和有力的手段。安全技术包括为实现安全生产的一切技术方法与措施以及避免损失扩大的技术手段。

5) 安全技术措施的优选顺序

预防是消除事故最佳的途径。在采取安全技术措施时,应依次遵循预防性措施优先选择,根治性措施优先选择,紧急性措施优先选择的原则,以保证采取措施与落实的速度,也就是要分出轻、重、缓、急。安全技术措施的优选顺序如下。

(1) 根除、限制危险因素包括选择合理的设计方案、工艺,选用理想的原材料、本质安全设备并控制与强化长期使用中的状态,从根本上解决对人的伤害作用。

(2) 隔离、屏蔽。以空间分离或物理屏蔽,把人与危险因素进行隔离,防止伤害事故或导致其他事故。

(3) 故障—安全设计。发生故障、失误时,在一定时间内,系统仍能保证安全运行。系统中优先保证人的安全,依次是保护环境,保护设备和防止机械能力降低。

(4) 减少故障和失误。安全监控系统、安全系数、提高可靠性是经常采用的减少故障和失误的措施。

(5) 警告。警告是提醒人们"注意"的主要方法,是校正人们危险行动的措施。

6) 生产作业环境的人机系统要求

工业生产是一套人、机、环境系统。系统因素合理匹配并实现"机宜人、人适机、人机匹配",可使机、环因素更适应人的生理、心理特征,人的操作行为就可能在轻松中准确进行,减少失误,提高效率,消除事故。

对作业环境条件的要求。

(1) 照明必须满足作业的需要。

(2) 噪声、振动的强度必须低于人生理、心理的承受能力。

(3) 有毒、有害物质的浓度必须降到允许标准以下。

安全管理的基本框架如图 7.2 所示。

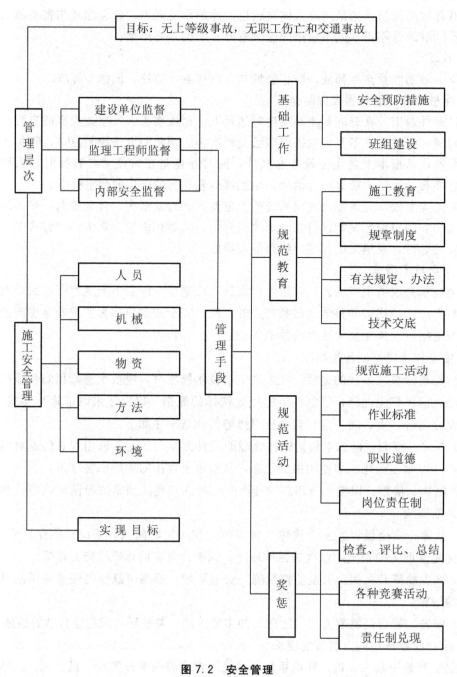

图 7.2 安全管理

7.3 建设工程职业健康安全事故的分类和处理

7.3.1 建设工程职业健康安全事故的分类

职业健康安全事故分两大类型,即职业伤害事故与职业病。

1) 职业伤害事故

职业伤害事故是指因生产过程及工作原因或与其相关的其他原因造成的伤亡事故。

按照我国《企业职工伤亡事故分类标准》(GB 6441—1986)标准规定,职业伤害事故分为 20 类,包括物体打击、车辆伤害、机械伤害、起重伤害、触电、淹溺、灼烫、火灾、高处坠落、坍塌、冒顶片帮、透水、放炮、火药爆炸、瓦斯爆炸、锅炉爆炸、容器爆炸、其他爆炸、中毒和窒息、其他伤害等。

2) 职业病

经诊断因从事接触有毒有害物质或不良环境的工作而造成急慢性疾病,属职业病。

2002 年卫生部会同劳动和社会保障部发布的《职业病目录》列出的法定职业病为 10 大类,共 115 种。该目录中所列的 10 大类职业病:尘肺、职业性放射性疾病、职业中毒、物理因素所致职业病、生物因素所致职业病、职业性皮肤病、职业性眼病、职业性耳鼻喉口腔疾病、职业性肿瘤和其他职业病。

7.3.2 施工伤亡事故的预防

建筑企业的施工项目,是一个露天加工厂,厂内进行立体多工种交叉作业,拥有大量的临时设施,经常变化的作业面,除了"产品"固定外,人、机、物都在流动,若不重视安全,则极易引发伤亡事故。本章就施工项目伤亡事故的预防和处理予以阐述。

1. 工伤事故的概念

工伤事故即因工伤亡事故,是因生产与工作发生的伤亡事故。国务院《工人职员伤亡事故报告规程》中指出,企业对于工人职员在生产区域中所发生的和生产有关的伤亡事故(包括急性中毒事故),必须按规定进行调查、登记统计和报告。其中给了两个条件:一是生产区域,二是和生产有关。当前伤亡事故统计中除职工以外还应包括民工、临时工及参加生产劳动的学生、教师、干部。上述人员虽不在生产和工作岗位上,但是由于企业设备或劳动条件不良而造成的伤亡事故,如塔吊、架子、大模板倒塌而造成的事故也应在统计之列。

2. 伤亡事故分类与等级

依照《企业职工伤亡事故分类标准》GB 6441—1986(国家标准局 1986 年 5 月 31 日发布,1987 年 2 月 1 日起实施),按伤害程度和严重程度可划为以下七类。

(1) 轻伤。

(2) 重伤事故。

(3) 多人事故。

(4) 急性中毒。

(5) 重大伤亡事故。

(6) 多人重大伤亡事故。

(7) 特大伤亡事故。

3. 生产安全事故等级

2007年3月28日国务院第172次常务会议通过了《生产安全事故报告和调查处理条例》，并以中华人民共和国国务院令第493号予以公布，自2007年6月1日起施行。与此同时，国务院1989年3月29日公布的《特别重大事故调查程序暂行规定》和1991年2月22日公布的《企业职工伤亡事故报告和处理规定》同时废止。

根据生产安全事故（以下简称事故）造成的人员伤亡或者直接经济损失，事故一般分为以下等级。

(1) 特别重大事故，是指造成30人以上死亡，或者100人以上重伤（包括急性工业中毒，下同），或者1亿元以上直接经济损失的事故。

(2) 重大事故，是指造成10人以上30人以下死亡，或者50人以上100人以下重伤，或者5000万元以上1亿元以下直接经济损失的事故。

(3) 较大事故，是指造成3人以上10人以下死亡，或者10人以上50人以下重伤，或者1000万元以上5000万元以下直接经济损失的事故。

(4) 一般事故，是指造成3人以下死亡，或者10人以下重伤，或者1000万元以下直接经济损失的事故。

本条第一款所称的"以上"包括本数，所称的"以下"不包括本数。

4. 伤亡事故原因

伤亡事故原因是指直接使劳动者受到伤害的原因，主要有以下几个方面。

(1) 物体打击。

(2) 车辆伤害。

(3) 机器工具伤害。

(4) 起重伤害。

(5) 触电。

(6) 淹溺。

(7) 灼烫。

(8) 火灾。

(9) 刺割。

(10) 高处坠落。

(11) 坍塌。

(12) 冒顶片帮。

(13) 透水。

(14) 放炮。

(15) 火药爆炸。

(16) 瓦斯爆炸。

(17) 锅炉和受压容器爆炸。
(18) 其他爆炸。
(19) 中毒和窒息。
(20) 其他伤害。

总结分析我国建筑企业近年来发生的因工伤亡事故，不难得出，建筑工地发生伤亡事故的基本原因有两条：一是人的不安全行为；二是物质的不安全状态。据统计80%以上的伤亡事故是由于人的不安全行为造成的。

5. 预防事故的措施

为了便于掌握和切实达到预防事故和减少事故损失，应采取以下安全技术措施。

1) 改进生产工艺，实现机械化和自动化

随着科学技术的发展，建筑企业不断改进生产工艺，加快了实现机械化、自动化的过程，促进了生产的发展，提高了安全技术水平，大大减轻了工人的劳动强度，保证了职工的安全和健康。例如，采取机械化的喷涂抹灰，工效提高了2～4倍，不但保证了工程质量，还减轻了工人的劳动强度，保护了施工人员的安全。又如，构件厂制作圆孔板的拉丝机，采用了自动化设备，减少了工人操作时接触机械的机会，杜绝了夹手断指的事故。因此，在编制施工组织设计时，应尽量优先考虑采用新工艺、机械化、自动化的生产手段，为安全生产、预防事故创造条件。

2) 设置安全装置

(1) 防护装置就是用屏护方法与手段把人体与生产活动中出现的危险部位隔离开来的设施和设备。施工活动中的危险部位主要有"四口"、"五临边"、机具、车辆、暂设电器、高温、高压容器及原始环境中遗留下来的不安全因素等。

防护装置的种类繁多，一般企业购入的设备应该有严密的安全防护装置，但建筑业流动性大、人员繁杂及生产厂家的问题，均可能造成无防护或缺少、遗失防护的现象。因此，应随时检查增补，做到防护严密。在"四口"、"五临边"处理上要按部颁标准设置水平及立体防护，使劳动者有安全感；在机械设备上做到轮有罩、轴有套，使其转动部分与人体绝对隔离开来；在施工用电中，要做到"四级"保险；遗留在施工现场的危险因素，要有隔离措施，如高压线路的隔离防护设施等。项目经理和管理人员应经常检查并教育施工人员正确使用安全防护装置并严加保护，不得随意破坏，拆卸和废弃。

(2) 保险装置是指机械设备在非正常操作和运行中能够自动控制和消除危险的设施设备，也可以说其是保障设施设备和人身安全的装置，如锅炉、压力容器的安全阀，供电设施的触电保安器，各种提升设备的断绳保险器等。近年来北京地区建筑工人发明的提升架吊盘"门控杠式防坠落保险装置"，"桥架断绳保险器"等均属此类设备。

(3) 信号装置是利用人的视觉、听觉反应原理制造的装置。它应用信号指示或警告工人该做什么、该躲避什么。信号装置的本身不具有排除危险的功能。它仅是提示工人注意，遇到不安全状况立即采取有效措施脱离危险区或采取预防措施。因此，其效果取决于工人的注意力和识别信号的能力。

信号装置可分为三种，即颜色信号，如指挥起重工的红、绿手旗，场内道路上的红、绿、黄灯；音响信号，如塔吊上的电铃，指挥吹的口哨等；指示仪表信号，如压力表、水位表、温度计等。

（4）危险警示标志是警示工人进入施工现场应注意或必须做到的统一措施。通常其以简短的文字或明确的图形符号予以显示。各类图形通常配以红、蓝、黄和绿颜色。红色表示危险禁止；蓝色表示指令；黄色表示警告；绿色表示安全。国家发布的安全标志对保持安全生产起到了促进作用，必须按标准予以实施。

3）预防性的机械强度试验和电气绝缘检验

（1）预防性的机械强度试验。施工现场的机械设备，特别是自行设计组装的临时设施和各种材料、构件、部件均应进行机械强度试验。必须在满足设计和使用功能时方可投入正常使用。有些还应定期或不定期地进行试验，如施工用的钢丝绳、钢材、钢筋、机件及自行设计的吊栏架、外挂架子等，在使用前必须做承载试验。这种试验是确保施工安全的有效措施。

（2）电气绝缘检验。电气设备的绝缘可靠与否，不仅是电业人员的安全问题，也关系到整个施工现场财产、人员的安危。由于施工现场多工种联合作业，使用电器设备的工种不断增多，更应重视电气绝缘问题。

4）机械设备的维修保养和有计划地检修

随着施工机械化的发展，各种先进的大、中、小型机械设备进入工地，但由于建筑施工要经常变化施工地点和条件，机械设备不得不经常拆卸、安装。就机械设备本身而言，各零部件也会产生自然和人为的磨损，如果不及时地发现和处理，就会导致事故发生，轻者影响生产，重者将会机毁人亡，给企业乃至社会造成无法弥补的损失。因此，要保持设备的良好状态，提高其使用期限和效率，有效地预防事故就必须进行经常性的维修保养。

5）文明施工

实践证明，一个施工现场如果做到整体规划有序、平面布置合理、临时设施整洁划一，原材料、构配件堆码整齐，各种防护齐全有效，各种标志醒目、施工生产管理人员遵章守纪，那这个施工企业一定会获得较大的经济效益、社会效益和环境效益，反之，将会造成不良的影响。因此，文明施工也是预防安全事故，提高企业素质的综合手段。

6）合理使用劳动保护用品

适时地供应劳动保护用品，是在施工生产过程中预防事故、保护工人安全和健康的一种辅助手段。它虽不是主要手段，但在一定的地点、时间条件下却能起到不可估量的作用。

7）强化民主管理，认真执行操作规程，普及安全技术知识教育

改革开放以来，大量农村富余劳动力以各种形式进入了施工现场，从事其不熟悉的工作，他们十分缺乏建筑施工安全知识，因此，绝大多数事故发生在其身上。据有关部门统计，一般因工伤亡事故的农民工占80%以上，有的企业甚至占100%。如果能从招工审查、技术培训、施工管理、行政生活上严格加强民主管理，将事故减少50%以上，则许多生命可被挽救。因此这是当前以及将来预防事故的一个重要方面。

随着国家法制建设的不断加强，建筑企业施工的法律、规程、标准已大量出台。只要认真地贯彻安全技术操作规程，并不断补充完善其实施细则，建筑业落实"安全第一，预防为主"的方针就会实现。大量的伤亡事故就会减少和杜绝。

以上所述是预防安全事故的几条最基本的措施，每个施工项目还应根据工程的特点，拟定切合实际的预防安全事故的具体措施。总的目标是综合推进从减少"四大伤害"和土

方坍塌伤亡事故入手，从"经验管理型"的模式解放出来，逐步走上"预测控制型"的管理方式，最后达到减少和杜绝一切因工伤亡事故的目的。

7.3.3 建设工程职业健康安全事故的处理

1. 安全事故处理的原则

安全事故处理的原则，即 4 不放过的原则如下。
（1）事故原因不清楚不放过。
（2）事故责任者和员工没有受到教育不放过。
（3）事故责任者没有处理不放过。
（4）没有指定防范措施不放过。

2. 安全事故处理程序

（1）报告安全事故。
（2）处理安全事故，抢救伤员，排除险情，防止事故蔓延扩大，做好标志，保护好现场等。
（3）安全事故调查。
（4）对事故责任者进行处理。
（5）编写调查报告并上报。

3. 事故报告与法律责任

根据 2007 年国务院 493 号令：

第九条　事故发生后，事故现场有关人员应当立即向本单位负责人报告；单位负责人接到报告后，应当于 1 小时内向事故发生地县级以上人民政府安全生产监督管理部门和负有安全生产监督管理职责的有关部门报告。

情况紧急时，事故现场有关人员可以直接向事故发生地县级以上人民政府安全生产监督管理部门和负有安全生产监督管理职责的有关部门报告。

第十条　安全生产监督管理部门和负有安全生产监督管理职责的有关部门接到事故报告后，应当依照下列规定上报事故情况，并通知公安机关、劳动保障行政部门、工会和人民检察院：

（1）特别重大事故、重大事故逐级上报至国务院安全生产监督管理部门和负有安全生产监督管理职责的有关部门；
（2）较大事故逐级上报至省、自治区、直辖市人民政府安全生产监督管理部门和负有安全生产监督管理职责的有关部门；
（3）一般事故上报至设区的市级人民政府安全生产监督管理部门和负有安全生产监督管理职责的有关部门。

安全生产监督管理部门和负有安全生产监督管理职责的有关部门依照前款规定上报事故情况，应当同时报告本级人民政府。国务院安全生产监督管理部门和负有安全生产监督管理职责的有关部门以及省级人民政府接到发生特别重大事故、重大事故的报告后，应当立即报告国务院。

必要时,安全生产监督管理部门和负有安全生产监督管理职责的有关部门可以越级上报事故情况。

第十一条　安全生产监督管理部门和负有安全生产监督管理职责的有关部门逐级上报事故情况,每级上报的时间不得超过2小时。

第十二条　报告事故应当包括下列内容:

(1) 事故发生单位概况;

(2) 事故发生的时间、地点以及事故现场情况;

(3) 事故的简要经过;

(4) 事故已经造成或者可能造成的伤亡人数(包括下落不明的人数)和初步估计的直接经济损失;

(5) 已经采取的措施;

(6) 其他应当报告的情况。

第三十五条　事故发生单位主要负责人有下列行为之一的,处上一年年收入40%至80%的罚款;属于国家工作人员的,并依法给予处分;构成犯罪的,依法追究刑事责任:

(1) 不立即组织事故抢救的;

(2) 迟报或者漏报事故的;

(3) 在事故调查处理期间擅离职守的。

第三十六条　事故发生单位及其有关人员有下列行为之一的,对事故发生单位处100万元以上500万元以下的罚款;对主要负责人、直接负责的主管人员和其他直接责任人员处上一年年收入60%至100%的罚款;属于国家工作人员的,并依法给予处分;构成违反治安管理行为的,由公安机关依法给予治安管理处罚;构成犯罪的,依法追究刑事责任:

(1) 谎报或者瞒报事故的;

(2) 伪造或者故意破坏事故现场的;

(3) 转移、隐匿资金、财产,或者销毁有关证据、资料的;

(4) 拒绝接受调查或者拒绝提供有关情况和资料的;

(5) 在事故调查中作伪证或者指使他人作伪证的;

(6) 事故发生后逃匿的。

第三十七条　事故发生单位对事故发生负有责任的,依照下列规定处以罚款:

(1) 发生一般事故的,处10万元以上20万元以下的罚款;

(2) 发生较大事故的,处20万元以上50万元以下的罚款;

(3) 发生重大事故的,处50万元以上200万元以下的罚款;

(4) 发生特别重大事故的,处200万元以上500万元以下的罚款。

第三十八条　事故发生单位主要负责人未依法履行安全生产管理职责,导致事故发生的,依照下列规定处以罚款;属于国家工作人员的,并依法给予处分;构成犯罪的,依法追究刑事责任:

(1) 发生一般事故的,处上一年年收入30%的罚款;

(2) 发生较大事故的,处上一年年收入40%的罚款;

(3) 发生重大事故的,处上一年年收入60%的罚款;

(4) 发生特别重大事故的,处上一年年收入80%的罚款。

第四十条 事故发生单位对事故发生负有责任的,由有关部门依法暂扣或者吊销其有关证照;对事故发生单位负有事故责任的有关人员,依法暂停或者撤销其与安全生产有关的执业资格、岗位证书;事故发生单位主要负责人受到刑事处罚或者撤职处分的,自刑罚执行完毕或者受处分之日起,5年内不得担任任何生产经营单位的主要负责人。

为发生事故的单位提供虚假证明的中介机构,由有关部门依法暂扣或者吊销其有关证照及其相关人员的执业资格;构成犯罪的,依法追究刑事责任。

4. 安全事故统计规定

（1）企业职工伤亡事故统计实行地区考核为主的制度。各级隶属关系的企业和企业主管单位要按当地安全生产行政主管部门规定的时间报送报表。

（2）安全生产行政主管部门对各部门的企业职工伤亡事故情况实行分级考核。企业报送主管部门的数字要与报送当地安全生产行政主管部门的数字一致,各级主管部门应如实向同级安全生产行政主管部门报送。

（3）省级安全生产行政主管部门和国务院各有关部门及计划单列的企业集团的职工伤亡事故统计月报表、年报表应按时报到国家安全生产行政主管部门。

5. 工伤认定

（1）职工有下列情形之一的,应当认定为工伤。

① 在工作时间和工作场所内,因工作原因受到事故伤害的。

② 工作时间前后在工作场所内,从事与工作有关的预备性或者收尾性工作受到事故伤害的。

③ 在工作时间和工作场所内,因履行工作职责受到暴力等意外伤害的。

④ 患职业病的。

⑤ 因工外出期间,由于工作原因受到伤害或者发生事故下落不明的。

⑥ 在上下班途中,受到机动车事故伤害的。

⑦ 法律、行政法规规定应当认定为工伤的其他情形。

（2）职工有下列情形之一的,视同工伤。

① 在工作时间和工作岗位,突发疾病死亡或者在48小时之内经抢救无效死亡的。

② 在抢险救灾等维护国家利益、公共利益活动中受到伤害的。

③ 职工原在军队服役,因战、因公负伤致残,已取得革命伤残军人证,到用人单位后旧伤复发的。

（3）职工有下列情形之一的,不得认定为工伤或者视同工伤。

① 因犯罪或者违反治安管理条例伤亡的。

② 醉酒导致伤亡的。

③ 自残或者自杀的。

6. 职业病的处理

1）职业病报告

（1）地方各级卫生行政部门指定相应的职业病防治机构或卫生防疫机构负责职业病统计和报告工作。职业病报告实行以地方为主,逐级上报的办法。

（2）一切企事业单位发生的职业病,都应按规定要求向当地卫生监督机构报告,由卫生监督机构统一汇总上报。

2) 职业病处理

（1）职工被确诊患有职业病后，其所在单位应根据职业病诊断机构的意见，安排其医疗或疗养。

（2）在医治或疗养后被确认不宜继续从事原有害作业或工作的，应自确认之日起的两个月内将其调离原工作岗位，另行安排工作；对于因工作需要暂不能调离的生产、工作的技术骨干，调离期限最长不得超过半年。

（3）患有职业病的职工变动工作单位时，其职业病待遇应由原单位负责或两个单位协调处理，双方商妥后方可办理调转手续，并将其健康档案、职业病诊断证明及职业病处理情况等材料全部移交新单位。调出、调入单位都应将情况报告所在地的劳动卫生职业病防治机构备案。

（4）职工到新单位后，新发生的职业病不论与现工作有无关系，其职业病待遇由新单位负责。劳动合同制工人、临时工终止或解除劳动合同后，在待业期间新发现的职业病，与上一个劳动合同期工作有关时，其职业病待遇由原终止或解除劳动合同的单位负责，如原单位已与其他单位合并，由合并后的单位负责；如原单位已撤销，应由原单位的上级主管机关负责。

7. 施工伤亡事故处理程序

施工生产场所，发生伤亡事故后，负伤人员或最先发现事故的人应立即报告项目领导。项目安技人员根据事故的严重程度及现场情况立即上报上级业务系统，并及时填写伤亡事故表上报企业。

企业发生重伤和重大伤亡事故，必须立即将事故概况（含伤亡人数，发生事故的时间、地点、原因等），用最快的办法分别报告企业主管部门、行业安全管理部门和当地劳动部门公安部门、检察院及工会。发生重大伤亡事故，各有关部门接到报告后应立即转告各自的上级管理部门。其处理程序如下。

（1）迅速抢救伤员、保护事故现场。

（2）组织调查组。

（3）现场勘察。

① 作出笔录。

② 实物拍照。

③ 现场绘图。

（4）分析事故原因、确定事故性质。

（5）写出事故调查报告。

（6）事故的审理和结案。

8. 施工伤亡事故的处理

（1）确定事故性质与责任。

直接责任者是指在事故发生中有办须因果关系的人。例如，安装电器线路，电工把零线与火线接反，造成他人触电身亡，则电工便是直接责任者。

主要责任者是指在事故发生中处于主要地位和起主要作用的人。例如，某工地一工人违章从外脚手架爬下时,立体封闭的安全网系绳脱扣,将其摔下致伤,因此绑扎此处安全网的架子工便自然成了主要责任者。

重要责任者是指在事故责任者中,负一定责任,起一定作用,但不起主要作用的人。

领导责任者是指忽视安全生产,管理混乱,规章制度不健全,违章指挥,冒险蛮干、对工人不认真进行安全教育,不认真消除事故隐患;或者出现事故以后仍不采取有力措施,致使同类事故重复发生的单位领导。

(2) 严肃处理事故责任者。

对造成事故的责任者,要进行教育,使其认识到凡违反规章制度,不服管理或强令工人违章冒险作业,因而发生重大伤亡事故的行为,就是犯法行为,就构成了触犯《中华人民共和国劳动法》、《中华人民共和国刑法》,要受到法律制裁,情节较轻的也要受到党纪和行政处罚。

(3) 稳定队伍情绪、妥善处理善后工作。

(4) 认真落实防范措施。

7.4 工程项目安全管理体系

7.4.1 职业健康安全管理体系的基本结构和模式

1. 职业健康安全问题及其解决途径

(1) 人的不安全行为:从人的心理学和行为学方面研究解决,可通过培训和提高人的安全意识和行为能力,以保证人的可靠性。

(2) 物的不安全状态:从研究安全技术,采取安全措施的方面来解决,可通过各种有效的安全技术系统保证安全设施的可靠性。

(3) 组织管理不力:职业健康安全管理体系是用系统论的理论和方法来解决依靠人的可靠性和安全技术可靠性所不能解决的生产事故和劳动疾病的问题,即从组织管理上来解决职业健康安全问题。

为此,英国标准化协会、爱尔兰国家标准局、南非标准局、挪威船级社等 13 个组织联合在 1999 年和 2000 年分别发布了 OHSAS 18001:1999《职业健康安全管理体系——规范》和 OHSAS 18002:1999《职业健康安全管理体系—指南》。我国于 2001 年发布了 GB/T 28001—2001《职业健康安全管理体系——规范》,该体系标准覆盖了 OHSAS18001:1999《职业健康安全管理体系——规范》的所有技术内容,并考虑了国际上有关职业健康安全管理体系的现有文件的技术内容。

2. GB/T 28001—2001《职业健康安全管理体系—规范》

总体结构如图 7.3 所示。

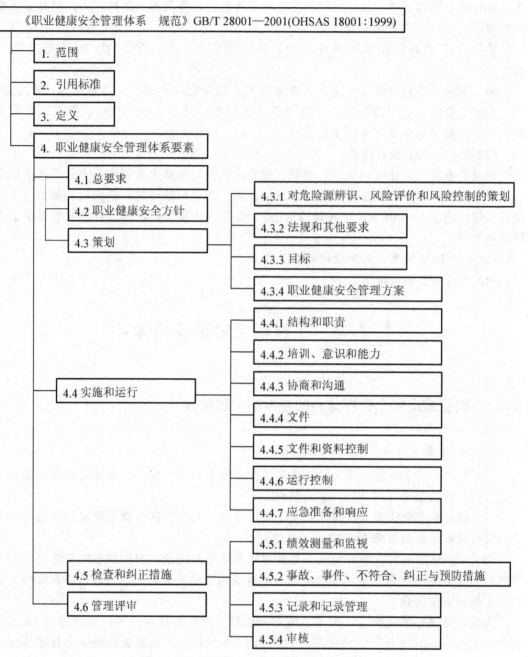

图 7.3 职业健康安全管理体系总体结构图

3.《职业健康安全管理体系—规范》的模式

为适应现代职业健康安全的需要，GB/T 28001—2001《职业健康安全管理体系—规范》在确定职业健康安全管理体系模式时，强调按系统理论管理职业健康安全及其相关事务，以达到预防和减少生产事故和劳动疾病的目的。具体采用了系统化的戴明模型，即通过策划（Plan）、行动（Do）、检查（Check）和改进（Act）四个环节构成一个动态循环并螺旋上升的系统化管理模式。职业健康安全管理体系模式如图 7.4 所示。

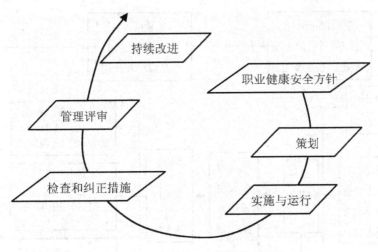

图 7.4　职业健康安全管理体系模式

7.4.2　职业健康安全管理体系的内容及其相互关系

1. 基本内容

职业健康安全管理体系的基本内容由 5 个一级要素和 17 个二级要素构成,如表 7－7 所示。

表 7－7　职业健康安全管理体系一、二级要素表

要素名称	一级要素	二级要素
	(一)职业健康安全方针(4.2)	1. 职业健康安全方针(4.2)
	(二)规划(策划)(4.3)	2. 对危险源辨识、风险评价和风险控制的策划(4.3.1) 3. 法规和其他要求(4.3.2) 4. 目标(4.3.3) 5. 职业健康安全管理方案(4.3.4)
	(三)实施和运行(4.4)	6. 结构和职责(4.4.1) 7. 培训、意识和能力(4.4.2) 8. 协商和沟通(4.4.3) 9. 文件(4.4.4) 10. 文件和资料控制(4.4.5) 11. 运行控制(4.4.6) 12. 应急准备和响应(4.4.7)
	(四)检查和纠正措施(4.5)	13. 绩效测量和监视(4.5.1) 14. 事故、事件、不符合、纠正与预防措施(4.5.2) 15. 记录和记录管理(4.5.3) 16. 审核(4.5.4)
	(五)管理评审(4.6)	17. 管理评审

2. 各要素之间的关系

在职业健康安全管理体系中,17 个要素的相互联系、相互作用共同有机地构成了职业健康安全管理体系的一个整体,如图 7.5 所示。

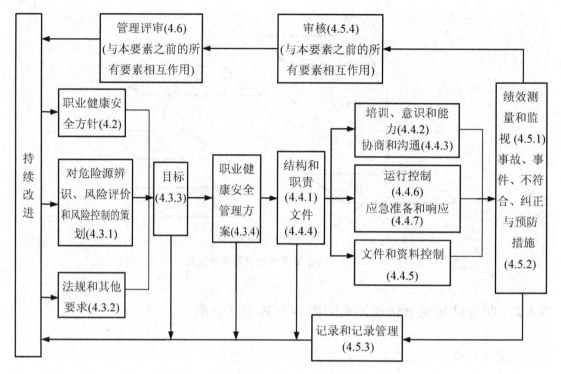

图 7.5　职业健康安全管理体系各要素的关联

为了更好地理解职业健康安全管理体系要素间的关系，可将其分为两类，一类是体现体系主体框架和基本功能的核心要素；另一类是支持体系主体框架和保证实现基本功能的辅助性要素。

(1) 核心要素，包括职业健康安全方针，对危险源辨识、风险评价和风险控制的策划，法规和其他要求，目标，结构和职责，职业健康安全管理方案，运行控制，绩效测量和监视，审核和管理评审十个要素。

(2) 辅助性要素，包括培训、意识和能力，协商和沟通，文件，文件和资料控制，应急准备和响应，事故、事件、不符合、纠正和预防措施以及记录和记录管理七个要素。

7.4.3　环境管理体系的基本结构和模式

1. 环境管理体系的作用和意义

ISO 从 1993 年 6 月正式成立环境管理技术委员会(ISO/TC 207)开始，就遵照其宗旨："通过制定和实施一套环境管理的国际标准，规范企业和社会团体等所有组织的环境表现，使之与社会经济发展相适应，改善生态环境质量，减少人类各项活动所造成的环境污染，节约能源，促进经济的可持续发展"。经过三年的努力到 1996 年推出了 ISO 14000 系列标准。同年，我国将其等同转换为国家标准 GB/T 24000 系列标准。其作用和意义表现在以下几方面。

(1) 保护人类生存和发展的需要。

(2) 国民经济可持续发展的需要。
(3) 建立市场经济体制的需要。
(4) 国内外贸易发展的需要。
(5) 环境管理现代化的需要。
(6) 协调各国管理性"指令"和控制文件的需要。

2. GB/T 24001—2004(ISO 14001)《环境管理体系要求及使用指南》的结构

《环境管理体系要求及使用指南》的总体结构如图 7.6 所示。

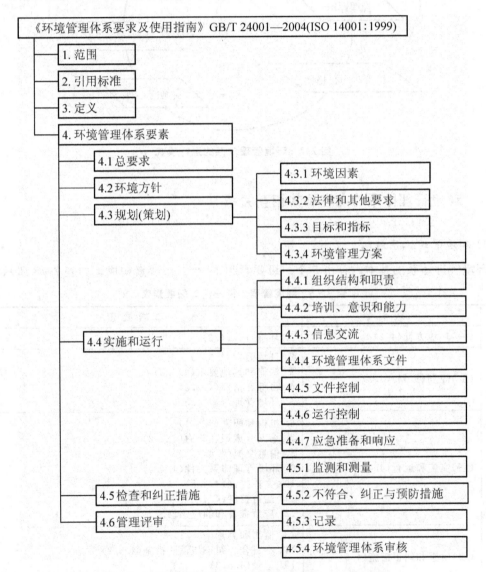

图 7.6　《环境管理体系规范及使用指南》总体结构图

3.《环境管理体系要求及使用指南》的模式

图 7.7 给出了环境管理体系的运行模式，该模式的规定为环境管理体系提供了一套系统化的方法，指导其组织合理有效地推行其环境管理工作。该模式环境管理体系建立在一

个由策划—实施—检查—评审和改进诸环节构成的动态循环过程的基础上。职业健康安全管理体系也完全按此模式建立。

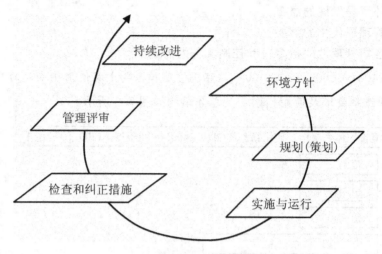

图 7.7 环境管理体系的运行模式

7.4.4 环境管理体系的内容及其相互关系

1. 环境管理体系内容

环境管理体系的基本内容由 5 个一级要素和 17 个二级要素构成，如表 7-8 所示。

表 7-8 环境管理体系一、二级要素表

要素名称	一级要素	二级要素
	（一）环境方针(4.2)	1. 环境方针(4.2)
	（二）规划（策划）(4.3)	2. 环境因素(4.3.1) 3. 法律和其他要求(4.3.2) 4. 目标和指标(4.3.3) 5. 环境管理方案(4.3.4)
	（三）实施和运行(4.4)	6. 机构和职责(4.4.1) 7. 培训、意识和能力(4.4.2) 8. 信息交流(4.4.3) 9. 环境管理体系文件(4.4.4) 10. 文件控制(4.4.5) 11. 运行控制(4.4.6) 12. 应急准备和响应(4.4.7)
	（四）检查和纠正措施(4.5)	13. 监测和测量(4.5.1) 14. 不符合、纠正与预防措施(4.5.2) 15. 记录(4.5.3) 16. 环境管理体系审核(4.5.4)
	（五）管理评审(4.6)	17. 管理评审

2. 各要素之间的关系

17 个要素的内容相互之间有一定的逻辑关系，如图 7.8 所示。

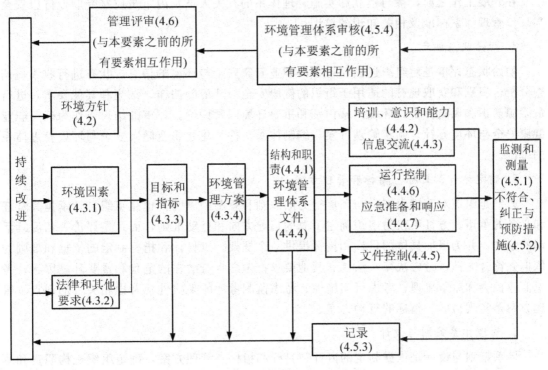

图 7.8 环境管理体系要素关系

7.5 职业健康安全管理体系与环境管理体系的建立

7.5.1 建立职业健康安全与环境管理体系的步骤

1. 领导决策

建立职业健康安全与环境管理体系需要最高管理者亲自决策,以便获得各方面的支持和保证建立体系所需资源。

2. 成立工作组

最高管理者或授权管理者代表成立工作小组负责建立职业健康安全与环境管理体系。工作小组的成员要覆盖组织的主要职能部门,组长最好由管理者代表担任,以保证小组对人力、资金、信息的获取。

3. 人员培训

人员培训的目的是使组织内的有关人员了解建立职业健康与环境体系的重要性,了解标准的主要思想和内容。根据对不同人员的培训要求,可将参加培训的人员分为四个层次,即最高管理层、中层领导及技术负责人、具体负责建立体系的主要骨干人员和普通员工。

在开展工作之前,参与建立和实施管理体系的有关人员及内审员应接受职业健康安全与环境管理体系标准及相关知识的培训。

4. 初始状态评审

初始状态评审是对组织过去和现在的职业健康安全与环境的信息、状态进行收集、调查分析、识别和获取现有的适用于组织的健康安全与环境的法律、法规和其他要求,进行危险源辨识和风险评价、环境因素识别和重要环境因素评价。评审的结果将作为确定职业健康安全与环境方针、制定管理方案、编制体系文件和建立职业健康安全与环境管理体系的基础。

5. 制定方针、目标、指标和管理方案

方针是组织对其健康安全与环境行为的原则和意图的声明,也是组织自觉承担其责任和义务的承诺。方针不仅为组织确定了总的指导方向和行动准则,而且是评价一切后续活动的依据,并为更加具体的目标和指标提供一个框架。以目标和指标制定的依据和准则为依据并符合方针;考虑法律、法规和其他要求;考虑自身潜在的危险和重要环境因素;考虑商业机会和竞争机遇;考虑可实施性;考虑监测考评的现实性;考虑相关方的观点。管理方案是实现目标、指标的行动方案。

6. 管理体系策划与设计

体系策划与设计是依据制定的方针、目标和指标、管理方案,确定组织机构职责和筹划各种运行程序。建立组织机构应考虑的主要因素有合理分工;加强协作;明确定位,落实岗位责任;赋予权限。

文件策划的主要工作有确定文件结构;确定文件编写格式;确定各层文件名称及编号;制定文件编写计划;安排文件的审查、审批和发布工作等。

7. 体系文件的编写

体系文件包括管理手册、程序文件和作业文件,在编写中要根据文件的特点考虑编写的原则和方法。

8. 文件的审查审批和发布

文件编写完成后应进行审查,经审查、修改和汇总后进行审批,然后发布。

7.5.2 初始健康安全与环境状态评审

1. 初始状态评审
2. 职业健康安全与环境管理体系文件的编写

职业健康安全与环境管理体系是系统化、结构化、程序化的管理体系,是遵循 PDCA 管理模式并以文件支持的管理制度和管理办法。体系文件应遵循的原则是标准要求的要写到、文件写到的要做到、做到的要有有效记录。

1) 文件的特点

(1) 法律性——组织的文件是内部的法规,写到的就应做到,具有强制性,各级人员都应执行,从而实现有法可依,有章可循。

（2）系统性——文件系统有明确的层次，有明确的目的、责任、范围、逻辑关系和接口，体现各活动的策划实施检查和处置的要求。

（3）证实性——文件规定了活动的要求和记录的方法，为管理体系提供了活动和结果的证据。

（4）可操作性——作为逻辑形成独立单元的文件能清楚表明对其使用者的要求和意图，不需要有过多的其他解释。

（5）不断完善性——文件的编制和使用是一个动态过程，即在使用过程中能不断地发现策划的不足，应随各种因素的变化提出新的策划和改进的要求，将好的思想规定下来，并形成文件，以利于保持。

（6）体现方式的多样性——文件除可以用文字表示外，还可以用表格流程图和其他图形表示，随着计算机在组织中的推广应用，电子媒体的文件形式应用越来越广泛。

（7）符合性——文件应符合标准的要求和组织的实际情况。

2）文件的编写原则

（1）文件应便于执行，简明扼要，通俗易懂，做到内容与实际相结合，切忌生搬硬套。

（2）要努力做到管理体系文件的一体化，使质量体系、环境管理体系和职业健康安全管理体系各类文件有机结合，可以降低组织的管理成本，大大改善管理绩效。

（3）文件的描述应能清楚地表示部门之间、活动之间的顺序与接口关系，避免文件之间内容重复和相互矛盾。

3）程序文件编写的内容和一般格式

（1）程序文件要针对需要编制程序文件体系的管理要素。

（2）程序文件的内容可按 5W1H 的顺序和内容来编写。

（3）程序文件一般格式可以是目的和适用范围、引用的标准及文件、术语和定义、职责、工作程序、报告和记录的格式以及保存期限、相关文件等。

4）作业文件的编制

作业文件是指管理手册、程序文件之外的文件，一般包括作业指导书（操作规程）、管理规定、监测活动准则及程序文件引用的表格。其编写的内容和格式与程序文件的要求基本相同。在编写之前应对原有的作业文件进行清理，摘其有用，删除无关。

7.6 职业健康安全管理体系与环境管理体系的运行

7.6.1 管理体系运行的概念

体系运行是指按照已建立体系的要求实施，其实施的措施重点围绕培训意识和能力，信息交流，文件管理，执行控制程序，监测，不符合、纠正与预防措施，记录等活动推进体系的运行工作。

7.6.2 管理体系的内部审核

内部审核是组织对其自身的管理体系进行的审核,是对体系是否正常进行以及是否达到了规定的目标所作的独立的检查和评价,是管理体系自我保证和自我监督的一种机制。内部审核要明确策划,提出审核的方式方法和步骤,形成审核日程计划,并发至相关部门。

7.6.3 管理评审

管理评审是由组织的最高管理者对管理体系的系统评价,判断组织的管理体系面对内部情况的变化和外部环境是否充分适应有效,由此决定是否对管理体系作出调整,包括方针、目标、机构和程序等。

7.6.4 安全管理措施

安全管理是为施工项目实现安全生产开展的管理活动。施工现场的安全管理,重点是进行人的不安全行为与物的不安全状态的控制,落实安全管理决策与目标,以消除一切事故,避免事故伤害,减少事故损失为管理目的。

控制是对某种具体因素的约束与限制,是管理范围内的重要部分。

安全管理措施是安全管理的方法与手段,管理的重点是对生产各因素状态的约束与控制。根据施工生产的特点,安全管理措施带有鲜明的行业特色。

1. 落实安全责任和实施责任管理

施工项目承担控制、管理施工生产进度、成本、质量和安全等目标的责任。因此,必须同时承担进行安全管理、实现安全生产的责任。

(1)建立、完善以项目经理为首的安全生产领导组织,有组织、有领导地开展安全管理活动。承担组织、领导安全生产的责任。

(2)建立各级人员安全生产责任制度,明确各级人员的安全责任。抓制度落实、抓责任落实,定期检查安全责任落实情况,及时报告。

(3)施工项目应通过监察部门的安全生产资质审查,并得到认可。

一切从事生产管理与操作的人员、依照其从事的生产内容,分别通过企业、施工项目的安全审查,取得安全操作认可证,持证上岗。

特种作业人员、除经企业的安全审查,还需按规定参加安全操作考核;取得监察部核发的《安全操作合格证》,坚持"持证上岗"。施工现场出现特种作业无证操作现象时,施工项目必须承担管理责任。

(4)施工项目负责施工生产中物的状态审验与认可,承担物的状态漏验、失控的管理责任,接受由此而出现的经济损失。

(5)一切管理、操作人员均需与施工项目签订安全协议,向施工项目作出安全保证。

(6) 安全生产责任落实情况的检查，应认真、详细地记录，作为分配、补偿的原始资料之一。

2. 安全教育与训练

进行安全教育与训练，能增强人的安全生产意识，提高安全生产知识，有效地防止人的不安全行为，减少人失误。安全教育、训练是进行人的行为控制的重要方法和手段。因此，进行安全教育、训练要适时、宜人，内容合理、方式多样，形成制度。组织安全教育、训练做到严肃、严格、严密和严谨，讲求实效。

1) 一切管理、操作人员应具有基本条件与较高的素质

(1) 具有合法的劳动手续。临时性人员须正式签订劳动合同，接受入场教育后，才可进入施工现场和劳动岗位。

(2) 没有痴呆、健忘、精神失常、癫痫、脑外伤后遗症、心血管疾病、晕眩以及不适于从事操作的疾病。

(3) 没有感官缺陷，感性良好。有良好的接受、处理、反馈信息的能力。

(4) 具有适于不同层次操作所必需的文化。

(5) 输入的劳务，必须具有基本的安全操作素质。经过正规训练、考核，输入手续完善。

2) 安全教育和训练的目的与方式

安全教育和训练包括知识、技能、意识三个阶段的教育。进行安全教育如训练，不仅要使操作者掌握安全生产知识，而且能正确、认真地在作业过程中，表现出安全的行为。

(1) 安全知识教育。使操作者了解、掌握生产操作过程中，潜在的危险因素及防范措施。

(2) 安全技能训练。使操作者逐渐掌握安全生产技能，获得完善化、自动化的行为方式，减少操作中的失误现象。

(3) 安全意识教育。在于激励操作者自觉坚持实行安全技能。

3) 安全教育的内容随实际需要而确定

(1) 新工人入场前应完成三级安全教育。对学徒工、实习生的入场三级安全教育，偏重一般安全知识，生产组织原则，生产环境，生产纪律等，强调操作的非独立性；对季节工、农民工三级安全教育，以生产组织原则、环境、纪律和操作标准为主。两个月内安全技能不能达到熟练的应及时解除劳动合同。

(2) 结合施工生产的变化、适时进行安全知识教育。一般每10天组织一次较合适。

(3) 结合生产组织安全技能训练，干什么训练什么，反复训练、分步验收。以达到出现完善化、自动化的行为方式，划为一个训练阶段。

(4) 安全意识教育的内容不易确定，应随安全生产的形势变化，确定阶段教育内容。可结合发生的事故，进行增强安全意识，坚定掌握安全知识与技能的信心，接受事故教训教育。

(5) 受季节、自然变化影响时，针对由于这种变化而出现生产环境、作业条件的变化进行的教育，其目的是增强安全意识，控制人的行为，尽快地适应变化，减少人失误。

(6) 采用新技术，使用新设备和新材料，推行新工艺之前，应对有关人员进行安全知识、技能、意识的全面安全教育，激励操作者实行安全技能的自觉性。

4）加强教育管理，增强安全教育效果

进行各种形式、不同内容的安全教育，都应把教育的时间、内容等，清楚地记录在安全教育记录本或记录卡上。

3. **安全检查**

安全检查是发现不安全行为和不安全状态的重要途径。是消除事故隐患，落实整改措施，防止事故伤害，改善劳动条件的重要方法。

安全检查的形式有普遍检查，专业检查和季节性检查。

1）安全检查的内容

安全检查的内容主要是查思想、查管理、查制度、查现场、查隐患、查事故处理。

（1）施工项目的安全检查以自检形式为主，是对项目经理至操作、生产全部过程，各个方位的全面安全状况的检查。检查的重点以劳动条件、生产设备、现场管理·安全卫生设施以及生产人员的行为为主。发现危及人的安全因素时，必须果断地消除。

（2）各级生产组织者，应在全面安全检查中，透过作业环境状态和隐患，对照安全生产方针、政策，检查对安全生产认识的差距。

（3）对安全管理的检查，主要包括以下几方面。

① 安全生产是否提到议事日程上，各级安全责任人是否坚持"五同时"。

② 业务职能部门、人员是否在各自业务范围内，落实了安全生产责任。专职安全人员是否在位、在岗。

③ 安全教育是否落实，教育是否到位。

④ 工程技术、安全技术是否结合为统一体。

⑤ 作业标准化实施情况。

⑥ 安全控制措施是否有力，控制是否到位，有哪些消除管理差距的措施。

⑦ 事故处理是否符合规则，是否坚持"三不放过"的原则。

（4）施工现场安全过程控制检查的重点内容包括以下几方面。

① 施工现场安全生产条件、安全设施（包括深基支护放坡，挖孔桩 36 V 安全电压使用，支模和脚手架方案验算、施工验收等）。

② 从业人员的特种作业人员持证上岗，并做好登记。

③ 劳动保护用品的穿戴及使用情况。

④ 临时用电方案、施工用电（采用 TNS 和 TN-S 接零保护系统、三项五线制、三级供电两级保护）。电动工具应安装相匹配的漏电保护器，做到"一机一闸一箱一漏"，悬挂"三牌"（即操作人员牌、机械状态牌、操作规程牌）。

⑤ 施工机械设备的检查验收、挂牌和使用。

⑥ 外脚手架的搭设、防护、检查验收、挂牌、使用及拆除。

⑦ 高处作业及"三宝"、"四口"、"临边"等防护管理制度。"四口"即楼梯口、电梯口、吊装口、预留口处必须有防护栏杆或防护安全网，坑、沟、井口处必须有防护盖板、兜网或在周围加设围栏。有物体打击危险处的多层作业点通道口，必须搭设防护棚。阳台、楼板、屋面、操作平台等的边缘必须有可靠的安全防护措施。

⑧ 业主（总包方）设备管理、易燃易爆物品的管理及消防制度。

2) 安全检查的组织

(1) 建立安全检查制度，按制度要求的规模、时间、原则、处理、报偿全面落实。

(2) 成立由第一责任人为首，业务部门、人员参加的安全检查组织。

(3) 安全检查必须做到有计划、有目的、有准备、有整改、有总结、有处理。

3) 安全检查的准备

(1) 思想准备。发动全员开展自检，自检与制度检查结合，形成自检自改，边检边改的局面。使全员在发现危险因素方面得到提高，在消除危险因素中受到教育，从安全检查中受到锻炼。

(2) 业务准备。确定安全检查的目的、步骤、方法。成立检查组，安排检查日程。分析事故资料，确定检查重点，把精力侧重于事故多发部位和工种的检查。规范检查记录用表，使安全检查逐步纳入科学化、规范化的轨道。

4) 安全检查方法

安全检查方法常用的有一般检查方法和安全检查表法。

(1) 一般检查方法，常采用看、听、嗅、问、查、测、验和析等方法。

看：看现场环境和作业条件，看实物和实际操作，看记录和资料等。

听：听汇报、听介绍、听反映、听意见或批评、听机械设备的运转响声或承重物发出的微弱声等。

嗅：对挥发物、腐蚀物、有毒气体进行辨别。

问：评价影响安全问题，详细询问，寻根究底。

查：查明问题、查对数据、查清原因、追查责任。

测：测量、测试、监测。

验：进行必要的试验或化验。

析：分析安全事故的隐患、原因。

(2) 安全检查表法，是一种原始的、初步的定性分析方法，它通过事先拟定的安全检查明细表或清单，对安全生产进行初步的诊断和控制。

安全检查表通常包括检查项目、内容、回答问题、存在问题、改进措施、检查措施、检查人等内容。

5) 安全检查的形式

(1) 定期安全检查，是指列入安全管理活动计划，有较一致时间间隔的安全检查。

定期安全检查的周期，施工项目自检宜控制在 10~15 天。班组必须坚持日检。季节性、专业性安全检查，按规定要求确定日程。

(2) 突击性安全检查，是指无固定检查周期，对特别部门、特殊设备、小区域的安全检查。

(3) 特殊安全检查是对预料中可能会带来新的危险因素的新安装的设备、新采用的工艺、新建或改建的工程项目，投入使用前，以"发现"危险因素为专题的安全检查。

特殊安全检查还包括对有特殊安全要求的手持电动工具，电气、照明设备，通风设备，有毒有害物的储运设备进行的安全检查。

6) 消除危险因素的关键

安全检查的目的是发现、处理、消除危险因素，避免事故伤害，实现安全生产。消除危险因素的关键环节在于认真的整改,真正的、确确实实地把危险因素消除。对于一些由于种种原因而一时不能消除的危险因素,应逐项分析,寻求解决办法,安排整改计划,尽快予以消除。

安全检查后的整改,必须坚持"三定"和"不推不拖",不使危险因素长期存在而危及人的安全。

"三定"是指对检查后发现的危险因素的消除态度。三定即定具体整改责任人;定解决与改正的具体措施,限定消除危险因素的整改时间。在解决具体的危险因素时,凡借用自己的力量能够解决的,不推脱、不等不靠,坚决地组织整改。自己解决有困难时,应积极主动寻找解决的办法,争取外界支援以尽快整改。不把整改的责任推给上级,也不拖延整改时间,以尽量快的速度,把危险因素消除。

4. 作业标准化

在操作者产生的不安全行为中,由于不知正确的操作方法,为了干得快而省略了必要的操作步骤,坚持自己的操作习惯等原因所占比例很大。按科学的作业标准规范人的行为,有利于控制人的不安全行为,减少人失误。

5. 生产技术与安全技术的统一

生产技术工作是通过完善生产工艺过程、完备生产设备、规范工艺操作、发挥技术的作用,保证生产顺利进行的。其包含了安全技术在保证生产顺利进行的全部职能和作用。两者的实施目标虽各有侧重,但在保证生产顺利进行、实现效益这一共同的基点上工作目的完全统一。生产技术、安全技术统一,体现了安全生产责任制的落实、具体的落实"管生产同时管安全"的管理原则,具体表现如下。

(1) 施工生产进行之前,考虑产品的特点、规模、质量、生产环境和自然条件等。摸清生产人员流动规律,能源供给状况,机械设备的配置条件,需要的临时设施规模以及物料供应、储放、运输等条件。完成生产因素的合理匹配计算,完成施工设计和现场布置。

施工设计和现场布置,经过审查、批准,即成为施工现场中生产因素流动与动态控制的唯一依据。

(2) 施工项目中的分部、分项工程,在施工进行之前,针对工程具体情况与生产因素的流动特点,完成作业或操作方案。这将为分部、分项工程的实施,提供具体的作业或操作规范。方案完成后,为使操作人员充分理解方案的全部内容,减少实际操作中的失误,避免操作时的事故伤害,要把方案的设计思想、内容与要求,向作业人员进行充分的交底。

交底既是安全知识教育的过程,同时,也确定了安全技能训练的时机和目标。

(3) 从控制人的不安全行为、物的不安全状态,预防伤害事故,保证生产工艺过程顺利实施的角度去认识,生产技术工作中应纳入如下的安全管理职责。

① 进行安全知识、安全技能的教育,规范人的行为,使操作者获得完善的、自动化的操作行为,减少操作中的人失误。

② 参加安全检查和事故调查,充分了解生产过程中物的不安全状态存在的环节和部位、发生与发展、危害性质与程度;摸索控制物的不安全状态的规律和方法;提高对物的不安全状态的控制能力。

③ 严把设备、设施用前验收关,危险状态的设备、设施不能被盲目投入运行,预防人、机运动轨迹交叉而发生的伤害事故。

6. 正确对待事故的调查与处理

事故是违背人们意愿,且又不希望发生的事件。一旦发生事故,不能以违背人们意愿为理由,予以否定。关键在于对事故的发生要有正确认识,并用严肃、认真、科学、积极的态度,处理好已发生的事故,尽量减少损失。采取有效措施,避免同类事故重复发生。

(1) 发生事故后,以严肃、科学的态度去认识事故、按照规定、要求实事求是的报告。不隐瞒、不虚报、不避重就轻是对待事故科学、严肃态度的表现。

(2) 积极抢救负伤人员的同时,保护好事故现场,以利于调查清楚事故原因,从事故中找到生产因素控制的差距。

(3) 分析事故,弄清发生过程,找出造成事故的、人、物、环境状态方面的原因。分清造成事故的安全责任,总结生产因素管理方面的教训。

(4) 以事故为例,召开事故分析会进行安全教育以便所有生产部门、过程中的操作人员,从事故中看到危害,提高其安全生产动力。从而在操作中自觉地实行安全行为,主动地消除物的不安全状态。

(5) 采取预防类似事故重复发生的措施,并组织彻底的整改,使采取的预防措施,完全落实。经过验收,证明危险因素已完全消除时再恢复施工作业。

(6) 未造成伤害的事故,就是已发生的、违背人们意愿的事件,只是未造成人员伤害或经济损失。此类事故同样暴露安全管理的缺陷、生产因素状态控制的薄弱。因此,要如同已经发生的事故一样对待,调查、分析、处理妥当。

7.7 工程项目环境管理

7.7.1 项目现场管理

1. 一般规定

(1) 项目经理部应认真搞好施工现场管理,做到文明施工、安全有序、整洁卫生、不扰民和不损害公众利益。

(2) 现场门头应设置承包人的标志。承包人项目经理部应负责施工现场场容文明形象管理的总体策划和部署;各分包人应在承包人项目经理部的指导和协调下,按照分区划块原则,搞好分包人施工用地区域的场容文明形象管理规划,严格执行,并纳入承包人的现场管理范畴,接受监督、管理与协调。

(3) 项目经理部应在现场入口的醒目位置,公示下列内容。

① 工程概况牌,包括工程规模、性质、用途、发包人、设计人、承包人和监理单位的名称,施工起止年月等。

② 安全纪律牌。

③ 防火须知牌。
④ 安全无重大事故计时牌。
⑤ 安全生产、文明施工牌。
⑥ 施工总平面图。
⑦ 项目经理部组织架构及主要管理人员名单图。

(4) 项目经理应把施工现场管理列入经常性的巡视检查内容，并与日常管理有机结合，认真听取邻近单位、社会公众的意见和反映，及时抓好整改。

2. 规范场容

(1) 施工现场场容规范化应建立在施工平面图设计的科学合理化和物料器具定位管理标准化的基础上。承包人应根据本企业的管理水平，建立和健全施工平面图管理和现场物料器具管理标准，为项目经理部提供场容管理策划的依据。

(2) 项目经理部必须结合施工条件，按照施工方案和施工进度计划的要求，认真进行施工平面图的规划、设计、布置、使用和管理。

(3) 项目经理部应严格按照已审批的施工总平面图或相关的单位工程施工平面图划定的位置，布置施工项目的主要机械设备、脚手架、密封式安全网和围挡、模具、施工临时道路、供水、供电、供气管道或线路、施工材料制品堆场及仓库、土方及建筑垃圾、变配电间、消火栓、警卫室、现场的办公、生产和生活临时设施等。

(4) 施工物料器具除应按施工平面图指定位置就位布置外，还应根据不同特点和性质，规范布置方式与要求，并执行码放整齐、限宽限高、上架入箱、规格分类、挂牌标志等管理标准。

(5) 在施工现场周边应设置临时围护设施。市区工地的周边围护设施高度不应低于1.8m，临街脚手架、高压电缆、起重把杆回转半径伸至街道的，均应设置安全隔离棚。危险品库附近应有明显标志及围挡设施。

(6) 施工现场应设置畅通的排水沟渠系统，场地不积水、不积泥浆，保持道路干燥坚实。工地地面应做硬化处理。

3. 环境保护

(1) 项目经理部应根据《环境管理系列标准》(GB/T 24000—ISO 14000)建立项目环境监控体系，不断反馈监控信息，采取整改措施。

(2) 施工现场泥浆和污水未经处理不得直接排入城市排水设施和河流、湖泊、池塘。

(3) 除有符合规定的装置外，不能在施工现场熔化沥青和焚烧油毡、油漆，也不能焚烧其他可产生有毒有害烟尘和恶臭气味的废弃物，禁止将有毒有害废弃物作土方回填。

(4) 建筑垃圾、渣土应在指定地点堆放，每日进行清理。高空施工的垃圾及废弃物应采用密闭式串筒或其他措施清理搬运。装载建筑材料、垃圾或渣土的车辆，应采取防止尘土飞扬、洒落或流溢的有效措施。施工现场应根据需要设置机动车辆冲洗设施，冲洗污水应进行处理。

(5) 在居民和单位密集区域进行爆破、打桩等施工作业前，项目经理部应按规定申请批准，还应将作业计划、影响范围、程度及有关措施等情况，向受影响范围的居民和单位通报说明，取得协作和配合；对施工机械的噪声与振动扰民，应采取相应措施予以控制。

(6) 经过施工现场的地下管线,应由发包人在施工前通知承包人,标出位置,加以保护。施工时发现文物、古迹、爆炸物和电缆等,应当停止施工,保护好现场,及时向有关部门报告,按照有关规定处理后方可继续施工。

(7) 施工中需要停水、停电、封路而影响环境时,必须经有关部门批准,事先告示。在行人、车辆通行的地方施工,应当设置沟、井、坎、穴覆盖物和标志。

(8) 温暖季节宜对施工现场进行绿化布置。

4. 防火保安

(1) 现场应设立门卫,根据需要设置警卫,负责施工现场保卫工作,并采取必要的防盗措施。施工现场的主要管理人员在施工现场应当佩戴证明其身份的证卡,其他现场施工人员宜有标识。有条件时可对进出场人员使用磁卡管理。

(2) 承包人必须严格按照《中华人民共和国消防法》的规定,建立和执行防火管理制度。现场必须有满足消防车出入和行驶的道路,并设置符合要求的防火报警系统和固定式灭火系统,消防设施应保持完好的备用状态。在火灾易发地区施工或储存、使用易燃、易爆器材时,承包人应当采取特殊的消防安全措施。现场严禁吸烟,必要时可设吸烟室。

(3) 施工现场的通道、消防出入口和紧急疏散楼道等,均应有明显标志或指示牌。有高度限制的地点应有限高标志。

(4) 施工中需要进行爆破作业的,必须经政府主管部门审查批准,并提供爆破器材的品名、数量、用途、爆破地点、四邻距离等文件和安全操作规程,向所在地县、市(区)公安局申领《爆破物品使用许可证》,由具备爆破资质的专业队伍按有关规定进行施工。

5. 卫生防疫及其他事项

(1) 施工现场不宜设置职工宿舍,必须设置时应尽量和施工场地分开。现场应准备必要的医务设施。在办公室内显著位置应张贴急救车和有关医院电话号码。根据需要采取防暑降温和消毒、防毒措施。施工作业区与办公区应分区明确。

(2) 承包人应明确施工保险及第三者责任险的投保人和投保范围。

(3) 项目经理部应对现场管理进行考评,考评办法应由企业按有关规定制定。

(4) 项目经理部应进行现场节能管理。有条件的现场应下达能源使用指标。

(5) 现场的食堂、厕所应符合卫生要求,现场应设置饮水设施。

7.7.2 文明施工与环境保护概述

1. 文明施工与环境保护的概念

(1) 文明施工是保持施工现场良好的作业环境、卫生环境和工作秩序。文明施工主要包括以下几个方面的工作。

① 规范施工现场的场容,保持作业环境的整洁卫生。
② 科学组织施工,使生产有序进行。
③ 减少施工对周围居民和环境的影响。
④ 保证职工的安全和身体健康。

(2) 环境保护是按照法律法规、各级主管部门和企业的要求,保护和改善作业现场的环境，控制现场的各种粉尘、废水、废气、固体废弃物、噪声、振动等对环境的污染和危害。环境保护也是文明施工的重要内容之一。

2. 文明施工的意义

(1) 文明施工能促进企业综合管理水平的提高。保持良好的作业环境和秩序，对促进安全生产、加快施工进度、保证工程质量、降低工程成本、提高经济和社会效益有较大作用。文明施工涉及人力、财力、物力各个方面，贯穿于施工全过程之中，体现了企业在工程项目施工现场的综合管理水平。

(2) 文明施工是适应现代化施工的客观要求。现代化施工更需要采用先进的技术、工艺、材料、设备和科学的施工方案，需要严密组织、严格要求、标准化管理和较好的职工素质等。文明施工能适应现代化施工的要求，是实现优质、高效、低耗、安全、清洁和卫生的有效手段。

(3) 文明施工代表企业的形象。良好的施工环境与施工秩序，可以得到社会的支持和信赖，提高企业的知名度和市场竞争力。

(4) 文明施工有利于员工的身心健康，有利于培养和提高施工队伍的整体素质。文明施工可以提高职工队伍的文化、技术和思想素质，培养尊重科学、遵守纪律、团结协作的大生产意识，促进企业精神文明建设，还可以促进施工队伍整体素质的提高。

3. 现场环境保护的意义

(1) 保护和改善施工环境是保证人们身体健康和社会文明的需要。采取专项措施防止粉尘、噪声和水源污染，保护好作业现场及其周围的环境，是保证职工和相关人员身体健康、体现社会总体文明的一项利国利民的重要工作。

(2) 保护和改善施工环境是消除对外部干扰、保证施工顺利进行的需要。随着人们的法制观念和自我保护意识的增强，尤其在城市施工，施工扰民问题反映突出，应及时采取防治措施，减少对环境的污染和对市民的干扰，也是施工生产顺利进行的基本条件。

(3) 保护和改善施工环境是现代化大生产的客观要求。现代化施工广泛应用新设备、新技术、新生产工艺，对环境质量要求很高，如果粉尘、振动超标就可能损坏设备、影响功能发挥，使设备难以发挥作用。

(4) 保护和改善施工环境是节约能源、保护人类生存环境、保证社会和企业可持续发展的需要。人类社会即将面临环境污染和能源危机的挑战。为了保护子孙后代赖以生存的环境条件，每个公民和企业都有责任和义务来保护环境。良好的环境和生存条件，也是企业发展的基础和动力。

7.7.3 文明施工的组织与管理

1. 组织和制度管理

(1) 施工现场应成立以项目经理为第一责任人的文明施工管理组织。分包单位应服从总包单位的文明施工管理组织的统一管理，并接受监督检查。

(2) 各项施工现场管理制度应有文明施工的规定，包括个人岗位责任制、经济责任制、安全检查制度、持证上岗制度、奖惩制度、竞赛制度和各项专业管理制度等。

(3) 加强和落实现场文明检查、考核及奖惩管理,以促进施工文明管理工作的提高。检查范围和内容应全面周到,包括生产区、生活区、场容场貌、环境文明及制度落实等内容。检查发现的问题应采取整改措施。

2. 建立收集文明施工的资料及其保存的措施

(1) 上级关于文明施工的标准、规定、法律法规等资料。

(2) 施工组织设计(方案)中对文明施工的管理规定,各阶段施工现场文明施工的措施。

(3) 文明施工自检资料。

(4) 文明施工教育、培训、考核计划的资料。

(5) 文明施工活动各项记录资料。

3. 加强文明施工的宣传和教育

(1) 在坚持岗位练兵基础上,要采取派出去、请进来、短期培训、上技术课、登黑板报、广播、看录像和看电视等方法狠抓教育工作。

(2) 要特别注意对临时工的岗前教育。

(3) 专业管理人员应熟悉掌握文明施工的规定。

4. 现场文明施工的基本要求

(1) 施工现场必须设置明显的标牌,标明工程项目名称、建设单位、设计单位、施工单位、项目经理和施工现场总代表人的姓名,开、竣工日期,施工许可证批准文号等。施工单位负责施工现场标牌的保护工作。

(2) 施工现场的管理人员在施工现场应当佩戴证明其身份的证卡。

(3) 应当按照施工总平面布置图设置各项临时设施。现场堆放的大宗材料、成品、半成品和机具设备不得侵占场内道路及安全防护等设施。

(4) 施工现场的用电线路、用电设施的安装和使用必须符合安装规范和安全操作规程,并按照施工组织设计进行架设,严禁任意拉线接电。施工现场必须设有保证施工安全要求的夜间照明;危险潮湿场所的照明以及手持照明灯具,必须采用符合安全要求的电压。

(5) 施工机械应当按照施工总平面布置图规定的位置和线路设置,不得任意侵占场内道路。施工机械进场须经过安全检查,经检查合格的方能使用。施工机械操作人员必须建立机组责任制,并依照有关规定持证上岗,禁止无证人员操作。

(6) 应保证施工现场道路畅通,排水系统处于良好的使用状态;保持场容场貌的整洁,随时清理建筑垃圾。在车辆、行人通行的地方施工,应当设置施工标志,并对沟、井、坎、穴进行覆盖。

(7) 施工现场的各种安全设施和劳动保护器具,必须定期进行检查和维护,及时消除隐患,保证其安全有效。

(8) 施工现场应当设置各类必要的职工生活设施,并符合卫生、通风、照明等要求。职工的膳食、饮水供应等应当符合卫生要求。

(9) 应当做好施工现场安全保卫工作,采取必要的防盗措施,在现场周边设立围护设施。

(10) 应当严格依照《中华人民共和国消防条例》的规定,在施工现场建立和执行防火管理制度,设置符合消防要求的消防设施,并保持完好的备用状态。在容易发生火灾的地区施工或者储存、使用易燃、易爆器材时,应当采取特殊的消防安全措施。

(11) 施工现场发生工程建设重大事故的处理,依照《工程建设重大事故报告和调查程序规定》执行。

5. 施工现场空气污染的防治措施

(1) 施工现场垃圾渣土要及时清理出现场。

(2) 高大建筑物清理施工垃圾时,要使用封闭式的容器或者采取其他措施处理高空废弃物,严禁凌空随意抛撒。

(3) 施工现场道路应指定专人定期洒水清扫,形成制度,防止道路扬尘。

(4) 对于细颗粒散体材料(如水泥、粉煤灰、白灰等)的运输、储存要注意遮盖、密封,防止和减少飞扬。

(5) 车辆开出工地要做到不带泥沙,基本做到不撒土、不扬尘,减少对周围环境的污染。

(6) 除设有符合规定的装置外,禁止在施工现场焚烧油毡、橡胶、塑料、皮革、树叶、枯草、各种包装物等废弃物品以及其他会产生有毒、有害烟尘和恶臭气体的物质。

(7) 机动车都要安装减少尾气排放的装置,确保其符合国家标准。

(8) 工地茶炉应尽量采用电热水器,若只能使用烧煤茶炉和锅炉时,应选用消烟除尘型茶炉和锅炉,大灶应选用消烟节能回风炉灶,使烟尘降至允许排放范围为止。

(9) 大城市市区的建设工程已不容许搅拌混凝土。在容许设置搅拌站的工地,应将搅拌站封闭严密,并在进料仓上方安装除尘装置,采用可靠措施控制工地粉尘污染。

(10) 拆除旧建筑物时,应适当洒水,防止扬尘。

6. 施工过程水污染的防治措施

(1) 禁止将有毒、有害废弃物作土方回填。

(2) 施工现场搅拌站废水,现制水磨石的污水,电石(碳化钙)的污水必须经沉淀池沉淀合格后再排放,最好将沉淀水用于工地洒水降尘或采取措施回收利用。

(3) 现场存放油料,必须对库房地面进行防渗处理,如采用防渗混凝土地面、铺油毡等措施。使用时,要采取防止油料跑、冒、滴、漏的措施,以免污染水体。

(4) 施工现场100人以上的临时食堂,污水排放时可设置简易有效的隔油池,定期清理,防止污染。

(5) 工地临时厕所,化粪池应采取防渗漏措施。中心城市施工现场的临时厕所可采用水冲式厕所,并有防蝇、灭蛆措施,防止污染水体和环境。

(6) 化学用品、外加剂等要妥善保管,库内存放,防止污染环境。

7. 施工现场的噪声控制

1) 噪声的概念

(1) 声音与噪声的定义如下。

声音是由物体振动产生的,当频率在20~20 000Hz时,作用于人的耳鼓膜而产生的感觉称为声音。由声音构成的环境称为"声环境"。当环境中的声音对人类、动物及自然物没有产生不良影响时,就是一种正常的物理现象;相反,对人的生活和工作造成不良影响的声音称为噪声。

(2) 噪声的分类如下。

① 噪声按照振动性质可分为气体动力噪声、机械噪声和电磁性噪声。

② 按噪声来源可分为交通噪声（如汽车、火车、飞机等发出的声音）、工业噪声（如鼓风机、汽轮机、冲压设备发出的声音等）、建筑施工噪声（如打桩机、推土机、混凝土搅拌机等发出的声音）、社会生活噪声（如高音喇叭、收音机等发出的声音）。

(3) 噪声的危害如下。

噪声是影响与危害非常广泛的环境污染问题。噪声环境可以干扰人的睡眠与工作、影响人的心理状态与情绪，造成人的听力损失，甚至引起许多疾病，此外噪声对人们的对话干扰也是相当大的。

2）施工现场噪声的控制措施

噪声控制技术可从声源、传播途径、接收者防护、严格控制人为噪声和控制强噪声作业的时间等方面来考虑。

(1) 声源控制，从声源上降低噪声，这是防止噪声污染的最根本的措施。

① 尽量采用低噪声设备和工艺代替高噪声设备与加工工艺，如低噪声振捣器、风机、电动空压机和电锯等。

② 在声源处安装消声器消声，即在通风机、鼓风机、压缩机、燃气机、内燃机及各类排气放空装置等进出风管的适当位置设置消声器。

(2) 传播途径的控制，在传播途径上控制噪声方法主要有以下几种。

① 吸声：利用吸声材料（大多由多孔材料制成）或由吸声结构形成的共振结构（金属或木质薄板钻孔制成的空腔体）吸收声能，降低噪声。

② 隔声：应用隔声结构，阻碍噪声向空间传播，将接收者与噪声声源分隔。隔声结构包括隔声室、隔声罩、隔声屏障和隔声墙等。

③ 消声：利用消声器阻止传播。允许气流通过的消声降噪是防治空气动力性噪声的主要装置，如对空气压缩机、内燃机产生的噪声等。

④ 减振降噪：对来自振动引起的噪声，通过降低机械振动减小噪声，如将阻尼材料涂在振动源上，或改变振动源与其他刚性结构的连接方式等。

(3) 接收者的防护，让处于噪声环境下的人员使用耳塞、耳罩等防护用品，减少相关人员在噪声环境中的暴露时间，以减轻噪声对人体的危害。

(4) 严格控制人为噪声，进入施工现场不得高声喊叫、无故摔打模板、乱吹哨，限制高音喇叭的使用，最大限度地减少噪声扰民。

(5) 控制强噪声作业的时间，凡在人口稠密区进行强噪声作业时，须严格控制作业时间，一般晚10点到次日早6点停止强噪声作业。确系特殊情况必须昼夜施工时，尽量采取降低噪声措施，并会同建设单位找当地居委会、村委会或当地居民协调，出安民告示，求得群众谅解。

3）施工现场噪声的限值

根据国家标准《建筑施工场界噪声限值》（GB 12523—1990）的要求，建筑施工场界噪声限值如表7-9所示。在工程施工中，要特别注意不得超过国家标准的限值，尤其是夜间禁止打桩作业。

表 7-9　建筑施工场界噪声限值

施工阶段	主要噪声源	噪声限值/dB(A)	
		昼间	夜间
土石方	推土机、挖掘机、装载机等	75	55
打桩	各种打桩机械等	85	禁止施工
结构	混凝土搅拌机、振捣棒、电锯等	70	55
装修	吊车、升降机等	65	55

8. 固体废物的处理

1) 固体废物的概念

固体废物是生产、建设、日常生活和其他活动中产生的固态、半固态废弃物质。固体废物是一个极其复杂的废物体系。按照其化学组成可分为有机废物和无机废物；按照其对环境和人类健康的危害程度可以分为一般废物和危险废物。

2) 施工工地常见的固体废物

① 建筑渣土包括砖瓦、碎石、渣土、混凝土碎块、废钢铁、碎玻璃、废屑和废弃装饰材料等。

② 废弃的散装建筑材料包括散装水泥、石灰等。

③ 生活垃圾包括炊厨废物、丢弃食品、废纸、生活用具、玻璃、陶瓷碎片、废电池、废旧日用品、废塑料制品、煤灰渣和废交通工具。

④ 设备、材料等的废弃包装材料。

⑤ 粪便。

3) 固体废物的处理和处置

(1) 固体废物处理的基本思想是采取资源化、减量化和无害化的处理，对固体废物产生的全过程进行控制。

(2) 固体废物有如下几种主要处理方法。

① 回收利用。

② 减量化处理。

③ 焚烧。

④ 稳定和固化。

⑤ 填埋。

案例分析

某工程安全事故案例分析

某市拟在第二大街地下 0.7m 深处铺设一条污水管道，为不破坏路面，准备采用顶管施工，该工程由某建筑公司第一工程处承接。1999 年 9 月 4 日，项目经理电话安排 3 名工人进行前期准备工作，在南城立交桥北侧 100m 处的污水管道井内，开出一条直径 110mm，长 12m 的管道，与道路东侧雨水收集井连接。3 名工人到现场后，1 名工人下井到 1.2m 深处用电钻进行钻孔，工作不到 1h 就出现中毒症状并晕倒在井下，地面上 2 人见状相继下井抢救，因未采取任何保护措施，也相继中毒窒息晕倒，3 人全部死亡。

问题

(1) 请简要分析这起事故发生的主要原因。

(2) 请简要分析建筑企业常见的主要危险因素有哪些，可导致何种事故。

(3) 请简述建筑工程施工危险源辨识的基本程序。

分析

(1) 这起事故发生的主要原因如下几点。

① 施工单位没有组织危险源辨识和风险评价，作业前未编制安全专项施工方案和应急预案。

② 项目经理在安排施工前未勘察现场，未对工人进行书面的安全技术交底，未准备检测仪器和救援器材，未组织过应急救援演讲。

③ 作业人员安全意识不强，缺乏自我保护的能力。

(2) 建筑企业常见的主要危险及导致事故：

① 洞口防护不到位、其他安全防护缺陷、人违章操作，可导致高处坠落、物体打击等；

② 电危害（物理性危险因素）、人违章操作（行为性危险因素）可导致触电、火灾等；

③ 大规模板不按规范正确存放等违章作业，可导致物体打击等；

④ 化学危险品未按规定正确存放等违章作业，可导致火灾、爆炸等；

⑤ 架子搭设作业不规范，可导致高处坠落、物体打击等；

⑥ 现场料架不规范，可导致物体打击等。

(3) 建筑工程施工危险源辨识一般应首先按作业区、办公室、生活区、库房等划分区域进行。对于施工活动可以从分部工程到分项工程，再从分项工程的具体工艺流程中逐一辨识其对应的危险源。辨识时应充分考虑常规活动和非常规活动、所有进入作业场所人员的活动和生活起居安全、作业场所内的所有设备设施和所采购的劳动防护用品（包括相关方提供的部分）的本质安全。

本 章 小 结

通过本章的学习，可以了解建设工程项目的职业健康安全管理的目的、内容、任务及其特点；更好地理解安全生产与安全控制的概念、方针、目标与特点。

掌握安全保证计划的制订及实施，掌握安全交底的相关注意事项及如何进行安全检查。

加深对危险源的概念、危险源与事故的关系，危险源辨识、控制方法及风险评价方法的理解。掌握安全管理的基本原则、内容、措施与方法。

掌握职业健康安全事故的分类和处理，工程项目安全管理体系与环境管理体系的结构与模式、内容与关系，理解职业健康安全管理体系与环境管理体系的建立步骤及管理体系的运行。

更好地掌握工程项目现场文明施工与环境保护的概念、内容及方法。

思考题与习题

1. 简述建设工程项目的职业健康安全管理的目的、内容、任务及其特点。
2. 简述安全生产的概念与安全控制的概念、方针、目标与特点。
3. 简述安全交底的相关注意事项。
4. 简述危险源辨识及危险源控制方法。
5. 简述危险源风险评价方法。
6. 简述安全管理的基本原则、内容、措施与方法。
7. 简述工程项目安全管理体系与环境管理体系的结构与模式、内容与关系。
8. 简述职业健康安全管理体系与环境管理体系的建立步骤及管理体系的运行。
9. 简述工程项目现场文明施工与环境保护的概念、内容及方法。
10. 试述作为一个项目经理,对施工现场的安全和环境管理应如何进行?

第 8 章
工程项目施工现场管理

教学提示

本章主要讲述工程项目施工现场管理的内容、要求以及方法。通过本章的学习,应达到以下目标:

(1) 了解施工现场管理的目的、要求;
(2) 熟悉施工现场管理内容;
(3) 掌握施工现场的施工平面布置图设计的内容、原则、依据、步骤和相关技术知识及参数。

学习要点

知识要点	能力要求	相关知识
施工现场管理	(1) 理解施工现场管理的目的 (2) 熟悉施工现场管理的要求 (3) 掌握施工现场管理的措施	(1) 施工现场管理的概念 (2) 管理组织、管理制度、管理措施 (3) 施工现场环境保护
施工现场管理内容 施工平面布置图	(1) 熟悉施工现场管理内容 (2) 掌握施工平面布置图设计 (3) 理解施工平面布置图设计的相关技术知识及参数	(1) 施工现场管理的内容和措施 (2) 单位工程施工平面布置图设计的原则、依据和内容、要求 (3) 施工现场用水用电的计算、要求以及相关参数计算、确定

基本概念

施工现场管理、5S活动、施工平面布置图设计、图形叠合法、归邻选点法、最小树枝选线法、破圈选线法、路径优化法、安全间距。

引例

工程项目施工现场管理过程是繁杂的过程，涉及的内容、方面比较多，在施工之前就要做好全面的准备工作。而且具体施工现场的地形地貌等条件不相同，管理的具体工作有较大的差异性。为了方便施工现场的各项管理，施工平面布置图设计是本章的要点。

如某新建工程项目为一栋5层住宅楼，该工程要求工期为4个月。拟建建筑物周围有完善的给排水网，并在拟建工程处设有接口，取土、卸土都在施工场地以外，运距5公里。

夏季月平均气温为32℃，冬季月平均气温为6℃，雨季为3~7月份，月平均降雨量为200~400mm，主导风向为东南风，最大风力为6级。施工场地外围有道路可直通施工现场，场地能满足施工的要求，拟建建筑物的四周可以搭设临时设施以满足施工的需求。施工材料、构配件、机械可以直接运到现场。工程采用包工包料的方式，建筑材料可以在本市采购，承建本工程的施工企业有预制厂，能承担本工程所需的预制构件生产；附近有自来水管道接口及供电线路，施工用水、用电可就近接管、接线。承建本工程的单位为一家国家二级建筑施工企业。技术、装备较完善，施工机具可根据需要选用，施工用劳动力可以通过雇用民工解决，施工项目管理及技术人员、专业技术工人由公司配备。为此在施工过程中进行施工现场管理工作，根据设计基础文件和地形地貌等资料进行施工平面布置图设计以及进度计划安排。

8.1 概 述

8.1.1 施工项目现场管理的意义和要求

1. 施工项目现场管理的意义

建筑工程体积庞大、结构复杂、工种工作繁多，需要立体交叉作业，组织平行流水施工，生产周期长，需用原材料多，工程能否顺利进行受环境影响很大。施工项目现场管理就是通过对施工现场中的质量、安全防护、安全用电、机械设备、技术、消防保卫、卫生、环保、材料等各个方面的管理，创造良好的施工环境和施工秩序。建筑业的迅速发展，城市面貌日新月异，现场文明施工的程度需要不断提高，建筑工地的场容已成为建筑工地乃至一个城市的文明缩影。

（1）加强施工项目现场管理是现代化施工本身的客观要求。现代施工采用先进的技术、工艺材料和设备，需要严密的组织，严格的要求，标准化的管理，科学的施工方案和职工较高的素质等。如果现场管理混乱，不坚持文明施工，先进设备、新工艺与新技术就不能充分发挥其作用，科技成果也不能很快转化为生产力。例如，现场移动式塔式起重机是主要的垂直运输设备，如果材料进场无计划，乱堆乱放，施工平面布置不合理，指挥信号不科学，再好的塔吊也不能充分发挥其作用。因此，文明施工是现代化施工的客观要求。只有合理地进行组织和管理，才能实现现代化生产优质、高效、低耗的目的，企业才能有良好的经济效益和社会效益。

（2）加强施工项目现场管理是企业展示自身综合实力的需求。改革开放把企业推向了市场，建筑市场竞争日趋激烈。市场与施工现场的关系更加密切，施工现场的地位和作用更为突出。企业进入市场，就要拿出优质的产品，而建筑产品是现场生产的，施工现场成了企业的对外窗口。如果施工现场脏、乱、差，到处"跑、冒、滴、漏"，甚至"野蛮施工"，建设单位就不会用这样的队伍施工。实践证明，良好的施工环境和施工秩序，不但可以得到建设单位的支持和信赖，提高企业的知名度和高层竞争能力，而且还可能争取一些"回头工程"，对企业起到宣传作用。

（3）加强施工项目现场管理有利于培养一支懂科学，善管理，讲文明的施工队伍。一方面目前我国建筑施工企业职工队伍中，农民工已占了很大的比例，在不少企业已成为施工的主力军。总体来看，农民工和季节工施工技术素质偏低，文明施工意识淡薄，如何加强其管理和教育，提高其施工技术素质，是搞好文明施工的一项基础工作。另一方面，少数施工企业，对文明施工认识不足，管理不规范，标准不明确，要求不严格，形成"习惯就是标准"的做法，这种粗放型的管理同现代化大生产的要求极不适应。文明施工是一项科学的管理工作，也是现场管理中的一项综合性基础管理工作。坚持文明施工，必然能促进、带动、完善企业整体管理，提高整体素质。文明施工的实践，不仅改善了生产环境和生产秩序，而且提高了职工队伍文化、技术、思想素质，培养了尊重科学、遵守纪律、团结协作的大生产意识，从而促进了精神文明建设。

2．施工项目现场管理的要求

（1）施工项目经理部必须遵循国务院及地方建设行政主管部门颁布的施工现场管理法规和规章，认真搞好施工现场管理，规范场容，做到文明施工、安全有序、整洁卫生、不扰民、不损害公众利益。

（2）现场出入口应设置承包人的标志，项目经理部应负责施工现场场容文明形象管理的总体策划和部署，各分包人应在项目经理部的指导和协调下，按照分区划块原则，搞好分包人施工用地区域的场容文明形象管理规划并严格执行。

（3）项目经理部应在现场入口的醒目位置，公示以下标示牌。

① 项目概况牌，包括工程规模、性质、用途、发包人、设计人、承包人和监理单位的名称、施工起止年月等。

②安全纪律牌。

③防火须知牌。

④安全无重大事故计时牌。

⑤安全生产、文明施工牌。

⑥施工总平面布置图。

⑦项目经理部组织架构及主要管理人员名单表。

(4) 项目经理部应把施工现场管理列入经常性的巡视检查内容,并与日常管理有机结合,认真听取近邻单位、社会公众的意见,及时抓好整改。

8.1.2 施工现场管理的内容和措施

1. 组织管理措施

1) 健全管理组织

施工现场应成立以项目经理为组长,主管生产副经理、技术副经理、栋号负责人(或承包队长)、生产、技术、质量、安全、消防、保卫、行政卫生等管理人员为成员的施工现场文明施工管理组织。施工现场分包单位应服从总包单位的统一管理,接受总包单位的监督检查,负责本单位的文明施工工作。

2) 健全管理制度

(1) 个人岗位责任制。文明施工管理应按专业、岗位、栋号等分片包干,分别建立岗位责任制度。

(2) 经济责任制。把文明施工列入单位经济承包责任制中,一同"包"、"保"检查与考核。

(3) 检查制度。工地每月至少组织两次综合检查,要按专业、标准全面检查,按规定填写表格,算出结果,制表张榜公布。施工现场文明施工检查是一项经常性的管理工作,可采取综合检查与专业检查相结合、定期检查与随时抽查相结合、集体检查与个人检查相结合等方法。

(4) 奖惩制度。文明施工管理实行奖惩制度,要制定奖惩细则,坚持奖、惩兑现。

(5) 持证上岗制度。施工现场实行持证上岗制度。进入现场作业的所有机械司机、架子工、司炉工、起重工、爆破工、电工、焊工等特殊工种施工人员,都必须持证上岗。

(6) 各项专业管理制度。文明施工是一项综合性的管理工作。因此,除文明施工综合管理制度外,还应建立健全质量、安全、消防、保卫、机械、场容、卫生、材料机具、环保、民工管理制度。定期安全检查的周期,施工项目自检宜控制在 10～15 天。班组必须坚持日检。季节性、专业性安全检查,按规定要求确定日程。

3) 健全管理资料

(1) 上级关于文明施工的标准、规定、法律法规等资料应齐全。

(2) 施工组织设计(方案)中应有质量、安全、保卫、消防、环境保护技术措施和对文明施工、环境卫生、材料节约等管理要求,并有施工各阶段施工现场的平面布置图和季节性施工方案。

(3) 施工现场应有施工日志。施工日志中应有文明施工内容。

(4) 文明施工自检资料应完整,填写内容符合要求,签字手续齐全。

(5) 文明施工教育、培训、考核记录均应有计划、有资料。

(6) 应有文明施工活动记录,如会议记录、检查记录等。

(7) 施工管理各方面专业资料齐全。

4) 积极推广应用新技术、新工艺、新设备和现代化管理方法

文明施工是现代工业生产本身的客观要求,广泛应用新技术、新设备、新材料是实现现代化施工的必由之路,它为文明施工创造了条件,打下了基础。在有条件的地方应尽量

集中设置现代化搅拌站，或采用商品混凝土、混凝土构件、钢木加工等，尽量采用工厂化生产；广泛应用新的装饰、防水等材料；改革施工工艺，减少现场湿作业、手工作业和劳动强度；并应用电子计算机和闭路电视监控系统提高机械水平和工厂化生产的比重；努力实现施工现代化，使文明施工达到新的更高水平。

2. 现场管理措施

1) 开展"5S"活动

"5S"活动是指对施工现场各生产要素（主要是物的要素）所处状态不断地进行整理、整顿、清扫、清洁和保养。由于这5个词语中罗马拼音的第一个字母都是"S"，所以简称"5S"。

"5S"活动在日本和西方国家企业中广泛实行。它是符合现代化大生产特点的一种科学的管理方法，是提高职工素质，实现文明施工的一项有效措施与手段。开展"5S"活动，要特别注意调动全体职工的积极性，自觉管理，自我实施，自我控制，贯穿施工全过程和全现场，由职工自己动手，创造一个整齐、清洁、方便、安全和标准化的施工环境。开展"5S"活动，必须领导重视，加强组织，严格管理。要将"5S"活动纳入岗位责任制，并按文明施工标准检查、评比与考核。坚持PDCA循环，不断提高施工现场的"5S"水平。

2) 合理定置

合理定置是指把全工地施工期间所需要的物在空间上合理布置，实现人与物、人与场所、物与场所、物与物之间的最佳结合，使施工现场秩序化、标准化、规范化，体现文明施工水平。它是现场管理的一项重要内容，是实现文明施工的一项重要措施，是谋求改善施工现场环境的一个科学的管理办法。

3) 目视管理

目视管理是一种符合建筑业现代化施工要求和生理及心理需要的科学管理方式，它是现场管理的一项内容，是搞好文明施工、安全生产的一项重要措施。

(1) 目视管理就是用眼睛看的管理，也可称为"看得见的管理"。它是利用形象直观、色彩适宜的各种视觉感知信息来组织现场施工生产活动，达到提高劳动生产率，保证工程质量、降低工程成本的目的。

(2) 目视管理是一种形象直观，简便适用，透明度高，便于职工自主管理，自我控制，科学组织生产的一种有效的管理方式。这种管理方式可以贯穿于施工现场管理的每个领域，具有其他方式不可替代的作用。

8.1.3 施工现场环境保护的意义

1. 环境保护的意义

(1) 保护和改善环境是保证人们身体健康的需要。工人是企业的主人，是施工生产的主力军。防止粉尘、噪声和水源污染，搞好施工现场环境卫生，改善作业环境，才能保证职工身体健康，使其积极投入施工生产。若环境污染严重，工人和周围居民均将直接受害。

(2) 保护和改善施工现场环境是消除外部干扰，保证施工顺利进行的需要。随着人们的法制观念和自我保护意识的增强，尤其在城市施工中，施工扰民问题反映突出，向政府主管部门投诉的扰民来信来访增多。有的工地时常同周围居民发生冲突，影响施工生产，对于严重者，环保部门应对其罚款并使其停工整治。如果及时采取防治措施，就能防止污染环境，消除外部干扰，使施工生产顺利进行。同时，企业的根本宗旨是为人民服务，保护和改善施工环境有关国计民生，责无旁贷。

（3）保护和改善施工环境是现代化大生产的客观要求。现代化施工广泛应用新设备、新技术、新生产工艺，对环境质量要求很高，如果粉尘、振动超标就可能损坏设备、影响功能发挥，再好的设备、再先进的技术也难于发挥其作用。例如：现代化搅拌站各种自动化设备，计算机、电视机、精密食品等对环境质量有很严格的要求。环境保护是法律和政府的要求，是企业的行为准则。

2. 环境保护的措施

1）实行环保目标责任制

把环保指标以责任书的形式层层分解到有关单位和个人，列入承包合同和岗位责任制，建立一个懂行善管的环保监控体系。项目经理是环保工作的第一责任人，是施工现场环境保护自我监控体系的领导者和责任者，要把环保政绩作为考核项目经理的一项重要内容。

2）加强检查和监控工作

要加强对施工现场粉尘、噪声、废气的检查、监测和控制工作。要与文明施工现场管理一起检查、考核、奖励。及时采取措施消除粉尘、废气和污水的污染。

3）保护和改善施工现场的环境

一方面，施工单位要采取有效措施控制人为噪声、粉尘的污染和采取措施控制烟尘、污水、噪声污染。另一方面，建设单位应该负责协调外部关系，同当地居委会、村委会、办事处、派出所、居民、施工单位、环保部门加强联系。要做好宣传教育工作，认真对待来信来访，凡能解决的问题立即解决，一时不能解决的扰民问题，也要说明情况，求得谅解并限期解决。

3. 环境保护的技术措施

要有技术措施，严格执行国家法律、法规，有切实可行的技术措施。在编制施工组织设计时，必须有环境保护的技术措施。在施工现场平面布置和组织施工过程中都要执行国家、地区、行业和企业有关防治空气污染、水源污染、噪声污染等环境保护的法律、法规和规章制度。

4. 采取措施防止大气污染

（1）施工现场垃圾渣土要及时清理出现场。高层建筑物和多层建筑物清理施工垃圾时，要搭设封闭式专用垃圾道，采用容器吊运或将永久性垃圾道随结构安装好以供施工使用，严禁凌空随意抛撒。

（2）施工现场道路采用焦砟、级配砂石、粉煤灰级配砂石、沥青混凝土或水泥混凝土等，有条件的可利用永久性道路，并指定专人定期洒水清扫，形成制度，防止道路扬尘。

（3）袋装水泥、白灰、粉煤灰等易飞扬的细颗粒散体材料，应库内存放。室外临时露天存放时，必须下垫上盖，严密遮盖防止扬尘。

散装水泥、粉煤灰、白灰等细颗粒粉状材料，应存放在固定容器（散装罐）内，没有固定容器时，应设封闭式库存放，并具备可靠的防扬尘措施。

运输水泥、粉煤灰、白灰等细颗粒粉状材料时，要采取遮盖措施，防止沿途遗撒扬尘。卸运时，应采取措施，以减少扬尘。

（4）车辆不带泥沙出现场的措施，可在大门口铺一段石子，定期过筛清理；做一段水沟冲刷车轮。

（5）除设有符合规定的装置外，禁止在施工现场焚烧油毡、橡胶、塑料、皮革、树叶、枯草、各种包皮等以及其他会产生有毒、有害烟尘和恶臭气体的物质。

（6）机动车都要安装PCV阀，对那些尾气排放超标的车辆要安装净化消声器，确保其不冒黑烟。

（7）工地茶炉、大灶、锅炉，尽量采用水烟除尘型茶炉。

（8）工地搅拌站除尘是治理的重点。有条件的要修建集中搅拌站，由计算机控制进料、搅拌、输送全过程，在进料仓上方安装除尘器，可使水泥、砂、石中的粉尘降至99%以上。采用现代化先进设备是解决工地粉尘污染的根本途径。

（9）拆除旧有建筑物时，应适当洒水，防止扬尘。

5. 防止水源污染措施

（1）禁止将有毒、有害废弃物作土方回填。

（2）施工现场搅拌站废水、现制水磨石的污水、电石（碳化钙）的污水须经沉淀池沉淀后再排入城市污水管道或河流。最好将沉淀水用于工地洒水降尘或采取措施回收利用。上述污水未经处理不得直接排入城市污水管道或河流中。

（3）现场存放油料，必须对库房地面进行防渗处理如采用防渗混凝土地面，铺油毡等。使用时要采取措施，防止油料跑、冒、滴、漏、污染水体。

（4）施工现场100人以上的临时食堂，污水排放时可设置简易有效的隔油池，定期掏油和杂物，防止污染。

（5）工地临时厕所及化粪池应采取防渗漏措施。中心城市施工现场的临时厕所可采取水冲式厕所，蹲坑上加盖，并有防蝇、灭蛆措施，防止污染水体和环境。

（6）化学药品、外加剂等要妥善保管，库内存放，防止污染环境。

6. 防止噪声污染措施

（1）严格控制人为噪声，进入施工现场不得高声喊叫、无故摔打模板、乱吹哨、限制高音喇叭的使用，最大限度地减少噪声扰民。

（2）凡在人口稠密区进行强噪声作业时，须严格控制作业时间。一般晚10点到次日早6点停止强噪声作业。确系特殊情况必须昼夜施工时，尽量采取降低噪音措施，并会同建设单位找当地委员会、村委会或当地居民协调，出安民告示、求得群众谅解。

（3）在传播途径上控制噪声。采取吸声、隔声、隔振和阻尼等声学处理的方法来降低噪声。

吸声是利用吸声材料（如玻璃棉、矿渣棉、毛毡、泡沫塑料、吸声砖、木丝板、干蔗板等）和吸声结构（如穿孔共振吸声结构、微穿孔板吸声结构、薄板共振吸声结构等）吸收通过的声音，减少室内噪声的反射来降低噪声。

隔声是把发声的物体、场所用隔声材料（如砖、钢筋混凝土、厚木板、矿棉被等）封闭起来与周围隔绝。常用的隔声结构有隔声间，隔声机罩、隔声屏等，分为单层隔声和双层隔声结构两种。

隔振是防止振动能量从振动源传递出去。隔振装置主要包括金属弹簧，隔振器，隔振垫（如剪切橡皮、气垫）等。常用的材料还有软木、矿渣棉、玻璃纤维等。

阻尼是用内摩擦损耗大的一些材料来消耗金属板的振动能量并变成热能散失掉，从而抑制金属板的弯曲振动，使辐射、噪声大幅度地消减。常用的阻尼材料有沥青、软橡胶和其他高分子涂料等。

8.2 工程项目单位工程施工平面布置图设计

施工平面布置图设计是施工组织设计的重要组成部分，也是进行施工现场管理的重要依据。单位工程施工平面布置图是对一个拟建建筑物或构筑物的施工现场的平面规划和空间布置图。它是根据工程规模、特点和施工现场的条件，按照一定的设计原则，来正确地解决施工期间所面临的各种暂设工程和其他业务设施等同永久性建筑物和拟建工程之间的合理位置关系。它是布置施工现场的重要依据，是实现施工现场有组织有计划文明施工的先决条件。贯彻和执行合理的施工平面布置图，会使施工现场井然有序，施工顺利有序，保证进度，提高效率和经济效益。

一般单位工程施工平面布置图的绘制比例为 1∶200～1∶500。

8.2.1 单位工程施工总平面图设计的依据

（1）各种有关拟建工程的原始资料，包括自然条件调查资料和技术经济调查资料。

（2）建筑设计资料，包括建筑总平面图、一切已有和拟建的地下、地下管道位置，建筑区域的竖向设计和土方平衡图，拟建工程的有关施工图设计资料。

（3）施工资料，包括单位工程施工进度计划，施工方案，各种材料、构件、半成品等需要量计划。

8.2.2 单位工程施工平面布置图设计的原则

（1）在保证施工顺利进行的条件下，现场布置尽量紧凑，节约土地。

（2）合理布置施工现场的运输道路及各种材料堆场、加工厂、仓库和各种机具的位置，尽量使运距最短，从而减少或避免二次搬运。

（3）力争减少临时设施的数量，降低临时设施费用。

（4）临时设施的布置，尽量便于工人的生产和生活，使工人至施工区的距离最近，往返时间最少。

（5）符合环保、安全和防火要求。

8.2.3 单位工程施工平面布置图设计的内容

（1）建筑物总平面图上已建和拟建的地上地下的一切房屋、构筑物以及其他设施（道路和各种管线等）的位置和尺寸。

(2) 测量放线标桩位置、地形等高线和土方取弃场地。
(3) 自行式起重机开行路线、轨道布置和固定式垂直运输设备位置。
(4) 各种加工厂、搅拌站、材料、加工半成品、构件、机具的仓库或堆场位置。
(5) 生产和生活性福利设施的布置。
(6) 场内道路的布置和引入铁路、公路和航道的位置。
(7) 临时给排水管线、供电线路、蒸汽及压缩空气管道等布置。
(8) 一切安全及防火设施的位置。

8.2.4 单位工程施工平面布置图的设计步骤

单位工程施工平面布置图的设计步骤,如图 8.1 所示。

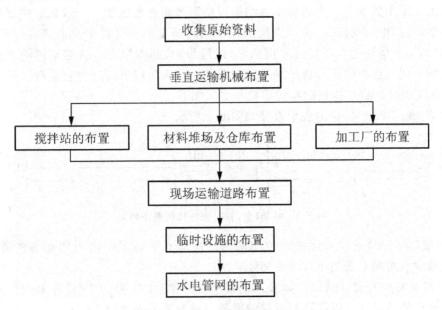

图 8.1 单位工程施工平面布置图的设计步骤

8.2.5 绘制单位工程施工平面布置图的轮廓线范围图

一般单位工程多为一栋或两栋房屋及其附属建筑,涉及的范围并不大,故选择的图幅一般多为 1∶500 或稍大的比例,最大不超过 1∶200。

(1) 绘制单位工程施工平面布置图的依据如下。

① 建筑区域平面图和施工组织总平面布置图是确定单位工程施工平面布置图的图幅范围和选定建筑物轮廓线位置的主要依据。通过它可以了解单位工程建筑物周围的具体情况和考虑需要布置的具体内容。

② 工程施工设计平面图是确定建筑物轮廓线具体尺寸的主要依据。

③ 施工组织总设计的施工部署和单位工程的施工方案是确定施工现场需要布置哪些具体内容的基本依据。

(2) 单位工程施工平面布置图的绘制方法和要求如下。

① 根据区域平面图或总平面布置图，选定应绘制的图幅范围。图幅范围的大小，应将拟建房屋周围可供利用的空地均纳入其内，然后按比例尺寸画出拟建房屋的轮廓线。

② 以拟建房屋轮廓线为中心，将选定的起重机类型，按其布置原则和要求，画出起重机及其配套设施的轮廓线位置。

③ 有了以上两个轮廓线以后，就可以根据其他临时设施的布置原则和要求，以施工现场空地进行适当分区，可分为生活区、搅拌堆场区、库房加工区和办公服务区等。然后按各区临时设施的要求和计算的面积，逐一绘制其轮廓线位置。

8.2.6 垂直起重机的布置原则和要求

单位工程所用的垂直起重机械依其结构规格不同而有所区别，一般低、中层砖混结构多采用井架（龙门架）卷扬机；中、高层结构或同时施工多栋房屋的多以塔式起重机（以下简称塔吊）为主；单层工业厂房常采用汽车（或履带）式起重机。各种起重机的布置原则和要求都有所不同。在单位工程施工平面布置图中，应根据以下所述内容进行合理布置。

(1) 井架（龙门架）卷扬机的布置原则和要求如下。

① 井架（龙门架）卷扬机的表示符号如图 8.2 所示。

图 8.2 井架（龙门架）卷扬机的表示符号

② 井架（龙门架）的位置应处在使距两端的房屋水平运输距离大致相等的适中地点。这样可以减少在房屋上面的单程水平运距。

③ 当房屋有高低层分隔时，如果只设置一付井架（龙门架），应将井架（龙门架）布置在分隔线附近的高层处，以照顾高低层的需要，减少架子的拆安工作。

④ 井架（龙门架）的地面进口，要求道路畅通运输不受干扰；架子的出口应尽量处在留有门窗洞口的开间，以减少墙体留槎补洞工作。

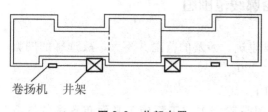

图 8.3 井架布置

⑤ 井架（龙门架）与卷扬机的距离应≥房屋的总高，借以减小卷扬机操作人员的仰望角度。

⑥ 井架（龙门架）与墙体的距离，最好以吊篮边靠近脚手架为宜，一般距离外墙边线 2.5～3.0m，这样可以减少过道脚手架的搭设。井架的布置如图 8.3 所示。

(2) 塔吊的布置原则和要求如下。

① 塔吊的表示符号如图 8.4 所示。

② 塔吊离建筑物内墙边的距离，以使塔臂的服务半径能将外墙体及墙上的附属构件包含在内为准，以此来确定塔吊塔轨中心位置。

③ 塔吊塔轨应沿建筑物的一侧平行布置，塔轨线的长度以使塔臂处在房屋两端最外边的死角边长小于1m为标准，这样可以使筑轨费用减少到最小，如图8.5所示。

④ 在布置塔吊的位置时，应考虑塔吊在安装与撤除期间应具备有一定的活动空间，即塔臂的安置应有一定长度的活动距离。

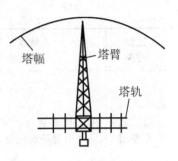

图8.4 塔吊的表示符号

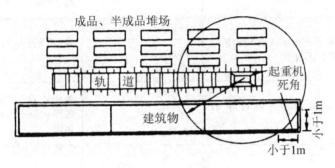

图8.5 塔轨布置

8.2.7 汽车(或履带)式起重机的布置原则和要求

（1）汽车(或履带)式起重机的行走路线，应与构件吊装方案紧密结合考虑，不同的吊装方案应作不同的安排。

（2）在安排吊装方案时，应尽量减少起重机的空行时间，提高工作效率。

（3）起重机进出场地，应符合行走方便和运行安全的要求。

8.2.8 单位工程的场内临时运输道路布置

在布置单位工程场内临时运输道路时，应遵循以下原则和要求。

（1）在布置场内临时运输道路时，应尽量利用永久性道路的路基，以减少筑路费用。

（2）凡有条件者，应布置成环行路线，以利错车畅行；若无条件成环行者，应在适当地点布置回车场地，以便回车和错车。

（3）在满足上述原则的条件下，应使临时道路的长度越短越好，使筑路费用尽可能地降低。

（4）道路的进出口最好分开布置，若不能分开设置，进出口通道长度不得少于6m，以便进出车辆错位。

（5）道路两边应设置排水沟，道路与排水的规格要求，参考表8-1～表8-3进行设置。

表8-1 临时道路路面种类和厚度

路面种类	特点及其使用条件	路基土壤	路面厚度/cm	材料配合比
级配砾石路面	雨天照常通车,可通行较多车辆,但材料级配要求严格	砾质土	10~15	体积比: 黏土:砂:石子=1:1:3.5 质量比: 面层:黏土13%~15%,砂石料85%~87%; 底层:黏土110%,砂石混合料90%
		砾质土或黄土	14~18	
碎(砾)石路面	雨天照常通车,碎(砾)石本身含土较多,不加砂	砂质土	10~18	碎(砾)石>65%,当地土壤含量<35%
		砂质土或黄土	15~20	
碎砖路面	可维持雨天通车,通行车辆较少	砂质土	13~15	垫层:砂或炉渣4~5cm碎砖; 底层:7~10cm碎砖; 面层:2~5cm碎砖
		砂质土或黄土	15~18	
炉渣或矿渣路面	可维持雨天通车,通行车辆较少,附近有此项材料可利用	一般土壤	10~15	炉渣或矿渣75%,当地土壤20%
		较松软时	15~30	
砂土路面	雨天停车,通行车辆较少,附近不产石料而只有砂	砂质土	15~20	黏砂50%,细砂、粉砂和黏质土50%
		黏质土	15~30	
风化石屑路面	雨天不通车,通行车辆较少,附近有石屑可利用	一般土壤	10~15	石屑90%,黏土10%
石灰石路面	雨天停车,通行车辆较少,附近产石灰	一般土壤	10~13	石灰10%,当地土壤90%

表8-2 简易公路技术要求

指标名称	技术标准
设计车速/km/h	≤20
路基宽度/m	双车道6~6.5;单车道4.5~5;困难地段3.5
路面宽度/m	双车道5~5.5;单车道3~3.5
曲线最小半径/m	平原丘陵地区20;山区15;回头弯道12
最大纵坡/%	平原地区6;丘陵地区8;山区11
纵坡最短长度/m	平原地区100;山区50
桥面宽度/m	木桥4~4.5
桥涵载重等级/t	木桥涵7.8~10.4

表8-3 路边排水沟最小尺寸表

边沟形状	最小尺寸/m		边坡坡度	适用范围
	深	底宽		
梯形	0.4	0.4	1:1～1:1.5	土质路基
三角形	0.3	—	1:2～1:3	岩石路基
方形	0.4	0.3	1:0	岩石路基

8.2.9 单位工程混凝土搅拌机和砂浆搅拌机位置的确定

单位工程所用的混凝土和砂浆搅拌机,有自行设置和由施工组织总设计设置两种布置方案。由施工组织总设计设置的方案,其搅拌机的位置早已确定,单位工程用户只需提供用料计划和配备运输车辆即可。

当单位工程自行设置混凝土和砂浆搅拌机时,应根据以下原则和要求进行布置。

(1) 混凝土搅拌机和砂浆搅拌机的表示符号如图8.6和图8.7所示。

图8.6 混凝土搅拌机的表示符号　　图8.7 砂浆搅拌机的表示符号

(2) 混凝土搅拌机和砂浆搅拌机应尽量靠近布置,以便用砂、用水、用电、排水等容易集中控制。

(3) 搅拌机的位置应尽量靠近垂直起重机,使水平运距和途中时间缩短,以便保持搅拌和材料的搅拌质量。

(4) 搅拌机的位置以安排在场区下风方向,交通方便的路边为好,这样可使排除污水和进料运输方便。

(5) 布置搅拌机位置时,应选择附近具有能够布置砂石堆场的空地,以减少砂石材料的进料运距。

8.2.10 单位工程的材料堆场和仓库的布置

单位工程的主要材料堆场有砂子堆场、石子堆场、预制构件堆场、砖石堆场和脚手材料堆场等;主要仓库有水泥仓库、五金器材仓库、危险材料仓库和其他大宗材料仓库等。

(1) 砂石堆场和水泥仓库的布置原则和要求如下。

① 砂石堆场和水泥仓库的位置,应选择在场区下风方向距搅拌站较近的地区分开布置。其中水泥仓库尽量置于较偏僻之处。

② 砂石堆场和水泥仓库要求布置在进出材料运输比较方便的道路边。

③ 石子堆场的位置要考虑是否能供应冲洗水源和便于污水排放的问题。

④ 砂石堆场和水泥仓库的布置面积计算如下。

$$砂(石)堆场的面积 = \frac{46.4 \times 砂(石)总用量}{使用砂(石)项目的施工天数} \tag{8-1}$$

式中 砂(石)总用量——单位工程施工期间的总使用量,可根据有关项目的工程量套用"基础定额"计算得出,单位为 m^3;

使用砂(石)项目的施工天数——使用该材料各有关项目(如基础、砌墙、浇混凝土、装修等)施工天数之和,单位为天。

$$水泥仓库的面积 = \frac{45 \times 水泥总用量}{使用水泥项目的施工天数} \quad (8-2)$$

式中 水泥总用量——单位工程施工期间的总使用量,可根据有关项目的工程量套用"基础定额"计算得出单位为 t;

使用水泥项目的施工天数——使用该材料各有关项目(如基础、砌墙、浇混凝土、装修等)施工天数之和;单位为天。

面积得出后,可按面积=长×宽确定具体尺寸画在施工平面布置图上。其中沙子堆场的宽可按 3~10m;石子堆场的宽可按 5~12m 考虑。水泥仓库的跨度可按 6m、9m 确定。

(2) 标准砖和块石的布置原则和要求如下。

① 标准砖和块石是基础和墙体的主要材料,一般都应沿外墙轮廓线附近 3~8m 的地区布置堆放场地。

② 标准砖和块石堆场可以分割成几个小块,均匀分布在以上所述的堆放范围内;也可以将除基础所用的材料外,直接堆放在垂直起重机两边的不影响交通运输的附近地区。

③ 标准砖和块石堆场的面积计算如下。

$$标准砖的堆场面积 = \frac{18 \times 砖块总用量}{用砖项目的施工天数} \quad (8-3)$$

式中 砖块总用量——单位为千块。

$$块石的堆场面积 = \frac{85.7 \times 块石使用量}{块石项目的施工天数} \quad (8-4)$$

式中 场石使用量——单位为 m^3。

标准砖按 1m(实际为 0.96m 或 1.25m)宽来分割堆场面积,即

标准砖的堆场面积 = $\Sigma(1 \times 分块长度)$,其中分块长度按施工现场实际可容纳情况具体确定。

(3) 预制梁板构件堆场的布置原则和要求如下。

单位工程所用预制梁板构件,多为预制加工厂预制成型后运来施工现场堆放,但也有在施工现场安排预制的,应分为不同情况进行布置。

① 成型构件堆场应布置在垂直起重机起吊方向的附近地区,并要求堆场至起吊点的运输比较畅通,或直接置于塔臂的吊幅范围内。

② 成型构件堆场应远离搅拌站和石子冲洗场,以免泥泞道路影响运输质量。

$$③ 成型构件堆场的面积 = \frac{119 \times 预制构件工程量}{使用预制构件项目的施工天数} \quad (8-5)$$

式中 预制构成工程量——单位为 m^3。

④ 施工现场预制加工厂应布置在人员较少往来的偏僻地区,并要求靠近砂石厂。

⑤ 施工现场预制加工厂的面积,应根据预制品种类型的长度和一次加工数量的不同而定,也可计算如下

$$加工场面积 = 0.25 \times 加工量 + 适当堆场面积 \quad (8-6)$$

式中 加工量——单位为 m^3。

(4) 钢筋、木工加工厂的布置原则和要求如下。

① 钢筋、木工加工厂的位置，一般应远离办公、生活、服务等临时设施，以免影响其环境及卫生条件。

② 在布置钢筋、木工加工厂的位置时，要考虑房屋前后有适当的空地作为室外操作或堆置材料之用。

③ 钢筋、木工加工厂的位置，应远离火种、火源和具有腐蚀性的影响物体。

④ 钢筋、木工加工厂的面积，参照相关规定计算如下。

$$钢筋、木工加工厂的面积 = 加工量 \times 面积计算指标 \quad (8-7)$$

式中 加工量——单位为 t。

(5) 一般器材仓库的布置原则和要求如下。

① 一般仓库的位置多置于施工现场不太重要的分布区域。

② 危险仓库和有害物质库房，应布置在远离生产、生活区域的下风方向偏僻地点。

③ 库房的面积计算如下。

$$库房面积 = 计算基数 \times 面积计算指标 \quad (8-8)$$

8.2.11 单位工程临时设施的布置

单位工程所需的临时设施一般涉及面不大，所用范围如下。

办公用房：工地办公室、门房警卫室。

生活服务用房：职工宿舍、食堂、开水房、休息娱乐房和厕所等。

其布置应遵循以下原则和要求。

1. 办公用房

(1) 办公用房的位置，一般应布置在工地进出口附近，以便能够兼顾内外联络的需要。

(2) 办公用户和生活用房应适当隔离，以减少相互干扰的影响。

(3) 如果条件许可，办公用房应尽量设置在场区的上风方向。

(4) 办公用房的面积按人均 $3\sim4m^2$ 计算，方法如下。

$$工地办公室面积 = (3\sim4) \times 工地技职员人数 \quad (8-9)$$

门房警卫面积按每栋 $6\sim12m^2$ 设置。

2. 生活服务用房

(1) 职工宿舍区的位置，应布置在场区上风方向的安静卫生地区。

(2) 职工宿舍的布置最好是南北朝向，每栋宿舍的大小以安排 12 人~32 人为宜。

(3) 每栋宿舍相互之间应安排 $4\sim6m$ 的防火距离。

(4) 食堂、休息娱乐等其他临时设施，应布置在办公和宿舍之间的适当地点。

(5) 生活服务用房的面积按人均 $3.5\sim4m^2$ 计算，方法如下。

$$宿舍工棚总面积 = (3.5\sim4) \times 工地高峰人数 \quad (8-10)$$

然后按上述要求进行布置。

工地食堂面积按人均 0.5～0.8m² 计算，方法如下。

$$工地食堂面积 = (0.5～0.8) \times 工地高峰人数 \quad (8-11)$$

其可按 4m、6m、9m 定宽。

休息娱乐室面积按人均 0.15m² 计算，方法如下。

$$面积 = 0.15 \times 工地平均人数 \quad (8-12)$$

休息娱乐室应依具体情况确定是否设置。

开水房按 10～40m² 确定；厕所 50 人以下按 5～10 个蹲位；100 人以下按 10～20 个蹲位（每个蹲位以 1～1.2m²）考虑。

8.3 施工总平面图设计

施工总平面图是拟建项目施工场地的总布置图。它按照施工方案和施工进度的要求，对施工现场的道路交通、材料仓库、附属企业、临时房屋、临时水电管线等作出合理的规划布置，从而正确处理全工地施工期间所需各项设施和永久建筑、拟建工程之间的空间关系。

施工总平面图是布置施工现场和施工准备工作的重要依据，是实现文明施工、节约土地、减少临时设计费和现场运输费的先决条件。

8.3.1 施工总平面图设计的原则

(1) 尽量减少施工用地，少占农田，使平面布置紧凑合理。

(2) 合理组织运输，减少运输费用，保证运输方便畅通。

(3) 施工区域的划分和场地的确定，应符合施工流程要求，尽量减少专业工种和各工程之间的干扰。

(4) 充分利用各种永久性建筑物、构筑物和原有设施为施工服务，降低临时设施的费用。

(5) 各种生产生活设施应便于工人的生产生活。

(6) 满足安全防火、劳动保护的要求。

8.3.2 施工总平面图设计的依据

(1) 各种设计资料，包括建筑总平面图、地形地貌图、区域规划图、建筑项目范围内有关的一切已有和拟建的各种设施位置。

(2) 建设地区的自然条件和技术经济条件。

(3) 建筑项目的建筑概况、施工方案、施工进度计划，以便了解各施工阶段情况，合理规划施工场地。

(4) 各种建筑材料、构件、加工品、施工机械和运输工具需要量一览表,以便规划工地内部的储放场地和运输线路。

(5) 各构件加工厂规模、仓库及其他临时设施的数量和外廓尺寸。

8.3.3　施工总平面图设计的内容

(1) 建设项目施工总平面图上的一切地上、地下已有的和拟建的建筑物、构筑物以及其他设施的位置和尺寸。

(2) 一切为全工地施工服务的临时设施的位置布置。包括施工用地范围、施工用的各种道路;加工厂、制备站及有关机械的位置;各种建筑材料、半成品、构件的仓库和生产工艺设备主要堆场、取土弃土位置;行政管理房、宿舍、文化生活福利建筑等;水源、电源、变压器位置,临时给排水管线和供电、动力设施;机械站、车库位置;一切安全、消防设施位置。

(3) 永久性测量放线标桩位置。许多规模巨大的建筑项目,其建设工期往往很长。随着工程的进展,施工现场的面貌将不断发生变化。在这种情况下,应按不同施工阶段分别绘制若干张施工总平面图,或者根据工地的变化情况,及时对施工总平面图进行调整和修正,以便符合不同时期的要求。

8.3.4　施工总平面图的设计步骤和设计要点

1. 场外交通的引入

(1) 当大量物资由铁路运入工地,应首先解决铁路由何处引入及如何布置问题。场区内设有永久性铁路专用线时,通常可按其提前修建,以便为工程施工服务。但由于铁路的引入将严重影响场内施工的运输和安全,因此,铁路的引入应靠近工地一侧或两侧;仅当大型工地分为若干个独立的工区进行施工时,铁路才可以引入工地中央,此外,铁路应位于每个工区的侧边。

(2) 当大量物资由水路运进现场时,应允许利用原有码头的吞吐能力。当需增设码头时,卸货码头不应少于两个,且宽度应大于2.5m,一般用石或钢筋混凝土结构建造。

(3) 当大量物资由公路运进现场时,由于公路布置较灵活,一般先将仓库、加工厂等生产性临时设施布置在最经济合理的地方,再布置通向场外的公路线。

2. 仓库与材料堆场的布置

(1) 当采用铁路运输时,仓库通常沿铁路线布置,并且要留有足够的装卸前线。如果没有足够的装卸前线,必须在附近设置转运仓库。布置铁路沿线仓库时,应将仓库设置在靠近工地一侧,以免内部运输跨越铁路。同时仓库不宜设置在弯道处或坡道上。

(2) 当采用水路运输时,一般应在码头附近设置转运仓库,以缩短船只在码头上的停留时间。

(3) 当采用公路运输时,仓库的布置较灵活,一般中心仓库布置在工地中央或靠近使用的地方,也可以布置在靠近外部交通的连接处。砂石、水泥、石灰、木材等仓库或堆场宜布置在施工对象附近,以免二次搬运。

3. 加工厂布置

一般应将加工厂集中布置在同一个地区，且多处于工地边缘。各种加工厂应与相应仓库或材料堆场布置在同一地区。

4. 布置内部运输道路

根据加工厂、仓库及各施工对象的相对位置，研究货物转运图，区分主要道路和次要道路。

（1）在规划临时道路时，应充分利用拟建的永久性道路，提前修建永久性道路或者先修路基和简易路面，作为施工所需的道路，以达到节约投资的目的。若地下管网的图样尚未出全，而又必须采取先施工道路、后施工管网的顺序时，临时道路就不能完全建造在永久性道路的位置，而应尽量布置在无管网地区或扩建工程范围地段上，以免开挖管道路沟时破坏路面。

（2）道路应有两个以上进出口，道路末端应设置回车场，且尽量避免临时道路与铁路交叉。场内道路干线应采用环形布置，主要道路宜采用双车道路，宽度不小于6m，次要道路宜采用单车道，宽度不小于3.5m。

（3）一般场外与省、市公路相连的干线，因其以后会成为永久性道路，因此，一开始就建混凝土路面；场区内的干线和施工机械行驶路线，最好采用碎石级配路面，以利于修补；场内支线一般为土路或砂石路。

5. 行政与生活临时设施布置

应尽量利用建设单位的生活基地或其他永久性建筑，不足部分另行建造。

一般全工地性行政管理用房宜设在全工地入口处，以便对外联系；也可设在工地中间，便于全工地管理。工人用的福利设施应设置在工人较集中的地方，或工人必经之处。生活基地应设在场外，距工地500m~1000m为宜。食堂可布置在工地内部或工地生活区之间。

施工总平面图的设计步骤和设计要点如表8-4所示。

表8-4 施工总平面图的设计步骤和设计要点

类别	设计步骤	设计要点
引入场外交通	确定运输量	按工程的实际需要量来确定，同时应考虑每日的最大运输量以及各种运输工具的最大运输密度
	选择运输方式	铁路运输：拟建工程需要铺设永久性铁路专用线或者工地需从国家铁路上运输大量物料时才采用； 水路运输：在可能条件下，就尽量采用，但应注意与工地内部运输配合，同时考虑洪水期、枯水期的影响； 公路运输：适合于货运量大、货源分散或地形复杂不宜于铺设轨道以及城市和工业区内的运输； 马车运输：适于较短距离运送大量货物，具有使用灵活、对道路要求较低、费用较低等优点
	确定运输工具数量	根据每日货运量、运输设备台班生产率等计算求得
	确定运输道路	应尽可能利用永久性道路，或先修永久性道路路基并铺设简易路面，主要道路应布成环形

(续)

类别	设计步骤	设计要点
布置仓库与材料堆场	确定仓库位置	运输方便、位置适中、运距较短、安全防火 转运仓库：采用铁路运输和水路运输时考虑设置 中心仓库：布置在工地中央或靠近使用的地方；砂石、水泥、石灰、木材等仓库或堆场：宜布置在搅拌站、预制场和木材加工厂附近； 主要设备仓库或堆场：笨重设备尽量放在车间附近，其他设备可布置在外围或其他空地上
	确定物资储备量	根据现场条件、供应条件和运输条件来确定
	确定仓库面积	根据物资储备量或计划工作量等推算
工地加工厂	选择加工厂类型	根据需要设置： 混凝土搅拌站； 临时性混凝土预制厂； 半永久性混凝土预制厂； 木材加工厂、综合木工加工厂、粗木加工厂、细木加工厂、钢筋加工厂； 现场钢筋加工； 金属结构加工(包括一般铁件)； 石灰消化(贮灰池、淋灰池、淋灰槽)； 机械修理厂
	选择加工厂结构	根据使用期限而定： 使用期限较短者采用简易结构； 使用期限较长者宜用瓦屋面的砖木结构、砖石结构或装拆式活动房屋
	确定加工厂面积	主要取决于设备尺寸、工艺过程、设计和安全防火要求，通常可参考有关经验指标等资料确定
办公及福利设施	确定建筑工地人数	直接参加建筑施工生产的工人； 行政及技术管理人员； 为建筑工地上居民生活服务的人员； 以上各项人员的家属
	确定办公及福利设施建筑面积	办公室：按使用人数； 宿舍：按高峰年(季)平均人数； 家属宿舍：16~25m²/户； 食堂、食堂兼礼堂按高峰年平均人数； 其他：按高峰年平均人数
供水	确定用水量	生产用水包括工程施工用水、施工机械用水； 生活用水包括施工现场和生活区生活用水； 消防用水
	选择水源	尽可能利用现场附近的供水管道，不能解决时才考虑使用江河、水库、泉水、井水等天然水源
	确定供水系统	确定取水设施、一般由进水装置、进水管和水泵组成； 确定贮水构筑物，一般有水塔、蓄水池或水箱； 确定供水管径； 选择管材，根据管道尺寸和压力大小选择

8.4 施工布置图中的技术知识

8.4.1 对公用服务设施位置的确定

在有些总平面布置图中，常要求食堂、生活网点、公用加工车间或公用仓库等位置布置在距离各需求点都比较靠近的地方，最简便的方法就是采用图形叠合法。

图形叠合法就是将施工现场各需求点用线连接成图形，采用多次叠合形成多个对称点，而折叠线就是对称距离最近、最里边的围线，由几条内围线所组成的内框就是所有对称点共享的区域，因此也是各需求点的共享区域。

图形叠合法的步骤如下。

（1）首先以一定的比例按施工总平面图，绘制出各施工点，即 A、B、C、D、E、F 等点(可取建筑物的中心点或最内边点)的外形轮廓平面图，如图 8.8 所示。

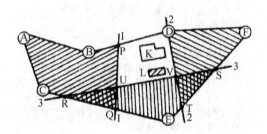

图 8.8　各施工点的外形轮廓平面图

（2）将绘制好的图形按边线裁剪下来，然后以任何一个点，对齐相对应的另一边线或内围线进行折叠，要求折过去的面积都能包含其余的部分，如图 8.9 中 A 点对齐 F—E 线（线上的任何一点或线内都可以），得折叠线 1—1，则面积 APQC 均在另一半面积之内。

（3）将折叠打开，把折叠过去的面积 APQC 涂上一种颜色，再换一个方向以 E 点对齐 B—D 线，得折叠线 3—3，将面积 ERS 涂上另一种颜色；以此类推，经多次折叠和涂色，最后可得出一个无色区域，则这个区域即为所求的共享区域，将公用设施的位置布置在这个区域内的任何地方都可以。

注意事项如下。

① 各需求点应是与公用设施有关的点，没有关系的点不要选在其内。

② 如果在所选区域内，遇有与障碍物、永久性设施或总平面布置的其他设施相冲突时，应给予避开，调整到附近地点。

③ 如果所选区域在清理场地、挖填土方或拆迁费用等方面开支都比较大时，也应进行适当调整，改换到既经济又实用的地点。

④ 所选区域应满足防火、安全、卫生等规则要求，若不满足者也应进行调整。

8.4.2 运输道路网已定，供应点至各需求点的运输吨公里数最小时的解决方法

在施工现场对于混凝土搅拌站、钢筋加工厂、木工加工厂、金属加工修理车间等采用集中供应点布置的方案，这时供应点距离各需求点的运输吨公里数越少，就越经济，有利于减少成本的开支。对求得运输吨公里数最少的方法一般采用归邻选点法。

归邻选点法是在已确定的运输道路条件下，根据线路布置成树枝状和环圈状的不同，对各点的运输吨公里数，采用"枝线端点靠近并、圈线各点比大小"的方法，进行计算确定。

(1) 枝线端点靠近并是指当道路布置成树枝状时，对布置在各条道路上的最末端点，在其需求量小于总需求量之半时，将该端点需求量合并到靠近的邻点，然后按此法再行比较，再行合并，直至某点需求量大于总需求量之半时，即为所求的供应点，该点至其他各点的运输吨公里数为最小。

【例 8-1】 某工地需要选定一钢筋加工厂的位置，各施工点布置与需求量如图 8.9 所示。要求按吨公里数最小的方法进行选点。

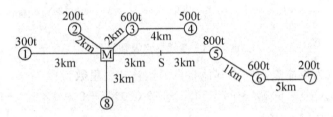

图 8.9 某工地钢筋加工厂各施工点布置与需求量

解：先计算出总需求量 Q，则 $Q=600+200+400+600+500+800+200$，将端点需求量与 Q 比较并进行合并：

①点：$Q_1=300<1800$，并入 M 点；
②点：$Q_2=200<1800$，并入 M 点；
⑧点：$Q_8=400<1800$，并入 M 点；
④点：$Q_4=500<1800$，并入③点；
⑦点：$Q_7=200<1800$，并入⑥点。

经初步归并后得图 8.10。

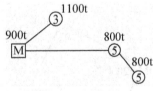

图 8.10 初步归并后

再次比较归并：

③点：$Q_3=1100<1800$，并入 M 点；
⑥点：$Q_6=800<1800$，并入⑤点；
⑤点：$Q_5=1600<1800$，并入 M 点。故将钢筋加工厂的位置选在 M 点。这时的运输吨公里数 T_M 为

$$T_M = 300\times3+200\times2+400\times3+600\times2+500\times6+800\times6+600\times7+200\times12$$
$$= 18\,100(\text{t}\cdot\text{km})$$

为了检验 $T_M=18100$ 是否为最小，假设把点定在⑤点或 S 点，分别计算出其运输吨

公里数,即

$T_5 = 300 \times 9 + 200 \times 8 + 600 \times 8 + 400 \times 9 + 500 \times 12 + 600 \times 1 + 200 \times 6$
$= 20\ 500(\text{t} \cdot \text{km})$

$T_s = 300 \times 6 + 200 \times 5 + 600 \times 5 + 500 \times 9 + 400 \times 6 + 800 \times 3 + 600 \times 4 + 200 \times 9$
$= 19\ 300(\text{t} \cdot \text{km})$

从上述计算结果可以看出,其都大于 M 点的运输吨公里数。

(2) 圈线各点比大小是指当线路形成环行圈时,就以线上的各点为基础,分别设为假想供应点,算出至其他各点的运输吨公里数,然后进行比较,再选择其中最小运输吨公里数的那一点,即为所求的供应点。

【例 8-2】 设某工地需要确定一混凝土搅拌站的位置,A、B、C、D、E、F、G 等需求点及需用量如图 8.11 所示,用归邻选点法确定其位置。

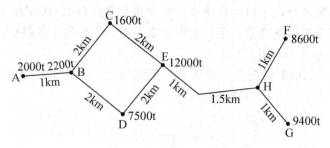

图 8.11 各需求点及需用量

解: 先设 A 点为供应点,则至其他各点的运输吨公里数为

$T_A = 2\ 200 \times 1 + 1\ 600 \times 3 + 7\ 500 \times 3 + 12\ 000 \times 5 + 8\ 600 \times 8.5 + 9\ 400 \times 8.5$
$= 242\ 500\ (\text{t} \cdot \text{km})$

再设 B 点为供应点,则至其他各点的运输吨公里数为

$T_B = 2\ 000 \times 1 + 1\ 600 \times 2 + 7\ 500 \times 2 + 12\ 000 \times 5 + 9\ 400 \times 7.5 + 8\ 600 \times 7.5$
$= 203\ 200(\text{t} \cdot \text{km})$

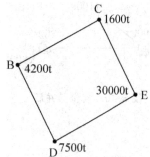

图 8.12 经树枝法处理后

同理,分别设 C、D、E、F、G、H 等为供应点,算出至其他各点的运输吨公里数为

$T_C = 163\ 400(\text{t} \cdot \text{km})$;$T_D = 139\ 800(\text{t} \cdot \text{km})$;
$T_E = 100\ 000(\text{t} \cdot \text{km})$;$T_F = 144\ 350(\text{t} \cdot \text{km})$;
$T_G = 142\ 750(\text{t} \cdot \text{km})$;$T_H = 118\ 250(\text{t} \cdot \text{km})$。

可知其中最小点为 E 点,即 $T_E = 100\ 000\ \text{t} \cdot \text{km}$,其选为混凝土搅拌站供应点。

此题也可将点 A、F、G、H 等使用点按树枝法处理,得图 8.12 后再按运输吨公里数比大小。

8.4.3 多供应点供应多需求点时,运输吨公里数最小时的解决方法

对于比较大的工地,有时因材料堆场或工程管理的需要,常设立两个或两个以上的供

应点,这时为了对供应量进行合理分配,也可以使用运输吨公里数最小的方法进行优化,以便节省临时费用开支。

对于多供应点调运的问题,比较精确的计算方法多采用线性规划中的单纯形法,但一般计算起来比较麻烦,对施工现场的问题,可以采用一种比较简单的图画平衡法。

这种方法是将供应点和需求点按运输线路,连接成若干个封闭圈,供应点和需求点各用一种符号表示以便区别,注明各点之间的距离。然后初步提出一个任意供应分配方案,由供点应至需求点方向,沿前进的右方画出分配供应方向箭线(简称流向线),将分配数量注明在流向线的上方,这样就得到一个初步供需流向运输图。在流向运输图上,流向线处在封闭圈外面的称为外圈流向,流向线处在圈内的称为内圈流向。

然后从无流向线的边开始,以每个封闭圈为单位,分别计算出一个封闭圈的总长 $L_总$、外圈流向线长 $L_外$ 和内圈流向线长 $L_内$,再进行调整。

在一个封闭圈中,当 $L_外 > L_总/2$ (或 $L_内 > L_总/2$)时,应对初步分配的供应量中,选取外圈(或内圈)上的最小流向量值,去掉其最小供应量及其流向线,并同时在其他外圈(或内圈)流向线上减去"去掉的最小值",如遇原来没有流向线的边,要添加一个等值的流向线;再在内圈(或外圈)流向线上加上"去掉的最小值",然后再核算内外圈长度,若仍大于总长的一半,继续按上述调整,直至小于为止。

【例 8-3】 设某工地有 M、N 两个供应点,要供应Ⅰ、Ⅱ、Ⅲ三个需求点,其初步分配供应量如图 8.13 所示,需对其进行优化。

解:在图 8.13 中有两个封闭圈,即以 N-Ⅱ边为始成圈 NⅠMⅡ和以Ⅱ-Ⅲ边为始成圈ⅢNⅠMⅡ,如图 8.14 的(a)和(b)所示。在圈 NⅠMⅡ中:

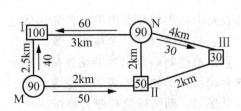

图 8.13 初步分配供应量

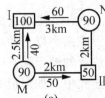

(a)

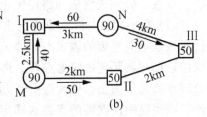

(b)

图 8.14 圈 NⅠMⅡ和圈ⅢNⅠMⅡ

$L_总 = 2+3+2.5+2 = 9.5 \text{(km)}$;$L_外 = 2+3 = 5 \text{(km)}$,$L_内 = 2.5 \text{(km)}$,则 $L_外 > L_总/2 = 9.5/2 = 4.25 \text{(km)}$,应进行调整。

因外流向线中 M-Ⅱ边 50 最小,应该去掉。同时在 N-Ⅰ边上应为 60-50=10 并在 N-Ⅱ边添加一流向线 50(沿前进方向右侧)。而内圈 M-Ⅰ边上应为 40+50=90,于是得图 8.15。

在圈ⅡⅢNⅠM 中:$L_总 = 2+4+3+2.5+2 = 13.5 \text{(km)}$;$L_外 = 2+3 = 5 \text{(km)}$,$L_内 = 2.5+4 = 6.5 \text{(km)}$,则:$L_外 < L_总/2 = 13.5/2 = 6.75 \text{(km)}$;$L_内 < L_总/2$,故不需调整。然后按原图(图 8.14)画出调整结果后的流向运输,如图 8.16 所示。

现在重新对图 8.17 进行再次优化,先找以无流向线的Ⅱ-Ⅲ边为起点的封闭圈,其为三角形圈ⅡNⅡ,计算其圈线长度,即

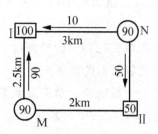
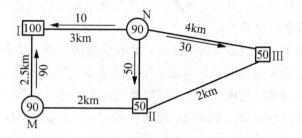

图 8.15 经整理得到　　　　图 8.16 调整结果的流向运输

$L_{总}=2+4+2=8(km)$；$L_{外}=2km<L_{总}/2$，$L_{内}=4(km)<L_{总}/2$，故不再调整。

再对矩形圈 N I M II 计算其圈线长度，即

$L_{总}=3+2.5+2+2=9.5(km)$；$L_{外}=3km<L_{总}/2$，$L_{内}=2.5+2=4.5(km)<L_{总}/2$

也符合要求。

现在来检查一下优化的结果是否有所改善。

原方案的运输吨公里数 $=60×3+40×2.5+50×2+4×30=500(t·km)$；

优化后的运输吨公里数 $=10×3+90×2.5+50×2+30×4=475(t·km)$，比原方案节省 $25(t·km)$。

8.4.4 布置管道、电力线路时，线路最短的优化选线问题

在施工现场，常遇到供排水管道、电力线路等的布线问题，在满足使用条件下，如何力求线路最短，这是节约开支、减少动力损耗的一个优化选线问题。常用的方法有最小树枝选线法、破圈选线法和路径优化法等。

(1) 最小树枝选线法是在已定供源点至使用点的线路上，由供源点出发，首先用线连接与该点距离最短的需求点，即可形成两个以上的端点。然后再以这几个端点出发，向外延伸连接与其距离最短的点，又形成新的若干端点，再以这些新端点出发继续连接，直至全部连接完毕为止。但在接引新点连线中，如遇形成封闭圈，即使距离最短，也应放弃不连，而改连距离次短的点。这样所得连线如同一树枝状图形，则树枝总长即为最短。

【例 8-4】 设某工地供电系统如图 8.17 所示，M 为电源供应点，①～⑨为需求点，现对该图进行优化。

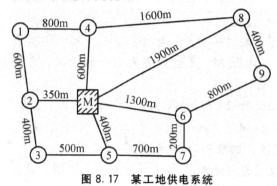

图 8.17 某工地供电系统

解：① 先以 M 点出发，连接距离最短的②点；

② 再以 M 点、②端点出发，连接与其距离最短的③点、⑤点；

③ 再以 M 点、②点、③点、⑤点为新端点，向外延伸连接与其距离最短的点，有连线 M—④、②—①、⑤—⑦，而③点若与⑤点连接就形成了封闭圈，故应放弃不连；

④ 继以①新端点、④新端点、⑦新端点向外延伸，而①-④会形成封闭圈不能连，只通⑦-⑥，然后再连接⑥-⑨、⑨-⑧。至此各点全部连接完毕，如图8.18所示。

现核算比较如下。

不经优化的总线长＝800＋1 600＋600＋600＋1 900＋400＋350＋1 300＋800＋400＋400＋500＋700＋200＝10 550（m）

经优化后的总线长＝600＋600＋400＋400＋700＋200＋350＋800＋400＝4450（m），由此可以看出，优化后的线路总长要比任意连线的总长短很多。

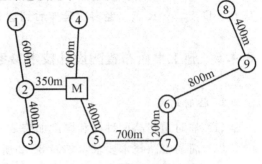

图 8.18　各点全部连接完毕后

（2）破圈选线法。由于各种管线多沿已定路边敷设，总会形成各种矩形、梯形和三边形等图形，破圈选线法就是按线路布置所形成的图形，把每个圈的长边去掉，剩下的图形就与上述树枝一样，但该法要比最小树枝选线法简单得多。

【例 8-5】　以图 8.18 为例，其中有 A、B、C、D、E 五个封闭圈，在 A 圈中，①-④边最长，应去掉；在 B 圈中，去掉④-⑧边；在 C 圈中去掉 M-⑧边；在 D 圈中去掉 M-⑥边，E 圈中去掉③-⑤边，如图 8.19 中虚线所示。

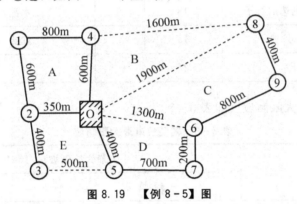

图 8.19　【例 8-5】图

（3）路径优化法。在有些工程的线路布置中，有时从某个起点至某个终点，有很多线路可以通达，但在这些线路中，必有一条最短线路，路径优化法就是寻找最短线路的一种优化方法。

图 8.20 所示由 O 点到 R 点，共有 6 条线路可以通达，究竟哪一条线路最短，现分析如下。

以 O 点为起点出发，将 O 点的距离记为 O，向距离最短的邻点延伸，即 O-T，在 T 上标注其距离 3；再从 O、T 两点出发，有 O-S、T-K、T-M 三条延伸线，其中 O-S 最短，故延伸到 S 点，在其上标注距离 3.5；再从已延伸的线路 T 端点、S 端点出发，有 S-D、S-M、T-K、T-M 四条延伸线，由 O 点至延伸点的距离为

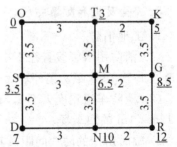

图 8.20　由 O 点到 R 点的 6 条线路

OSD=3.5+3.5=7；QSM=3.5+3=6.5；OTK=3+2=5；OTM=3+3.5=6.5。

其中 OTK 最短，故延伸 T-K，在 K 点上标注距离 5；按同法继续延伸，至 M 点、G 点、D 点、…R 点，经多次延伸后到达 R 点的距离 12 最短。

8.4.5 施工平面布置图设计技术参考资料

1. 临时道路

（1）临时道路路面种类和厚度如表 8-1 所示。

（2）简易公路技术要求，如表 8-2 所示。

（3）路边排水沟最小尺寸如表 8-3 所示。

2. 皮带运输机和轻便铁轨

（1）皮带运输机输送各种材料时最大的倾斜角度如表 8-5 所示。

表 8-5 皮带运输机输送各种材料时最大的倾斜角度

序号	材料名称	角度/(°)	序号	材料名称	角度/(°)
1	经洗净或挑选的砾石	12	5	石灰	23
2	压碎未经挑选的石子	18	6	水泥	20
3	干砂	18	7	红砖	20
4	温砂	27			

（2）轻便轨道最大限制坡度如表 8-6 所示。

表 8-6 轻便轨道最大限制坡度

牵引条件	最大限制坡度/(‰)	
	一般情况	特殊情况
机车牵引	3~5	30
人力推运	3	12

3. 安全防火和防爆要求

1）工地消防

（1）消防用水管线直径不小于 100mm。消火栓间距小于 120m，应布置在路口、道边，距道边小于 2m，距房屋外墙大于 5m。

（2）消防车道宽度大于 3.5m，应畅通。仓库、木材堆场等两侧应有 6m 通道、端头应有 12m×1m 的回车场。

2）临时房屋的防火间距及其他规定

（1）各种临时房屋防火最小间距如表 8-7 所示。

表8-7 各种临时房屋防火最小间距

序号	项目	临时宿舍及生活用房			临时生产设施		正式建筑物			铁路（中心线）		公路（路边）			电力线
		单栋砖木	单栋钢木	成组内的单栋	砖木	钢木	一、二级	三级	四级	厂外	厂内	厂外	厂内主要	厂内次要	
1	临时宿舍及生活用房 单栋： 砖木 全钢木 成组内的单栋	8 10 10	10 12 12	10 12 3.5	14 16	16 18	12 14	14 16	16 18						
2	临时生产设施 砖木 全钢木	14 16	16 18	16 18	14 16	16 18	12 14	14 16	16 18						
3	易燃品： 仓库 贮罐 材料堆场	30 20 25	30 25 25	20 20 20	25 25 25	15 15 15	20 20 20	25 25 25	40 35 30	30 25 20	20 20 15	10 15 10	5 10 5		电杆高的1.5倍
4	锅炉房、变电所、发电机房、铁工房、厨房、家属区	10~15													

（2）其他规定如下。临时宿舍不得建在低洼、潮湿地带。建在独立场所时应分组，每组砖木结构不得超过12栋，全木或钢骨架不得超过6栋（每栋按100m² 计），顶棚高度大于2.5m，房间面积小于60m²，每栋住人小于100人，门窗宽度砖木结构大于0.8m，木结构大于1m，外开门每25人一个出入口。

竹木、稻草、秫秸、席子和芦苇不宜用来搭设易燃材料库、铸、锻、焊、热处理间，若需要使用必须抹灰。生火间避免用易燃材料，并注意耐火层。

化学易燃、易爆仓库必须是耐火建筑，有避雷设施，通风好。

3）安全间距

（1）道路与建筑物的最小间距如表8-8所示。

表8-8 道路与建筑物的最小间距

序号	道路与建筑物的关系	最小间距/m	序号	道路与建造物的关系	最小间距/m
1	距建筑物外墙 （1）靠路无出入口 （2）靠路有人力车、电瓶车出入口 （3）靠路有汽车出入口	1.5 3 3	4	距围墙 （1）在有汽车出入口 （2）无汽车出入口，附近有电线杆时 （3）无汽车出入口，附近无电线杆时	6 2 1.5
2	距标准轨铁路中心线	3.75	5	距树木（1）乔木	0.75~1.0
3	距窄轨铁路中心线	3.00		（2）灌木	0.5

（2）各种管道平面布置的最小净距如表8-9所示。

表8-9　各种管道平面布置的最小净距

序号	名称	建筑物	铁路路堤	铁路中心线	公路边缘	围墙	照明电杆（中心）	高压电杆（支座）	管道沟	给水管线大于200mm	给水管线小于200mm	排水管	排水沟	电力电缆	压缩空气	乙炔氧气	管道支架
1	建筑物				6	1.5			2~3	5	5	2.5	1.0	0.6	1.5	3	
2	给水管线大于200mm时 大于200mm时	距红线5路	路堑坡顶10 路堤坡脚5		1.0 1.0	2.5 1.5	1.0 1.0	3 3	1.5 1.5			5 3		1.0 1.0	1.5 1.5	1.5 1.5	
3	管道沟	2~3		3.5	1.0	1.5	1.5	3		1.5	1.5			2.0	1.5	1.5	
4	排水管 排水沟	2.5 1.0	5	3.5	1.5 1.0	1.5 1.0	1.5 1.5	3 3	1.5	3	1.5	1.5		1.0 1.0	1.5 1.5	1.5 1.5	2.0
5	电力电缆线	0.6		3.5	1.0	0.5	0.5	0.5	0.5	2.0	0.5	0.5			1.0	1.0	
6	压缩空气管	1.5		3.5	1.0	1.0	1.5	3	1.5	1.5	1.5	1.5		1.0		1.5	
7	乙炔氧气管	3		3.5	1.0	1.5	1.5	3	1.5	1.5	1.5	1.5		1.0	1.5		

（3）防爆安全距离如表8-10~表8-12所示。

表8-10　临时房屋和爆破点的防爆安全距离

序号	爆破方法	安全距离/m
1	裸露药包法	不小于400
2	炮眼法	不小于200
3	药壶法	不小于200
4	深眼法（包括深眼药壶法）	按设计定，但任何情况下不小于200
5	峒室药包法	按设计定，但任何情况下不小于200

表8-11　炸药库对附近建筑物的防爆安全距离

序号	邻近对象	单位	炸药量/kg					
			250	500	2 000	8 000	16 000	32 000
1	有爆破危险的工厂	m	200	250	300	400	500	500
2	一般生产、生活用房	m	200	250	300	400	450	500
3	铁路	m	50	100	150	200	250	300
4	公路	m	40	60	80	100	120	150

表 8-12 炸药库和雷管库间的防爆安全距离

库房内雷管数/个	到炸药库安全距离/m	库房内雷管数/个	到炸药库安全距离/m	库房内雷管数/个	到炸药库安全距离/m
1 000	2	30 000	10	200 000	27
5 000	4.5	50 000	13.5	300 000	33
10 000	6	75 000	16.5	400 000	38
15 000	7.5	100 000	19	500 000	43
20 000	8.5	150 000	24		

8.5 施工临时用水

在编报项目建议书及进行可行性研究时，即应对建设项目附近原有供水设施及供水的可能性做好调查研究。

项目批准立项以后，即应委托自来水公司规划设计部门确定供水方案，并将供水方案与其他市政配套方案一同作为初步设计的组成部分按规定程序报批。

初步设计批准后，应持批准文件、平面图、地形图等有关资料到自来水公司办理用水报批手续，签订供水协议。根据用水协议，按规定缴纳"四源费"中的自来水厂建设费。以上步骤完成以后，即可委托自来水公司规划设计部门进行接用自来水工程的具体设计。与此同时，联系协调设计部门与城市规划管理部门确定自来水管线的管径、高程、路径及具体位置。

设计完成以后，按规定向城市规划管理部门申请领取施工许可证，组织施工。在施工过程中应接受自来水公司的检查与监督。工程竣工以后，须请自来水公司进行验收。

8.5.1 工地供水类型与供水规则

建筑工地临时供水主要包括生产施工用水、生活用水和消防用水三种。

1) 确定用水量

生产施工用水包括工程施工用水、施工机械用水。生活用水包括施工现场生活用水和生活区生活用水。

(1) 工程施工用水量

$$q_1 = K_1 \sum \frac{Q_1 \cdot N_1}{T_1 \cdot b} \times \frac{K_2}{8 \times 3600} \quad (8-13)$$

式中　q_1——施工工程用水量(L/s)；

　　　K_1——未预见的施工用水系数(取 1.05～1.15)；

　　　Q_1——年(季)度工程量(以实物计量单位表示)；

　　　N_1——施工用水参考定额(见表 8-13)；

　　　T_1——年(季)度有效工作日(天)；

　　　b——每天工作班次；

K_2 —— 施工用水不均衡系数(见表 8-14)。

(2) 施工机械用水量

$$q_2 = K_1 \sum Q_2 \cdot N_2 \cdot \frac{K_3}{8 \times 3600} \tag{8-14}$$

式中 q_2 —— 施工机械用水量(L/s);

K_1 —— 未预见的施工用水系数(取 1.05~1.15);

Q_2 —— 同种机械台数(台);

N_2 —— 施工机械用水参考定额(见表 8-15);

K_3 —— 施工机械用水不均衡系数(见表 8-14)。

表 8-13 施工用水参考定额(N_1)

序号	用水对象	单位	耗水量 N_1/L	备注
1	浇注混凝土全部用水	m³	1700~2400	
2	搅拌普通混凝土	m³	250	实测数据
3	搅拌轻质混凝土	m³	300~350	
4	搅拌泡沫混凝土	m³	300~400	
5	搅拌热混凝土	m³	300~350	
6	混凝土养护(自然养护)	m³	200~400	
7	混凝土养护(蒸汽养护)	m³	500~700	
8	冲洗模板	m³	5	
9	搅拌机清洗	台班	600	实测数据
10	人工冲洗石子	m³	1000	
11	机械冲洗石子	m³	600	
12	洗砂	m³	1000	
13	砌砖工程全部用水	m³	150~250	
14	砌石工程全部用水	m³	50~80	
15	粉刷工程全部用水	m³	30	
16	砌耐火砖砌体	m³	100~150	包括砂浆搅拌
17	洗砖	千块	200~250	
18	洗硅酸盐砌块	m³	300~350	
19	抹面	m³	4~6	不包括调制用水找平层间
20	楼地面	m³	190	
21	搅拌砂浆	m³	300	
22	石灰消化	t	3000	

表 8-14 施工用水不均衡系数(K3)

项目	用水名称	系数
K_2	施工工程用水 生产企业用水	1.5 1.25
K_3	施工机械运输机械 动力设备	2.00 1.05~1.10
K_4	施工现场生活用水	1.30~1.50
K_5	居民生活用水	2.00~2.50

表 8-15 施工机械用水参考定额（N_2）

序号	用水对象	单位	耗水量 N_2	备注
1	内燃挖土机	L/台·m³	200～300	以斗容量 m³ 计
2	内燃起重机	L/台班·t	15～18	以起重吨数计
3	蒸汽起重机	L/台班·t	300～400	以起重吨数计
4	蒸汽打桩机	L/台班·t	1000～1200	以锤重吨数计
5	蒸汽压路机	L/台班·t	100～150	以压路机吨数计
6	内燃压路机	L/台班·t	12～15	以压路机吨数计
7	拖拉机	L/昼夜·台	200～300	
8	汽车	L/昼夜·台	400～700	
9	标准轨蒸汽机车	L/昼夜·台	10000～20000	
10	窄轨蒸汽机车	L/昼夜·台	4000～7000	
11	空气压缩机	L/台班·(m³/min)	40～80	以压缩空气排气量 m³/min 计
12	内燃机动力装置（直流水）	L/台班·马力	120～300	
13	内燃机动力装置（循环水）	L/台班·马力	25～40	
14	锅驼机	L/台班·马力	80～160	不利用凝结水
15	锅炉	L/h·t	1000	以小时蒸发量计
16	锅炉	L/h·m²	15～30	以受热面积计
17	点焊机 25 型 50 型 75 型	L/h L/h L/h	100 150～200 250～350	实测数据 实测数据
18	冷拔机	L/h	300	
19	对焊机	L/h	300	
20	凿岩机车 01-30（CM-56） 01-45（TN-4） 01-38（KIIM-4） YQ-100	L/min L/min L/min L/min	3 5 8 8～12	

注：1 马力＝735.499W。

(3) 施工现场生活用水量

$$q_3 = \frac{P_1 N_3 K_4}{b \times 8 \times 3600} \tag{8-15}$$

式中 q_3——施工现场生活用水量（L/s）；

P_1——施工现场高峰期生活人数（人）；

N_3——施工现场生活用水参考定额（见表 8-16）；

K_4——施工现场生活用水不均衡系数（见表 8-14）；

b——每天工作班次（班）。

(4) 生活区生活用水量

$$q_4 = \frac{P_2 N_4 K}{b \times 8 \times 3600} \tag{8-16}$$

式中 q_4——生活区生活用水量(L/s);
　　　P_2——生活区居民人数(人);
　　　N_4——生活区昼夜全部用水参考定额(见表8-16);
　　　K_5——生活区用水不均衡系数(见表8-14);
　　　b——每天工作班次(班)。

(5) 消防用水量。消防用水量 q_5,如表8-17所示。

(6) 总用水量 Q

① 当 $(q_1+q_2+q_3+q_4) \leqslant q_5$ 时,则

$$Q = q_5 + \frac{1}{2}(q_1+q_2+q_3+q_4) \tag{8-17}$$

② 当 $(q_1+q_2+q_3+q_4) > q_5$ 时,则

$$Q = q_1 + q_2 + q_3 q_4 \tag{8-18}$$

③ 当工地面积小于5万 m^2,并且 $(q_1+q_2+q_3+q_4) < q_5$ 时,则

$$Q = q_5 \tag{8-19}$$

最后计算的总用水量,还应增加10%,以补偿不可避免的水管渗漏损失。

表8-16 生活用水量参考定额(N_3)(N_4)

序号	用水对象	单位	耗水量 $N_2(N_4)$
1	工地全部生活用水	L/人·日	100~120
2	盥洗生活用水	L/人·日	25~30
3	食堂	L/人·日	15~20
4	浴室(淋浴)	L/人·次	50
5	洗衣	L/人·次	30~35
6	理发室	L/人	15
7	小学校	L/人·日	12~15
8	幼儿园托儿所	L/人·日	75~90
9	医院	L/病床·日	100~150

表8-17 消防用水量

序号	用水名称	火灾同时发生次数	单位	用水量
1	居民区消防用水 5000人以内 10000人以内 25000人以内	一次 二次 二次	L/s L/s L/s	10 10~15 15~20
2	施工现场消防用水 施工现场在25公顷以内 每增加25公顷递增	一次	L/s	10~15 5

8.5.2 选择水源

建筑工地临时供水水源，有供水管道和天然水源两种。应尽可能利用现场附近已有供水管道，只有在工地附近没有现成的供水管道，现成给水管道无法使用以及给水管道供水量难以满足使用要求时，才使用江河、水库、泉水、井水等天然水源。选择水源时应注意下列因素。

(1) 水量充沛可靠。
(2) 生活饮用水、生产用水的水质，应符合要求。
(3) 与农业、水利综合利用。
(4) 取水、输水、净水设施要安全。
(5) 施工、运转管理和维护方便。

8.5.3 确定供水系统

临时供水系统可由取水设施、净水设施、贮水构筑物输水管和配水管线综合而成。

1) 确定取水设施

取水设施一般由进水装置、进水管和水泵组成。取水口距河底(或井底)一般 0.25~0.9m。给水工程所用水泵有离心泵、隔膜泵及活塞泵三种。所选用的水泵应具有足够的抽水能力和扬程。水泵应具备的扬程按下列公式计算。

(1) 将水送到水塔时的扬程为

$$H_p = (Z_t - Z_p) + H_t + a + \sum h' + h_s \tag{8-20}$$

式中　H_p——水泵所需扬程(m)；
　　　Z_t——水塔处的地面标高(m)；
　　　Z_p——泵轴中线的标高(m)；
　　　H_t——水塔高度(m)；
　　　a——水塔的水箱高度(m)；
　　　$\sum h'$——从泵站到水塔间的水头损失(m)；
　　　h_s——水泵的吸水高度(m)。

(2) 将水直接送到用户时的扬程为

$$H_p = (Z_y - Z_t) + H_y + \sum h' + h_s \tag{8-21}$$

式中　Z_y——供水对象的最大标高(m)；
　　　H_y——供水对象最大标高处必须具有的自由水头，一般为 8~10m。

2) 确定贮水构筑物

贮水构筑物一般有水池、水塔或水箱。在临时供水时，如水泵不能连续抽水，则需设置贮水构筑物。其容量以每小时的消防用水决定，但不得少于 10~20m²。贮水构筑物(水塔)高度与供水范围、供水对象位置及水塔本身的位置有关，可确定如下。

$$H_t = (Z_y - Z_t) + H_y + h \tag{8-22}$$

式各符号意义同上。

3) 确定管径

确定供水管径在计算出工地的总需水量后,可计算出管径,公式如下。

$$D = \sqrt{\frac{4Q \times 1000}{\pi \times v}} \qquad (8-23)$$

式中　D ——配水管内径(mm);

　　　Q ——用水量(L/s);

　　　v ——管网中水的流速(m/s)(见表 8-18)。

表 8-18　临时水管经济流速

管　径	流速/(m/s)	
	正常时间/s	消防时间/s
(1) 支管 $D<0.10$	2	
(2) 生产消防管道 $D=0.1\sim0.3$m	1.3	>3.0
(3) 生产消防管道 $D>0.3$m	1.5~1.7	2.5
(4) 生产用水管道 $D>0.3$m	1.5~2.5	3.0

4) 选择管材

临时给水管道,根据管道尺寸和压力大小进行选择,一般干管为钢管或铸铁管,支管为钢管。

8.5.4　施工现场临时供水、场区排水的布置

1) 施工现场临时供水布置

施工现场临时供水线路布置时,应尽量利用或接上永久性给水系统,力求临时供水管路最短。

现场用水包括生产用水、生活用水、消防用水 3 大类。在可能的条件下,单位工程施工用水及消防用水要尽量利用工程永久性供水系统,以便节约临时供水设施费用。

(1) 施工用的临时水管,一般由建设单位的干管或自行布置的干管接到施工现场。布置时应力求管网长度最短,管径大小、龙头的位置和数量按工程实际规定的大小而定。管道埋入地下,尤其是受天气寒冷的影响,要埋置在冰冻层以下,避免冬期施工时水管冻裂。也防止汽车及其他机械在上面行走压坏水管。临时管线不要布置在将要修建的建(构)筑物或室外管沟处,以免这些项目开工时,切断了水源影响施工用水。

(2) 应防火要求,设置室外消防栓。室外消防栓应沿道路设置,消防栓距路边不应超过 2m,距建筑物墙宜不小于 5m,也不大于 40m。室外消防栓间距不应超过 120m。消防栓处昼夜要有明显标志,配备足够的水龙带,周围 3m 以内不准堆放任何物品。

高度超过 24m 的施工项目,应设置消防竖管,消防泵房应用非燃材料建造,设在安全位置,消防泵的专用配电线路应安在工地的总闸上端,保证连续供电。

临时水管最好埋设在地面以下,这样既不易损坏又不妨碍交通。布置时要考虑与土方平整统一规则,埋设深度应考虑防止汽车或其他机械在上面行走时压坏,在严寒地区要埋设在冰冻线以下。临时水管明管敷设,寒冷地区应做保温处理。临时管线不要布置在拟建建筑物或管沟处,以免影响将来施工。

2）施工现场场区排水

施工现场应平整、密实、排水良好。尽量利用自然地形排水。利用原有沟槽、排水管道排水。雨期施工时，应对施工现场原有排水系统进行检查、疏浚或加固，必要时应增加排水设施。在山区建设时还需考虑防洪设施。在现场道路两侧、塔吊下、架子下、堆料场、建筑物四周等部位应设置排水沟，上述部位不得积水。特殊工程也可埋排水管道排水。基坑等排水措施应按施工方案和雨季施工措施执行。

8.6 施工临时用电

一个建设项目在开始有投资意向时，就必须考虑供电问题。通常在编报项目建议书，进行项目的可行性研究阶段就要对该项目的用电负荷、供电方式及供电的可能性作出切合实际的分析论证。方案设计完成后，用电项目及用电量应基本落实。这时应持立项批准文件、城市计划委员会的计划文件、现场地形图、总平面图和用电的各种技术数据到供电局办理供电报批。

供电局对现场进行调查后，提出供电方案，即确定电力总负荷、由何处引入、电压多少、设置变压器的数量、进线与出线的方式、采用直埋或穿管或做电缆沟或架。供电局的供电方案应与其他市政配套方案一同作为初步设计的组成部分报批。

根据已报经批准的供电方案，应委托具有资格的单位进行专业设计。

在北京地区，进行报装工作的过程中，还要到市经济委员会办理申请用电指标手续。经市经济委员会、华北电管局、市三电办公室同意并发给用电指标批准书后，供电工程方可接电。其他城市也应按当地的规定，办理并履行各种手续。

供电工程的开工要经过供电局的同意。施工单位必须选择经过审查、具有承包供电工程资格的正式施工单位。施工过程中，要接受供电局的检查和监督。供电工程竣工时，要经过供电局验收。

供电工程投入运行之前，还要与供电部门办理调度协议、产权分界协议、用电契约和电费协议。

施工工地临时供电组织包括计算用电总量、选择电源、确定变压器、确定导线截面面积并布置配电线路。

8.6.1 工地总用电计算

施工现场用电量大体上可分为动力用电量和照明用电量两类。在计算用电量时，应考虑以下几点。

（1）全工地使用的电力机械设备、工具和照明的用电功率。

（2）施工总进度计划中，施工高峰期同时用电数量。

（3）各种电力机械的利用情况。

总用电量可按下式计算

$$P = (1.05 \sim 1.10)\left(K_1 \frac{\Sigma P_1}{\cos \varphi} + K_2 \Sigma P_2 + K_3 \Sigma P_3 + K_4 \Sigma P_4\right) \quad (8-24)$$

式中 P——供电设备总需要容量(kVA);

P_1——电动机额定功率(kW);

P_2——电焊机额定容量(kVA);

P_3——室内照明容量(kW);

P_4——室外照明容量(kW);

$\cos\varphi$——电动机的平均功率因数(施工现场最高为 0.75～0.78，一般为 0.65～0.75);

K_1、K_2、K_3、K_4——需要系数(见表 8-19)。

表 8-19 需要系数 K 值

用电名称	数量	需要系数		备注
电动机	3～10 台 11～30 台 30 台以上	K_1	0.7 0.6 0.5	如施工中需用电热时，应将其电量计算进去。为使计算接近实际，公式中各项用电根据不同性质分别计算
加工厂动力设备			0.5	
电焊机	3～10 台 10 台以上	K_2	0.6 0.5	
室内照明		K_3	0.8	
室外照明		K_4	1.0	

单班施工时，最大用电负荷量以动力用电量为准，不考虑照明用电。

各种机械设备以及室外照明用电可参考有关定额。

8.6.2 选择电源

选择临时供电电源，通常有如下几种方案。

(1) 完全由工地附近的电力系统供电，包括在全面开工之前把永久性供电外线工程作好，设置变电站。

(2) 工地附近的电力系统能供应一部分，工地尚需增设临时电站以补充不足。

(3) 利用附近的高压电网，申请临时加设配电变压器。

(4) 工地处于新开发地区，没有电力系统时，完全由自备临时站供给。

采取何种方案，须根据工程实际，经过分析比较后确定。

通常将附近的高压电，经设在工地的变压器降压后，引入工地。

8.6.3 确定变压器

变压器的功率可计算如下。

$$P = K\left(\frac{\Sigma P_{max}}{\cos \varphi}\right) \quad (8-25)$$

式中 P——变压器辅功率(kVA);

K —— 功率损失系数(取 1.05);

ΣP_{max} —— 各施工区最大计算负荷(kW);

$\cos\varphi$ —— 功率因数。

根据计算所得容量,从变压器产品目录中选用略大于该功率的变压器。

8.6.4 确定配电导线截面积

配电导线要正常工作,必须具有足够的力学强度、耐受电流通过所产生的温升并且使得电压损失在允许范围内,因此,选择配电导线有以下三种方法。

1) 按机械强度确定

导线必须具有足够的机械强度以防止受拉或机械损伤而折断。在各种不同敷设方式下,导线按机械强度要求所必需的最小截面可参考有关资料。

2) 按允许电流强度

导线必须能承受负荷电流长时间通过所引起的温升。

三相四线制线路上的电流强度可计算如下。

$$I = \frac{P}{\sqrt{3} \cdot V \cdot \cos\varphi} \qquad (8-26)$$

式中 I —— 电流强度(A);

P —— 功率(W);

V —— 电压(V);

$\cos\varphi$ —— 功率因数,临时网路取 0.7~0.75。

制造厂家根据导线的容许温升,制定了各类导线在不同的敷设条件下的持续容许电流值(详见有关资料),选择导线时,导线中的电流不能超过此值。

3) 按容许电压降确定

导线上引起的电压降必须限制在一定限度内。配电导线的截面确定如下。

$$S = \frac{\Sigma P \cdot L}{C \cdot \varepsilon} \qquad (8-27)$$

式中 S —— 导线断面积(mm^2);

P —— 负荷电功率或线路输送的电功率(kW);

L —— 送电路的距离(m);

C —— 系数,视导线材料、送电电压及配电方式而定;

ε —— 容许的相对电压降(即线路的电压损失百分比)。照明电路中容许电压降不应超过 2.5%~5%。

所选用的导线截面应同时满足以上三项要求,即以求得的三个截面积中最大者为准,从导线的产品目录中选用线芯。通常先根据负荷电流的大小选择导线截面,然后再以机械强度和允许电压降进行复核。

8.6.5 施工现场临时供电的布置

施工现场临时供电应尽量利用施工现场附近已有的高压线路或发电站及变电所,也可考虑提前修建永久性线路供施工使用。如果必须设置临时线路时,应取最短线路,同时应注意以下几点。

(1) 临时总变电站应设在高压线进入工地处,避免高压线穿过工地。

(2) 临时自备发电设备应在现场中心或靠近主要用电区域。

为了维修方便,施工现场一般采用架空配电线路,只在特殊情况下采用地下电缆。供电线路采用架空配电线路时,现场架空线的边线与施工建筑物(含脚手架)的外侧边缘之间的水平距离不小于表 8-20 所列数字。施工现场的机动车道与架空线路交叉时,架空线路的最低点与路面的垂直距离应不小于表 8-21 所列数值。架空线路距建筑物、地面的距离达不到上述最小距离时,必须采取防护措施,增设屏障、遮拦、围栏式保护网,并悬挂醒目的警告标示牌。架空高、低压线路下方,不得搭设作业棚,建造生活设施或堆放构件、架具、材料及其他杂物。

表 8-20 架空线的边线与施工建筑物外侧边缘之间的水平距离

架空配电线路电压	1kV 以下	1~10kV	35~110kV	154~220kV	330~500kV
最小安全操作距离/m	4	6	8	10	15

表 8-21 架空线路的最低点与路面的垂直距离

架空配电线路电压	1kV 以下	1~10kV	35kV
最小垂直距离/m	6	7	7

工地室外灯具距地面不得低于 3m。室外照明应有防雨罩。使用碘钨灯、高压水银灯等高温灯具要远离易燃物,最小 1m,距离易燃物不少于 3m。

配电箱要设置在便于操作的地方,并应有防雷措施。所有配电箱应有标明其名称、编号、用途、分路的标记。各种施工用电动工具须单机单闸,刀闸的容量根据最高负荷选用。开关箱中必须装设漏电保护器。

施工现场内的起重机、井字架、烟囱、水塔、钢管脚手架及高于 15m(雷电特别严重地区为 12m)的各种钢架应设置避雷装置。

施工现场的旋转臂式起重机的任何部位或被吊物边缘与 10kV 以下架空线路边线的最小水平距离不得小于 2m。

8.7 某混合结构多层住宅楼施工现场管理实例

8.7.1 工程概况

本工程是几家工厂合建的四栋住宅楼,每栋均为四个单元组合,五层,采用标准图,每栋面积为 3403m²,共计 13612m²。

每栋建筑物采用甲一乙一丙一丁四单元组合,总长 62.02m,宽 10.22m,层高 2.90m,全高 15.29m。开间为 2.70m、3.00m、3.30m 三种。进深为 4.80m、5.02m 两种。室内±0.00 绝对标高为 35.75~35.90m,每两栋相差 0.15m,室内外高差均为 0.60m。

现场地势高低不平,并有旧房屋拆除后的基础,自然地坪为 35.05~35.20m,低于室外绝对标高。根据地质钻探资料,现场地下水较低,故施工时基础底部不会出现地下水,可不考虑排水措施。基础持力层为亚黏土。

基础为刚性基础,天然地基,地基上为厚 450mm 的 3:7 灰土,砖砌大放脚。基底标高在-2.20~-2.60m,-0.90m 处有一道钢筋混凝土圈梁。建筑物按 8 度抗震设防设计,结构为砖墙承重,外墙 370mm,内墙 240mm,隔断墙 120mm,单元四个大角、楼梯间、内外墙交接处、楼梯间两侧墙均设抗震组合柱。每层设置圈梁。楼板为预应力圆孔板,屋顶板为加气混凝土屋面板,预制混凝土挑檐板。屋面为二毡三油防水做法。

外檐以清水墙为主,仅檐口、楼梯间,阳台栏板为干粘石面层。内檐除厨厕为 1.2m 高水泥墙裙外,其余均为白灰抹面,120mm 踢脚板,顶板勾缝喷浆,楼面为 35mm 豆石混凝土抹面,木门窗。

设备有上、下水,暖气,照明,每个单元配水、电表各一个。室外管线均接通至小区干线。

8.7.2 施工部署

(1) 本工程要坚持先地下、后地上的原则,避免施工中重复挖填土方。红线外上下水干线已施工完毕,因此在基础回填土的同时,红线内的室外管线应同时施工,并将室外地坪填至道路路床底标高。留足房心填土后,其他土方均运出场外。

(2) 小区内各栋宿舍的施工顺序应由里向外(即由南向北)施工,其顺序为 4 号→3 号→2 号→1 号。

(3) 结构阶段以瓦工为主配备劳动力,装修阶段以抹灰工为主配备劳动力。每单元层砌砖量约 60m²,单方用工为 0.75 工日,则每单元层所需用工 0.75×60=45 个。按每两天砌一单元计算,则需用工为 45/2=22.5 个,则可按一个瓦工组配备,其中技工 15 名,普工 8 名。

(4) 装修阶段配备三组抹灰工(室内两组,室外一组)。每组 15 名技工,10 名普工,形成一条生产线。

(5) 以单栋计算工期,基础采用单斗挖土机挖土方,工期约 30 天。结构工程施工时,为减少灰桶和平台架子数量,采用一台塔吊,单栋流水,一条生产线。每栋按单元分四段流水,流水步距为 1 天,结构工期为 4×2×5=40 天,另加砌隔 2 天,每栋 10 天用于砌隔墙、圈梁、板缝和构件安装不占工期,则单栋工期为 160 天(其中装修 60 天,交活油 20 天,基础 30 天,结构 50 天)。总工期为 30+4×50+60+20=310(天),另加 20 天室外收尾工作,故总工期控制在 330 天。

若采用两台塔吊,两条生产线,结构力量和装修力量加倍,则总工期可由 330 天减少为 230 天。

砌砖流水分段示意如表 8-22 所示。

表 8-22 砌砖流水分段示意

流水段				步架	层数
Ⅰ	Ⅱ	Ⅲ	Ⅳ		
…	…	…	…	…	五层
					四层
19	21	23	24	二步架	三层
16	18	20	22	一步架	
11	13	15	17	二步架	二层
8	10	12	14	一步架	
3	5	7	9	二步架	一层
1	2	4	6	一步架	

8.7.3 施工进度计划

单栋施工进度计划如表 8-23 所示。

8.7.4 施工平面布置图

现场除南侧已有建筑物外,无其他建筑物可以利用,施工场地较为宽敞。根据设计总平面,因建筑物位于南侧,故将整个现场基本分为两个区域,南面为生产区,北面为生活区(休息室、办公室、材料库等)。

(1) 垂直运输:建筑物之间距离为 18~20m,故结构阶段选用一台型塔吊,塔高为 25m,塔臂长 20m,立于 3 号楼和 4 号楼之间,待 3 号楼结构完成后拆除此塔,再立于 1 号楼和 2 号楼之间。当回转半径为 20m 时,塔吊起重量为 20kN,本工程结构施工中最大构件重量为 0.91t,小于 2t,塔吊能满足要求。根据砂浆、混凝土、模板、钢筋、楼板、过梁等构件和平台架子吊次的计算,每台班平均为 85 吊次,可以满足使用要求。混凝土构件一般安排在夜班进场,用塔吊卸车。装修阶段在各楼南侧立一卷扬机井架,用作运输装修材料和灰浆等。

(2) 东侧设两个出入口,按汽车吊行走要求,做 4m 宽道路,道路转弯半径要大于 10m,并形成循环路。搅拌机内的灰浆,混凝土由翻斗车运至塔吊下卸入吊斗内。

(3) 砖排子和构件位于塔轨两侧,构件堆放于塔吊回转半径内。此范围可存放圆孔板 300 块,可供二层楼使用;现场存砖 13 万块,可使用 8 天,其他构件配套于塔下和场内堆放。

(4) 在现场设 4 个消火栓。

(5) 由于工期较短,暂设用房原则上利用活动工棚。

其他见施工总平面图(见图 8.21)。

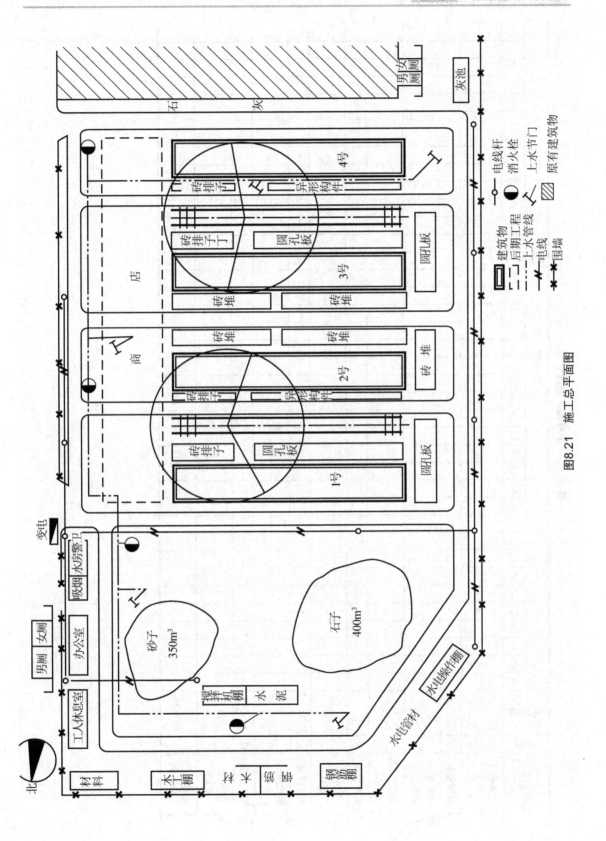

图8.21 施工总平面图

表 8-23　单栋施工进度计划

工程项目		单位	工程量	工 作 日 (5,10,15,20,25,30,35,40,45,50,55,60,65,70,75,80,85,90,95,100,110,120,130,140,150,160,170,180,190)
基础工程	条基挖土	m³	861.54	
	3:7 灰土	m³	11.04	
	基础砌砖	m³	251.20	
	地梁组合柱混凝土	m³	21.90	
	房心及肥槽回填	m³	547.34	
	室外管线			
结构及屋面工程	内外墙砌砖	m³	240×5	1　　2　　3　　4　　5
	120 隔墙	m³	21.46×5	
	圈梁组合柱混凝土	m³	22.4×5	
	构件安装	件	400×6	
	屋面找平层	m²	670.08	1-5
	屋面二毡三油豆砂	m²	760.46	

(续)

工程项目		单位	工程量	工作日 5 10 15 20 25 30 35 40 45 50 55 60 65 70 75 80 85 90 95 100 110 120 130 140 150 160 170 180 190
	门窗口安装	樘	628	
	地面3:7灰土	m³	50.96	
	地面混凝土垫层	m³	25.40	
	水泥地面	m²	484.32	
	豆石混凝土楼面	m²	1757.76	
装修工程	内墙面抹灰	m²	7685.28	
	内墙水泥墙裙	m²	975	
	外墙色缝、干粘石	m²	1608.58	
	外墙水刷石	m²	174.70	
	门窗及木装修			
其他	油漆粉刷			
	设备安装			

8.7.5 施工准备

1) 提出工料分析

开工前技术员、翻样员、预算员、各工长等应熟悉图样,组织技术交底。作施工组织设计,提出加工订货单,编制设计预算,并提出工料分析。

2) 平整场地

放线前根据场地自然标高与建筑物室外标高的情况用推土机将场地推平,并将大块的垃圾和废土运到场外。

3) 修整施工运输道路

根据设计总平面图,先做正式道路路床,在路床上用20～30cm厚的级配砂石或焦砟铺散,碾压后作为施工运输道路。

4) 施工用电

(1) 主要机械设备用电(按两条生产线计算用电量):

型塔吊	2台	36×2=72(kW)
400L 搅拌机	2台	10×2=20(kW)
30t 卷扬机	2台	7.5×2=15(kW)
振捣器	3台	2×3=6(kW)
蛙式打夯机	3台	3×3=9(kW)
电锯、电刨等	30kW	
电焊机2台	25kW	

(2) 照明用电

$$P = 1.05 \times (0.6 \times \frac{152}{0.75} + 0.6 \times 41 + 25) = 179.76(kVA)$$

故选用 $SL_1 200/10$ 变压器一台。

(3) 选择导线:

采用三相线 BLX。

$$I = \frac{K \sum P}{\sqrt{3} U \cos \Phi}$$

由电杆①～②

$$\sum P = 0.7 \times (96 + 18 + 41 + 8 + 11 + 10) = 128.8(kW)$$

因此

$$I = \frac{K \sum P}{\sqrt{3} U \cos \Phi} = \frac{0.75 \times 128.8 \times 1000}{\sqrt{3} \times 380 \times 0.75} = 195.92(A)$$

采用 BLX 铝芯橡皮线,$S = 70mm^2$;

由电杆①～③

$$\sum P = 244 - 128.8 = 115.2 kW$$

因此

$$I = \frac{0.75 \times 115.2 \times 1000}{\sqrt{3} \times 380 \times 0.75} = 175(A)$$

采用 BLX 铝芯橡皮线，S＝50mm²；

同上，由电杆②～④用 BLX 铝芯橡皮线，S＝50mm²；

　　　　由电杆②～⑤用 BLX 铝芯橡皮线，S＝25mm²；

变压器设置在距离高压线附近的路边处，工作半径满足 300～700mm。

5) 施工总用水

(1) 施工用水：本工程按砌砖日用水量计算，

$$q_1 = K_1 \sum \frac{Q_1 N_1}{T_1 t} \cdot \frac{K_2}{8 \times 3600} = K_1 \frac{Q_1 N_1 K_2}{8 \times 3600}$$

式中　$K_1 = 1.15$，$K_2 = 1.5$，$Q_1 = 30 \text{ m}^3$，$N_1 = 250 \text{ m}^3$，

因此　　$q_1 = \dfrac{1.15 \times 30 \times 250 \times 1.5}{8 \times 3600} = 0.45(\text{L/s})$。

(2) 施工机械用水 q_2，无特殊机械可不考虑。

(3) 现场生活用水 q_3，按 200 人计。

$$q_3 = \frac{P_1 N_3 K_4}{t \times 8 \times 3600}$$

式中　$P_1 = 200$ 人，$N_3 = 30\text{L/}人·班$，$K_4 = 1.5$，$t = 1$

因此　　$q_3 = \dfrac{200 \times 30 \times 1.5}{8 \times 3600} = 0.31(\text{L/s})$。

(4) 消防用水

现场面积 25 公顷内，$q_4 = 10 \sim 15\text{L/s}$

本工程现场 $q_4 = 15\text{L/s}$。

(5) 总用水量

因 $q_1 + q_2 + q_3 = 0.45 + 0.31 < q_4$

故总用水量按消防用水计算，$q = 15\text{L/s}$。

(6) 供水管径 d：

$$d = \sqrt{\frac{4Q}{\pi v \cdot 1000}}$$

式中　$v = 1.5\text{m/s}$，

$$d = \sqrt{\frac{4 \times 15}{3.14 \times 1.5 \times 1000}} = 0.113(\text{m})$$

确定选用 φ120mm 上水铸铁管。

上水由于线接至消火栓，由消火栓向北引至砂石料场，消火栓为 φ100mm 铸铁管，其他支管用 φ50mm 的钢管。

6) 现场临时设施

根据临时设计参考定额指标，确定本工程临时设施，如表 8-24 所示。

表 8-24　临时设施

序　号	暂设名称	规　格	单　位	数　量
1	搅拌机棚	4×6	m²	24
2	水泥库	6×12	m²	72
3	木工棚	6×8	m²	48

(续)

序 号	暂设名称	规 格	单 位	数 量
4	钢筋棚	5×8	m²	40
5	水电操作间	5×8	m²	40
6	工具材料库	5×8	m²	40
7	办公室	5×15	m²	75
8	工人休息室	5×9	m²	45
9	水户吸烟室	5×6	m²	30
10	厕所	5×6	m²	30
11	合计		m²	429

7) 其他

根据工程情况垂直运输采用建筑师Ⅰ型塔吊；砖砌采用内脚手，外部用桥式脚手架。

冬期施工用砂子热炕和1台0.5t热水锅炉供给搅拌机热水。雨期施工前做好临时道路路床和排水沟，以保证运输道路畅通。塔吊道床两侧钉脚手板挡碴石。塔道中做排水沟排水。

8.7.6 主要项目施工方法

1. 基础工程

(1) 基础施工顺序为机械挖土→清槽钎探→验槽处理→3∶7灰土→基础砌砖→地圈梁→暖气沟→回填土及室外管线。

(2) 条形基础机械挖槽使用0.4小型反铲挖土机。2.7m开间因基槽放坡后，房心土剩余很小，故满堂开挖。槽底留15～20cm人工清底，以防机械超挖。

(3) 基础墙内组合柱生根在地圈梁上，插铁按轴线固定在模板上，以防位移。

(4) 纵横墙基同时砌筑，接槎处斜槎到顶，基础大方脚两侧要均匀收分，待砌到墙身时挂中线检查，以防偏轴。

(5) 肥槽回填要两侧均匀下土，分步夯实。房心回填时，遇暖气沟要加支撑，以防挤偏基础墙身。最后一步2∶8灰土要做干容重试验。暖气沟外侧回填土要夯填密实。

(6) 暖气沟盖板时，要复验标高，防止沟盖板冒出影响首层地面质量。

2. 结构工程

1) 砌砖

(1) 结构工程以泥瓦工为主，木工及混凝土工数量按工作量配备。每栋分四段流水，每层砌砖为两步架，两个施工层，每层平均砌砖量为240m²，约12000块砖，配备泥瓦工15人（另加普工8人）。每人效率按1000块计，则日砌15 000块，每层砌8天，每栋全部流水段为8×5＝40个流水段，流水步距为1天，每层步距为1天，每层为四段流水，故圈梁、扣板等不另占工期。每层另加砌隔断墙2天，则每层平均为10天。

(2) 结构工程主要施工顺序为放线立皮数杆→绑组合柱钢筋→一步架砌砖→支组合柱模板、浇筑混凝土→二步架砌砖→支组合柱模板、浇筑混凝土→安装过梁→绑圈梁钢筋、支模板→安装楼板→板缝支模、整理钢筋→浇筑圈梁、板缝混凝土。

(3) 结构砌砖采用满丁满条法。在首层要做好排砖撂底，前后檐第一层排条砖，山墙第一层排丁砖，门窗旁加七分头，两边对称一致，以防止产生阴阳膀。外墙大角要同时砌筑，内外墙接槎每步架留斜槎到顶。砌筑时控制灰缝厚度，不得超越皮数杆灰缝高度。240墙单面挂线，370墙双面挂线。

(4) 砌砖使用平台架子（里脚手），建筑物外设桥式脚手架，随楼层升高，做挂安全网、勾缝、外檐装修用。砖用砖笼吊运，灰浆使用吊斗直接投入桶内。

(5) 砖墙与组合柱交接处留五进五出直槎，进出要标准整齐，以保证组合柱断面尺寸。门窗沿口使用标准顶杆，控制墙面平整及洞口尺寸。圈梁下用硬架支模螺栓位置留60mm×60mm孔，墙砌至圈梁底，最上一皮要砌条砖，以便圈梁模板贴墙面，减少漏浆现象。

2) 模板

(1) 圈梁支模除外墙外侧先砌120mm厚砖外，其他采用硬架支模（见图8.22），以保证楼板平整，并减少上板前抹找平层工序。构造柱、板带采用定型模板，模板按一层用料配制，对号入座。

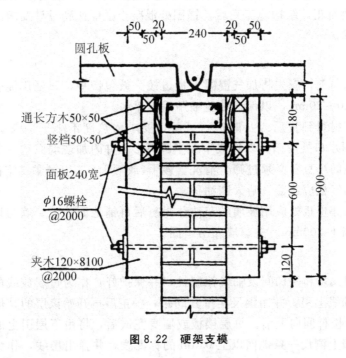

图 8.22 硬架支模

(2) 楼板缝均凹进15mm，构造柱外侧用脚手板贴100mm×50mm方木支护，每米用2φ16螺栓加固。

3) 钢筋

(1) 隔断墙接槎及施工洞处每8皮砖埋入2φ6钢筋，长度不小于1m，伸出0.5m。

(2) 为保证8度抗震设防，组合柱钢筋生根在地圈梁中，一直伸入屋顶圈梁，并保证锚固长度。

(3) 圈梁钢筋若是预制，在转角处应另加角筋，遇组合柱处另加箍筋固定，以保证组合钢筋位置准确。若是现场绑扎，钢筋接头要错开，箍筋尺寸要准确。

(4) 板带箍筋不得踩倒，板缝所加φ6锚筋应与楼板锚固筋绑扎。

4）混凝土

（1）混凝土采用机械搅拌和机械振捣，拌和料用灰斗吊运。组合柱和圈梁板缝可同时浇灌。外圈梁振捣时应防止挤动外侧砖墙。楼板接头处混凝土尖振捣密实。

（2）组合柱每层高分三次循环浇灌和振捣，防止外墙外鼓，浇筑前应将根部杂物清理干净。

（3）4cm板缝用豆石混凝土浇筑，以保证密实。

5）构件安装

（1）楼板进场后要检查板端是否堵孔（进入板端4cm堵孔），如未堵孔须补做。楼板有横向通裂者不得使用，板端锚固筋应上弯45°。

（2）楼板安装时要保证板两端搭墙均匀，板缝宽度不少于4cm。楼板翘楞应垫平，吊装就位后，每间跨中支一道断面为1000mm×100mm的通长方木顶住，临时加固。

（3）过梁、沟盖板、烟道等安装时必须坐浆。

（4）阳台锚筋及楼梯段的焊接，应保证焊缝高度和长度。阳台安装后两角加支柱顶撑，上下层支柱要对正。结构施工完后，锚固处混凝土强度达到设计要求的80%时，顶层阳台支柱方能拆除。

3. 防水工程

（1）做屋面油毡前，应先将加气混凝土板边棱、鼓包铲平，凹处用混合砂浆找平，雨斗处应比屋面低10~20mm，以保证油毡铺贴后不存水。

（2）沥青胶结材料到货后应及时进行试配，要求耐热度不小于70℃。铺卷材时遇风道、烟道根部和雨水口处阴阳角要抹成平缓半圆弧形，并附加玻璃面毡一层。

（3）保护油毡的小豆石必须过筛、清洗、炒干（或晒干），以利黏结牢固。

（4）雨施时加气板应遮盖，晴天铺油毡。

（5）厕所管道穿楼板处应用玻璃丝布油毡封裹后再铺地面油毡。墙与地面阴角应抹小圆角，油毡裹到墙上200mm，并与墙黏结牢固。

4. 抄平放线

（1）建筑物四大角和楼梯间设轴线控制桩，并保护好，作为每层放线的依据。每层各条轴线均由控制轴线上引，并用钢尺实量其间距，校正后再开始该层的其他工序施工。

（2）水平线由楼梯间向上引。每层楼板或墙身完成后，将由下层引上的标高点引至室内砖墙上，在砖墙上测设一条地面以上0.5m的标高线，并弹出墨线，作为地面抹灰或室内装修的依据。

（3）每层划线杆误差控制在0~10mm，不允许超高。

（4）圈梁模板上口标出板位和板号，楼板安装时对号入座。

5. 装修工程

（1）内外装修顺序自上而下进行。室内先做楼地面后做立墙；外檐先勾缝，后抹灰，做干粘石。两道工序连续进行，以便落下桥式架。

（2）装修阶段，垂直运输采用井字架，运输砂浆等装修材料，室内水平运输采用手推车。

（3）内装修主要施工工序为放线→立门窗口→楼地面→养护→贴灰饼→冲筋→门窗口

护角→门窗口塞缝→混凝土窗台板→水管设备管线安装→水泥墙裙→炉片后抹白灰→安装炉片→墙面抹灰→安装门窗扇→安装玻璃→顶板勾缝→墙面顶板刮腻子、喷浆→油漆→灯具安装。

木门窗安装前,要先刷好底漆。

(4) 门窗口用水泥砂浆塞缝,楼面施工前要做好清理,并浇水湿润,以防地面空鼓。豆石混凝土地面做好后要浇水养护,防止过早上人,以防起砂裂缝。为避免水泥踢脚板空鼓,踢脚板应在墙抹灰前施工。

(5) 外挑檐和窗台下要做好滴水线,不得遗漏。

6. 水、暖、电、卫工程

(1) 在基础回填土同时,做好上、下水和管沟内管线的铺设。

(2) 吊装楼板后,插入下层下水立管和回水干管安装。屋顶油毡铺设前,先安装污水透气管,使屋顶油毡一次成活。

(3) 室内抹灰前应将所有立管的穿楼板孔和横管的穿墙孔按设计位置剔出,并将水、暖气的管卡及炉片钩安装好。

(4) 电气管线、立管随砌墙进度设置,不得事后剔凿。水平管应采用PVC管,在安装楼板时配合埋设。

(5) 水暖立管穿过楼板时,应按准确位置剔孔,严禁随意扩大剔凿,损伤圆孔板肋。

7. 冬雨期施工措施

冬雨期施工时,混凝土掺早强剂,用0.5t小锅炉加热水,设热砂坑一个,搅拌机棚及建筑物门窗均封闭,进出料口挂麻袋草帘,桥式架沿西北侧挂风挡。雨期施工前,做好道路两侧和构件堆放场地周围排水沟,道路修整垫实,塔吊轨道两侧钉脚手板挡石渣,塔轨中心修排水沟。

8.7.7 工具、机械和设备计划

工具、机械和设备计划如表8-25所示。

表8-25 工具机械和设备计划

机具名称	规 格	数 量	用 途
建筑师Ⅰ型塔吊	$R=20m$	1~2台	结构阶段垂直运输
400L搅拌机	起吊高度23m	2台	砂浆混凝土搅拌
3t单筒卷扬机	滚筒式	2台	装修阶段垂直运输
电焊机		2台	楼梯、阳台焊接
插入式振捣器	BX3-300	3台	浇筑混凝土
蛙式打夯机	HZ-50	2台	基础、房心回填等
电锯	HW-20	1台	砌砖内脚手架
电刨	MJ104	1台	外脚手和装修架子
平台架子	MB103	10个	混凝土和砂浆水平运输
桥式脚手架	桥长150m		
机动翻斗车	$0.50m^2$	2台	
热水锅炉	0.5t	1台	冬季施供热水

8.7.8 劳动组织

劳动组织见主要劳动力配备表，如表8-26所示。

每栋建筑物总用工为7682工日，平均用工为2.31工日/m²。

表8-26 主要劳动力配备表

工程类别	基础工程					结构工程						室外装修	
工程项目	放线	机械挖土	3:7灰土	基础砌砖	地梁组合柱混凝土	房心槽肥回填土	内外墙砌砖	120隔断墙	圈梁组合柱混凝土	构件安装	屋面找平层	屋面二毡三豆油石防水	合计	水刷石勒角门套墙垛	干粘石墙面
单位		m³	m³	m³	m³	m³		m³	m³	m³	件	m³	m³		m³	m³
工程量		861.4	112.04	251.20	21.90	547.34		1200	107	172	2000	670	760.46		187	364.08

工程类别		室外装修			室内装修										
工程项目		外墙抹水泥	外墙勾缝	散水	阳台等零星抹灰	合计	木装修门窗及五金	木垫层混凝土	地面灰土	水泥地面	豆石混凝土楼面	墙面抹白灰	水泥墙裙	水泥踢脚	楼梯栏杆及扶手	玻璃及其他	合计	总计
单位		m²	m²	m²	m²		档	m³	m³	m²	m²	m²	m²	m²	m			
工程量		6.60	1727.9	100			628	25.4	50.96	484.32	1757.8	7685.28	975	2782.68				
各工种计划用工/工日	瓦		140			140												1762
	木			10	20	30	463										463	839
	混凝土			18	20	38		16	56		365						437	1387
	抹灰				120	396				64		876	113	142			1195	1628
	钢筋				12	12												264
	油漆														720		720	720
	机电														180		180	510
	架子			50		50					40						40	200
	油毡										12						12	57
	放线				10	10												52
	其他				30	30									50		50	460

8.7.9 质量、安全、技术节约措施

1) 质量措施

(1) 施工前做好技术交底,并认真检查执行情况,做好钢筋模板和轴线等隐、预检。

(2) 现场推行样板制和三上墙制度,贯彻自检、互检、交接检制度。

(3) 严格执行原材料检验和混凝土试配制度。混凝土、砂浆配合比要准确,并按要求留足试块。回填土、房心填土要分步做干容重试验。

(4) 工具模板应先进行验收检查,合格后方能使用。

(5) 做好成品保护。楼梯安装后随即钉木护套保护踏步楞角。装修时应在门口车轴高度钉150mm宽铁皮保护。屋顶铺油毡后上车应用胶皮包铁脚。屋面上铺用的脚手板不得钉铁钉,铺豆石后不准再走车。

2) 安全措施

(1) 施工人员进入现场要戴安全帽,高空作业要戴安全带。严禁高空扔物。楼梯、阳台安装扣要加护身栏。首层出入口搭安全棚。安全网固定并张挂于首层桥架上。高车架运料口设护身栏。顶层楼梯口及瓦工砌筑所在层的楼梯口均应加临时栏杆。楼层孔洞大于20cm者,应加临时木盖防护。

(2) 各类架木搭设后,应由安全员会同架子工及使用组长检查验收,合格后方能使用。桥式架应严格按操作规定使用,并与墙身拉接好。

(3) 非机电人员不准动用机电设备,机电设备防护措施要完善。高车架应设接地防雷装置。

(4) 现场道路保持畅通。消火栓要设明显标记,附近不准堆物,消防工具不得随意挪用。明火作业必须专人看火,并申请用火证。现场吸烟应到吸烟室。

(5) 构件码放要垫稳,每垛不得超过10块。

3) 技术节约措施

(1) 灰土、回填土尽量利用挖槽土,存放于现场平衡使用,节约运费和购土费。

(2) 砌筑砂浆掺粉煤灰和塑化剂,节约白灰和水泥。装修用水泥砂浆采用重量配合比,控制水泥用量。

(3) 圈梁组合柱采用定型模板,硬架支模,以节约木材。

(4) 工地尽量使用散装水泥,以节约材料费用。

(5) 砌砖使用定型平台架,外脚手使用桥式脚手架,以节约人工和木材。

(6) 每栋砌砖首层二步架不用塔吊。用1台塔吊为两栋建筑物服务,减少大型机械台班费和进出场费。

案例分析

工程项目施工现场管理的缺陷

某市建筑集团公司承担一栋20层智能化办公楼工程的施工总承包任务,层高3.3m,

其中智能化安装工程分包给某科技公司施工。在工程主体结构施工至第 18 层、填充墙施工至第 8 层时，该集团公司对项目经理部组织了一次工程质量、安全生产施工现场检查。发现情况如下：

(1) 现场安全标志设置部位有现场出入口、办公室门口、安全通道口、施工电梯吊笼内；

(2) 杂工班外运的垃圾中混有废弃的有害垃圾；

(3) 第 15 层外脚手架上有工人在进行电焊作业，动火证是由电焊班组申请，项目责任工程师审批；

(4) 第 5 层砖墙砌体发现梁底位置出现水平裂缝；

(5) 科技公司工人在第 3 层后置埋件施工时，打凿砖墙导致墙体开裂。

根据发现的情况指出不妥的施工现场管理行为和出现缺陷的原因。

(1) 施工现场安全标志设置部位中的不妥之处有办公室门口，施工电梯吊笼内。

(2) 对施工现场有毒、有害的废弃物应分类送到专门的有毒、有害废弃物中心消纳。

(3) 本案例中电焊作业属于二级动火作业。

办理动火证的不妥之处：动火证由电焊班组申请，由项目责任工程师审批。

办理动火证的正确做法：二级动火作业由项目责任工程师组织拟定防火安全技术措施，填写动火申请表，报项目安全管理部门和项目负责人审查批准。

(4) 墙体出现水平裂缝的原因：

① 砖墙砌筑时一次到顶；

② 砌筑砂浆饱满度不够；

③ 砂浆质量不符合要求；

④ 砌筑方法不当。

墙体出现水平裂缝的防治措施：

① 墙体砌至接近梁底时应留一定空隙，待全部砌完后至少隔 7 天（或静置）后，再补砌挤紧；

② 提高砌筑砂浆的饱满度；

③ 确保砂浆质量符合要求；

④ 砌筑方法正确；

⑤ 轻微裂缝可挂钢丝网或采用膨胀剂填塞；

⑥ 严重裂缝拆除重砌。

(5) 针对打凿引起墙体开裂事件，项目经理部应采取的纠正和预防措施：

① 立即停止打砸，采取加固或拆除等措施处理开裂墙体；

② 对后置埋件的墙体采取无损害、影响不大的措施；

③ 对分包单位及相关人员进行批评、教育，严格实施奖罚制度；

④ 加强工序交接检查；

⑤ 加强作业班组的技术交底和教育工作；

⑥ 尽量采用预制埋件。

本 章 小 结

通过本章学习，可以加深学生对工程项目施工现场管理过程的理解，在施工现场管理中通过单位工程施工平面布置图设计和施工总平面布置图的依据、原则、内容与步骤的学习，加深对工程项目施工现场管理的认识，做到施工现场的人工、材料、机械管理科学合理。施工平面布置图设计是工程项目施工现场管理的重要基础，通过对现场的机械和材料的安排布置，合理地安排劳动力，做到管理有序，且具有工程项目施工现场管理的初步能力。

思考题与习题

一、思考题

1. 施工项目现场管理的意义和要求分别是什么？
2. 施工现场管理的内容有哪些？
3. 什么是施工现场管理措施的5S活动？
4. 什么是目视管理？
5. 施工现场环境保护的意义和措施分别是什么？
6. 单位工程施工平面布置图设计原则、依据及内容分别是什么？
7. 如何布置施工平面布置图中的垂直起重机械？
8. 如何布置单位工程的场内临时运输道路？
9. 如何确定单位工程混凝土搅拌机和砂浆搅拌机的位置？
10. 如何考虑单位工程临时设施的布置？
11. 施工总平面设计的原则、依据和内容分别是什么？
12. 如何进行施工临时用水计算？
13. 如何选择水源和电源？
14. 如何进行施工临时用电计算？
15. 简述施工现场临时供水、场区排水布置和临时供电布置。
16. 如何进行室外消防用水的布置？
17. 什么是图画平衡法？
18. 什么是最小树枝选线法？

二、案例分析题

工程概况：本工程为 24 班中学建筑（见图 8.23），总建筑面积 5286m²，其中包括四层教学楼 1 栋（5076m²），锅炉房 1 栋（90m²），传达室和自行车棚 120m²，以及砖砌围墙，上、下水，暖气外线，院路等附属项目。

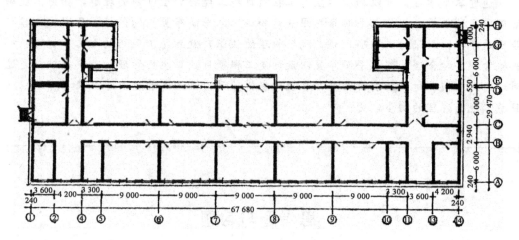

图 8.23 24 班中学建筑

　　教学楼长 67.68m，宽 24.97m，总高 15.13m，层高 3.60m。混合结构，天然地基条形基础，层层设置圈梁加抗震组合柱，预应力圆孔楼板，平屋顶防水卷材屋面，外窗为钢窗，门为木门。

　　外檐：一层为水刷石，二层以上除窗间墙为清水墙外，其余全部为干粘石。内墙为普通中级抹灰，教室、办公室和通道回乳胶漆墙裙。门厅处雨篷作水刷石，花岗石台阶。

　　设备有上、下水，暖气，照明和广播五个系统。在主楼东南角设单层锅炉房，内装往复炉排采暖锅炉 1 台及水泵、鼓风机、引风机等相应设备，附墙烟囱高 19.65m。

　　本工程为一般多层混合结构，由于采用墙加筋、组合柱、圈梁等抗震构造措施，施工工序较多；室内墙裙也多，故工期较长。其余设备机械自由选择，合理组织施工。

问题：

(1) 计算施工期间现场用水量。

(2) 计算施工期间施工用电量。

(3) 进行施工平面布置图设计。

第9章 工程项目合同管理

教学提示

本章主要讲述工程项目合同管理的基本知识和方法。通过本章的学习,应达到以下目标:

(1) 熟悉建设工程合同的概念和类型;
(2) 了解合同策划的概念和内容;
(3) 了解合同签订的基本知识,包括合同的审查、谈判等;
(4) 掌握合同实施过程中的工程变更和索赔处理。

学习要点

知识要点	能力要求	相关知识
业主的合同策划	(1) 熟悉招标方式的选择 (2) 理解如何选择合同类型	(1) 公开招标、邀请招标与议标 (2) 业主在选择合同时应考虑的因素
工程变更索赔管理	(1) 熟悉工程变更的处理 (2) 掌握工程索赔的相关知识 (3) 能够处理施工索赔中的事件	(1) 工程变更的概念、程序 (2) 索赔的概念及分类 (3) 施工索赔的内容、处理程序及计算

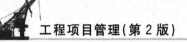

基本概念

固定总价合同、单价合同、总包、公开招标、邀请招标、议标、合同谈判、工程变更、索赔、FIDIC。

引例

某工程项目，业主与监理单位签订了施工阶段监理合同，与承包商签订了工程施工合同。工程施工合同规定：设备由业主供应，其他建筑材料由承包商采购。

业主经与设计单位商定，对主要装饰石料指定了材质、颜色和样品，并向承包方推荐厂家，承包商与生产厂家签订了购货合同。

厂家将石料按合同采购量送达现场，进场时经检查该批材料颜色有部分不符合要求，监理工程师通知承包商该批材料不得使用。承包方要求厂家将不符合要求的石料退换，厂家要求承包方支付退货运费，承包商不同意支付，厂家要求业主在应付承包商工程款中扣出上述费用。

在此案例中，项目参与各方之间的关系如何？出现了纠纷该如何处理？本章合同管理的知识将解决这些问题。

9.1 工程项目合同体系

工程项目是一个复杂的系统，参建各方由各种合同组合在工程项目上，按照合同约定的目标，行使权力、应尽义务和责任，完成工程任务，因此，工程项目完成的过程也就是一系列工程合同的订立和履行的过程。

工程项目合同管理是一个动态的过程，贯穿于采购和工程建造全过程，一般以合同签订为界，将合同管理过程划分为合同制定管理和合同履行管理。合同制定管理是指对合同谈判、签订过程中，有关程序、内容、行为及文件的管理；合同履行管理是指合同签订以后对合同执行情况进行管理，包括双方对合同的变更、索赔的管理，直到合同履行完毕。

工程项目采用的承发包方式不同，相应的工程合同体系不同（见 1.3.2 节），采用的工程主合同在合同的标的物性质、内容、形式上也会有很大差别。

9.1.1 工程项目合同分类

工程项目合同的类型很多，按不同的分类方法可归纳为不同的类型。

1. 按合同标的物的类型分

工程项目合同的签订是为了在工程项目建设各阶段完成特定的工程任务，从合同的角度来说，即合同的标的。

（1）工程施工合同，以完成工程项目的土建、设备安装任务为合同标的，如施工合同、安装合同。

(2) 专业服务合同，以提供某种专业服务为合同标的，如勘察设计合同、工程咨询合同、工程监理合同和工程管理合同。

(3) 物资供应合同，如原材料、半成品、构配件和设备采购合同。

(4) 保险合同和担保合同。

(5) 其他合同，如土地使用权转让或出让合同、城市房屋拆迁合同。

2. 按承发包方式分

(1) 施工总承包合同。

(2) 施工承包合同。

(3) 工程项目总承包合同。

(4) 工程项目总承包管理合同。

(5) BOT 承包合同。

3. 按承包合同计价方式分

承包合同计价方式可分为总价合同、单价合同和成本补偿合同三大类，每种类型根据具体情况又可分为几种变化的形式。

1) 总价合同

总价合同是指对于某个工程项目，承包人完成所有项目内容的价格在合同中是一种规定的总价。根据总价规定的方式和内容不同，具体又可分为固定总价合同、调值总价合同、固定工程量总价合同和管理费总价合同四种。

(1) 固定总价合同中，固定的是合同总价，不随工程实施调整，只有当工程范围和设计图纸变更，合同总价才相应的进行变更。这种合同适用于风险不大、技术不太复杂、工期较短（一般不超过 1 年）、工程要求非常明确的工程项目。承包商在这种合同中承担一切风险责任，因此在投标中往往考虑许多不可预见因素而报价较高。

【例 9-1】 某施工单位根据领取的某 $200m^2$ 两层厂房工程项目招标文件和全套施工图纸，采用低报价策略编制了投标文件，并获得中标。该施工单位（乙方）于某年某月某日与建设单位（甲方）签订了该工程项目的固定总价施工合同。

(2) 调值总价合同中，其总价是一种相对固定的价格，在工程实施中遇到通货膨胀引起工料成本变化可按约定的调值条款进行总价调整。因此通货膨胀风险由发包人承担，承包人则承担施工中的有关时间和成本等因素的风险。工期在 1 年以上的项目可采用这种合同。

(3) 固定工程量总价合同中，固定的是给定的工程量清单和承包商通过投标报价确定的工程单价，在施工中，总价可以根据工程变更而有调整。采用这种合同，投标人在统一基础上计价，发包人可据此对报价进行清楚的分析，但需花费较多时间准备工程清单和计算工程量，对设计深度和招标准备时间要求较高。

(4) 管理费总价合同是发包单位雇用承包公司（或咨询公司）的管理专家对发包工程项目进行项目管理的合同，合同价格是发包单位支付给承包公司的一笔总的管理费。

由于总价合同的价格固定或相对固定，因此在工程实施过程中承包商不关心成本的降低。虽然发包人在评标时易于迅速选定报价最低的承包商，但对发包人来说，前期必须准备全面详细的设计图纸和各项说明,承包商才有可能准确计算工程量,从而进行合理的报价,否则易因为风险难以准确估计而报价较高。

2) 工程单价合同

单价合同指承包商在投标时按投标文件给定的分部分项工程量表确定报出单价,结算时按已定的单价乘以核定的工程量计算支付工程价款。在单价合同中,承包商承担单价变化的风险,发包人承担工程量增减的风险。使用工程单价合同,有利于缩短招标准备时间,能鼓励承包商节约成本,但发包人对施工中发生的清单未计入的工程量应给予结算,同时双方对工程量的计算规则认识统一是减少分歧的前提。按项目清单中包含估算工程量与否,这种合同又可分为估计工程量单价合同和纯单价合同(无工程量)。

3) 成本补偿合同

成本补偿合同又称成本加酬金合同。当工程内容及其技术经济指标还未全面确定,而由于种种理由工程又必须向前推进时,宜采用成本补偿合同。根据酬金计算方法的不同,可分为成本加定比费用合同和成本加固定费用合同两种。这两种合同中,发包人对承包商支付的人工、材料和施工机械使用费、其他直接费、施工管理费等按实际直接成本全部据实补偿,不同的是,前者中发包人按实际直接成本的固定百分比支付给承包商一笔酬金,作为承包商的利润,后者中发包人支付的酬金是一笔固定的费用。

这种合同模式有两个最明显的缺点:一是发包单位对工程总造价不能实行实际的控制;二是承包商对降低成本不感兴趣。因此,引入"目标成本"的概念后,合同演变成几种形式。一是成本加浮动酬金合同,双方事先商定工程成本及酬金的预期水平,工程实际发生的成本,若等于预期成本,工程价格就是成本加固定酬金;若低于预期成本,则增加酬金;若高于预期成本,则减少酬金。这样能鼓励承包商降低成本和缩短工期,承发包双方都没有太大的风险,但对承发包双方的经验要求较高,当预期成本估算达到70%的精度才能达到较为理想的结果。二是目标成本加奖励合同,按照当前的设计精度估算目标成本(随着设计程度加深可以调整目标成本),另外规定一个百分比作为计算基础酬金的数值。最后结算时,如果实际成本高于目标成本并超过事先商定的界限(如5%),则减少酬金;如果实际成本低于目标成本(也有一个幅度界限),则增加酬金。

9.1.2 工程项目合同策划

合同策划主要应确定以下重要问题。

(1) 将工程项目划分为几个独立的合同以及各合同的工程范围,或是采用总包方式。
(2) 各合同所采取的委托方式和承包方式。
(3) 选用的合同类型。
(4) 重要的合同条款。
(5) 各相关合同在内容、时间、组织和技术等方面的协调。
(6) 合同的签订与实施中的重大问题。

1. 业主的合同策划

业主是工程建设的决策者,业主的合同策划将在很大程度上决定整个工程的合同结构与合同关系,并主导项目的开展、实施。业主的合同策划必须确定以下几个问题。

1) 分标策划及合同协调

招标前,业主须首先确定是采用总包或是将整个工程项目划分成几个标。

标在工期长、工程规模大、技术复杂等情况下,业主可以将整个工程项目,特别是工程项目的施工阶段,按项目、专业划分为几个标段,分别招标发包给不同的承包商,或按工程进度分阶段招标。我国传统的工程发包方式就是业主按专业将工程项目的勘察设计、施工、材料和设备供应分别发包给勘察设计承包商、施工承包商、材料和设备供应商,分别签订合同。采用分标方式,有利于业主多方组织强大的施工力量、按专业选择优秀的施工企业;完善的计划安排还有利于缩短建设周期。但是,由于分标,招标次数增多、合同数多、业主直接面对的承包商数量也多。对业主来说,管理跨度大,协调工作多,合同争执也较多,索赔较多,管理工作量大而且复杂。要求业主有较强大的管理能力或委托得力的监理或项目管理单位。

总包(交钥匙工程)则是将项目的勘察设计、施工、供应,甚至项目前期工作及后期运营等全部包给一个承包商,承包商向业主承担全部责任。当然,承包商可将部分项目分包出去。采用总包方式,业主的管理工作量较小,仅需一次招标,项目的责任体系完整,合同争执及索赔较少,协调工作容易,现场管理较简单,但是,对承包商的要求较高,须选择既有强大的设计、施工、供应能力,又有良好的资信和管理能力,包括很强的财务能力的承包商。对业主来说,承包商资信的风险很大,须加强对承包商的宏观控制。例如业主可以采用联合体投标承包方式,按法律规定联合体成员之间的连带责任,以降低风险。

无论是采用总包还是分标,都要使形成的工程合同体系达到以下两个目标。

(1) 工作内容的完整性,即业主签订的所有合同所确定的工作范围应涵盖项目的全部工作,完成各个合同才能实现项目总目标。可采用项目结构分解和合同界面分析来进行。

(2) 技术上的协调,包括技术标准的一致、专业工程的配合、合同界面上的协调、合同从签订到实施的管理上的统一和协调。

2) 选择招标方式

工程项目的招标方式主要有公开招标(无限竞争性招标)、邀请招标(有限竞争性招标)和议标三种,在招标程序、参加竞争的投标人数量等方面各有不同。

公开招标,对业主来说,选择范围大,承包商之间公平竞争,有利于降低报价。但公开招标程序较多,如发布招标公告、资格预审、发售招标文件和评标等,所需时间较长,入围的投标人数量大,业主工作量增大。

采用邀请招标,不需要进行资格预审,减少了程序,可以节约招标费用和时间。业主对所邀请的投标人多数比较了解,降低了风险。但由于投标人数量较少,可能漏掉一些技术上、报价上有竞争力的承包商,业主获得的报价可能不十分理想。所以一般适合以下几种情况。

(1) 专业性强,特别是在经验、技术装备、专门技术人员等方面有特殊要求的。

(2) 工程不大,若公开招标使业主在时间和资金上耗费不必要的精力。

(3) 工期紧迫、涉及专利保护或保密工程等。

(4) 公开招标后无人投标的。

议标,即业主直接与一个承包商进行合同谈判,由于没有竞争,承包商报价较高。一般只在以下几种情况下采用。

(1) 业主对承包商十分信任,可能是老主顾,承包商资信很好。

(2) 由于工程的特殊性,如军事工程、保密工程、特殊专业工程和仅由一家承包商控制的专利技术工程等。

(3) 某些采用成本加酬金合同的情况。

(4) 在一些国际工程中,承包商参与了业主项目的前期策划和可行性研究的,甚至作项目的初步设计。当业主决定上马这个项目后,一般都采用全包的形式委托工程,采用议标形式签订合同。

除上述情况外,对工程项目采用何种招标方式在建筑市场上进行交易还应符合所在国所在地法律、法规方面的规定。

3) 合同类型的选择和重要的合同条款

对于合同在不同计价方式下的各种形式,在使用时应考虑各类合同的适用范围、责权利分配、风险分担等特点,结合实际情况加以选择,有时在一个项目的不同分项中可以选择两种以上的合同类型。选择时应考虑的因素有以下几点。

(1) 建设项目设计的深度。一般而言,如果一个工程仅达到可行性研究概念设计阶段,只要求满足项目总造价控制、主要设备材料订货,多采用成本加酬金合同;工程项目达到初步设计深度,已能满足设计方案中的重大技术问题和试验要求及设备制造要求的,可采用单价合同;工程项目达到施工图设计阶段,能满足施工图预算编制、施工组织设计、设备材料安排的,可采用总价合同。

(2) 项目规模和复杂程度。规模大、复杂程度高的项目往往意味着项目风险也较大、对承包商的技术水平要求较高,在这种情况下,选用总价合同会造成承包商报价较高;可部分采用固定总价合同,而估算不准的部分则采用单价合同或成本加酬金合同。对于规模小、复杂程度低、工期短的项目,合同的选择余地较大。

(3) 项目管理模式和管理水平。业主的管理水平较高的,可按需要考虑分标,合同类型的选择范围也大,若业主自身的管理水平和管理力量不够,而项目规模又比较大,可选用管理费总价合同,聘请管理公司,对其进行明确的授权,代表业主进行项目的管理。

(4) 项目的准备时间和工程进度的紧迫程度。项目准备时间包括业主的准备工作和承包商的准备工作,不同的合同类型需要不同的准备时间和准备费用,对设计的要求也不同。其中以成本加酬金合同更适宜于时间要求紧急的项目,但由于承包商不承担合同风险,虽能保证获利,但获利较小,同时承包商不关心成本的降低,业主须加强对工程的控制,在应用上也受到较大限制。

(5) 项目外部因素。项目外部因素包括项目竞争情况和项目所在地的风险,如政治局势、通货膨胀、恶劣气候等。项目环境不可测因素多,风险大,承包商很难接受总价合同;若愿意承包的投标人多,则业主拥有较多的主动权,可按总价合同、单价合同、成本加酬金合同的顺序进行选择;若投标人较少,可尽量选用投标人愿意的合同类型。

(6) 承包商的意愿和能力。在选择合同类型时。业主一般占有主动权,在考虑自己的利益和项目综合因素的同时,也应考虑承包商的承受能力,确定双方都能认可的合同类型。

由于业主主持起草招标文件,提供合同以及合同条件的主要内容,应预先考虑下列重要合同条款。

① 适用合同关系的法律、合同争执仲裁的机构和程序等。
② 付款方式。
③ 合同价格调整的条件、范围、方法，特别是由于物价、汇率、法律、关税等的变化对合同价格调整的规定。
④ 对承包商的激励措施，如提前竣工，提出新设计，使用新技术新工艺使业主节省投资，奖励型的成本加酬金合同，质量奖等。
⑤ 合同双方的风险分配。
⑥ 保证业主对工程的控制权力，包括工程变更签字权，进度计划审批权，实际进度监督权，施工进度加速权，质量的绝对检查权，工程付款的控制权力，承包商不履约时业主的处置权等。

2. 承包商的合同策划

承包商在投标中常常必须服从招标文件的规定，包括其中选定的合同条件。因而承包商的合同策划主要表现为承包商对业主的招标项目下的应对策略。

1) 项目的选择与市场定位

承包商获得许多招标信息，首先应就是否参与某一项目的投标作出决策。这个决策的主要依据是项目所在地的政治文化环境、经济环境、自然环境等情况，还须着重考察业主的状况。例如，资信、经营状况、支付能力，项目本身的状况，如招标方式、合同类型及主要条款、工程性质、范围、等级、技术难度、执行规范标准、工期要求等，以及竞争对手的状况、数量等，才能依据承包商自身的状况，如技术水平、管理水平、工程经验、在手工程数量、现有施工力量、资金状况等，在符合承包商经营战略的前提下，决定参与或不参与。如果参与投标，还须决定以什么样的市场策略进行竞争，利润目标定位如何等。

2) 合同风险评价

在应对策略下，承包商必须对工程的合同风险作出总体评价。例如，从合同采用的类型上，承包商承担哪方面的风险；合同文本是否为承包商熟悉；在本工程所处的自然环境气候条件和水文地质情况下，可能产生哪些施工方面的困难或不利因素，这些不利因素的处理在合同中是如何约定的；工程所在地的社会和经济环境对材料采购、成本管理方面会产生哪些影响，变动的风险有多大，合同中有无对此的约定；合同中有无一些业主提出的特殊要求，承包商自身能力满足这些要求有无困难等。另外，在招投标活动中，由于招标人提供的设计图样深度不能满足投标文件编制和选用合同的要求，在不确定情况下勉强做标，投标日程安排过紧使投标人没有足够时间分析招标文件等，都可能造成投标文件以及后来合同文件的漏洞，造成隐患。

【例9-2】 在某国际工程中，经过澄清会议，业主选定一个承包商，并向其发出一信件，表示"有意向"接受该承包商的报价，并"建议"承包商"考虑"材料的订货；如果承包商"希望"，则可以进入施工现场进行前期工作。结果由于业主放弃了该开发计划，工程被取消，工程承包合同无法签订，业主又指令承包商恢复现场状况。但承包商为施工准备已投入了许多费用。承包商就现场临时设施的搭设和拆除，材料订货及取消订货损失向业主提出索赔。但最终业主以前述的信件作为一"意向书"，而不是一个肯定的"承诺"（合同）为由反驳了承包商的索赔要求。

3) 合作方式的选择

(1) 总包分包，在总包模式下，承包商将一些分项工程分包给技术上、报价上、财务能力上更有优势的分包商，以求增加实力、获取一定经济利益或转移风险。

一般承包商在投标报价前，应先明确分包商的报价，商定分包的主要条件，甚至签订分包意向书。但为防止总包商中标后分包商抬高报价，总包以选择一至两家分包单位为好。由于承包商同时向业主承担分包工程的合同责任，所以选择分包商应十分慎重，要选择符合要求的、有能力的、长期合作的分包商。此外，分包不宜过多，以免出现协调和管理的困难以及引起业主对承包商能力的怀疑。

(2) 联营承包，联营承包是指两家或两家以上的承包商联合投标，共同承接工程。承包商通过联合，可以承接工程规模大、技术复杂、风险大、难以独家承揽的工程，扩大经营范围；同时，在投标中可以发挥联营各方的技术、管理、经济和社会优势，使报价更具竞争力；联营各方可取长补短，增强完成合同的能力，业主较欢迎，易于中标。

联营有多种方式，最常见的是联合体方式。联合体方式是指各自具有法人资格的施工企业结成合作伙伴联合承包一项工程。一方面，他们以联合体名义与业主签订合同，共同向业主承担责任。组成联合体时，应推举其中一个成员为该联合体的责任方，代表联合体的一方或全体成员承担本合同的责任，负责与业主和工程师联系并接受指令以及全面负责履行合同。另一方面，联营各方应签订联合体协议和章程，经业主确认的联合体协议和章程应作为合同文件的组成部分。在合同履行过程中，未经业主同意，不得修改联合体协议和章程。联合协议和章程属于施工承包合同的从合同。通常联合协议和章程先于施工承包合同签订，但是，只有施工承包合同签订了，联合协议和章程才有效；施工承包合同结束，联合体协议也结束，联合体也就解散。

9.2 工程项目合同签订

9.2.1 工程项目合同订立的形式与程序

1. 工程合同订立的形式

根据合同自由原则，除法律另有规定外，当事人可以自由约定合同的形式。合同形式有口头形式、书面形式和其他（如默示、视听）形式等。由于工程合同涉及面广、内容复杂、建设周期长、标的金额大，《合同法》规定，建设工程合同应当采用书面形式。即当事人以书面文字有形地表现合同内容的方式。合同书、信件、数据电文等可以记载当事人合同内容的书面文件都是合同书面形式的具体表现。

2. 工程合同订立的程序

根据我国《合同法》、《招标投标法》的相应规定，工程合同的订立经过以下几个程序。

1) 要约邀请

要约邀请即发包人采取招标通知或公告的方式，向不特定人发出的，以吸引或邀请相对人发出要约为目的的意思表示。在通知或公告规定的时间内，潜在投标人报名参加并通过资格预审的，以投标人身份，按照招标文件的要求，参加发包人的招标活动。招标文件一般包括以下内容。

（1）投标须知。包括工程概况、工程资金来源或者落实情况、标段划分、工期和质量要求、现场踏勘和答疑安排、投标文件编制提交修改撤回的要求、投标报价的要求、投标有效期、开标的时间地点、评标的方法和标准等。

（2）招标工程的技术要求和设计文件。

（3）采用工程量清单招标的，应当提供工程量清单。

（4）投标函的格式及附录。

（5）拟签订合同的主要条款。

（6）要求投标人提供的其他材料。

2) 要约

即投标，指投标人按照招标人提出的要求，在规定的期间内向招标人发出的，以订立合同为目的的，包括合同的主要条款的意思表示。在投标活动中，投标人应当按照招标文件的要求编制投标文件，对招标文件提出的实质性要求和条件做出响应。投标文件应当包括投标函、施工方案或者施工组织设计、投标报价及招标文件要求提供的其他材料。

3) 承诺

即中标通知，指由招标人通过评标后，在规定期间内发出的，表示愿意按照投标人所提出的条件与投标人订立合同的意思表示。

4) 签约

根据《合同法》规定，在承诺生效后，即中标通知产生法律效力后，工程合同就已经成立。但是，由于工程建设的特殊性，招标人和中标人在此后还需要按照中标通知书、招标文件和中标人的投标文件等内容经过合同谈判，订立书面合同后，工程合同成立并生效。需要注意的是，《招标投标法》及《房屋建筑和市政基础设施工程施工招标投标管理办法》规定，书面合同的内容必须与中标通知书、招标文件和中标人的投标文件等内容基本一致，招标人和中标人不得再订立背离合同实质性内容的其他协议。

3. 合同签订必须遵循的基本原则

（1）平等自愿原则。

（2）公平原则。

（3）诚实信用原则。

（4）合法原则。

9.2.2 工程合同的谈判与签约

1. 合同谈判前的审查分析

《招投标法》规定，合同应在中标通知书发出之日起 30 日内签订。但是，在双方签订合同法律文本之前，应对招投标文件和合同条款再进行仔细审查，以防"合同漏洞"，并为合同谈判做好准备。

合同审查分析是一项技术性很强的综合性工作，它要求合同管理者必须熟悉与合同相关的法律法规，精通合同条款，有合同管理的实际工作经验，并对工程技术环境、技术经济有全面的了解。

合同审查分析，可以从以下几个方面对工程项目合同进行审查分析。

1) 合同效力

(1) 合同当事人资格。即合同主体是否具备相应的民事权利能力和民事行为能力。无论是发包人还是承包人必须具有发包或承包工程和签订合同的资格，如相应的法人地位，获得签约的合法授权，承接工程所需的营业执照、许可证和资质等级等。

(2) 工程项目合法性。一方面，合同内容和工程行为符合法律要求，如：环保、资金外汇、规划等，另一方面，审查工程项目是否具备招标投标、签订合同和实施的相应条件，是否具备工程项目的批准文件、建设资金到位情况、建设许可证、合法的招标程序、已批准的设计文件等。

2) 合同的完备性

包括合同文件的完备性和合同条款的完备性。

合同文件指从招标、投标、中标到合同签订一系列签订合同过程中的法律文件，按招标投标形式签订合同的一般应包括合同协议书、中标函、投标书及其附件、工程设计图纸、标准规范及有关技术文件、工程量清单和报价、合同条款等。合同履行中，发包人和承包人有关工程的洽商、变更等书面协议或文本。

合同条款一般应以标准合同文件为准，包括通用条款和针对该特定工程拟订的配套专用条件，没有采用标准合同文件的，可参照标准合同文件的合同条款进行补充完善。若尚无标准合同文本可供参照，如联合体协议，则须收集实践中的同类合同文本，作相互借鉴，尽可能使所签合同更加完备。

有任何一方认为合同条件的漏洞有利于推卸责任或者能带来索赔机会，都是十分危险的，因为双方很容易带着这些想法使问题进入相持或争论不休的状态，破坏合作关系，影响工作的顺利推进。

【例9-3】 在某建筑材料供应合同中，付款条款对付款期的定义是"货到全付款"。而该供应是分批进行的。在合同执行中，供应方认为，合同解释为"货到，全付款"，即只要第一批货到，购买方即"全付款"，而购买方认为，合同解释应为"货到全，付款"，即货全到后，再付款。从字面上看，两种解释都可以。双方争执不下，各不让步，最终法院判定本合同无效，不予执行。

实质上本案例还可以追溯合同的起草者。如果供应方起草了合同，则应理解为"货到全，付款"；如果是购买方起草，则可以理解为"货到，全付款"。

3) 合同的公平性

合同应公平合理地分配双方的责任和权益，责、权、利应一致，承担责任者应得到相应的权益，被授予权利者也须承担相应的责任，防止滥权。如合同规定，工程师可以要求对工程质量进行重新检验，同时也规定，如果重新检验质量合格，由业主支付检查费用，这就是对工程师权利的制约。

而且，合同中规定一方当事人承担一项责任，也规定责任方在履行义务时必备的一定的前提条件，以及相应拥有一定权力，并规定如果对方不履行相应的义务应承担什么责任等。例如，合同规定承包商必须按时开工，同时合同中也相应规定业主应按时提供现场施工条件、及时支付预付款等。对于显失公平或免责条款，如"在施工期间无论什么原因使邻近地区受到损害的均由承包商承担赔偿责任"，应予以删除或修改。

合同中对双方当事人的责权的描述应具体、详细、明确，以求责权范围尽可能界定清晰。例如，对不可抗力"大风"的界定，应详细到"风力为多少级"。对气象、水文和地质情况，业主没有提供全面资料的，应补充提供相应条款，或在合同价格中约定对气象、水文和地质条件的估计，如超过该假定条件，则定义为非正常气象或情况，施工中如若碰到，如何进行工期和费用补偿。

4）合同的整体性

工作范围的一致性。承包人所承担的工作范围，在招标文件、投标报价和最后签订的合同价格、正式合同各阶段和各方面的文件中，应保持一致，相应的技术标准、质量要求、工期要求、材料规格和型号等要清楚明确，无法进一步明确的内容应经发包人同意，加以说明并单列，不计入总价，其相应的质量、工期在合同条款中应做相应规定。

合同是一个整体，各条款之间有着一定的内在联系和逻辑关系。如合同价格就涉及预付款的支付与扣回、计量与中间支付、变更、调价、结算、保留金的扣留和支付、履约担保的退回等条款，合同价款支付的程序和时间又与中间工程验收合格、竣工验收合格、工期提前与延误和工程延期密切相关，因此合同条款必须从整体上相互配合、相互支持，共同规范一个事件，不能相互矛盾或有重大缺陷。

5）合同的应变性

合同价格、合同条件、合同实施方案和工程环境等方面，综合组成一个合同状态，在合同履行过程中，经常会出现变化。对这些变化，合同应事先规定处理原则和措施，以此调整合同状态，这就是合同的应变性。合同应变性应包含几个方面。

（1）合同文件变化，如设计文件的修改、业主对工程有新的要求、合同文件的缺陷等，一般应规定由业主承担责任，相应调整合同价格和延长工期。

（2）工程环境变化，如工程所在国（或地区）法律和法规变化、物价变动、出现不可预见的外界障碍或条件等，一般也应规定由业主承担此类风险，给予合同价格调整和工期延长。

（3）实施方案变化，如在实施过程中，工程师下指令修改实施方案，视为工程变更，应调整合同价格，如属于业主不履行或不完全履行义务或者对方案实施进行干扰，而引起实施方案不得不变化的，则规定业主应承担责任，进行赔偿。

合同审查完毕，应对分析出来的问题提出建议或对策。

2. 发包人和承包人进行合同谈判的目的

招投标双方在招投标活动中经过招标—投标—中标的一系列要约邀请、要约、承诺过程之后，根据《合同法》规定，发包人和承包人的合同法律关系就已经建立，发包人通过进一步谈判，可以争取达到几个目的。

（1）对于招标文件及合同条款中还存在的缺陷和漏洞，在谈判时给予完善，避免今后实施过程中出现较大的困难。

(2) 评标活动结束，中标单位产生，在总体接受中标人报价和投标方案的情况下，发包人通过评标活动，若发现中标报价不合理部分和中标人未曾提出而其他投标人提出的非常可行的某些建议，可以与中标的承包人商讨，有望通过合同谈判进一步降低商签的正式合同价格。

(3) 讨论某些局部变更，包括设计变更、技术条件或合同条件变更对合同价格的影响，并做出合同约定。

对承包人来说，在投标阶段的被动地位，进入合同谈判、签订合同阶段，会有所改变，承包人往往利用这一机会与发包人进行讨价还价，力争改善自己的不利处境，以维护自己的合法利益。承包人可以争取达到的目标有：

① 澄清标书中某些含糊不清的条款，充分解释自己在投标文件中的某些建议或保留意见。

② 争取改善合同条件，谋求公正和合理的权益，使承包人的权利与义务达到平衡。

③ 利用发包人的某些修改变更进行讨价还价，争取更为有利的合同价格。

3. 谈判的基础与准备

1) 组织准备

谈判的成功与否，很大程度上决定于谈判组的成员。谈判组的成员应由有谈判经验的技术人员、财务人员、法律人员组成。从谈判人员的身上首先反映所代表企业的形象，因此必须由业务能力强、基本素质好、经验丰富的人员组成。

2) 收集资料，摸清对方情况

谈判准备工作的首要任务就是要收集整理有关合同对方及项目的各种资料，包括对方的资信状况、履约能力、已有成绩、工程项目背景、土地获得情况、项目目前的进展、资金来源等，并摸清对方的谈判人员情况和谈判目标，做到"知己知彼"。

3) 分析和确定谈判目标

谈判的目标直接关系谈判的态度、动机和诚意，也明确了谈判的基本立场。对于业主而言，有的项目侧重于工期，有的侧重于投资，有的侧重于质量。而不同的侧重点使他在谈判中的立场不完全一样。对于承包商而言，有的项目是势在必得，有的项目是可得可不得，有的项目是以盈利为目标，有的项目则是以扩大知名度为目标。不同的目标也必然使承包商的谈判态度和坚持的立场各不相同。

4) 拟定谈判方案

在上述调查分析的基础上，可总结出该项目的操作风险、双方的共同利益、双方的利益冲突，以及双方在哪些问题上已取得一致，哪些问题上还存在分歧，从而拟定谈判的初步方案，决定谈判的重点，在运用谈判策略和技巧的基础上取得谈判的胜利。

5) 谈判事务的具体安排与准备

这是谈判开始前必须的准备工作，包括三方面内容，选择谈判的时机、谈判的地点以及谈判议程的安排。尽可能选择有利于己方的时间和地点，同时要兼顾对方能否接受。应根据具体情况安排议程，议程安排应松紧适度。

4. 谈判的策略和技巧

谈判是通过不断的会晤确定各方权利、义务的过程，它直接关系谈判桌上各方最终利益的得失。因此，谈判绝不是一项简单的机械性工作，而是集合了策略与技巧的艺术。下面是一些常用的谈判策略和技巧。

1) 掌握谈判进程，合理分配各议题的时间

成功的谈判者善于掌握谈判的进程，在充分合作气氛的阶段，展开自己所关注的议题的商讨，从而抓住时机，达成有利于己方的协议。而在气氛紧张时，则引导谈判进入双方具有共识的议题，一方面缓和气氛，另一方面缩小双方差距，推进谈判进程。同时，谈判者应懂得合理分配谈判时间。对于各议题的商讨时间应得当，不要过多拘泥于细节问题。这样可以缩短谈判时间，降低交易成本。

2) 高起点战略

谈判的过程是各方妥协的过程。通过谈判，各方都或多或少会放弃部分利益以求得项目的进展。而有经验的谈判者在谈判之初会有意识向对方提出苛求的谈判条件。这样对方会过高估计另一方的谈判底线，从而在谈判中做出更多让步。

3) 注意谈判气氛

谈判各方往往存在利益冲突，要兵不血刃即获得谈判成功是不现实的。但有经验的谈判会在各方分歧严重、谈判气氛激烈的时候采取润滑措施，舒缓压力。在我国最常见的方式是饭桌式谈判。通过餐宴，联络谈判双方的感情，拉近双方的心理距离，进而在和谐的氛围中重新回到议题。

4) 拖延和休会

当谈判遇到障碍，陷入僵局时，拖延和休会可以使明智的谈判方有时间冷静思考，在客观分析形势后提出替代方案。在一段时间的冷处理后，各方都可以进一步考虑整个项目的意义，进而弥补分歧，将谈判从低谷引向高潮。

5) 避实就虚

谈判双方都有自己的优势和弱点。谈判者应在充分分析形势的情况下，做出正确判断，利用对方的弱点，猛烈攻击，迫其就范，做出妥协。而对于己方的弱点，则要尽量注意回避。

6) 分配谈判角色

任何一方的谈判代表组都由众多人员组成，谈判中应利用各人不同的性格特征各自扮演不同的角色。有的唱红脸，积极进攻；有的唱白脸，和颜悦色。这样软硬兼施，可以事半功倍。

7) 充分利用专家的作用

工程项目谈判涉及广泛的学科领域，充分发挥各领域专家的作用，既可以在专业问题上获得技术支持，又可以利用专家的权威性给对方以心理压力。

在有限的谈判空间和时限内，合理、有效地利用以上各谈判策略和技巧，将有助于获得谈判的优势。

8) 对等让步

当己方准备对某些条件做出让步时，可以要求对方在其他方面也应做出相应的让步。要争取把对方的让步作为自己让步的前提和条件。同时应分析对方让步与己方做出的让步是否均衡，在未分析研究对方可能做出的让步之前轻易表态让步是不可取的。

5. 谈判的程序

谈判开始阶段通常都是先广泛交换意见，各方提出自己的设想方案，探讨各种可能性，经过商讨逐步将双方意见综合并统一起来，形成共同的问题和目标，为下一步详细谈判做好准备。不要一开始就使会谈进入实质性问题的争论，或逐条讨论合同条款。要先搞清基本概念和双方的基本观点，在双方相互了解基本观点之后，再逐条逐项仔细地讨论。

在一般讨论之后，就要进入技术谈判和商务谈判阶段。主要是对原合同中技术方面的条款，如工程范围、技术规范、标准、施工条件、施工方案、施工进度、质量检查和竣工验收等和商务方面的条款，如工程合同价款、支付条件、支付方式、预付款、履约保证、保留金、货币风险的防范、合同价格的调整等，进行讨论。

谈判进行到一定阶段后，在双方都已表明了观点，对原则问题双方意见基本一致的情况下，相互之间就可以交换书面意见或合同稿，然后以书面意见或合同稿进行讨论。

【例9-4】 在某县一上千万元的工程项目的合同谈判中，业主不同意采用建设部GF-1999-0201标准合同文本，拿出了一个简易合同文本与承包商进行合同谈判，承包商仔细研究了该合同文本，认为其中有几个问题，一是标准合同文本中应由甲方承担的施工场地噪声费、文物保护费、临建费等小费用要求承包商承担，二是业主实行了固定合同价包干，不因其他因素追加合同款。为此，承包商进行了现场考察，因施工场地在郊外，不会产生环保与文物保护费等，因此承包商认为第一条在谈判时可以松动，但固定价格包干的条款绝不能答应。在此基础上，承包商依据《合同法》和建设部颁布的标准合同文本条款，逐条与业主进行沟通，最后达成共识：业主因设计修改、工程量变更、材料和人工工资调价导致增加的工程款由业主承担，且按实结算；承包商承担环保、文物保护费、临建费等小费用。从而实现了预定的抓大放小的目的。最终合同顺利签订，最后的结算价高于中标合同价的30%。承包商求得了效益最大化，业主也因此也省了部分费用。

6. 合同的签订

经过合同谈判，双方对新形成的合同条款一致同意并形成合同草案后，即进入合同签订阶段。这是确立承发包双方权利义务关系的最后一步工作，一个符合法律规定的合同一经签订，即对合同当事人双方产生法律约束力。因此，无论发包人还是承包人，应当抓住这最后的机会，再认真审查分析合同草案，检查其合法性、完备性和公正性，争取完善合同草案中的某些内容，以最大限度地维护自己的合法权益。

9.3 工程项目合同的实施管理与索赔

工程项目的实施过程实质上是工程项目的相关合同的实施过程。由于工程项目合同确定了工程项目的价格、工期和质量各目标，项目合同的实施管理同时涵盖了三大目标的实施管理，居于项目实施管理的核心地位。

9.3.1 项目合同实施管理

从整个工程角度而言，一般由业主的项目管理者负责工程项目相关合同的管理和协调,并承担相应责任。对于承包商而言,由于大量材料、设备供应合同及分包合同的存在,也应委派专人负责工程现场各合同的协调和控制。

1. 建立合同实施保证体系

1) 设立专门的合同管理机构和人员

依据工程的规模和复杂程度,在工程项目组织中设立合同管理小组或合同管理员,较小的项目,也可交由项目经理完成。承包商的合同管理部门在合同实施阶段的主要工作包括:对项目的合同履行情况进行分析、汇总,协调项目合同的实施;处理重大的合同关系,组织合同的变更及索赔。

2) 进行合同履行分析和合同交底

合同履行分析是将合同责任落实到实施的具体问题上和具体工程活动中。主要分析:承包商的主要合同责任、工程范围和权利;业主的主要责任和权利;合同价格、计价方法和补偿条件;工期要求和补偿条件;工程问题的处理方法和程序,如变更、付款、验收等;争执的解决;违约责任;合同实施中应注意的问题和风险等。

在合同履行分析完后,将合同文件和分析结果下达到项目职能管理人员和工程负责人,进行合同交底,使相关人员熟悉合同的主要内容、各种规定和程序,了解工程范围和合同责任及法律后果,并将合同责任落实到相关实施者。

3) 建立合同管理工作程序

对合同目标内的经常性管理工作应建立管理制度,如依据各个材料设备供应合同进行的财物交割(进场、检查验收、付款)、工程验收和计量、支付的程序、竣工验收和结算等;对变更合同目标的非经常性工作,如工程变更、索赔等,也应有一套管理工作程序。

4) 建立报告和行文制度,建立文档管理系统

涉及合同方面的确认、变更、情况报告、处理、意见、指令等,都应以书面形式建立文件往来,以便各合同主体之间履行相应的手续和进行记载,并建立起合同文档系统,保存工程实施过程中的有关事件和活动的一切资料和信息,能反映实际情况,为以后的查阅、分析提供原始资料。

2. 合同实施控制

(1) 对合同实施过程进行监督,对照合同监督各承(分)包商的施工,使各项目组、各承(分)包商、业主、其他协作方的工作都满足合同要求。

(2) 对工程的各种书面文件进行合同法律方面的审查,对项目经理、工程负责人等在合同关系上给予帮助和工作指导。

(3) 对整体工程项目及具体各项合同活动或事件进行跟踪,向各层次管理人员提供合同实施情况的报告,对合同的实施提出建议、意见甚至警告。

(4) 实施合同文档管理,特别注意记录导致成本、进度等合同目标的变更及其原因的资料。

(5) 调解合同争执,做好协调和管理工作。

(6) 处理索赔与反索赔。

3. 合同评价和判断

在跟踪合同实施情况的基础上,分析工程实施情况与合同文件的差异及其造成的原

因，明确和落实责任，对合同实施进行趋向性预测，考虑是否采取调控措施及相应的结果，以此指导后续的管理工作。

9.3.2 工程变更

1. 工程变更的概念

因施工条件改变、业主要求、工程师要求或设计原因使工程或其任何部分的形式、质量或数量发生变更，称为工程变更。因此工程变更是在合同仍然有效的前提下，合同权利义务的部分修改。

工程变更可分为设计变更、进度计划变更、施工条件变更和新增工程（包括价格变更和工期变更）。工程变更导致合同文件、合同目标的变更，相应的合同责任也发生了变更，工程变更对工程施工影响较大，造成工期的拖延和费用的增加，易引起争执。

2. 工程变更的程序

工程变更可以由承包商提出，也可以由业主方提出或工程师提出，一般业主方提出的工程变更由工程师代为发出。工程师发出工程变更指令的权限，由业主授予，在施工合同中明确约定。工程师就超出其权限的工程变更发出指令时，应附上业主的书面批准文件，否则承包商可拒绝执行。在紧急情况下，工程师可先采取行动再尽快通知业主，对此承包商应立即遵照工程师的变更指示。承包商提出的工程变更须经工程师审批后方可实行。

较为理想的情况是，在变更执行前业主（或工程师）就变更中涉及的费用和工期补偿达成一致，但较为常见的情况是，合同中赋予了工程师直接指令变更工程的权力，承包商接到指令后即执行变更，而变更涉及的价格和工期调整由业主（或工程师）和承包商协商后确定。我国施工合同示范文本所确定的工程变更估价原则主要有以下几项。

(1) 合同中已有适用于变更工程的价格，按合同已有的价格变更合同价款。

(2) 合同中只有类似于变更工程的价格，可以参照类似价格变更合同价款。

(3) 合同中没有适用或类似于变更工程的价格，由承包人提出适当的变更价格，经工程师确认后执行。

工程变更指令一般应以书面通知下达。对于工程师口头发出的变更指令，事后应补发书面指令，若工程师忘了补发，承包商应在7天内以书面形式证实此项指示，交工程师签字，若工程师在14天内未提出反对意见的，视为认可。

3. 工程变更的管理

(1) 尽量在变更涉及的工程开始前决定变更，以免因变更审批或决策时间过长造成停工等待或继续施工增大返工损失。对于工程师和承包商而言，都有尽早发现工程变更迹象、相互提醒的管理义务。在科学合理、有利于施工和达到合同目标的前提下，各项目管理人员和技术人员，应以尽量减少工程变更为控制目标，特别是随意地修改工程设计或盲目追求施工速度而造成不必要的工程浪费。

(2) 对工程师发出的工程变更指令，特别是重大的变更和设计修改，应对照合同规定的工程师权限进行核实。超出权限部分应有业主批准的书面文件。

(3) 承包商应有效落实工程师按合同规定发出的工程变更指令，无论承包商对此是否有异议,也无论是否已就价格和工期调整与业主达成一致。因为即使在争议处理期间,承包商不能免除其进行正常施工和进行变更工程施工的义务,否则可能造成承包商违约。对于先下达变更指令要求执行,而价格和工期谈判又迟迟达不成协议时,承包商可以采取适当措施保护和争取自身利益:如控制施工进度,等待变更谈判结果;争取以实际费用支出或点工计算变更工程的费用补偿,避免价格谈判僵持不下;完整记录变更实施情况,并请业主和工程师签字,收集由变更造成的费用增加和其他损失的证据,在谈判中争取合理补偿,保留索赔的权利。

【例9-5】 在我国某工程中采用固定总价合同,合同条件规定,承包商若发现施工图中的任何错误和异常应通知业主代表。在技术规范中规定,从安全的要求出发,消防用水管道必须与电缆分开铺设;而在图纸上,将消防用水管道和电缆放到了一个管道沟中。承包商按图报价并施工,该项工程完成后,监理工程师拒绝验收,指令承包商按规范要求施工,重新铺设管道沟,并拒绝给承包商任何补偿,其理由是:(1)两种管道放一个沟中极不安全,违反工程规范。在工程中,一般规范(即本工程的说明)是优先于图纸的。(2)即使施工图上注明两管放在一个管道沟中,这是一个设计错误。但作为一个有经验的承包商是应该能够发现这个常识性的错误的。而且合同中规定,承包商若发现施工图中任何错误和异常,应及时通知业主代表。承包商没有遵守合同规定。

当然,监理工程师这种处理是比较苛刻,而且存在推卸责任的行为,因为:①不管怎么说设计责任应由业主承担,图纸错误应由业主负责。②施工中,工程师一直在"监理",他应当能够发现承包商施工中出现的问题,应及时发出指令纠正。③没有注意到承包商承担这个责任的合理性和可能性。例如必须考虑承包商投标时有无合理的做标期。如果做标期太短,则这个责任就不应该由承包商负担。在国外工程中也有不少这样处理的案例。所以对招标文件中发现的问题、错误、不一致,特别是施工图与规范之间的不一致,在投标前应向业主澄清,以获得正确的解释,否则承包商可能处于不利的地位。

9.3.3 索赔管理

1. 工程索赔的概念及分类

索赔是在工程承包合同履行过程中,当事人一方由于另一方未履行合同所规定的义务而遭受损失时,向另一方提出给予合理补偿要求的行为。凡是涉及两方(或多方)的合同协议都可能发生索赔问题,索赔是签订合同的双方各自享有的正当权利。一方只有在损害后果已客观存在的情况下,才能向另一方提起索赔,比如已造成额外费用支出的经济损失,或恶劣气候造成工程进度的不利影响。索赔是一种未经对方确认的单方行为,在通过确认,如协商、谈判、调解、仲裁或诉讼,之后才能实现。

索赔按照提出方的不同分为业主索赔和施工索赔;按索赔目的分为工期索赔和费用索赔,按合同关系分为承包商同业主之间、总包与分包之间、承包商与供货商之间的索赔等等,按索赔依据可分为合同规定的索赔、非合同规定的索赔和道义索赔。

2. 业主索赔

业主索赔是指由于承包单位不履行或不完全履行约定的义务,或者由于承包单位的行为使业主受到损失时,业主向承包单位提出的索赔。主要有以下几种。

1）对拖延竣工期限索赔

由于承包商拖延竣工期限，业主要求提出索赔。索赔的费用可按实际损失计算，或按清偿损失计算。

业主按工期延误的实际损失向承包商提出索赔一般考虑的费用包括：

(1) 业主盈利和收入损失。

(2) 增大的工程管理费用开支。

(3) 超额筹资的费用。这常常是业主遭受的最为严重的延误费用，业主对承包商延期引起的任何利息支付都应作为延期损失提出索赔。

(4) 使用设施机会丧失而导致的可能增加收益的损失。

清偿损失额等于承包单位引起的工期延误日数乘以日清偿损失额。由于日清偿损失额在招标文件中给出，业主一般采用较低的损失额来计算延误损失，以免投标方大幅度提高报价。其优点在于在使用时业主可以避免确定实际损失需要指出的花费，也可从给付承包商的工程款中陆续扣回。

2）对不合格的工程拆除和不合格材料运输费用索赔

当承包商未能履行合同规定的质量标准，业主要求运走或调换不合格的材料、拆除或重新做好有缺陷的工程而承包商拒不执行时，业主有权雇佣他人来完成工作，发生的一切费用由承包商负担，业主可以从任何应付给承包商的款项中扣回。

3）对承包商未履行的保险费用索赔

如果承包商未能按照合同条款指定的项目投保，并保证保险有效，业主可以投保并保证保险有效，业主所支付的必要的保险费可在应付给承包商的款项中扣回。

4）对承包商超额利润的索赔

如果工程量增加很多，使承包商预期的收入增大，而工程量增加，承包商并不增加任何固定成本，合同价应由双方讨论调整，收回部分超额利润。或者由于法规的变化导致承包商在工程实施中降低了成本，产生了超额利润，也应重新调整合同价格，收回部分超额利润。

5）对指定分包商的付款索赔

当工程总承包商无合理理由扣留应向指定分包商支付的工程款时，业主可以直接按照工程师的证明书，将总承包商未付给指定分包商的款项（扣除保留金）直接支付给该分包商，并从应付给承包商的任何款项中如数扣回。

6）业主合理终止合同或承包商不正当地放弃工程的索赔

如果业主合理地终止承包商的承包，或者承包商不合理地放弃工程，则业主有权从承包商手中收回由新的承包商完成全部工程所需的工程款与原合同未付部分的差额。

3．施工索赔及处理

施工索赔系指由于业主或其他有关方面的过失或责任，使承包商在工程施工中增加了额外的费用，承包商根据合同条款的有关规定，以合法的程序要求业主或其他有关方面补偿在施工中所遭受的损失。

1）施工索赔的内容

(1) 不利的自然条件与人为障碍引起的索赔。不利的自然条件是指施工中遇到的实际自然条件比招标文件中所描述的更为困难和恶劣，这些不利的自然条件或人为障碍增加了施工的难度，导致承包商必须花费更多时间和费用，在这种情况下，承包商可向工程师提出索赔要求。

其中，对于不利自然条件和地质条件变化引起的索赔，一般由于招标文件中已经进行了描述或附有相关资料，甚至要求承包商对现场环境先行考察和确认，因而这种索赔经常会引起争议。在施工期间，如果承包商遇到不利的自然条件或不利障碍，应立即通知工程师，如果工程师认可为即使是有经验的承包商也不能预见的，并给予证明，则业主应给予承包商在该情况下所支出的额外费用补偿。

对于工程中人为障碍引起的索赔，经工程师到现场检查，通常较易成立。

由于业主本身负有提供场地相关地下管线资料的义务，因而工程师应和承包商密切配合，预先收集、查证相关文件资料，做好突发情况的应对准备，减少对施工的影响。

(2) 工程变更引起的索赔。承包商应按工程师的指令执行工程变更，有权对这些变更所引起的附加费用进行索赔。

变更工程中，合同双方应以合同中的规定确定变更工程费用。变更工程价格或单价确定是否合理常常是引起这类索赔争议的主要原因。

(3) 关于工期延长和延误的索赔。工期延长或延误的索赔通常包括两方面：一是承包商要求延长工期；二是承包商要求偿付由非承包商原因导致工程延误而造成的损失。一般这两方面的索赔报告要求分别编写，因为工期和费用的索赔并不一定同时成立。例如，由于特殊恶劣气候等原因，承包商可能得不到延长工期的承诺，但是，如果承包商能提出证明其延误造成的损失，就可能有权获得这些损失的赔偿。

【例9-6】 在某工程中，业主在招标文件中提出工期为24个月。在投标书中，承包商的进度计划也是24个月。中标后承包商向工程师提交一份详细进度计划，说明18个月即可竣工，并论述了18个月工期的可行性。工程师认可了承包商的计划。在工程中由于业主原因(设计图纸拖延等)造成工程停工，影响了工期，虽然实际总工期仍小于24个月，但承包商仍成功地进行了工期和与工期相关的费用索赔，因为18个月工期计划是有约束力的。

(4) 由于业主不正当地终止工程而引起的索赔。由于业主不正当地终止工程，承包商有权要求补偿损失，其数额是承包商在被终止工程上的人工、材料、机械设备的全部支出，以及各项管理费用、保险费、贷款利息、保函费用的支出(减去已结算的工程款)，并有权要求赔偿其盈利损失。

(5) 关于支付方面的索赔。工程付款涉及价格、货币和支付方式三个方面的问题，由此引起的索赔也很常见。如价格调整的索赔、货币贬值导致的索赔、拖延支付工程款的索赔等。

2) 施工索赔的资料

索赔的主要依据是合同文件及工程项目资料，资料不完整，工程师难以正确处理索赔。一般情况下，承包商为便于向业主进行索赔，都保存有一套完整的工程项目资料，而工程师也应保存自己的一套有关详细记录。这样，工程师可根据承包商提供的记录及驻地工程师所作的记录做出裁决，避免了各执其词，相互扯皮。

(1) 承包商提供的记录。

① 施工方面记录：包括施工日志、施工检查员的报告、逐月分项记录、施工工长日报、每日工时记录、同工程师的往来通信及文件、施工进度特殊问题照片、会议记录或纪

要、施工图纸、同工程师或业主的电话记录、投标时的施工进度计划、修正后的施工进度计划、施工质量检查验收记录、施工设备材料使用记录。

② 财务方面记录:包括施工进度款支付申请单、工人劳动计时卡、工人或雇用人员工资单、材料设备和配件等采购单、付款收据、收款收据、标书中财务部分的章节、工地的施工预算、工地开支报告、会议日报表、会计总账、批准的财务报告、会计来往信件及文件、通用货币汇率变化表。

根据索赔内容,还要准备上述资料范围以外的证据。

(2) 工程师方面的记录。

① 历史记录。包括工程进度计划及已完工程记录,承包商的机具和人力,气象报告,与承包商的洽谈记录,工程变更令,以及其他影响工程的重大事项。

② 工程量和财务记录。包括工程师复核的所有工程量和付款的资料,如工程计量单、付款证书、计日工、变更令、各种费率价格的变化,现场的材料及设备的实验报告等。

③ 质量记录。包括有关工程质量的所有资料以及对工程质量有影响的其他资料。

④ 竣工记录。包括各单项工程、单位工程的竣工图纸、竣工证书,对竣工部分的鉴定证书等。

【例9-7】 在一房地产开发项目中,业主提供了地质勘察报告,证明地下土质很好。承包商作施工方案,用挖方的余土作通往住宅区道路基础的填方。由于基础开挖施工时正值雨季,开挖后土方潮湿,且易碎,不符合道路填筑要求。承包商不得不将余土外运,另外取土作道路填方材料。对此承包商提出索赔要求。

工程师否定了该索赔要求,理由是,填方的取土作为承包商的施工方案,它因受到气候条件的影响而改变,不能提出索赔要求。在本案例中即使没有下雨,而因业主提供的地质报告有误,地下土质过差不能用于填方,承包商也不能因为另外取土而提出索赔要求。

这是因为:第一,合同规定承包商对业主提供的水文地质资料的理解负责。而地下土质可用于填方,这是承包商对地质报告的理解,应由他自己负责;第二,取土填方作为承包商的施工方案,也应由他负责。

3) 施工索赔的处理程序

(1) 提出索赔要求,报送索赔资料。承包商根据合同条件的任何条款或其他有关规定(如根据有关合同法)企图索取任何追加付款,都应在引起索赔事件发生的一定时间内将索赔意向通知工程师,同时将一份副本呈交业主。我国建设工程施工合同示范文本(GF—1999—0201)《通用条款》第36.2条规定:发包人未能按合同约定履行自己的各项义务或发生错误以及应由发包人承担责任的其他情况,造成工期延误和(或)承包人不能及时得到合同价款及承包人的其他经济损失,承包人可按下列程序以书面形式向发包人索赔。

① 索赔事件发生后28天内,向工程师发出索赔意向通知。

② 发出索赔意向通知后28天内,向工程师提出延长工期和(或)补偿经济损失的索赔报告及有关资料。

③ 工程师在收到承包人送交的索赔报告和有关资料后,于28天内给予答复,或要求承包人进一步补充索赔理由和证据。

④ 工程师在收到承包人送交的索赔报告和有关资料后28天内未予答复或未对承包人做进一步要求,视为该项已经认可。

⑤ 当索赔事件持续进行时，承包人应当阶段性向工程师发出索赔意向，在索赔事件终了后 28 天内，向工程师送交索赔的有关资料和最终索赔报告。索赔答复程序与③、④规定相同。

在正式发出索赔意向通知后，承包商应抓紧准备索赔的证据资料，以及计算该项索赔的可能款项，并在索赔意向发出后一定时间内提出索赔报告。索赔报告应包括三项内容：索赔的理由和依据，索赔费用，记录和证据。如果索赔事件的影响继续存在，不断发生成本支出，在规定的时间内不可能算出可能的索赔款项时，则经工程师同意，可以定期陆续报送索赔证据资料和索赔款项；并在该索赔事件影响结束后的一定时间内，提出总的索赔论证资料和索赔款项，报送工程师，并抄送业主。

(2) 工程师对索赔的处理。工程师在接到承包商的正式索赔信件后，应立即研究承包商的索赔资料，在没有确认责任谁负的情况下，要求承包人论证索赔的原因，重温有关合同条款，并同业主协商，对承包商索赔要求及时做出答复。如果对索赔款额一时难以表态，亦应原则地通知对方，允诺日后处理。

工程师一般应在接到索赔报告资料后的一定时间内提出自己的意见，连同承包商的索赔报告一并报业主审定。如根据承包商所提供的证据，工程师认为索赔成立，则应做出决定通知承包商并付款，同时将一份副本呈交业主。

(3) 会议协商解决。当索赔要求不能在工地由合同双方及时解决时，要采取会议协商的办法。第一次协商会议一般采取非正式的形式，由业主或工程师出面，同承包商交换意见，了解可能的赔偿款项。双方代表在会前均应做好准备，提出资料及论证根据，明确需要协商的问题，以及可以接受的协商结果。

初次会谈结束时，如问题没有解决，则可商定正式会谈的时间和地点，以便继续讨论确定索赔的结论。对于一个复杂的索赔争论，一次会议很难达成协议，而往往要经过多次谈判，才能最后达成协议，签署执行。

(4) 邀请中间人调解。如果争议双方的直接会谈没有结果，在提交法庭裁决或仲裁之前，还可由双方协商邀请一至数名中间人进行调解，促进双方索赔争议矛盾的解决。中间人调解工作是争议双方在自愿的基础上进行的，如果任何一方对中间人的工作不满意，或难以达成调整协议时，即可结束调解工作。

(5) 提交仲裁。当工程师对业主和承包商提出的索赔要求做出的决断意见，得不到双方的同意，经过会谈协商和中间人调解也得不到解决时，索赔一方有权要求将此争议提交仲裁机关裁决，仲裁机关做出的决定为最终裁决，索赔双方必须遵照执行。

【例 9-8】 某施工合同约定，施工现场有施工机械一台，由施工企业租得，台班单价为 300 元/台班，租赁费为 100 元/台班，人工工资为 40 元/工日，窝工补贴为 10 元/工日，以人工费为基数的综合费率为 35%，在施工过程中，发生了如下事件：①出现异常恶劣天气导致停工 2 天，人员窝工 30 工日；②因恶劣天气导致场外道路中断，抢修道路用工 20 工日；③场外大面积停电，停工 2 天，人员窝工 10 工日。为此，施工企业可向业主索赔费用为多少？

解 各事件的处理结果如下：
① 异常恶劣天气导致的停工通常不能进行索赔。

② 抢修道路用工的索赔额＝20×40×(1＋35％)＝1080(元)
③ 停电导致的索赔额＝2×100＋10×10＝300(元)
总索赔费用＝1080＋300＝1380(元)

9.4 国际常用的几种工程承包合同条件

9.4.1 FIDIC 系列合同文件

FIDIC 是"国际咨询工程师联合会"的法语缩写，作为国际上最具有权威性的咨询工程师组织，FIDIC 先后发表过很多重要的管理文件和标准化的合同文件范本，目前作为惯例已成为国际工程界公认的标准化合同。这些合同文件不仅被 FIDIC 成员国广泛采用，而且世界银行、亚洲开发银行、非洲开发银行等金融机构也要求在其贷款建设的土木工程项目实施过程中使用以该文本为基础制订的合同条件。

1. FIDIC 系列合同标准格式

FIDIC 于 1999 年出版了 4 本新的合同标准格式，《施工合同条件》、《生产设备和设计—施工合同条件》、《设计采购施工(EPC)/交钥匙工程合同条件》和《简明合同格式》。99 版的系列合同标准格式，合同体系完整、严密、明确，责任划分较为公正，风险分担合理，分别适用于不同类型的承发包工程。

2. FIDIC《施工合同条件》

《施工合同条件》推荐用于雇主或其代表——工程师设计的建筑或工程项目。通常，由承包商按照雇主提供的设计进行工程施工，也可包含有承包商设计的土木、机械、电气和(或)构筑物的某些部分。但是本条件不是为大部分工程都由承包商设计的情况下使用用的。

《施工合同条件》条款中责任的约定以招标选择承包商为前提，合同履行过程中建立以工程师为核心的管理模式。以单价合同为基础(也允许其中部分工作以总价合同承包)。

《施工合同条件》包括通用条件、专用条件和投标函(及投标书附录)、合同协议书及备选争端裁决协议书三部分。其通用条款分为 20 条，具体为：一般规定；雇主；工程师；承包商；指定的分包商；员工；生产设备、材料和工艺；开工、延误和暂停；竣工试验；雇主的接受；缺陷责任；测量和估价；变更和调整；合同价格和付款；由雇主终止；由承包商暂停和终止；风险与职责；保险；不可抗力；索赔、争端和仲裁。

对于专用条件，使用者需根据准备实施的工程的专业特点，以及工程所在地的政治、经济、法律、自然条件等地域特点，对专用条件编写指南中给出的各类被选条款的范例措辞，进行必要的核实和修改，以使其完全使用于特定的情况。专用条件是对通用条件的对应条款的修改和补充，由通用条件和专用条件内相同序号的条款共同构成对某一问题的约定责任。

投标函的范例格式文件的主要内容是投标人愿意遵守招标文件规定的承诺表示。投标人只需填写投标报价并签字后,即可与其他材料一起构成法律效力的投标文件。投标书附录列出了通用条件和专用条件内涉及的工期、缺陷通知期限等的时间和履约担保金额、预付款、分期付款、保留金等费用内容的明确比率和数值,与通用条件中的条款序号和具体要求相一致,以供招标人起草合同时予以考虑。这些数据经承包商填写并签字确认后,合同履行过程中作为双方遵照执行的依据。

我国的建筑工程施工合同示范文本编制时就借鉴了 FIDIC 合同条件的许多条款。

相对于我国的建筑工程施工合同示范文本,FIDIC《施工合同条件》还涉及一些重要的合同用词和管理概念。

1) 合同工期、施工期与工程移交证书

合同工期,是所签合同内注明的完成全部工程或分部移交工程的时间,加上合同履行过程中工程师批准的工程延期的时间总和。得到批准的工程延期是因非承包商原因导致工程变更和索赔事件后,工程给予的工期顺延。而合同内约定的工期仅为承包商投标时在投标书附录中承诺的竣工时间。合同工期的日历天数是承包商是否按合同如期履行施工义务的衡量标准。

从工程师按合同约定发布"开工令"指明的应开工之日起,至工程接收证书载明的竣工日止的日历天数为承包商的施工期,即为工程实际施工时间。

工程或分项工程施工达到了合同规定的"基本竣工"要求后,承包商以书面形式向工程师申请颁发工程接收证书或为每个分项工程颁发接收证书。工程师接到承包商申请后的 28 天内,如果认为已满足竣工条件,应向承包商颁发相应的接收证书。

工程接收证书在合同管理中有着重要的作用:一是证书中指明的竣工日期,为工程实际施工时间的计算日期,可用于判定承包商是否承担误期损害赔偿责任;二是从颁发证书日起,工程照管责任由承包商转由雇主负责;三是颁发工程移交证书后,可按合同规定进行竣工结算;四是颁发工程接收证书后,业主应释放保留金的一半给承包商。如果颁发了分项工程或部分工程的接收证书,保留金应按一定比例予以确认和支付(此比例应是该分项工程或部分工程估算的合同价值,除以估算的最终合同价格所得比例的 40%)。

2) 缺陷通知期限、履约证书与合同有效期

承包商在投标书附录中承诺的缺陷通知期限,即国内施工合同文本所指的工程保修期。在缺陷通知期限内,承包商的义务主要表现在两个方面:一是在工程师指示的合理时间内,完成接收证书注明日期时尚未完成的工作;二是按照雇主(或其代表)可能通知的要求,完成修补缺陷或损害所需要的所有工作。

履约证书应由工程师在最后一个缺陷通知期限期满日期后 28 天内颁发,或者在承包商提供所有承包商文件,完成所有工程的施工和试验,包括修补任何缺陷后立即颁发,履约证书的副本同时发送给雇主。履约证书的颁发可被视为对工程的认可。直到工程师向承包商颁发履约证书和注明承包商完成合同规定的各项义务的日期后,承包商的义务才被认为完成。

颁发履约证书后,各方仍应负责完成当时尚未履行的义务,在此之前,合同仍被视为有效。雇主在收到履约证书副本后 21 天内,退还承包商的履约保函。

3) 合同价格、暂列金额、最终付款证书和结清证明

通用条件中的规定,合同价格指工程师按约定的程序、测量方法和合同规定的费率和

价格进行工程估价所确定,合同价格可根据合同进行调整。合同价格可视为完成所有合同范围内的工作、完成及进行任何缺陷的修补应付给承包商的金额。

某些项目的工程量清单中包括"暂列金额"款项,尽管这笔款额计入合同价格内,但其使用却由工程师控制。只有当承包商按工程师的指示完成暂列金额项内开支的工作任务后,才能从其中获得相应支付。工程师有权依据工程进展的实际需要,用于施工或提供物资、设备以及技术服务等内容的开支,也可以作为供意外用途的开支,他有权全部使用、部分使用或完全不用。由于暂列金额是用于招标文件规定承包商必须完成的承包工作之外的费用,承包商报价时不将承包范围内发生的间接费、利润、税金等摊入其中,所以未获得暂定金额内的支付并不损害其利益。

承包商在收到履约证书后的56天之内,向工程师提交最终报表草案并附证明文件,列明根据合同完成的所有工作的价值和承包商认为根据合同或其他规定应支付给他的所有其他款项。经工程师和承包商商定的意见承包商进行修改,即称为最终报表,形成最终付款证书的申请。工程师在收到最终报表和结清证明后28天内,向雇主发出最终付款证书。

承包商在提交最终报表时,应提交一份书面结清证明,确认最终报表上的总额代表了根据合同及与合同有关的事项,应付给的所有款项的全部和最终的结算总额。在承包商收到退回的履约担保和应付清的余额后,结请证明在该日期生效。

承包商完成合同规定的施工任务累计获得的工程款项以及施工过程中批准的变更和索赔补偿款之和,即为结算金额。但就合同价格加上变更和索赔补偿款项,通常也不等于结算金额,因为在不同合同形式与合同条款约定下,在完成工程施工过程中形成了各类差值,如在单价合同中,合同价格中的给定的工程量,在施工结束时变成了实际完成工程量,形成工程量上的差值;同时若因工程量的增减超过了合同中规定的幅度,可依合同约定对工程单价进行调整,形成了工程单价的差值;在可调价合同中,考虑物价变化,在调价原则下产生的调价费用差值,以及合同内的索赔引起的价格调整等。

4) 指定的分包商

通用条件规定,雇主有权将部分工程项目的施工任务或涉及提供材料、设备、服务等的工作内容发包给指定的分包商实施。所谓指定的分包商,是雇主(或工程师)指定、选定,完成某项特定工作内容并与承包商签订分包合同的特殊分包商。指定分包工作一般属于承包商无力完成,不在承包商合同范围内的工作之内,而给指定分包商的付款从暂定金额内开支,承包商的报价没有包括指定分报工作间接费、管理费、利润等,在分包合同内应明确收取分包管理费的标准和方法,而雇主也需指派专职人员负责施工过程中的监督、协调、管理工作。与一般分包商不同,承包商不对指定分包商的过错承担责任,在承包商无合理理由扣留指定分包商的工程款项时,雇主有权从付给承包商的款项中直接拨付给指定分包商。

5) 履约担保

为了保证承包商忠实地履行合同规定的义务,并保障雇主在因承包商的严重违约受到损害时能及时获得损失补偿,合同条件规定承包商应提供第三人的履约保证作为合同的担保。

保证方式可以是银行出具的履约保函,也可以是第三方法人提供的保证书。对于银行出具的保函,大多为无条件担保,担保金额在专用条件内约定,通常为合同价的10%。如果不是银行保函,而是其他第三方保证形式,所规定的百分比通常要高得多,可以是合同价的 20%～40%。国际承包活动中雇主一般要求承包商提供银行出具的无条件履约保函。

合同条件相应规定,雇主应使承包商免于因雇主凭履约保证对无权索赔情况提出索赔而遭受损害、损失和开支(包括法律费用和开支)。因此通用条件强调在任何情况下雇主凭履约担保向保证人提出索赔要求前,都应预先通知承包商,说明导致索赔的违约性质,即给承包商一个补救违约行为的机会。由此,只有在承包商严重违约使得合同无法正常履行下去的情况下,才可以用履约保证索赔。

3. FIDIC 生产设备和设计—施工合同条件

《生产设备和设计—施工合同条件》适用于电气和(或)机械设备供货以及建筑或工程的设计和施工,用于承包商设计的电器和机械设备以及建筑和工程。

《生产设备和设计—施工合同条件》包括通用条件、专用条件和投标函(及投标书附录)、合同协议书及备选争端裁决协议书三部分。其通用条件分为 20 条,具体为:一般规定;雇主;工程师;承包商;设计;员工;生产设备、材料和工艺;开工、延误和暂停;竣工试验;雇主的接受;缺陷责任;竣工后试验;变更和调整;合同价格和付款;由雇主终止;由承包商暂停和终止;风险与职责;保险;不可抗力;索赔、争端和仲裁。

相对于《施工合同条件》的通用条件,减少了指定的分包商、测量和估价,增加了设计和竣工后试验。合同价格为总额中标合同金额,可按合同进行调整。这个合同条件一般适用于大型项目中的安装工程。

4. FIDIC 设计采购施工(EPC)/交钥匙工程合同条件

《设计采购施工(EPC)/交钥匙工程合同条件》使用于以交钥匙方式提供加工或动力设备、工厂或类似设施、基础设施项目或其他类型的开发项目。这个合同条件是为了适应对要求合同条款确保价格、时间和功能具有更大确定性的私人融资项目和公共部门的要求,而制定的,为了取得最终价格的更大确定性,承包商被要求承担更大的风险,这改变了 FIDIC 以往平衡分配风险的传统原则。雇主被要求在描述设计原则和生产设备基础设计要求时,以功能为基础,并在承包商承担项目设计和实施的全部职责过程中,给予承包商按他选择的方式进行工作的自由,只要最终结果能够满足雇主规定的功能标准,因此雇主对承包商的工作只应进行有限的控制,一般不应进行干预。但同时,承包商必须证明他的生产设备和装备的可靠性和性能,因此对竣工试验和竣工后试验应给予特别注意,这些试验经常在相当长的期间内进行,而只有在这些试验成功完成后,工程才能接收。

5. FIDIC 简明合同格式

《简明合同格式》的目的是编写出一个简明、灵活的文件,包括所有的主要的商务条款,可用于多种管理方式的各类工程项目和建筑工程。适用于投资金额较小的工程项目和建筑工程,也可适用于金额较大的合同,最适用于不需进行专业分包的相当简单和重复的工程或工期短的工程。

《简明合同格式》包括协议书、通用条件和裁决规则。协议书是一个极简的文件,包括投标人的报价和雇主的接受及附录。通用条件分为 20 条，具体为：一般规定；雇主；雇主代表；承包商；由承包商设计；雇主的责任；竣工时间；接收；修补缺陷；变更和索赔；合同价格和付款；违约；风险与职责；保险；争端的解决。

在此合同格式中，雇主可以选择估价方法。

9.4.2 NEC 合同

由英国土木工程师学会编制的 NEC 合同于 1993 年正式出版，1995 年再版，可以在英国和其他国家使用。NEC 合同可用于包括土木、电气、机械和房屋建筑在内的传统类型的工程或施工，也可用于承包商负有部分设计职责、全部设计职责及没有设计职责的工程，以及承包商将部分乃至全部工程分包的施工管理模式。NEC 通过提供六种主要计价方式和核心条款的选择，可以提供目前所有正常使用的合同类型；通过合同条款次要选项与主要选项的组合，提供对通货膨胀、保留金等的价格调整；合同条件中省略了特殊领域的特别条款和技术性条款，而将这些条款放入工程信息，使得其合同条款数目少且相互独立，由于采用条款编码系统，并提供了程序流程图，因此非常清晰简洁，便于建立合同数据系统；而且 NEC 合同作为使用通俗语言书写的一份法律文件，非常易于被母语为非英语的人员理解并翻译成其他语言。

NEC 引入了"促进良好管理"、"参与各方有远见、相互合作的管理能在工程内部减少风险"的思想，对参与各方的行为有准确的定义，使在由谁做、做什么和如何做等方面的争议减少，对每个程序都专门设计，使其实施有助于工程的有效管理，实施了早期警告程序，承包商和项目经理都负有互相警告和合作的责任，鼓励当事人在合作管理中发挥自己应有的作用。

NEC 系列合同主要如下。

(1) 工程施工合同(The Engineering and Construction Contract)，用于业主和承包商之间的主合同，也被用于总包管理的一揽子合同。

(2) 工程施工分包合同(The Engineering and Construction Sub-contract)，用于总包商与分包商之间的合同。

(3) 专业服务合同(The Professional Services Contract)，用于业主与项目管理、监理人、设计人、测量师、律师、社区关系咨询师等之间的合同。

(4) 裁判者合同(The Adjudicator's Contract)，用于指定裁判者解决任何 NEC 项下的争议的合同。

其中，工程施工合同包括以下几项内容。

(1) 核心条款。共分为九个部分，是所有合同共有的条款。

(2) 主要选项。针对六种不同的计价方式设置，任一特定的合同应该选择并应选择一个主要选项。

(3) 次要选项。在选定合同中当事人可根据需要选用部分条款或全部条款。

(4) 成本组成表。不随合同变化而变化的对成本组成项目进行全面定义。

(5) 附录。用来完善合同。

而工程资料、场地资料、认可的施工进度计划、履约保函等因上述(1)~(5)部分的引用而成为构成合同的组成部分。这些组成部分和上述(1)~(5)部分共同构成了一份完整的合同，其中(1)、(2)、(3)即通常所称的合同条件。核心条款分成九个部分：①总则；②承包商的义务；③工期；④检测与缺陷；⑤付款；⑥补偿事件；⑦所有权；⑧风险和保险；⑨争端和合同解除。无论选择何种计价方式，NEC的核心条款均是通用的。

NEC工程施工合同规定了六种计价方式。

(1) 含分项工程表的报价合同。分项工程的总价固定，承包商承担价格风险和数量风险。

(2) 含工程量清单的报价合同。分项工程的总价固定，承包商承担价格风险，业主承担数量风险。

(3) 含分项工程表的目标合同。按分项工程总价确定目标总价，价格风险和数量风险由双方按约分担。

(4) 含工程量清单的目标合同。按分项工程单价确定目标总价，数量风险由业主承担，价格风险由双方按约分担。

(5) 成本补偿合同。承包商风险小，获取的是相对固定的间接费而不关心实际成本的控制。

(6) 管理合同。承包商本人不必从事工程的具体施工任务，其风险也小。

以上计价方式的不同主要是因为考虑了设计的深度、工期的紧迫性、业主风险分担的意愿的不同。

FIDIC和NEC都根据整体风险最小原则规定了合同风险的分配：技术风险、经济风险对合同权利的损害责任由业主承担；社会风险、自然风险对财产的损害责任按所有权分担，对人身的损害责任按雇佣关系分担，对合同权利的损害责任、延误由业主承担，费用由承包商承担。

9.4.3 AIA系列合同条件

AIA系列合同条件是由美国建筑师学会制定并发布的，主要用于私营的房屋建筑工程，针对不同的工程项目模式及不同的合同类型出版了多种形式的合同，在美国影响很大。

AIA文件中包括A、B、C、D、F、G等系列。AIA系列标准合同文件如表9-1所列，其中，A系列，用于业主与承包商的标准合同文件，不仅包括合同条件，还包括资质报审表、各类担保的标准格式等；B系列，用于业主与建筑师之间的标准合同文件，其中包括专门用于建筑设计、装修工程等特定情况的标准合同文件；C系列，用于建筑师与专业咨询人员之间的标准合同文件；D系列，建筑师行业内部使用的文件；F系列，财务管理报表；G系列，建筑师企业及项目管理中使用的文件。

AIA系列合同文件的核心是通用文件（A201等）。采用不同的工程项目管理模式、不同的计价方式时，只需选用不同的协议书格式与通用文件。AIA合同文件的计价方式主要有总价、成本补偿合同及最高限定价格法。由于小型工程情况比较简单，AIA专门编制了用于小型项目的合同条件。

表 9-1 AIA 系列标准合同文件列表

编号	名称
A101	业主与承包商协议书格式——总价
A101/Cma	业主与承包商协议书格式——总价——CMa
A105	业主与承包商协议书标准格式——用于小型项目
A205	施工合同一般条件——用于小型项目（与 A105 配售）
A107	业主与承包商协议书简要格式——总价——用于限定范围项目
A111	业主与承包商协议格式——成本补偿（可采用最大成本保证）
A121/CMc	业主与 CM 经理协议书格式（CM 经理负责施工），AGC565
A131/CMc	业主与 CM 经理协议书格式（CM 经理负责施工）——成本补偿（无最大成本保证），AGC566
A171	业主与承包商协议书格式——总价——用于装饰工程
A177	业主与承包商协议书简要格式——总价——用于装饰工程
A181	业主与建筑师协议书标准格式——用于房屋服务
A188	业主与建筑师协议书标准格式——限定在房屋项目的建筑服务
A191	业主与设计——建造承包商协议
A201	施工合同一般条件
A201/Cma	施工合同一般条件——CMa 版
A271	施工合同一般条件——用于装饰工程
A401	承包商与分包商协议书标准格式
A491	设计——建造承包商与承包商协议
B141	业主与建筑师协议书标准格式
B151	业主与建筑师协议书简要格式
B155	业主与建筑师协议书标准格式——用于小型项目
B163	业主与建筑师协议书标准格式——用于指定服务
B171	业主与建筑师协议书标准格式——用于室内设计服务
B177	业主与建筑师协议书简要格式——用于室内设计服务
B352	建筑师的项目代表的责任、义务与权限
B727	业主与建筑师协议书标准格式——用于特殊服务
B801/Cma	业主与 CM 经理协议书标准格式——CMa
B901	设计—建造承包商与建筑师协议书标准格式
C141	建筑师与专业咨询人员协议书标准格式
C142	建筑师与专业咨询人员协议书简要格式
C727	建筑师与专业咨询人员协议书标准格式——用于特殊服务

【例 9-9】 在国内某合资项目中，业主为英国人，承包商为中国的一个建筑公司，工程范围为一个工厂的土建施工，合同工期 7 个月。业主不顾承包商的要求，坚持用 ICE 合同条件，而承包商未承接过国际工程。承包商从做报价开始，在整个工程施工过程中一直不顺利，对自己的责任范围，对工程施工中许多问题的处理方法和程序不了解，业主代表和承包商代表之间对工程问题的处理差异很大。最终当然承包商受到很大损失，许多索赔未能得到解决。而业主的工程质量很差，工期拖延了一年多。由于工程迟迟不能交付使

用,业主不得已又委托其他承包商进场施工,对工程的整体效益产生极大的影响。

因此,在进行国际工程合同的签订时,业主和承包方应选择一个双方都容易理解的合同范本,如 FIDIC 等,以免对工程造成不必要的损失。

案例分析

背景

某施工单位(乙方)与某建设单位(甲方)签订了建造无线电发射试验基地施工合同。合同工期为 38 天。由于该项目急于投入使用,在合同中规定,工期每提前(或拖后)1 天奖励(或罚款)5000 元。乙方按时提交了施工方案和施工网络进度计划(如图 9.1 所示),并得到甲方代表的批准。

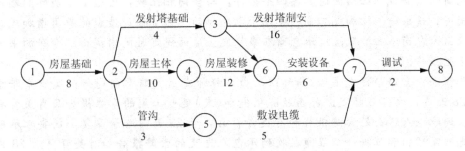

图 9.1 发射塔试验基地工程施工网络进度计划(单位:天)

实际施工过程中发生了如下几项事件:

事件 1:在房屋基坑开挖后,发现局部有软弱下卧层,按甲方代表指示乙方配合地质复查,配合用工为 10 个工日。地质复查后,根据经甲方代表批准的地基处理方案,增加直接费 4 万元,因地基复查和处理使房屋基础作业时间延长 3 天,人工窝工 15 个工日。

事件 2:在发射塔基础施工时,因发射塔原设计尺寸不当,甲方代表要求拆除已施工的基础,重新定位施工。由此造成增加用工 30 工日,材料费 1.2 万元,机械台班费 3000 元,发射塔基础作业时间拖延 2 天。

事件 3:在房屋主体施工中,因施工机械故障,造成工人窝工 8 个工日,该项工作作业时间延长 2 天。

事件 4:在房屋装修施工基本结束时,甲方代表对某项电气暗管的敷设位置是否准确有疑义,要求乙方进行剥漏检查。检查结果为某部位的偏差超出了规范允许范围,乙方根据甲方代表的要求进行返工处理,合格后甲方代表予以签字验收。该项返工及覆盖用工 20 个工日,材料费为 1000 元。因该项电气暗管的重新检验和返工处理使安装设备的开始作业时间推迟了 1 天。

事件 5:在敷设电缆时,因乙方购买的电缆线材质量差,甲方代表令乙方重新购买合格线材。由此造成该项工作多用人工 8 个工日,作业时间延长 4 天,材料损失费 8000 元。

事件 6:鉴于该工程工期较紧,经甲方代表同意乙方在安装设备作业过程中采取了加快施工的技术组织措施,使该项工作作业时间缩短 2 天,该项技术组织措施费为 6000 元。

其余各项工作实际作业时间和费用均与原计划相符。

问题

1. 在上述事件中，乙方可以就哪些事件向甲方提出工期补偿和费用补偿要求？为什么？

2. 该工程的实际施工天数为多少天？可得到的工期补偿为多少天？工期奖罚款为多少？

3. 假设工程所在地人工费标准为30元/工日，应由甲方给予补偿的窝工人工费补偿标准为18元/工日，该工程综合取费率为30%。则在该工程结算时，乙方应该得到的索赔款为多少？

解析

本案例重点考核的是进度管理中双代号网络计划中关键线路的确定、总时差的计算及合同管理中索赔的相关知识。

承包商的索赔成立必须同时具备四个条件：与合同相比较，已造成了实际的额外费用或工期损失；造成费用增加或工期损失属于承包商的行为责任；造成的费用增加或工期损失不是应由承包商承担的风险；承包商在事件发生后的规定时间内提出了索赔的书面意向通知和索赔报告。

索赔程序：索赔事件发生后28天内，向工程师发出索赔意向通知；发出索赔意向通知后的28天内，向工程师提出补偿经济损失和（或）延长工期的索赔报告及有关资料；工程师在收到承包人送交的索赔报告和有关资料后，于28天内给予答复，或要求承包人进一步补充索赔理由和证据；工程师在收到承包人送交的索赔报告和有关资料后28内未予答复或未对承包人作进一步要求，视为该项索赔已经认可；当该索赔事件持续进行时，承包人应当阶段性向工程师发出索赔意向，在索赔事件终了后28天内，向工程师提供索赔的有关资料和最终索赔报告。

索赔证据有：招标文件、工程合同及附件、业主认可的施工组织设计、工程图纸、技术规范；工程图纸、图纸变更、交底记录的送达份数及日期记录；工程各项经业主或监理工程师签认的签证；工程预付款、进度款拨付的数额及日期记录；工程各项往来信件、指令、信函、通知、答复及工程各项会议纪要；施工计划及现场实施情况记录；施工日报及工长工作日志、备忘录；工程现场气候记录，有关天气的温度、风力、降雨量等。工程送电、送水、道路开通、封闭的日期及数量记录；工程停水、停电和干扰事件影响的日期及恢复施工的日期；工程有关部位的照片及录像等；工程验收报告及各项技术鉴定报告等；工程材料采购、订货、运输、进场、验收、使用等方面的凭据；工程会计核算资料；国家、省、市有关影响工程造价、工期的文件、规定等。

答案

第一条线路：1—2—3—7—8（30天）

第二条线路：1—2—3—6—7—8（20天）

第三条线路：1—2—4—6—7—8（38天）（关键线路）

第四条线路：1—2—5—7—8（18天）

问题1

事件1可以提出工期补偿和和费用补偿要求，因为地质条件变化属于甲方应承担的责任，且该项工作位于关键线路上。

事件 2 可以提出费用补偿要求，不能提出工期补偿要求，因为发射塔设计位置变化是甲方的责任，由此增加的费用应由甲方承担，但该项工作的拖延时间(2 天)没有超出其总时差(8 天)。

事件 3 不能提出工期和费用补偿要求，因为施工机械故障属于乙方应承担的责任。

事件 4 不能提出工期和费用补偿要求，因为乙方应该对自己完成的产品质量负责。甲方代表有权要求乙方对已覆盖的分项工程剥离检查，检查后发现质量不合格，其费用由乙方承担；工期也不补偿。

事件 5 不能提出工期和费用补偿要求，因为乙方应该对自己购买的材料质量和完成的产品质量负责。

事件 6 不能提出补偿要求，因为通过采取施工技术组织措施使工期提前，可按合同规定的工期奖罚办法处理，因赶工而发生的施工技术组织措施费应由乙方承担。

问题 2

(1) 通过对图 9.1 的分析，该工程施工网络进度计划的关键线路为①—②—④—⑥—⑦—⑧，计划工期为 38 天，与合同工期相同。将图 5—9 中所有各项工作的持续时间均以实际持续时间代替，计算结果表明：关键线路不变(仍为①—②—④—⑥—⑦—⑧)，实际工期为 42 天，即 38+3+2+1-2=42(天)。

(2) 将图 9.1 中所有由甲方负责的各项工作持续时间延长天数加到原计划相应工作的持续时间上，计算结果表明：关键线路亦不变(仍为①—②—④—⑥—⑦—⑧)，工期为 41 天(38+3=41)。41-38=3(天)，所以，该工程可补偿工期天数为 3 天。

(3) 工期罚款为：[42-(38+3)]×5 000=5 000(元)

问题 3：

乙方应该得到的索赔款有：

(1) 由事件 1 引起的索赔款：(10×30+40 000)×(1+30%)+15×18=52 660(元)

(2) 由事件 2 引起的索赔款：(30×30+12 000+3 000)×(1+30%)=20 670(元)

所以，乙方应该得到的索赔款为：52 660+20 670=73 330(元)

本 章 小 结

本章主要介绍了工程项目合同管理的基本内容，包括从合同的选择、审查、签订到合同实施过程中问题的处理。

介绍了工程项目合同的分类与选择，着重于按计价方式分类的固定总价合同、单价合同和成本加酬金合同。

介绍了业主和承包商进行工程策划的内容，工程合同签订前审查的要点、合同谈判准备、谈判程序和技巧。

重点讲解了工程合同实施管理要点，工程变更和索赔的概念、处理程序。

同时还介绍了国际常用的 FIDIC 合同条件以及 NEC 合同的主要内容和特点。

思考题与习题

一、思考题

1. 土木工程施工合同条件中为什么在承包商完成合同工作内容后所得付款不一定等于合同签订时约定的金额？

2. 固定总价合同、单价合同、成本加酬金合同中承发包双方的风险是如何分担的？它们的适用范围如何？

3. 工程合同审查的重点是什么？

4. 工程合同谈判需要做哪些准备工作？

5. 指定分包商与一般分包商有哪些区别？

6. 交钥匙合同条件采用了何种管理模式？

7. 施工索赔按什么程序进行？索赔文件和资料包括哪些内容？

8. 土木工程施工合同条件的支付程序与我国施工合同范本有哪些差异？

9. 土木工程施工分包合同条件规定了哪些与土木工程施工合同条件不同之处，为什么？

10. 我国工程合同订立须经过哪几个程序？

11. 采用总包和分标，对承包商和业主的项目管理各有什么优缺点？

二、单项选择题

1. 对于国家或地方重点项目进行招标，选择招标方式时，招标人（　　）。
   A. 可自愿选择公开或邀请招标方式
   B. 可自愿选择公开招标方式，而选择邀请招标方式应经过批准
   C. 可自愿选择邀请招标方式，而选择公开招标方式应经过批准
   D. 选择公开或邀请招标方式均应得到批准

2. 施工招标资格预审的主要内容包括（　　）。
   A. 计划实施进度是否满足要求　　B. 企业拥有施工机具的多少
   C. 施工组织设计是否全面　　　　D. 拟投入满足施工要求的人员数量

3. 下列行为中不符合暂停施工规定的是（　　）。
   A. 工程师在确有必要时，应以书面形式下达停工指令
   B. 工程师应在提出暂停施工要求后 48 小时内提出书面处理意见
   C. 承包人实施工程师处理意见，提出复工要求后可复工
   D. 工程师应在承包人提出复工要求后 48 小时内给予答复

4. 建设工程施工合同示范文本中，工程师无权指示设计变更的情形是（　　）。
   A. 减少合同中约定的工程量　　　B. 改变有关工程的施工时间
   C. 删除承包范围内的部分工作　　D. 更改工程有关部分尺寸

5. 在施工过程中，工程师发现曾检验合格的工程部位仍存在质量问题，则修复该部分工程质量缺陷时应由（　　）。

A. 发包人承担费用和工期损失　　B. 承包人承担费用和工期损失
C. 承包人承担费用,但工期给予顺延　　D. 发包人承担费用,但工期给予顺延

三、多项选择题

1. 订立设计合同后,由于发生( )原因可以延长设计合同期限。
   A. 增加委托设计的范围　　B. 设计的技术参数取值偏低修改设计
   C. 设计文件未能通过审批修改设计　　D. 勘察资料不准确导致设计返工
   E. 发包人延误提交设计依据资料影响设计工作的进行

2. 施工合同按照计价方式的不同可以分为( )等。
   A. 总承包合同　　B. 分别承包合同
   C. 固定价格合同　　D. 可调价格合同
   E. 成本加酬金合同

3. 下在施工中由于( )造成的工期延误工期不能顺延。
   A. 承包人施工机械未能及时运到现场
   B. 发包人不能按专用条款的约定提供开工条件
   C. 承包人现场临时设施布置有误导致停水24小时
   D. 工程师未按合同约定提供所需指令、批准
   E. 发包人不能按约定日期支付工程预付款、进度款,致使工程不能正常进行

4. 《施工合同文本》规定,对于在施工中发生不可抗力,( )发生的费用由承包人承担。
   A. 工程本身的损害　　B. 发包人人员伤亡
   C. 造成承包人设备、机械的损坏及停工　　D. 所需清理修复工作
   E. 承包人人员伤亡

5. FIDIC施工合同条件的"规范"文件中,可包括( )等的约定内容,作为对当事人双方有约束力的文件组成部分。
   A. 工程款调价的方法　　B. 必须遵守的施工环境限制
   C. 施工中检验的内容、方法　　D. 各工程部位应达到的质量标准
   E. 业主选择指定分包商施工部位的说明

四、案例分析题

1. 某建设单位(甲方)拟建造一栋职工住宅,采用招标方式由某施工单位(乙方)承建。甲乙双方签订的施工合同摘要如下:

一、协议书中的部分条款
(一)工程概况
工程名称:职工住宅楼
工程地点:市区
工程内容:建筑面积为3200m² 的砖混结构住宅楼
(二)工程承包范围
承包范围:某建筑设计院设计的施工图所包括的土建、装饰、水暖电工程。

(三)合同工期

开工日期：2002年3月21日

竣工日期：2002年9月30日

合同工期总日历天数：190天（扣除5月1～3日）

(四)质量标准

工程质量标准：达到甲方规定的质量标准

(五)合同价款

合同总价为：壹佰陆拾陆万肆仟元人民币(￥166.4万元)

(八)乙方承诺的质量保修

在该项目设计规定的使用年限(50年)内，乙方承担全部保修责任。

(九)甲方承诺的合同价款支付期限与方式

1. 工程预付款：于开工之日支付合同总价的10％作为预付款。预付款不予扣回，直接抵作工程进度款。

2. 工程进度款：基础工程完成后，支付合同总价的10％；主体结构三层完成后，支付合同总价的20％；主体结构全部封顶后，支付合同总价的20％；工程基本竣工时，支付合同总价的30％。为确保工程如期竣工，乙方不得因甲方资金的暂时不到位而停工和拖延工期。

3. 竣工结算：工程竣工验收后，进行竣工结算。结算时按全部工程造价的3％扣留工程保修金。

(十)合同生效

合同订立时间：2002年3月5日

合同订立地点：××市××区××街××号

本合同双方约定：经双方主管部门批准及公证后生效

二、专用条款中有关合同价款的条款

合同价款与支付：

本合同价款采用固定价格合同方式确定

合同价款包括的风险范围：

(1) 工程变更事件发生导致工程造价增减不超过合同总价10％；

(2) 政策性规定以外的材料价格涨落等因素造成工程成本变化。

风险费用的计算方法：风险费用已包括在合同总价中。

风险范围以外合同价款调整方法：按实际竣工建筑面积520.00元/m^2调整合同价款。

三、补充协议条款

在上述施工合同协议条款签订后，甲乙双方又接着签订了补充施工合同协议条款。摘要如下：

补1. 木门窗均用水曲柳板包门窗套；

补2. 铝合金窗90系列改用42型系列某铝合金厂产品；

补3. 挑阳台均采用42型系列某铝合金厂铝合金窗封闭。

问题：

1. 上述合同属于哪种计价方式合同类型？

2. 该合同签订的条款有哪些不妥当之处？应如何修改？

3. 对合同中未规定的承包商义务，合同实施过程中又必须进行的工程内容，承包商应如何处理？

2. 某施工单位（乙方）与某建设单位（甲方）签订了某项工业建筑的地基强夯处理与基础工程施工合同。由于工程量无法准确确定，根据施工合同专用条款的规定，按施工图预算方式计价，乙方必须严格按照施工图及施工合同规定的内容及技术要求施工。乙方的分项工程首先向监理工程师申请质量认证，取得质量认证后，向造价工程师提出计量申请和支付工程款。

工程开工前，乙方提交了施工组织设计并得到批准。

问题：

1. 在工程施工过程中，当进行到施工图所规定的处理范围边缘时，乙方在取得在场的监理工程师认可的情况下，为了使夯击质量得到保证，将夯击范围适当扩大。施工完成后，乙方将扩大范围内的施工工程量向造价工程师提出计量付款的要求，但遭到拒绝。试问造价工程师拒绝承包商的要求合理否？为什么？

2. 在工程施工过程中，乙方根据监理工程师指示就部分工程进行了变更施工。试问变更部分合同价款应根据什么原则确定？

3. 在开挖土方过程中，有两项重大事件使工期发生较大的拖延：一是土方开挖时遇到了一些工程地质勘探没有探明的孤石，排除孤石拖延了一定的时间；二是施工过程中遇到数天季节性大雨后又转为特大暴雨引起山洪暴发，造成现场临时道路、管网和施工用房等设施以及已施工的部分基础被冲坏，施工设备损坏，运进现场的部分材料被冲走，乙方数名施工人员受伤，雨后乙方用了很多工时清理现场和恢复施工条件。为此乙方按照索赔程序提出了延长工期和费用补偿要求。试问工程师应如何审理？

第10章 工程项目信息管理

教学提示

本章主要讲述建设领域信息化、项目管理软件、项目管理信息系统等内容。通过本章的学习，应达到以下目标：

(1) 掌握一两种主流工程项目管理软件；
(2) 熟悉项目管理信息系统的基本构成与功能；
(3) 了解信息化的发展过程与趋势。

学习要点

知识要点	能力要求	相关知识
项目管理软件	(1) 掌握微软项目管理软件 MS Project (2) 了解 P3E/C 项目管理软件	(1) 掌握计算机及网络基础知识 (2) 掌握项目进度管理的理论与方法
项目管理信息系统	(1) 熟悉项目管理信息系统 (2) 了解项目信息门户	(1) 掌握信息分类与编码知识 (2) 熟悉工作分解结构的概念与原理
建设领域信息化	了解企业级项目管理信息系统	了解建筑企业信息化的基本知识

第10章 工程项目信息管理

基本概念

项目管理软件、项目管理信息系统、项目信息门户、工作分解结构、建设领域信息化。

引例

上海世博会规划控制范围6.68平方千米，新建和改建总建筑面积约200万平方米。占地5.28平方千米的上海世博会园区，被称为全国规模最大的集中连片工地。2009年底即上海世博会开幕前，短短4年多时间，这里先后开工建设300多个工程项目，有上百个工地同时开工。如何组织协调好各个施工队伍，按照工程节点和施工工序衔接好每一个项目，成为园区建设最大的挑战。因此，工程项目的信息管理对于大型多项目管理至关重要。

土木工程包括建筑、水利、公路、铁路、桥梁、矿山、机场及港口码头等建设行业和领域，如果把计算机应用作为建设领域信息化的起点，那么我国建设领域的信息化可以追溯到20世纪50年代末期，那时北京十大建筑之一北京火车站的结构计算就是用计算机完成的。

美国军方1985年就开始的CALS(Computer Aided Logistic Support，计算机辅助军需支持)计划，应用于建筑业就是Construction CALS，是指集成的公共工程信息系统。该系统旨在通过开放的通信网络将建筑业有关各方(包括政府主管部门)连接起来，实现他们之间的电子化信息交换与共享，从而实现减少公共工程费用、保证质量、提高实施效率等目标。

1996年日本建设省作出关于公共建设项目推进信息化的决定(CALS/EC)，并提出了具体目标，即2004年在国家重点工程中率先实现信息化，2010年在全国的公共工程中实现信息化。对于建设企业来讲，这意味着到时候若无法达到信息化的要求，就无法参与公共工程项目。

1995年4月，我国建设部批准了《全国建设信息系统规划方案》，决定在全国建设系统实施"金建"工程；2001年2月，建设部在颁布"建设领域信息化工作的基本要点"中，第一次明确地提出了建设领域信息化这一概念，并于2001年下达了制定建设行业信息系统相关软件通用标准的文件，这些标准包括《工程建设地理信息系统软件通用标准》、《建设企业管理信息系统软件通用标准》及《建设信息平台数据通用标准》等。

在建筑业里，已经有各种各样的应用软件投入使用。就施工管理软件而言，有钢筋混凝土结构施工项目管理信息系统、钢结构施工项目管理信息系统、网络计划软件、工程量计算软件、投标报价软件、施工详图绘制软件等。目前，建筑业信息技术的开发应用进入快速发展阶段。地理空间信息技术、CIMS技术、计算机辅助设计(CAD)技术、IC卡技术、自动监测控制技术以及多媒体技术已逐步在建设事业各行业广泛应用。在建筑业，已开始应用计算机辅助施工系统(CAC)、计算机辅助建设工程管理信息系统等。一些建设工程管理部门已经建立了覆盖建设管理业务职能的计算机管理信息系统。在城市规划行业，以卫星定位、遥感和地理信息系统技术为核心的地理空间信息技术在城市规划、建设与管理实践中得到广泛应用。

Microsoft Project产品经理称："根据统计，74%的项目因为超过预算或者无法在预定日期完成而失败，仅每年在美国失败的项目就累计高达750亿美元。项目失败最大的原因在于未能有效地控制项目的进展和各项资源。因此，为了确保项目能够在规定的期限内完成，无论是一个企业还是一个部门都需要有项目管理的知识，同时还要有合适的项目管理工具，以便协助项目成员及时了解项目进展和各种信息，以保证项目的准时完成。"

10.1 工程项目信息管理概述

工程项目信息包括在项目管理建设过程中形成的各种数据、表格、图纸、文字、音像资料等。工程项目信息管理应适应项目管理的需要,为预测未来和做正确决策提供依据,提高管理水平。建筑施工企业及项目经理部应建立项目信息管理系统,优化信息结构,实现项目管理信息化。

10.1.1 工程项目信息管理的含义和重要性

1. 工程项目信息管理的含义

信息指的是用口头的方式、书面的方式或电子的方式传输(传达、传递)的知识、新闻,或可靠的或不可靠的情报。声音、文字、数字和图像等都是信息表达的形式。建设工程项目的实施需要人力资源和物质资源,应认识到信息也是项目实施的重要资源之一。

信息管理指的是信息传输的合理的组织和控制。

项目的信息管理是通过对各个系统、各项工作和各种数据的管理,使项目的信息能方便和有效地获取、存储、存档、处理和交流。项目的信息管理的目的旨在通过有效的项目信息传输的组织和控制(信息管理)为项目建设的增值服务。

工程项目的信息包括在项目决策过程、实施过程(设计准备、设计、施工和物资采购过程等)和运行过程中产生的信息,以及其他与项目建设有关的信息,它包括:项目的组织类信息、管理类信息、经济类信息,)技术类信息和法规类信息。

2. 工程项目信息管理的重要性

据国际有关文献资料介绍,工程项目实施过程中存在的诸多问题,其中三分之二问题与信息交流(信息沟通)的问题有关;工程项目10%~33%的费用增加与信息交流存在的问题有关;在大型工程项目中,信息交流的问题导致工程变更和工程实施的错误约占工程总成本的3%~5%。由此可见信息管理的重要性。

10.1.2 工程项目信息管理的任务

业主和项目参与各方都有各自的信息管理任务,为充分利用和发挥信息资源的价值、提高信息管理的效率,以及实现有序的和科学的信息管理,各方都应编制各自的信息管理手册,以规范信息管理工作。

1. 信息管理手册的主要内容

信息管理手册的主要内容如下。

(1) 信息管理的任务(信息管理任务目录)。
(2) 信息管理的任务分工表和管理职能分工表。
(3) 信息的分类。
(4) 信息的编码体系和编码。

(5) 信息输入输出模型。
(6) 各项信息管理工作的工作流程图。
(7) 信息流程图。
(8) 信息处理的工作平台及其使用规定。
(9) 各种报表和报告的格式，以及报告周期。
(10) 项目进展的月度报告、季度报告、年度报告和工程总报告的内容及其编制；
(11) 工程档案管理制度；
(12) 信息管理的保密制度等制度。

2. 信息管理部门的主要工作任务

信息管理部门的主要工作任务如下。
(1) 负责编制信息管理手册，在项目实施过程中进行信息管理手册的必要的修改和补充，并检查和督促其执行。
(2) 负责协调和组织项目管理班子中各个工作部门的信息处理工作。
(3) 负责信息处理工作平台的建立和运行维护。
(4) 与其他工作部门协同组织收集信息、处理信息和形成各种反映项目进展和项目目标控制的报表和报告。
(5) 负责工程档案管理等。

10.1.3 工程项目信息管理的内容

1. 工程项目管理信息的主要内容

工程项目管理信息的主要内容如下。
(1) 法律、法规与部门规章信息。
(2) 市场信息。
(3) 自然条件信息。
(4) 工程概况信息。
(5) 施工信息。
(6) 项目管理信息。

2. 项目信息管理系统的基本要求

项目信息管理系统应满足下列要求。
(1) 应方便项目信息输入、整理与存储。
(2) 应有利于用户提取信息。
(3) 应能及时调整数据、表格与文档。
(4) 应能灵活补充、修改与删除数据。
(5) 信息种类与数量应能满足项目管理的全部需要。
(6) 应能使设计信息、施工准备阶段的管理信息、施工过程项目管理各专业的信息、项目结算信息、项目统计信息等有良好的接口。
(7) 项目信息管理系统应能使项目管理层与企业管理层及劳务作业层的信息渠道畅通、信息资源共享。

10.2 项目管理软件

10.2.1 项目管理软件的发展过程

大型项目的增多及其复杂性致使人们开始研究大型、特大型项目的项目管理方法。在这一背景下，出现了新的项目管理方法体系，被称为第二代项目管理方法——企业级项目管理(Enterprise Project Management，EPM)和多项目管理(Program Management)。管理方法的演进也催生了新型的项目管理软件——面向企业级的项目管理软件(以下简称 EPM 软件)。

项目管理中心网站(The Project Management Center)列出了 300 多种正在使用的商业性项目管理软件。在工程项目领域内以 Primavera 公司的系列软件最为著名。Primavera 公司的企业级项目管理(EPM)软件 P3E/C(P3E for Construction)是吸取了 P3 系列软件近 20 年的应用经验，结合项目管理的最新发展而面向工程领域开发的。

项目管理软件是随着项目管理理论和实践的发展、计算机技术和信息技术的变革而不断发展。项目管理软件有 30 多年的历史，早期的项目管理软件运行在大型机上，后来转向中小型机，然后是个人计算机，这些项目管理软件具有有限的功能，并且独立地用于单个项目以及由分散的用户使用(Enterprise Project Management，2000)(Trends in Project Management Systems，2003)，一直到最近，虽然其功能和性能得到了很大提高，并发展到了多用户操作以及交流与协同功能，但项目管理软件仍然没有从根本上改变这种模式，即解决单个项目的项目管理问题。Wideman Comparative Glossary of Project Management Terms V3.1(2003)这样定义项目管理软件：用来辅助规划和控制一个项目的资源、成本和进度的计算机应用程序，项目管理知识体系 PMBOK(Project Management Body of Knowledge)(PMBOK，2003)也给了类似的定义。

项目管理的应用逐步超过了单个项目，出现了多个项目的项目管理(Program Management)、面向企业的项目管理(Enterprise Project Management)甚至项目组合管理(Portfolio Management)，这要求软件的功能范围扩大，能提供基于多项目的灵活的项目报告，便于沟通和交流，有更强的风险管理功能，除此之外，软件应使用企业数据库以及与其他系统更强的兼容性和可集成性，传统的项目管理软件显然无法解决这些问题，于是出现了新的项目管理软件—EPM 软件(Enterprise Project Management Software)、EPMS(Enterprise Project Management System)以及项目组合管理工具(Project Portfolio Management Tools)，而在很大程度上，两者都属于面向企业级的项目管理软件，即 EPM 软件。

10.2.2 常见项目管理软件

根据项目管理软件的功能和价格水平，大致可以划分为两个档次：一种是供专业项目管理人士使用的高档项目管理软件，这类软件功能强大，如 Primavera 公司的 P3、Gores 技术公司的 Artemis、ABT 公司的 WorkBench、Welcom 公司的 OpenPlan 等；另一类是低档项目管理软件，应用于一些中小型项目，这类软件虽功能不很齐全，但价格较便宜，如 TimeLine 公司的 TimeLine、Scitor 公司的 Project Scheduler、Primavera 公司的 Sure-Trak、Microsoft 公司的 Project 2000 等。

在国际上，一些大的管理软件商如 SAP、ORACLE、PEOPLESOFT 等借助企业的优势已经把项目管理软件带到了中国，美国 Primavera 公司的项目管理软件在上海普华的代理和推动下更是占领了水电、石化、核电、交通等领域，目前正逐步向工业与民用建筑领域、项目型企业领域等进军。其他如微软、Openplan、邦永(中国)、瑞典的 IFS 公司以及国内的梦龙、用友、新中大也不甘示弱，纷纷涉足项目管理软件领域。

目前的项目管理软件主要有单功能项目管理软件和集成型项目管理软件(系统)两种。

(1) 单功能项目管理软件。如 Primavera 公司的投资与合同管理软件 Expedition、进度控制软件 P 3(Sure Trak)、上海普华公司的文档管理软件 PowerDocument，目前 Primavera 公司推出的 P3E(Teamplay、P3E/C)、Microsoft 公司的 Project 2002 已经发展为企业级项目管理软件。

(2) 集成型项目管理软件(系统)。这类软件(系统)包含项目管理的主要工作，通常为一组套件，所有的套件组合即为项目管理系统，如 Primavera 公司的 P3E /Teamplay/P3EC 套件就包括 Project Manager、PA、MM、PR 和 PV 组件，这些组件分别用于不同的功能和不同的对象，微软的 Project 2002/2003 定位在企业级项目管理软件，其服务器版包括 Microsoft SharePoint Team Services、Microsoft Project Web Access 以及与 Office XP 集成，实现了项目的信息共享和沟通，此外，一些项目还专门开发了项目管理软件(系统)，如东海大桥项目管理系统、三峡工程管理信息系统(TGPMS)等，这些都是典型的集成型项目管理软件(系统)，也是大型项目和项目型组织的首选。

项目管理软件的主流技术与管理思想一样，也经历了三个发展时期：界面技术从 DOS 字符界面，到 Windows 图形界面(或图形用户界面 GUI)，直至今天的 Browser 浏览器界面；平台体系结构也从单机单用户发展到文件/服务器(F/S)体系，再到客户机/服务器(C/S)体系和浏览器/服务器(B/S)体系，使用范围也从单机到局域网再到可通过互联网进行信息交互和远程控制。从目前看，网络版项目管理软件已经成为主流趋势，其主要有两种结构：一是 C/S 结构，二是 B/S 结构。

近年来基于互联网的项目管理软件得到了较快的发展，它具有使整个项目管理业务与互联网结合，具有跨平台兼容、交互性和实时性，项目成员可以协同工作，实现在线文档管理、在线讨论、视频会议等功能。如 Mesa/Vista，Web Project 已初具雏形。

10.3 Microsoft project 及 P3 软件应用

10.3.1 微软项目管理软件 MS Project

微软公司 1994 年推出的一个非常出色的项目管理软件 MS Project4，此后微软又推出了新的版本 Project98，2002 年 9 月 MicrosoftProject 2002 中文版正式上市，2003 年 6 月 9 日在波士顿举行的"世界企业管理软件展示会"上，微软首次推出了 Office 2003，构成了微软基于服务器的企业项目管理(EPM)软件的核心。此次推出的管理软件共分两个版本，一个是单机版,将用来替代 Office 2002 的项目管理软件;另一个是基于微软新服务器的平台版,共分三部分,将使面向大公司的项目管理功能更加完善。

其中的平台版是微软重点针对大公司开发的产品,旨在将项目管理软件集成到各公司自己的系统中去。其中的一些功能包括,可以自动将项目任务推送到用户的 Outlook 中,用户可在 Outlook 中更新项目进展,向项目主管汇报。同时,它新增了一些资源管理工具,可以使用户更好地对资源进行定位和管理。另外,它同样可以与共享服务器相连,为管理者和项目主管提供了一个创建共享文件夹的途径,这些文件夹中的内容没有经过上级授权不允许被修改。

微软的 EPM 由两部分组成,一个是 Office Project Enterprise 2003(包括桌面内容组成和标准版的扩展),另一个是基于服务器的两个软件(Project Web Access 和 Project Server 2003)。Project Server 2003 提供了扩展的 API,以此来保证公司的开发人员可以将项目信息应用到其他商业管理软件。Project Web Access 软件可以使用户通过网络浏览器获取项目任务以及保存在服务器上的资源。图 10.1 显示了 Microsoft Project 的发展历程(Chuck Thibodeau,2002)。

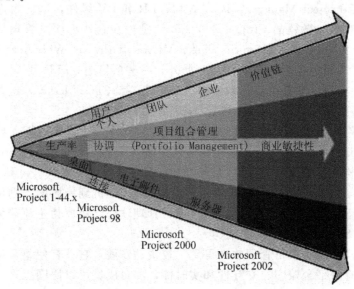

图 10.1　Microsoft Project 的发展历程

10.3.2　P3E/C 介绍

P3E/C 属于典型的 EPM 软件。P3E/C 提供了标准的 Windows 操作界面、客户/服务器架构、基于 WEB 的技术,其总体架构如图 10.2 所示。

P3E/C 根据用户及所需功能的不同,分为六大套件(Planning and Managing Architecture, Engineering and Construction Projects,2002)。

Project Manager——核心组件,用于企业项目管理体系规划、项目计划与控制、计划下达、反馈批准、资源管理、系统设置和管理、统计分析等,可单独使用。使用对象包括(多项目)项目经理、项目计划管理工程师。

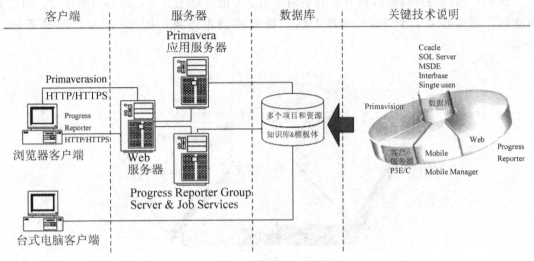

图 10.2　P3E/C 的总体架构

Methodology Manager(MM)——用于项目知识管理、企业项目管理标准化库(经验库/模板库)的建立和维护。

Progress Reporter(PR)——基于 Web 的交流和进度记录系统，进度采集模块。使用对象包括团队领导(Crew foremen)、计划执行人员等。

Portfolio Analyst(PA)——用于投资组合分析，即项目的战略规划与预算，为决策层提供分析工具。使用对象包括决策层、投资组合经理及多项目经理、项目经理和计划经理等。

Primavision(PV)——基于 Web 的项目管理组件，用于企业领导层对项目进度、资源、费用进行综合分析，也可作计划调整和进度更新，实现大部分客户端的功能操作以及项目组合的执行情况(赢得值)分析、项目组合的临界值监控，项目组合的问题报告发布等。

Software Development Kit(SDK)——软件开发包，用于与企业外部软件和系统集成，支持 ODBC 标准以及与 ODBC 相容的界面。

3E/C 各个组件之间的功能关联如图 10.3 所示

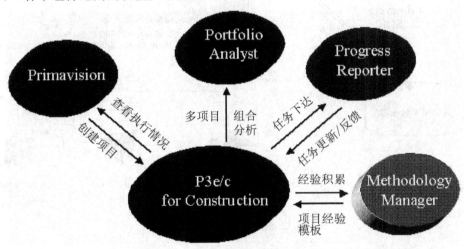

图 10.3　P3E/C 的各个组件之间的关联

P3E/C 根据用户读取数据方式的不同采用了不同的技术方案,即客户端方式、浏览器方式以及无线移动,图 10.4 为基于用户特征的技术方案,图 10.5 为 P3E/C 系统拓扑图。

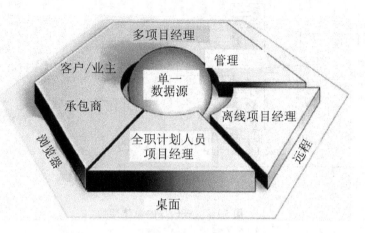

图 10.4 P3E/C 基于用户特征的技术方案

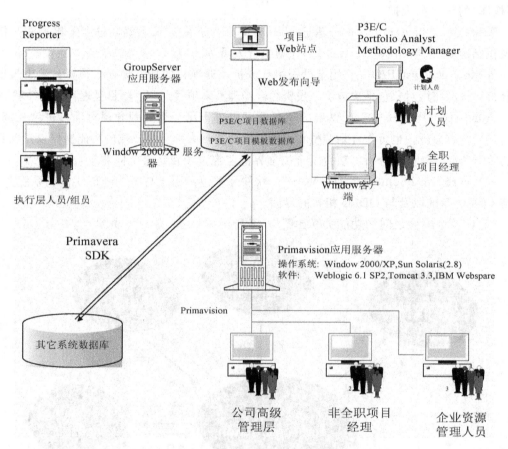

图 10.5 P3E/C 系统拓扑图

10.4 项目管理信息系统与项目信息门户

据美国 1999 年有关部门统计，在总造价为 6500 亿美元的众多工程项目中，其中由于超预算、错误设计与施工造成返工、工期拖延、管理不当等带来的损失与浪费达支 2000 亿美元，约占投资额的 30%。同年英国 Latham 报告指出：英国建筑业在 5 年内，通过更好地运用信息技术、新的方法、加强培训等可节省 30% 建筑项目的成本。2010 年，全国建筑业企业完成建筑业总产值 95206 亿元，因此，应用信息技术，就仅工程项目减少浪费和降低管理成本方面，则每年可以节省成本达到数千亿元。又据美国 1999 年统计，工程项目文件和图件等若采用现代信息电子介质将比采用传统纸介质节省约 200 亿美元，占总投资的 3%；英国计划在 5 年内通过应用信息技术节约 30% 成本。

根据建筑在线网（www.build-online.com）的调查结果显示，通常由于丢失文件和缺乏沟通使施工成本增加 20%～30%，而由于网站的使用，英国建筑市场每年可以节约大量资金，同时施工工期缩短 15%。美国的招标网站（www.bidcom.com）和建造网（www.buildnet.com）都宣称通过将建筑市场带入互联网可以节约 30%～35% 的项目成本。

目前，发达国家和地区从项目一开始就立足于互联网，在设计与策划阶段，利用网络进行业主、咨询设计之间的信息交流与沟通；在招标阶段，业主和咨询单位利用网络进行招标，施工单位通过网络投标报价；在施工阶段，承包商、建筑师、咨询工程师利用 INTERNET 为平台的项目管理信息系统和专项技术软件实现施工过程信息化管理；在竣工验收阶段，各类竣工资料自动生成储存。在国外采用在线数码摄像机，不但在现场办公室可看到工作面情况，即便在世界任何一个地方网上皆可掌握项目进展信息和现场具体工序情况。同时结合无线上网技术，不断将信息传递给每一个在场与不在场的人员。

美国政府通过项目信息门户，进行了对总投资约为 100 亿美金的数以百计的工程项目群体的实施进行管理，门户的用户近 2000 个单位。通过该项目信息门户可获取 PBS 主管的全部项目以下三类动态信息：一是分布于全国的 PBS 项目的汇总信息；二是分布于各项目区域的 PBS 项目的汇总信息（把全美国分成 11 个项目区域）；三是每个 PBS 项目的详细信息，如与项目目标有关的项目进展信息、重要的工程文档信息和工程图像信息等。根据美国承包商协会 2002 年对美国 15000 承包商调查表明：其中 43% 已使用互联网，63% 通过在线安排资源计划，52% 的公司使用在线协同工作，18% 的公司使用因特网付款方式。

日本从 2004 年起规定要想参与重点公共建筑项目，设计方、承包方从项目招投标项目管理信息提交，直到竣工资料备案都必须通过计算机网络电子介质进行，并且必须符合有关格式标准，即必须按照信息化的规程行事，竖立起了一道无形的技术壁垒。

10.4.1 工程项目信息处理的方法

（1）在当今的时代，信息处理已逐步向电子化和数字化的方向发展，但建筑业和基本建设领域的信息化已明显落后于许多其他行业，建设工程项目信息处理基本上还沿用传统的方法和模式。应采取措施，使信息处理由传统的方式向基于网络的信息处理平台方向发展，以充分发挥信息资源的价值，以及信息对项目目标控制的作用。

(2) 基于网络的信息处理平台由一系列硬件和软件构成。

① 数据处理设备(包括计算机、打印机、扫描仪、绘图仪等)。

② 数据通讯网络(包括形成网络的有关硬件设备和相应的软件)。

③ 软件系统(包括操作系统和服务于信息处理的应用软件)等。

(3) 数据通信网络主要有如下三种类型。

① 局域网(LAN——由与各网点连接的网线构成网络，各网点对应于装备有实际网络接口的用户工作站)。

② 城域网(MAN——在大城市范围内两个或多个网络的互联)。

③ 广域网(WAN——在数据通信中，用来连接分散在广阔地域内的大量终端和计算机的一种多态网络)。

(4) 互联网是目前最大的全球性的网络，它连接了覆盖多个国家的各种网络，如商业性的网络(.com 或 .co)、大学网络(.ac 或 .edu)、研究网络(.org 或 .net)和军事网络(.mil)等，并通过网络连接数以千万台的计算机，以实现连接互联网的计算机之间的数据通信。互联网由若干个学会、委员会和集团负责维护和运行管理。

(5) 建设工程项目的业主方和项目参与各方往往分散在不同的地点，或不同的城市，或不同的国家，因此其信息处理应考虑充分利用远程数据通信的方式。

① 通过电子邮件收集信息和发布信息。

② 通过基于互联网的项目专用网站。

③ 通过基于互联网的项目信息门户(PIP——Project information Portal)的为众多项目服务的公用信息平台实现业主方内部、业主方和项目参与各方，以及项目参与各方之间的信息交流、协同工作和文档管理。

④ 召开网络会议。

⑤ 基于互联网的远程教育与培训等。

(6) 基于互联网的项目信息门户(PIP)属于是电子商务(E-Business)两大分支中的电子协同工作(E-Collaboration)。项目信息门户在国际学术界有明确的内涵：即在对项目实施全过程中项目参与各方产生的信息和知识进行集中式管理的基础上，为项目的参与各方在互联网平台上提供一个获取个性化项目信息的单一入口，从而为项目的参与各方提供一个高效的信息交流(Project——Communication)和协同工作(Collaboration)的环境。

(7) 基于互联网的项目专用网站(PSWS)是基于互联网的项目信息门户的一种方式，是为某一个项目的信息处理专门建立的网站。但是基于互联网的项目信息门户也可以服务于多个项目，即成为为众多项目服务的公用信息平台。

(8) 基于互联网的项目信息门户如美国的 Buzzsaw.com(于 1999 年开始运行)和德国的 PKM.com(于 1997 年开始运行)，都有大量用户在其上进行项目信息处理。由此可见，建设工程项目的信息处理方式已起了根本性的变化。

鉴于项目信息沟通和协作的重要性，国际上近年出现的项目外联网(Project Extranet)、项目主题网站(Project Specific Web Sites)、基于 Web 的项目管理(Web-based Project Management)、基于互联网的项目管理(Internet-based Project Management)、项目信

息门户（Project Information Portal）、分布项目管理（Distributed Project Management）、项目沟通系统（Project Communication System）、项目信息系统（Project Information System）以及项目协作系统（Project Collaboration System）等，可以统称为基于互联网的项目信息沟通和协作系统（Project Information Communication & Collaboration System 简称 PICCS）。

10.4.2 国际工程项目管理信息系统发展及其特点

(1) 20 世纪 60—70 年代，大型机系统时代。
大型机项目管理信息系统的特点：
① 数据集中处理，容易标准化和交换；
② 非常受时空限制；
③ 终端信息处理的自主性很小；
④ 少量用户使用，体现和强化了工程管理知识积聚优势。
(2) 20 世纪 80—90 年代，微机（桌面系统）时代。
桌面（微机局域网）项目管理信息系统特点：
① 数据多元化、分散处理，终端信息处理的自主性很大；
② 顶层（服务器）信息集中管理受到挑战；
③ 人人用得起，桌面 PC 项目管理软件兴起；
④ 受桌面的影响，不同桌面之间、不同职能和项目生命周期之间数据不能集中共享（只能点对点交换）。
(3) 20 世纪 90 年代以来，项目信息门户 PIP 时代。

10.4.3 项目管理信息系统

1. 项目管理信息系统定义

项目管理信息系统（PMIS——Project Management Information System）是基于计算机的项目管理的信息系统，主要用于项目的目标控制。管理信息系统（MIS——Management Information System）是基于计算机的管理的信息系统，但主要用于企业的人、财、物、产、供、销的管理。项目管理信息系统与管理信息系统服务的对象和功能是不同的。

项目管理信息系统的应用，主要是用计算机的手段，进行项目管理有关数据的收集、记录、存储、过滤和把数据处理的结果提供给项目管理班子的成员。它是项目进展的跟踪和控制系统，也是信息流的跟踪系统。

于上世纪 70 年代末期和 80 年代初期国际上已有项目管理信息系统的商品软件，项目管理信息系统现已被广泛地用于业主方和施工方的项目管理。项目管理信息系统可以在局域网上或基于互联网的信息平台上运行。

2. 工程项目管理信息系统定义

PMIS 是一个全面使用现代计算机技术、网络通讯技术、数据库技术、MIS 技术、

GPS、GIS、RS(即 3S)技术以及土木工程技术、管理科学、运筹学、统计学、模型论和各种最优化技术,为工程承包企业经营管理和决策服务、为工程项目管理服务的人机系统。是一个由人、计算机、网络等组成的能进行管理信息收集、传递、储存、加工、维护和使用的系统。工程项目管理信息系统是一个演进(Evolution)中的概念。研究的重点从数据处理转向决策,从技术方法转向组织管理,从系统本身转向系统与组织管理、环境的交互作用。

3. 工程项目管理信息系统的特点

(1) 面向决策管理、职能管理、业务(项目)管理。

(2) 人机网络协同系统。

在管理信息系统开发过程中,要根据这一特点,正确界定人和计算机在系统中的地位和作用,充分发挥人和计算机各自的长处,使系统整体性能达到最优。

(3) 管理是核心,信息系统是工具。

如果只是简单地采用计算机技术以提高处理速度,而不采用先进的管理方法,那么管理信息系统的应用仅仅是用计算机系统仿真原手工管理系统,充其量只是减轻了管理人员的劳动,管理信息系统要发挥其在管理中的作用,就必须与先进的管理手段和方法结合起来,在开发管理信息系统时,融进现代化的管理思想和方法。

10.4.4 基于互联网的项目管理信息系统

随着项目管理信息系统登陆到互联网平台时,项目管理的思想和功能发生了革命性的扩展和演变,项目信息沟通和协作功能得到了前所未有的重视和应用,基于互联网的项目管理信息系统有以下几种类别。

(1) 以项目管理信息系统为基础,将报表和图表转化为适合于互联网发布的 HTML 文件格式,如 Primavera 公司的 P3 和 Expedition、Microsoft 公司的 Project 以及 Welcom 公司的 Cobra 和 Open Plan 等。这是项目管理软件与互联网的最初结合,使得项目参与各方可以在互联网上通过电子邮件(Electronic Mail 简称 Email)和文件传输协议(File Transfer Protocol 简称 FTP)传递文件和交流项目进展情况。

(2) 提供 Web 界面的项目管理信息系统,如 Lotus Notes 和 Domino 等。这类系统虽然有着 Web 界面,消除了客户端程序安装的复杂性和重复性,但系统后端的软件架构没有作任何变化,是一种 Web 驱动(Web-enabled)系统,不是真正的 Web-based 或 Internet-based 系统,不具备平台独立性。

(3) 以互联网为应用平台,注重文档管理和工作流管理功能的项目信息沟通和协作系统,如 Buzzsaw 公司的 Project Folders、MPINTEACTIVE 公司的 e-builder 以及 JERNIGAN 公司的 eProject 等。该类系统侧重于项目的团队工作(Team Work),以项目信息的沟通和协作作为主要功能,而不涉及项目控制功能。这是一个全新的管理理念和系统架构,充分利用互联网的潜能,为项目的各参与方提供项目文档信息以及文档传递、审批等功能,虽然在技术上与办公自动化系统(Office Automation 简称 OA)没有本质的区别,但是其针对的行业和信息对象不同,有着工程管理的特性。

国际上各类基于互联网的项目信息沟通和协作系统,一般都是提供基于文档的项目信息的沟通和协作功能,并不提供项目进度控制、投资控制、质量控制以及合同管理等控制功能，但从发展趋势看，项目控制功能的提供越来越受到重视。一些老牌的项目管理信息系统提供商正迎头赶上，充分利用传统系统开发优势，提供包括项目目标控制、文档管理、工作流管理以及项目信息门户等功能的基于互联网的项目管理信息系统。

(4) 基于 Web 的项目管理(Web-based Project Management)。基于 Web 的项目管理充分利用 Web 的平台独立性、地域无关性、成本低廉性、技术扩展性以及使用简便性，为项目团队内部及外部用户创造学习和信息沟通环境，以较低的成本提供高质量的产品或服务。

(5) 分布的项目管理(Distributed Project Management 简称 DPM)。DPM 是指支持分布于多个地理位置的个人间和项目团队间的项目管理过程和技术，充分利用互联网技术消除项目分布性带来的信息沟通和协作问题，并对传统项目管理过程进行改造和重组，从而提高分布项目的管理有效性。

(6) 项目外联网(Project Extranet)。项目外联网是所有项目信息(包括基于文档的信息和基于系统的信息)的门户，集成信息沟通和信息讨论过程。

项目外联网是在一个安全的 Web 网站上为项目参与各方提供单一的信息接入方式，不仅仅是一个简单的文件信息库，本质上是项目信息的无缝沟通和共享。

(7) 项目主题网站 PSWS。PSWS(Project-Specific Web Sites)是在 Internet 上的建立一个公共站点，它将项目信息集中存放在站点上，经过授权的项目参与单位可以用账号和口令对有关信息进行访问。

作为一个为特定项目建立的网站，在一方面，PSWS 利用 Internet 技术建立了一个安全、封闭的信息交流环境，它将工程项目的不同参与方连接到一起，是一个提供给项目主要参与方使用的内部网站(Intranet)；在另一方面，PSWS 在专有内部网(Private Intranet)上提供了通向项目信息库(Repository)的入口，这个信息库存储了项目实施全过程的所有信息，它为处于不同地理位置上的项目参与各方提供了一个随时随地获得项目信息的有效途径，成为所有项目参与各方协同工作的中心。

(8) 项目信息系统(Project Information System 简称 PIS)。美国加州大学 Robert C. Schulz 教授认为 PIS 为项目参与各方提供了公共的存储、记录、查询以及访问项目信息的机制，PIS 并不要求包含项目全过程中的所有信息，只是为现有的项目信息沟通机制提供一个公用系统。PIS 有时也被称为协调信息管理系统(Coordinated Information Management System 简称 CIMS)。

(9) 项目信息门户(Project Information Portal 简称 PIP)。PIP 是在 PSWS 和 Project Extranet 基础上发展起来的项目信息管理的应用概念，不是某一种具体软件产品或信息系统，而是国际上工程管理领域一系列基于互联网技术标准的项目信息沟通和协作系统的总称。PIP 是在对项目建设全过程中项目参与各方产生信息和知识并进行集中管理的基础上，为项目参与各方在互联网平台上提供的一个获取个性化项目信息的单一入口，为项目参与各方提供高效的信息沟通和协同工作环境。

(10) 建设项目全寿命周期集成化管理信息系统 LMIS。LMIS(Life Cycle Integrated Management Information System，简称 LMIS)是一个以业主方、运营方、LCIM 联合班子、开发管理方、项目管理方和物业管理方为用户对象，利用计算机硬件、软件、网络通信设备以及其他办公设备，在建设项目全寿命周期过程中进行信息的收集、储存、传输、加工、更新和维护，以建设项目全寿命周期目标(包括投资目标、进度目标和质量目标)的实现为目的，为组织内各个层次的管理者及时、准确、完整地获取信息，辅助其进行决策、控制、实施的集成化人机系统。

10.4.5 项目信息门户 PIP

随着全球化经济进程的加快和知识经济时代的来临，国际工程承包市场的规模不断增长，国际工程项目向大型化、复杂化、跨领域、跨国家(多国投资主体)的方向发展，资金规模越来越大。工程项目，特别是大型工程项目的投资多元化、人员分散以及人员流动的程度较大幅度的提高，这些因素的变化导致了现代工程项目管理难度的提高，并且对工程项目的信息管理技术提出了新的挑战。与此同时，国际工程承包的竞争结构也发生了巨大的变化：第一，由施工总承包向工程总承包和项目总承包发展；第二，设计、咨询、施工一体化。PIP 技术正是适应了设计、咨询、施工一体化发展的需要，迎合了以设计为核心的建筑业知识管理与发展的需要，大大降低由施工向设计延伸的产业门槛，迎合了项目决策、设计、咨询、施工一体化协作与信息便捷、低成本交流的需要，迎合了以项目为中心的竞争和组织模式，成为建筑业产业变革的技术基础。

现有的项目管理信息系统都是基于桌面应用模式的局部应用；虽然提高了部分岗位的信息处理效能，但各项目干系人之间、各项目管理职能之间、各项目管理层次之间数据不能直接共享，整体效率仍待提高。而对于政府、投资监管部门和业主来说，基于人工纸介质的现场监管的成本高、效率低，数据采集的有效性、真实性难以保证。

1. 项目信息门户的起源

解决建设项目中的信息交流和"信息孤岛"问题，必须依靠先进的信息交换手段和合理的信息交流方式。Internet 技术的出现为改变传统的建设项目信息交流方式提供了可能。PIP 就是一种基于 Internet 技术标准的项目信息交流解决方案，它改变了传统工程项目信息管理和信息交流的方式。

信息技术的飞速发展，项目信息门户 PIP 是近年来在项目主题网站和项目外联网的基础上发展起来的一种项目信息管理的应用概念。国际上对 PIP 的看法有所差别，这里认为它是在对项目实施过程中参与各方产生的信息和知识进行集中式管理的基础上，为项目参与各方在互联网平台上一个获取个性项目信息的单一入口，其目的是为工程项目参与各方提供一个高效率信息交流和协同工作的环境。

PIP 是在项目管理实践中建立的，它一般是以单个项目的实施为目的，具有很强的个性化。PIP 系统是一个以知识管理、信息管理集成为目标的系统，一般的 PIP 系统不具备专门的工作流管理系统。但是，专业化的 PIP 系统一般已在系统中增加了文档的工作流管理模块，可以基于事例定义文档工作流的模型，例如工程进度款的审批过程等。

2. 项目信息门户 PIP 的含义

(1) 信息门户的定义。

人们往往把在 Internet 上获得某一类信息资源所必须经过的网站称为门户，如雅虎、搜狐、新浪等。一般的，门户是指一个应用或装置，能够为人们发现、跟踪有关的人、应用和信息并与之发生交互作用提供个性化的界面。相应的，信息门户都是基于 Internet 技术平台，表现为一个具有框架集（Framework set）的网站主页，它能通过一个集成化的桌面环境使企业和个人通过单一的入口访问大量的异构信息。信息门户被认为是互联网时代企业和个人获得信息的主要途径。在信息量极为丰富的网络时代，组织和个人面对的将不是一个个孤立的窗口，而将是经过定制的信息门户。按照服务对象的不同，信息门户通常分为公众信息门户、企业信息门户和项目信息门户等多种类型。

（2）项目信息门户（Project Information Portal）的定义。

项目信息门户是在对项目实施全过程中项目参与各方产生的信息和知识进行集中式管理的基础上，为项目参与各方在 Internet 平台上提供的一个获取个性项目信息的单一入口，其目的是为工程项目参与各方提供一个高效率信息交流和协同工作的环境。项目信息门户改变了工程项目传统的信息交流与传递方式，如图 10.6 所示。

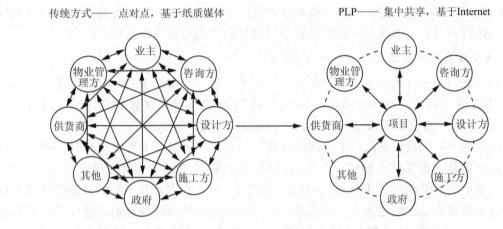

图 10.6 项目信息门户改变工程项目传统的信息交流与传递方式

从广义的概念来看，项目信息门户属于电子商务的范畴。项目信息门户是电子商务技术在工程建设项目实施中应用的具体表现（R. R. A. Issa et Al 2003）。它不仅仅是一种技术工具和手段，还是工程建设项目实施在信息时代的一个重大的组织变革，因此国际学术界和工程界认为它是工程管理的一场革命。

PIP（Project Information Portal），项目信息门户，是以项目为中心实施全项目生命周期、全项目管理职能、全项目利益相关者的信息和知识进行集中式管理的基础上，为项目参与各方提供的一个获取各自项目信息的单一入口，其核心是为项目参与各方提供统一的集中共享式的信息交换与远程协同平台。

项目信息门户按其运行模式分类，有如下两种类型。

（1）PSWS 模式（Project Specific Website）：为一个项目的信息处理服务而专门建立的项目专用门户网站，也即专用门户。

（2）ASP 模式（Application Service Provide）：由 ASP 服务商提供的为众多个单位、众多个项目服务的公用网站，也可称为公用门户。ASP 服务商有庞大的服务器群，一个大的 ASP 服务商可为数以万计的客户群提供门户的信息处理服务。

如采用 PSWS 模式，项目的主持单位应购买商品门户的使用许可证，或自行开发门户，并需购置供门户运行的服务器及有关硬件设施和申请门户的网址。

如采用 ASP 模式，项目的主持单位和项目的各参与方成为 ASP 服务商的客户，它们不需要购买商品门户产品，也不需要购置供门户运行的服务器及有关硬件设施和申请门户的网址。国际上项目信息门户应用的主流是 ASP 模式。

3. 互联网平台上的项目信息门户（PIP）

如美国 Cubus 公司的 ReviewIt、FRAMEWORK 公司的 ActiveProject、Bricsnet 公司的 ProjectCenter、Systemates 公司的 Projectmates、Bentley Systems 公司的 ProjectWise 以及 Denver 公司的 ProjectSolve 等。

PIP 是以文档管理和工作流管理为信息基础，为项目参与各方提供个性化和可定制的单一的信息接入方式（Single Point of Accessing to Information），这类系统一般称为项目信息协作系统（Project Information Collaboration System 简称 PICS）或项目信息系统（Project Information System 简称 PIP），侧重于项目团队工作，这类系统提高了信息获取的针对性和准确性，可以认为是互联网上的真正的项目信息沟通和协作系统。

4. 项目信息门户在工程项目中的应用

项目信息门户在工程实践中有着十分广泛的应用。其中既有 Meridian、Primavera、Bently、Framework Technologies 和 Webproject 这样的项目管理软件供应商，也有 Bidcom.com、e-Builder Buildonline.com 和 Crephen.com 这样的 ASP。

实际应用中，项目信息门户的实现方式也不尽相同。可以是大型工程项目的业主自身建立的项目信息门户系统，例如，3com 公司作为一家实力雄厚的业主单位，在 Internet 上建立了自己的 PIP 系统作为管理公司建设项目的平台，它通过这一平台在全球建筑市场上完成的工程造价总额已达到 4.5 亿美元；也可以是由实力雄厚的承包商建立的项目信息门户，例如美国的 Webcor 和 Bechtel 都采用自己的项目信息门户进行项目信息交流；最为普遍的情况是租用 ASP 提供的项目信息门户服务，采用这种方式不仅使用便捷，而且维护成本也相对较低。

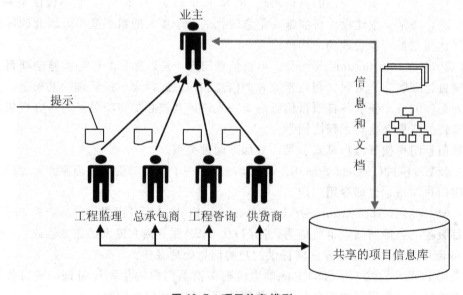

图 10.7　项目信息模型

10.4.6 项目信息门户、项目信息平台、管理信息系统比较

1. PIP 与职能 MIS 比较

(1) 项目型集团各职能部门(计划、财务、工程、物资、人力资源、生产、技术等)面向本部门的管理职能建立的纵向职能管理系统,这些系统由于采购建设的时间不同、供应厂商不同、技术平台不同、数据定义不同等等,从而使得各职能管理信息系统之间的横向数据交换和共享面临许多不确定性

项目信息门户以项目为导向,满足数据集中管理、协同共享的需要

(2) 由于项目型集团各职能管理信息系统各自独立完成了对项目某一职能信息的管理,因而关于某一项目的全项目生命周期信息(即项目从立项、可研、初步设计、扩大初步设计、施工、调试、运营)只是概念上存在于一个依赖于行政组织结构的"完整"管理信息系统,但实际上,你很难真正能便捷、完整地从信息系统中得到它

项目信息门户 PIP 以积累全项目生命周期、全项目利益相关者、全项目管理职能的信息为基本功能,自动积累项目历史数据和知识,尽管职能管理信息系统之间可以无缝链接,但本质上各职能管理信息系统是点对点串行信息处理模式

项目信息门户 PIP 使各部门集中并行处理信息,统一对项目负责,而不是各自对职能负责。职能导向管理信息系统只涉及企业内部价值链系统的信息化,没有把企业上下游产业链价值系统的信息化问题纳入整体规划范围之中

2. 项目信息门户与项目信息平台(Project Information Platform)的关系

项目信息门户与项目信息平台是两个不同的概念,项目信息平台包括项目信息门户。信息平台通常由软硬件系统共同组成,信息门户只是构成信息平台的软件系统中的重要部分。

项目信息平台的软件系统包括项目信息门户、服务器与客户端的操作系统、应用软件等。这里需要指出的是,项目信息门户并不能取代专业的项目管理软件,如进度控制软件 P3 等,对工程相关数据的专业化处理还是需要专业的项目管理软件来实行,项目信息门户则用以实现项目有关信息的交流和共享。项目信息门户提供了项目信息平台的核心功能,可以说项目信息平台上的专业项目管理软件是以项目信息门户为运行基础的。项目信息平台的构成如图 10.8 所示。

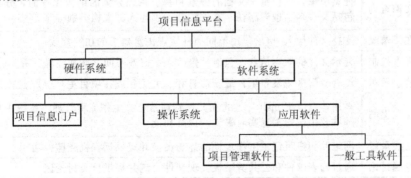

图 10.8 项目信息平台的组成

3. 门户是一个网站，或称谓互联网门户站(Internet Portal Site)

它是进入万维网(World-Wide Web)的入口。搜索引擎属于门户，Yahoo 和 MSN 也是门户，任何人都可以访问它们，以获取所需要的信息，这些是一般意义上的门户。但是，有些是为了专门的技术领域、专门的用户群或专门的对象而建立的门户，称为垂直门户(Vertical Portal)。项目信息门户属于垂直门户，不同于上述一般意义的门户。

项目管理信息系统(PMIS—Project Management Information System)是基于数据处理设备的为项目管理服务的信息系统，主要用于项目的目标控制。由于业主方和承包方项目管理的目标和利益不同，因此它们都必须有各自的项目管理信息系统。

管理信息系统则是基于数据处理设备的管理的信息系统，但主要用于企业的人、财、物、产、供、销的管理。项目管理信息系统与管理信息系统服务的对象和功能是不同的。项目信息门户既不同于项目管理信息系统，也不同于管理信息系统。项目信息门户是项目各参与方为信息交流和共同工作共同使用的和互动的管理工具。

4. 国外一般项目信息门户的功能(表10-1)

PKM.com 由德国 Drees & Sommer 集团下的 Conclude 公司负责开发和运营，在众多大型项目中得以成功运用。PKM.com 是为用户提供的基于 Internet 的交流平台，该平台可以在项目全寿命周期内为项目交流提供诸多的便利和支持。

MyConstruction.com 由美国霍尼韦尔公司的全资子公司"我的工程网"公司开发，是为基本建设提供基于互联网的开放性工作平台。MyConstruction.com 成立于 2000 年，开始主要为霍尼韦尔公司内部的各业务部门服务，从 2002 年开始以 ASP 模式向霍尼韦尔以外的客户提供项目管理平台的使用服务。

Buzzsaw.com 由 Buzzsaw.com 公司开发，公司脱胎于美国计算机辅助设计软件巨人 Autodesk 公司的一个部门。Buzzsaw.com 于 1999 年末成立并投入使用，现在有近 100000 位用户正在使用其服务，至 2003 年管理的项目数量超过 25000 个。

表 10-1 项目信息门户实例的功能分析

功能		门户 MyConstruction.com
项目文档管理	安全管理	登陆 ID、文件权限设定
	文档查询	搜索引擎，支持基于文档的搜索和基于系统分类的结构化查询，分类控制条件包括文件名、搜索路径、文件注释、创建人、文档类别等
	在线修改	支持文件检入/检出使用不同插件实现浏览器中的在线修改
	版本控制	显示文件的版本信息，包括"修改人、修改时间、所加注释"等
项目信息交流	信息发布	设有专门区域发布项目最新信息和有关更新或在项目主页中自定义发布
	在线提醒	采用传真或 E-mail 的方式在文件管理系统，工作流程管理等系统中均嵌有电子邮件及手机短消息实时警告、提醒功能
	在线录像	网络照相机可记录工作现场的静态图像并提供远程视频监控功能
	专题讨论	通过列表邮件和公共剪贴板实现文件交流并提供分类讨论区

(续)

实现功能	门户	MyConstruction.com
项目协同工作	视频会议	支持 Netmeeting、支持基于 Internet 的视频会议
	软件共享	提供项目汇总信息以支持决策，并设有期限提醒内置进度控制软件，兼容第三方进度管理软件内置报价管理器、联络管理器等
工作流程管理	工作流程模板	预设有工作流程模板提供"变更洽商、采购审批、设计审检"等常见工作流程内置招投标管理器与施工管理器
	工作流程定制	支持用户自定义工作流程，并分别定制工作表、工作环节、人员责任、工程阶段转移、通知提醒等要素
	工作流程控制	采用工作流引擎辅助工作流程控制自动生成包括流程各参与方活动的日志文件，并具有提醒功能在权限管理系统基础上灵活控制
其他	工作日历	提供项目总体工作日历，表明会议安排，并自动发送会议邀请及会议纪要以及针对不同用户的工作日历及任务分工使用详细的活动日志跟踪项目、文档、现场和使用者的信息
	个性化服务	自定义工作空间，并查看自身活动日志；设有个人收件箱，对上载、转发给该用户的文件进行汇总并列表自定义项目主页的内容与布局，提供个人文件收藏夹

5. 项目信息分类与编码体系

建立项目信息分类与编码体系的过程，是根据建设项目的共性以及某一项目的特性，按照科学的分析过程，将其按功能和空间标准逐层细化，由此产生一个分层次、最大可能地反映项目信息实际情况的项目信息分类与编码体系的过程。项目信息分类与编码体系中的任一节点元素都是一切相关项目信息对象的载体。

项目信息分类与编码体系应该是从不同的项目管理范畴、项目参与各方不同的信息需求以及项目各个阶段不同的信息特点出发，提炼出来的一套兼顾各种信息分类标准的分类与编码体系，用以满足项目管理工作的不同要求。

1) 建设工程项目信息的分类

(1) 业主方和项目参与各方可根据各自的项目管理的需求确定其信息管理的分类，但为了信息交流的方便和实现部分信息共享，应尽可能做一些统一分类的规定，如项目的分解结构应统一。

(2) 可以从不同的角度对建设工程项目的信息进行分类。

① 按项目管理工作的对象，即按项目的分解结构，如子项目1、子项目2等进行信息分类。

② 按项目实施的工作过程，如设计准备、设计、招投标和施工过程等进行信息分类。

③ 按项目管理工作的任务，如投资控制、进度控制、质量控制等进行信息分类。

④ 按信息的内容属性，如组织类信息、管理类信息、经济类信息，技术类信息和法规类信息。

(3) 为满足项目管理工作的要求，往往需要对建设工程项目信息进行综合分类，即按多维进行分类。

① 第一维：按项目的分解结构。

② 第二维：按项目实施的工作过程。
③ 第三维：按项目管理工作的任务。
2) 建设工程项目信息编码的方法
(1) 编码由一系列符号(如文字)和数字组成，编码是信息处理的一项重要的基础工作。
(2) 一个建设工程项目有不同类型和不同用途的信息，为了有组织地存储信息，方便信息的检索和信息的加工整理，必须对项目的信息进行编码。
(3) 项目的结构编码依据项目结构图，对项目结构的每一层的每一个组成部分进行编码。
(4) 项目管理组织结构编码依据项目管理的组织结构图，对每一个工作部门进行编码。
(5) 项目的编码还包括政府主管部门和各参与单位的编码、目实施的工作项编码、项目的投资项编码、项目成本项编码、项目的进度项编码、项目进展报告和各类报表编码、合同编码、函件编码、工程档案的编码等。
3) 项目信息分类与编码体系
项目信息分类是项目信息编码的前提，项目信息分类是在一个信息管理系统中，将各种信息按一定的原则和方法进行区分和归类，并建立起一定的分类系统和排列顺序，以便管理和使用信息。
项目信息分类与编码体系的建立很重要的一项任务是对文档进行分类与编码。文档可以理解为一切可以存储的电子文件，如各类文本文件，报表文件，多媒体文件等。文档分类体系在整个项目信息分类体系中处于较高的层次。
项目信息分类与编码体系包含两个方面：一是项目文档分类与编码；二是项目参与方/标段分类与编码。项目文档分类与编码是保存和管理项目信息、促进项目信息交流的基础；项目参与方/标段分类与编码是实现项目信息共享以及信息统一与自主管理相兼顾的必要前提。
4) 项目信息系统的编码体系
项目管理信息系统的信息规划主要是结构化信息的建立，即项目编码系统的建立，并由此建立各类编码之间的关系，组成项目信息集成系统，包括计划管理、资源管理、费用管理、文档及产品责任体系、安全管理等，以实现大型项目或多项目的集成控制。
项目信息系统的编码体系包括九大方面。
① 组织项目分解结构(Enterprise Project Structures，EPS)。
② 工作分解结构(Work Breakdown Structures，WBS)。目前对 WBS(有时也被成为工作包，Work Package)的研究比较多，它的设定比较灵活，其主要也是出于管理的需要。WBS 和 EPS 共同组成了组织项目的整体分解结构，即 EPS/WBS，是结构化集成控制系统的核心。
③ 企业组织分解结构(Organizational Breakdown Structures，OBS)。OBS 是组织管理的层次化排列，但 OBS 不是组织真实的 OBS 直接反映，它的设置是结合系统权限管理而重构的。
④ 费用分解结构(Cost Breakdown Structures，CBS)。CBS 有时也被成为费用科目(Cost Account)，是根据组织特定的财务流程或费用控制要求设定的用来跟踪作业发生的

费用代码体系，一般为树形结构。目前工程量清单的采用为 CBS 的设定提供了方便，也为费用控制提供了统一口径。如果采用赢得值管理（Earned Value Management，EVM）进行进度/费用控制，CBS 的设定是必要的，CBS 建立批准后形成 CBS 字典。

⑤ 角色和资源结构（Role & Resources Structure，R&RS）。角色（Roles）是对组织中某一类资源的总称，即资源的一种分类方法，角色的设定主要考虑对资源的归类方法，角色建立批准后形成角色字典。

资源（Resources）是完成任务所需的人、材、机、设等。由于计量单位的不同，可把资源分为劳动力资源和非劳动力资源，资源建立批准后形成资源库。

⑥ 日历分类（Calendars Classify）。由于各种资源以及其他要素的影响，不同的项目或资源所需要的日历不同，一般可以定义三类日历，即全局（组织）日历、项目日历、资源日历，每类日历又可定义多个日历模式。

⑦ 工作文档。工作文档主要用于记录和管理与项目实施相关联的文档，如施工规范、施工组织设计、作业指导书、质量评定等，也为树形结构，属项目级数据。

⑧ 附加编码结构（Additional Coding Structures，ACS）。附加编码主要出于数据组织与管理、报表制作的需要，利用这些编码可以高效的组织大量的数据，为使用者过滤所需要的信息等等。附加编码主要包括项目分类码和作业分类码。

⑨ 其他。除了上述主要编码以外，组织还需要制定其他信息的编码原则，如作业编码，大量的作业如果不制定编码原则会给作业组织和管理带来不便，作业编码一般原则是：唯一性、可读性、简短性、可扩充性、规范性、排序性以及数据组织与管理的方便，这也是其他编码的依据原则。

项目分解首先要将工程项目按照其固有的组成部分加以划分，并"指派"给相应的独立核算机构来承担，就是要使工作分解结构（WBS）和组织分解结构（OBS）相互匹配。这是第一维的分解，将项目划分为不同层次的分项工程，最底层的分项工程称为子项工程。

由于实现了 WBS 与 OBS 的匹配，每个工程既可以适用于计划体系，也可以适用于估价体系。从子项工程再往下，按工艺逻辑分解可形成包含若干工作单元（工作）的子网络，按费用科目分解可组成包含若干费用单元的台账。因此子项工程又常称为工作包层和台账层（Work Package Level or Accounting Level）。

在子项工程中，由于子网络的工序与台账费用科目互相不匹配，两者不能确定直接的对应关系。台账中某一费用单元可能与子网络中的多个工序有关，子网络中的一个工序，有可能设计台账中多个费用单元。因此，子项工程需分别按工作单元和费用单元进行二维分解。

10.5 项目分解结构体系

10.5.1 项目分解结构体系概念

建设项目的 PBS 的概念，来源于一般系统开发和管理工作中工作分解结构（Work Breakdown Structure，简称为 WBS），WBS 是系统开发和管理的基本组织工具。

项目计划与控制主要包括成本、资源和时间的管理。在项目计划与控制中，主要是采集、处理并输出信息。项目管理信息系统就是要利用软件以及结构化方法达到项目的集成控制，而这种结构化方法的主要手段是利用工作分解结构(WBS)方法，目前几乎所有的计划软件都采用了 WBS 方法。WBS 有多种层次的应用方法，或采取仅使用 WBS 的单一维度方法，或采取使用 WBS 和组织分解结构 OBS(Organizational Breakdown Structure)的二维度方法，WBS 是成本估算、进度计划、采购、人员获得、范围核实以及风险识别等的依据和基础，因此 WBS 是项目控制的核心，以 WBS 为基础的结构化方法为项目三大计划(时间、资源和资金)提供了方便。

在利用项目信息系统进行项目管理之前，首先要结构化多项目管理数据，包括企业项目分解结构 EPS(Enterprise Project Structure)、组织分解结构 OBS、资源和成本结构(Resource and Cost Structures)、工作分解结构 WBS 以及各种分类码等，然后，在此基础上实现各类数据的集成。

建设项目的 PBS 可以认为是 WBS 的一种，它通过分析项目的组成(实体)以及建立各组成部分之间的联系的过程来建立。

项目分解结构(PBS)和编码是将项目的构成对象、项目的过程和项目建设的组织这三种不同的结构艺术地综合的结果。这种分解以项目的组成结构分解为主要路径，同时将项目的过程和项目建设的组织进行相应地划分。

10.5.2　企业信息分类编码标准

要对目标进行管理首先必须识别目标，给目标编制代码便是其中常见的一种方法。只有对人流、物流、信息流、资金流进行统一编码，即做到一人一码、一物一码、一个目标一码，才能实现企业信息系统平台上的有效、统一管理。

信息的分类在一定的范围内，为了某种目的，以一定的分类原则和方法为准则，按照信息的内容、性质及管理者的使用要求等，将信息按特定的结构体系，分门别类地组织起来。使每种信息在一定的分类体系中，都有适当的位置和相应的代码。

10.5.3　项目信息系统的文档编码体系

在项目信息系统中，建立统一的文档编码体系是实现文档管理功能的基础，一方面使得计算机系统能够更加有效地处理、存储项目信息，另一方面也有利于项目参与各方更加便捷地对各种信息进行交换与查询。在项目信息系统的文档分类体系中，基于元数据的文档组织方式和基于文件层次目录的文档表示界面都必须建立在统一的文档编码体系之上。

项目信息系统的文档编码一般采用项目分解体系和文档分类体系紧密结合的方式，以实现项目信息分类的目标。相应地，项目信息系统的信息编码也由项目分解编码和文档编码共同构成，从而实现对项目信息的准确表示。

10.6 建筑企业信息化

10.6.1 建设领域信息化

2003年11月,建设部下发了《2003—2008年全国建筑业信息化发展规划纲要》较完整地描述了建设领域信息化的主要内容,该纲要指出:建筑业信息化是指运用信息技术,特别是计算机技术、网络技术、通信技术、控制技术、系统集成技术和信息安全技术等,改造和提升建筑业技术手段和生产组织方式,提高建筑企业经营管理水平和核心竞争能力,提高建筑业主管部门的管理、决策和服务水平。

建设领域信息化主要包括建设事业政务信息化、建设行业信息化、建设企业信息化三大部分,我国各地、各部门的信息化建设则起步于网络基础设施,以外网、内部网、纵向网三个物理或逻辑隔离的信息网络为主要模式,其中内部网和纵向网为涉密网,外网与互联网相连。政府机构业务系统建设主要表现在三个方面:一是办公自动化;二是规范化业务处理;三是信息收集、交换和发布。具体说,政府业务系统包括领导决策支持系统、政务应用系统(部门办公自动化系统、专用业务处理系统)和公共信息处理系统(信息采集系统、信息交换系统、信息发布系统)。

其中,对于具有国际与国内大型项目工程总承包能力的企业,要重点建设"一个平台(网络平台)、三大系统(工程设计集成系统、综合项目管理系统和经营管理信息系统)"。

(1) 网络平台。

为项目提供E-mail、FTP、数据库、www、视频会议、文件共享及外部设备共享、特殊应用等服务,使参与项目的各方都能够迅速方便地交换和共享信息。网络系统的建立支持工程数据库、三维模型设计、项目管理和电子商务的应用,同时为异地办公打下良好的基础,使位于不同地域的从事项目的团队协同执行项目更为有效。

①湾队公司局域网与广域网建设。提高本部与分部、施工现场、合作伙伴的远程通信能力,以满足国际合作、异地办公、异地协同设计及多媒体应用的需求。

② 服务中心和数据中心建设。逐步建立大型数据库系统和数据仓库系统;建立和推广应用视频会议系统。

③ 信息系统安全体系建设。

(2) 经营管理信息系统(办公自动化集成系统)。

逐年提升人力资源、财务、行政事务、政务、科研与技术标准、图书情报管理等子系统,以及生产管理职能部门的辅助管理系统,并使管理信息资源得到充分的共享。

广泛收集用于经营决策方面的信息,建立资源库(客户资源库、市场信息库、合同数据库等),有条件时建立知识库,实现市场信息综合分析与管理,实现客户资源管理,强化营销运行机制管理,实现营销计划和营销合同有效管理,强化营销策略的研究,市场信息和历史信息的综合分析。建立企业管理资源数据库和辅助决策系统

(3) 综合项目管理系统。

逐步确立和完善综合项目管理系统的总体框架、项目管理网站、项目数据库、项目管理工作流程、项目管理系统的信息流程；规范代码与编码体系，建立和完善各种定额库及WBS库，最终建立和完善以物资流为主线、以资金流和工作流为核心的综合项目管理系统。主要包括计划进度控制，估算与费用控制，采购管理和材料控制，质量控制，费用/进度综合监测，设计管理，采购管理，施工管理，合同管理，项目财务管理，项目电子文档管理系统，项目管理信息协同平台等共十二个子系统。重点建立以下子系统和数据库。

① 建立以计划进度控制、费用/进度综合监测、设计管理等为核心，采用赢得值原理的传统项目管理系统，建立项目WBS库和项目各种资源库。

② 研究和建立国际通行的估算与报价体系，逐步建立各种与报价相关的数据库，建立和完善估算与报价系统、项目费用控制子系统及风险分析系统。

③ 建立项目电子文档管理系统和项目文档数据库，实现项目全过程的信息管理和共享，实现工作流的控制和管理，实现文档的版本控制、分发、共享浏览，数据恢复管理、红线圈阅、权限管理、文档的状态跟踪、文档发布管理与控制等。

④ 建立和完善项目采购管理、材料控制系统及项目材料数据库，实现材料库标准化、采购过程电子化，材料接收、验收、仓储发放和材料预测管理信息化。同时，建立企业级和项目级的材料、供货商数据库等。逐步建立采购电子商务系统，实现承包商与业主及项目分包商有效的沟通，优化材料供销过程。

(4) 工程设计集成化系统。

逐年引进、开发、推广用于方案优化和工程设计方面的软件，提高方案优化和工程设计水平；广泛利用数据库技术、模型设计技术、可视化设计技术、智能化设计技术，扩充智能化二维工程设计和三维协同设计集成系统，深化详细设计阶段的集成化智能化应用，研究重点向FEED阶段转移，解决CAD技术与传统设计管理模式之间的差异，使设计工作规范化、标准化和系统化，优化设计流程，建立协同设计环境，提高设计信息的共享与复用性，实现工厂生命周期内的信息共享。

对于施工总承包类企业包括特级资质企业应围绕核心业务，实现整体管理过程的信息化，逐步建立和完善网络平台和应用体系。重点建设"一个平台（网络平台）、二大系统（项目管理系统和经营管理信息系统）"。

网络平台是企业信息化的基础和支撑，建立以企业总部为核心的网络与通信系统，为项目管理提供协同工作平台，实现业主、监理、承包商、分包商、材料供应商对项目信息的共享和使用，达到项目的动态控制。逐步建立采购电子商务系统，包括材料交易平台，信誉认证平台，电子支付平台等，实现承包商与业主及项目分包商有效的沟通，优化材料供销过程。

通过建立项目管理系统，规范作业流程，降低管理成本，有效控制质量；通过对进度与费用综合检测，提高资金管理和运作水平。

开发与应用智能化施工技术，利用可视化技术，以专家库、知识库为支撑，构造一个更易于操作、具备智能化的施工环境,以达到增强企业核心竞争力的目的。

建立企业门户网站、逐步应用电子商务,整合内外网络信息资源,实现企业完整的信息化建设。

10.6.2 工程管理信息化的内涵

工程管理信息化指的是工程管理信息资源的开发和利用,以及信息技术在工程管理中的开发和应用。

工程管理的信息资源包括以下几类。

(1) 组织类工程信息,如建筑业的组织信息、项目参与方的组织信息、与建筑业有关的组织信息和专家信息等。

(2) 管理类工程信息,如与投资控制、进度控制、质量控制、合同管理和信息管理有关的信息等。

(3) 经济类工程信息,如建设物资的市场信息、项目融资的信息等。

(4) 技术类工程信息,如与设计、施工和物资有关的技术信息等。

(5) 法规类信息等。

在建设一个新的工程项目时,应重视开发和充分利用国内和国外同类或类似工程项目的有关信息资源。

信息技术在工程管理中的开发和应用,包括在项目决策阶段的开发管理、实施阶段的项目管理和使用阶段的设施管理中开发和应用信息技术。

自上世纪70年代开始,信息技术经历了一个迅速发展的过程,信息技术在建设工程管理中的应用也有一个相应的发展过程。

① 上世纪70年代,单项程序的应用,如工程网络计划的时间参数的计算程序,施工图预算程序等。

② 上世纪80年代,程序系统的应用,如项目管理信息系统、设施管理信息系统(FMIS——Facility Management Information System)等。

③ 上世纪90年代,程序系统的集成,它是随着工程管理的集成而发展的。

④ 上世纪90年代末期至今,基于网络平台的工程管理。

10.6.3 工程管理信息化的意义

工程管理信息资源的开发和信息资源的充分利用,可吸取类似项目的正反两方面的经验和教训,许多有价值的组织信息、管理信息、经济信息、技术信息和法规信息将有助于项目决策期多种可能方案的选择,有利于项目实施期的项目目标控制,也有利于项目建成后的运行。

通过信息技术在工程管理中的开发和应用能实现下几项目标。

(1) 信息存储数字化和存储相对集中。

(2) 信息处理和变换的程序化。

(3) 信息传输的数字化和电子化。

(4) 信息获取便捷。

(5) 信息透明度提高。

(6) 信息流扁平化。

3. 信息技术在工程管理中的开发和应用的意义以下几点。

(1) "信息存储数字化和存储相对集中"有利于项目信息的检索和查询，有利于数据和文件版本的统一，并有利于项目的文档管理。

(2) "信息处理和变换的程序化"有利于提高数据处理的准确性，并可提高数据处理的效率。

(3) "信息传输的数字化和电子化"可提高数据传输的抗干扰能力，使数据传输不受距离限制并可提高数据传输的保真度和保密性。

(4) "信息获取便捷"，"信息透明度提高"以及"信息流扁平化"有利于项目参与方之间的信息交流和协同工作。

工程管理信息化有利于提高建设工程项目的经济效益和社会效益，以达到为项目建设带来新的价值的目的。

案例分析

招标投标引入新技术

世博会园区建设工程管理信息系统基于一个公共平台，包括规划管理、工程管理、视频监控、园区车辆进出、园区人员进出管理等多项功能，实现了对世博会园区建设工程的建设投资、施工进度、质量、安全、文明施工、合同、文档等要素的全过程数字化管理。上海世博会信息化集成与管理系统功能框架在组成内容上可表述为"3111"，即：服务于建设期、会展期和后续利用期3个阶段；1个全过程、全方位的信息化集成与管理平台；1个决策控制指挥中心和1个信息发布与服务窗口，如图10.9所示。

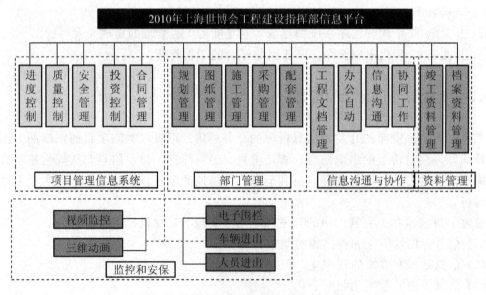

图10.9 世博会园区建设工程管理信息系统

本 章 小 结

本章通过对建设领域信息化的发展过程的阐述，更好地了解工程项目信息化的含义、目的和任务，了解工程项目信息的内容，更好地理解项目管理信息系统的基本要求和基本功能。

更好地了解常用的项目管理软件。

理解项目管理信息门户基本概念与发展。

掌握项目信息分类与编码体系及WBS的相关原理与方法。

了解建筑施工企业信息化的基本内容。

思考题与习题

1. 项目的信息管理的目的旨在通过有效的项目信息传输的（　　）为项目建设的增值服务。
   A. 获取、存储　　　B. 存储、存档　　　C. 存档、处理　　　D. 组织和控制
2. 电子商务(E-Business)两大分支包括基于互联网的（　　）及电子协同工作(E-Collaboration)。
   A. 分布项目管理(Distributed Project Management)
   B. 项目信息门户(PIP)
   C. 项目沟通系统(Project Communication System)
   D. 项目信息系统(Project Information System)
3. 应用项目管理信息系统的主要意义是实现项目管理数据的（　　）。
   A. 高效存储　　　B. 分散存储　　　C. 快速存储　　　D. 集中存储
4. 由于建设工程项目大量数据处理的需要，应重视利用信息技术的手段进行信息管理，当今时代其核心手段是（　　）。
   A. 数据库技术　　　　　　　　　　B. 数据仓库技术
   C. 基于网络的信息处理平台　　　　D. 信息处理工作平台
5. 信息管理部门的工作任务很多，其中包括负责编制信息管理手册，在项目实施过程中进行管理手册的修改和补充，并对其执行情况进行（　　）。
   A. 检查和督促　　B. 评价和奖励　　C. 协助和监督　　D. 考核和评定
6. 基于网络的信息处理平台由（　　）构成。
   A. 局域网　　　　B. 数据处理设备　　　C. 城域网　　　D. 数据通讯网络
   E. 软件系统

7. 我国建筑业和基本建设领域应用信息技术与工业发达国家相比，尚存在较大的差距，这主要反映在（   ）。
   A 信息技术在工程管理中应用的观念上 B. 有关的知识管理上
   C. 我国信息资源的匮乏 D. 有关技术的应用方面
   E. 我国信息技术的发展速度

8. 应用项目管理信息系统的意义有（   ）。
   A. 有利于项目管理数据处理的检索和查询
   B. 提高项目管理数据的效率
   C. 使业主更为有效地对项目各方进行监控
   D. 实现项目管理数据的集中存储
   E. 可方便地形成各种项目管理需要的报表

参 考 文 献

[1] 吴涛，丛培经. 中国工程项目管理知识体系[M]. 北京：中国建筑工业出版社，2003.
[2] 梁世连. 工程项目管理[M]. 北京：中国建材工业出版社，2004.
[3] 吴涛，丛培经. 建设工程项目管理实施手册[M]. 2版. 北京：中国建筑工业出版社，2006.
[4] 丁士昭. 建设工程项目管理[M]. 北京：中国建筑工业出版社，2004.
[5] 成虎. 工程项目管理[M]. 北京：中国建筑工业出版社，2001.
[6] 陆惠民，苏振民，王延树. 工程项目管理[M]. 南京：东南大学出版社，2002.
[7] 丛培经. 建设工程项目管理规范培训讲座[M]. 北京：中国建筑工业出版社，2003.
[8] 丛培经. 工程项目管理[M]. 北京：中国建筑工业出版社，2005.
[9] 田金信. 建设项目管理[M]. 北京：高等教育出版社，2002.
[10] 白思俊. 现代项目管理[M]. 北京：机械工业出版社，2005.
[11] 张金锁. 工程项目管理学[M]. 北京：科学出版社，2002.
[12] 丛培经. 实用工程项目管理手册[M]. 北京：中国建筑工业出版社，2005.
[13] 桑培东. 建筑工程项目管理[M]. 北京：中国电力出版社，2004.
[14] 蒲建明. 建筑工程施工项目管理[M]. 北京：机械工业出版社，2003.
[15] 王要武. 工程项目管理百问[M]. 北京：中国建筑工业出版社，2002.
[16] 戚振强. 建设工程项目质量管理[M]. 北京：机械工业出版社，2004.
[17] 顾慰慈. 建设项目质量监控[M]. 北京：中国建筑工业出版社，2004.
[18] 张毅. 工程建设质量监督[M]. 上海：同济大学出版社，2003.
[19] 王祖和. 项目质量管理[M]. 北京：机械工业出版社，2004.
[20] 韩福荣. 现代质量管理学[M]. 北京：机械工业出版社，2004.
[21] 赵涛，潘欣鹏. 项目质量管理[M]. 北京：中国纺织出版社，2005.
[22] 顾勇新，吴荻，刘宾. 施工项目质量控制[M]. 北京：中国建筑工业出版社，2003.
[23] 李三民. 建筑工程施工项目质量与安全管理[M]. 北京：机械工业出版社，2003.
[24] 陈乃佑. 建筑施工组织[M]. 北京：机械工业出版社，2004.
[25] 许元龙. 业主委托的工程项目管理[M]. 北京：中国建材工业出版社，2005.
[26] 郑海航. 企业组织论[M]. 北京：经济管理出版社，2004.
[27] 许程洁，周晓静. 建筑工程估价[M]. 北京：机械工业出版社，2004.
[28] 姜华. 施工项目安全控制[M]. 北京：中国建筑工业出版社，2003.
[29] 任强，陈乃新. 施工项目资源管理[M]. 北京：中国建筑工业出版社，2003.
[30] 中国工程咨询协会. 施工合同条件[M]. 北京：机械工业出版社，2002.
[31] 中国工程咨询协会. 生产设备和设计－施工合同条件[M]. 北京：机械工业出版社，2002.
[32] 中国工程咨询协会. 设计采购施工（EPC）/交钥匙工程合同条件[M]. 北京：机械工业出版社，2002.